any

oly

n Empire

让
我
们
一
起
追
寻

Germany and the Holy Roman Empire

李启明 —— 译

德意志
与
神圣罗马帝国

〔英〕乔基姆·惠利
（Joachim Whaley）　著

第一卷

从马克西米利安一世到
《威斯特伐利亚和约》（1493～1648 年）

MAXIMILIAN I
TO
THE PEACE OF WESTPHALIA,
1493-1648

—— 上 ——

社会科学文献出版社

SOCIAL SCIENCES ACADEMIC PRESS (CHINA)

本书获誉

（这部作品是）近期关于该主题最全面的作品，并且几乎一定会成为权威著作……盎格鲁－撒克逊学术上一座非凡的丰碑……历史学术的典范……不仅推荐给学者们，也推荐给学生以及任何对历史感兴趣的人……惠利的风格使阅读他的书成为一种享受。

——沃尔夫冈·布格多夫（Wolfgang Burgdorf），《法兰克福汇报》（*Frankfurter Allgemeine Zeitung*）

（这部作品）极为成功……是对德意志历史中两百年时间的详细叙述。惠利展现了在德意志历史方面惊人的知识储备……（这是）至少二十年来，关于前近代德意志历史最重要的英文著作。

——阿克塞尔·戈特哈德（Axel Gotthard），《看点》（*Sehepunkte*）

学者们……都会对惠利的这部巨著感激不尽……这本书作为关于近代早期帝国最权威的叙述而独树一帜。

——C. 英格劳（C. Ingrao），《精选》评论在线数据库（*ChoiceReviews. Online*）

惠利的两卷书写得非常出色、格外细致并且反映了最新的学术成果……这两卷书代表巨大的个人成就……它们将树立一个学术标准，未来所有的作品都将以此为基准来衡量。

——阿兰·斯基德（Alan Sked），《历史评论》

（*Reviews in History*）

这部卓越而权威的研究著作，其巨大成就在于将神圣罗马帝国从屈尊俯就的历史中解救出来……惠利的成就是难以估量的。神圣罗马帝国是一个由数百个很小的王国、公国、主教辖区和独立的城市组成的复杂政治体，这些政治实体都有着各自的管辖权和特殊的效忠模式……惠利很轻易地将它们编织在一起……本书的学术造诣深厚……却意外地容易阅读。最重要的是，惠利指出在德意志的社会、文化或者政治结构中，没有任何东西为 20 世纪的专制主义创造了条件，他以这种方式重新书写了德意志的历史。

——彼得·奥伯恩（Peter Oborne），《每日电讯报》

（*Daily Telegraph*）

惠利的叙述是关于近代早期德意志历史的最佳作品之一。从第一页到最后一页，这部作品展示了德意志历史如何能够被呈现为一部皇帝与帝国的历史、一部公共文化的历史。这部作品很快将会成为该主题的权威指南。

——格奥尔格·施密特（Georg Schmidt），

耶拿·弗里德里希·席勒大学

惠利的著作虽然在重点和组织结构上有所不同，但能够与当今主要的德语综述著作，例如霍斯特·拉贝（Horst Rabe）、卡尔·奥特马尔·冯·阿雷廷（Karl Otmar von Aretin）、海因茨·席林（Heinz Schilling）以及格奥尔格·施密特的著作相提并论。对从 15 世纪晚期到 19 世纪早期大量德语或其他语言的相关研究文献，他细致的认知令人惊叹。因此，这部作品对于所有学习近代早期德意志的学生都是必读书，除非他们研究的是社会史和人口史的具体问题……惠利的综述质量上乘，这一点毋庸置疑。这是一部需要密切关注并予以尊重的杰作。

——罗伯特·冯·弗里德堡（Robert von Friedeburg），
洪堡大学人文社会和文化历史（交流和信息平台）（H-Soz-u-Kult）

惠利以从容自若的风格完成了丰富的内容。这两卷书无疑将成为第一参考书，是一项了不起的成就。

——汤姆·斯科特（Tom Scott），《英国历史评论》
（*English Historical Review*）

（这部作品是）一部全面的叙述，其方法论上的反思、主题的范围和细节的丰富程度都是无与伦比的……这两卷书将很快成为权威著作……其特殊的形式，将历史编纂与方法论相结合，将结构化的历史和事件的历史相结合，在德语的历史编纂中尚无同类作品……惠利介绍了神圣罗马帝国自中世纪晚期至其解体的发展历程，讨论了较早和较新的解释模式，确定了核心主题，并且描述了历史发展的脉络而没有略过个别事件。文本中也结合背景介绍了大量的区域性特征和事件，这展现了作者对帝国历史和德意志区域性的历史细节出色的掌握。

——斯特凡·埃伦普赖斯（Stafan Ehrenpreis），

《德国历史学会伦敦期刊》（*German Historical Institute London Bulletin*）

（这部作品）成功将专业人士对细节的热爱与对全局的清晰认知结合起来……惠利的作品为读者提供了一个全面的视角……自始至终追寻一致的脉络……对于历史教师、学生和新闻工作者都是一本有价值的手册……推荐这部作品给任何对德意志在欧洲的历史政治发展感兴趣的人。

——威利·埃斯勒（Willi Eisele），

历史研究机构工作组信息服务（AHF-Information）

这是一部不朽的神圣罗马帝国史，远远超越了迄今关于这一主题的所有著作。从宗教改革到拿破仑时代之间的德意志历史，从未被以如此生动、多方面的资料为基础且连贯的方式书写……这是一部囊括了整个德意志文化、宗教、经济和社会的历史。

——古斯塔夫·赛普特（Gustav Seibt），

《南德意志报》（*Süddeutsche Zeitung*）

这两卷书有很多内容深刻的章节，涉及经济政策、宗教改革运动、宫廷文化等各种主题……这是一部精心雕琢、叙述引人入胜的作品。

——迈克尔·沙伊希（Michaer Schaich），

《泰晤士报文学增刊》（*Times Literary Supplement*）

致　谢

在写这本书的过程中，我亏欠了很多，很荣幸我能够记录下其中的一部分。机构的名单可能是完整的，但是我无疑遗漏了很多个人，我在此向他们致歉。

在我开始工作时，英国国家学术院慷慨地为我提供了沃尔夫森欧洲奖学金，这使我可以在沃尔芬比特尔的赫尔佐格·奥古斯特图书馆（HAB）浏览资料。剑桥大学的冈维尔与凯斯学院（Gonville and Caius College）在每一个阶段提供的书籍和研究赠款是无价的。学院还慷慨地授予我一笔额外的款项，用来支付索引的费用。我很感谢蒂亚克斯德国奖学金（Tiarks German Scholarship Fund）的评选人，他们欣然同意支付地图以及帮助支付其他手稿创作的费用。在检查手稿的最后阶段以及准备出版阶段，牛顿信托（Newton Trust）的慷慨资助为我提供了帮助。

在这些年间给予我鼓励和帮助的人中，我想要感谢的如下：杰夫·贝利（Geoff Bailey）、德里克·比尔斯（Derek Beales）、伊利亚·贝科维奇（Ilya Bercovich）、蒂姆·布兰宁（Tim Blanning）、尼古拉斯·博伊尔（Nicholas Boyle）、安娜贝尔·布雷特（Annabel Brett）、安妮塔·班扬（Anita Bunyan）、保罗·卡斯尔（Paul Castle）、斯蒂芬妮·尚（Stephanie Chan）、克里斯托弗·克拉克（Christopher Clark）、克里斯托弗·杜哈梅尔（Christophe Duhamelle）、

理查德·邓肯-琼斯（Richard Duncan-Jones）、理查德·埃文斯（Richard Evans）、斯蒂芬·芬内尔（Stephen Fennell）、阿克塞尔·戈特哈德（Axel Gotthard）、已故的特雷弗·约翰逊（Trevor Johnson）、安德里亚斯·克林格（Andreas Klinger）、夏洛特·李（Charlotte Lee）、尼尔·麦肯德里克（Neil McKendrick）、伊安·麦克莱恩（Ian Maclean）、阿里森·马丁（Alison Martin）、莎伦·内维尔（Sharon Nevill）、巴里·尼斯贝特（Barry Nisbet）、希拉·奥格尔维（Sheilagh Ogilvie）、威廉姆·奥莱利（William O'Reilly）、罗杰·波林（Roger Paulin）、已故的福尔克尔·普雷斯（Volker Press）、里奇·罗伯特森（Ritchie Robertson）、海因茨·席林（Heinz Schilling）、安东·申德林（Anton Schindling）、亚历山大·施密特（Alexander Schmidt）、格奥尔格·施密特（Georg Schmidt）、路易斯·斯霍恩-舍特（Luise Schorn-Schütte）、布伦达·西姆斯（Brendan Simms）、英格利·辛德曼-密特曼（Ingrid Sindermann-Mittmann）、加雷斯·斯特德曼·琼斯（Gareth Stedman Jones）、米库拉什·蒂希（Mikuláš Teich）、爱丽丝·特乔娃（Alice Teichova）、安德鲁·汤普森（Andrew Thompson）、麦肯·乌姆巴赫（Maiken Umbach）、海伦·渡边-奥凯利（Helen Watanabe-O'Kelly）、西格里德·韦斯特法尔（Siegrid Westphal）、彼得·威尔逊（Peter Wilson）、夏洛特·伍德福德（Charlotte Woodford）以及克里斯·杨（Chris Young）。

　　如果没有剑桥大学图书馆工作人员的帮助，我的工作是无法完成的。尤其是大卫·洛维（David Lowe）和克里斯蒂安·斯陶芬比尔（Christian Staufenbiel），他们非常杰出。我非常感谢克里斯蒂安乐于答复相当多标记为"紧急"的邮件，并且回复速度总是相当快，这使我往往能够查阅新书。他和大卫·洛维使剑桥大学图书馆成了世界上最好的进行德国研究的地方之一。

在冈维尔与凯斯学院，伊冯·霍姆斯（Yvonne Holmes）、温蒂·福克斯（Wendy Fox）和路易斯·米尔斯（Louise Mills）在关键问题上提供了帮助。哈维·巴克（Harvey Barker）、梅基·兰（Maki Lam）、马特·李（Matt Lee）和理查德·佩蒂特（Richard Pettit）在学院计算机办公室的共同努力，确保我不会偶尔错误地删除大段文本，他们非常幽默地迅速将我从太多的"电脑危机"中解救出来。在凯斯图书馆，马克·斯坦森（Mark Statham）和索尼亚·隆德罗（Sonia Londero）总是不倦地为我提供帮助。

我非常感谢剑桥大学地理系制图单位的菲利普·斯蒂格勒（Philip Stickler）和大卫·沃森（David Watson），他们帮助我设计了两卷书的地图。

在牛津大学出版社，我想要感谢非常乐于助人的责任编辑斯蒂芬妮·爱尔兰（Stephanie Ireland）和制作编辑艾玛·巴伯（Emma Barber）。审稿员伊丽莎白·斯通（Elizabeth Stone）和校对员菲奥娜·巴里（Fiona Barry）也非常细致和高效。

罗伯特·埃文斯（Robert Evans）邀请我承担这一项目，他一直给予我支持。他在等待成果的过程中也非常耐心。我非常感谢他对我的信任以及多年来他对文本各个部分的细心关注，他还在2010年夏天阅读了整个原稿的草稿。

在许多个人"人情债"中，我想要对大卫·特奥巴尔德

（David Theobald）和彼得·克拉布（Peter Crabbe）表示感谢，为了一起喝过的茶和愉快的对话，而不是"这本书"；以及尊敬的玛格丽特·马布斯（Margaret Mabbs），每年她都会邀请我。

正像献词页展示的那样，我最大的人情债是对爱丽丝的。

目　录

上　册

下　册

关于术语和用法的说明

即使是关于近代早期如何指代"德意志"的问题，也一直在引发争论。为了让它们看起来更合适，我使用了各种形式的词语。"德意志国家"（German lands）这一术语，使用频次从 14 世纪中期开始逐渐增加。在 1500 年前后的人文主义者的话语中，"德意志"是随处可见的。这一词语被用于政治语言和文学中。"德意志民族的神圣罗马帝国"（Das Heilige Römische Reich deutscher Nation）的称谓在 1500 年前后逐渐流行，这也突出了将帝国视作单一的德意志政体的认同。帝国的称谓被简化为各种形式，但是人们更多地简化为"德意志帝国"（Deutsches Reich）、"帝国"（das Reich），或者直接称之为"德意志兰"（Deutschland）。我始终将其称为帝国（Reich），并且我也经常使用"德意志国家"和"德意志"（Germany）指代大致相同的地区（包括奥地利）。

对于帝国的机构，我也用它们的德语名称指代。例如，对于大区一词，我更愿意用 Kreis（复数形式是 Kreise），而不是别扭的英语"Circles"；对于帝国宫廷参事院，用德语的 Reichshofrat 而不是英语的 Imperial Aulic Council；对于帝国最高法院，用德语的 Reichskammergericht 而不是英语的 Imperial Chamber Court。

对于人名和地名，我通常使用德语形式的名称，除非德语名称会阻碍人们识别出英语中著名的人物或地点［例如弗里德里希大王

（Frederick the Great）]。德语名称可以几乎没有变化地在同样有着波兰语、捷克语或者匈牙利语名称的地方使用。在这种情况下使用德语名称一直是激烈争论的主题，这也反映了德国与东方邻国之间的复杂历史。在本书中德语名称的使用没有暗示任何在这些争论中的立场，本书中很多地方提到的"德意志人"中也包含了奥地利人，但这不意味着作者对于"大德意志"的概念有任何同情或怀念。这一点也适用于本书中对于阿尔萨斯和其他地区采用德语名称的偏好。

地理术语采用了英语，例如下德意志（Lower Germany）和上德意志（Upper Germany）。"上"和"下"通常指代纬度和河流流向，然而这会造成误导。例如，上普法尔茨（Upper Palatinate）最初由普法尔茨伯爵拥有，在17世纪20年代成为巴伐利亚的领地，在现在则成为巴伐利亚州的七个行政区域之一，位于巴伐利亚的东北部，与捷克边境接壤。在另一种情况下，"上"和"下"也可能分别指代一个邦国的主要地区和次要的飞地。

"加尔文宗教徒"（Calvinist）一词的使用也是存在问题的，因为被称为"加尔文宗教徒"的德意志人，实际上是乌尔里希·茨温利（Ulrich Zwingli）和布林格（Bullinger）的继承者而非加尔文的追随者，而加尔文在法国的影响力更大。"加尔文宗教徒"这一术语在16世纪末被广泛使用，但是很快这一词语就有了贬义色彩。德意志的改革教会通常自称归正宗（Reformed），或者后来的"德意志归正宗"（deutsch-reformiert）。后一称呼是为了将他们自己与17世纪末的胡格诺（Huguenot）移民区分开来，后者实际上是加尔文宗教徒，并且通常在德国被称为"法国归正宗"（französisch-reformiert）。我只会在一些看上去恰当的语境下使用"加尔文宗教徒"，通常我会使用词语"归正宗"和"德意志归正宗"（German Reformed）。

在近代早期的德意志，货币、度量衡的词语的特点是几乎无法穷尽的多样性。在近代早期，帝国使用（金）古尔登（gulden）和（银）塔勒（thaler）作为主要的货币单位，而塔勒逐渐占据了主要地位。更小的硬币在不同的区域，甚至在不同的地方都是不同的。对于度量衡而言，这一点也是适用的，同样的词语能够指代非常多种类的实物。我没有打算对其进行标准化，或者提供同义词，无论是当时的还是近代的：这一点对于某一个单独的年份都是非常困难的任务，更不用说是超过三个世纪的时期。这一领域最好的指导书籍有弗里茨·维登哈芬（Fritz Verdenhalven）的 *Alte Maße, Münzen und Gewichte aus dem deutschen Sprachgebiet*（Neustadt a. d. Aisch，1968），以及沃尔夫冈·特拉普（Wolfgang Trapp）的 *Kleins Handbuch der Maße, Zahlen, Gewichte und der Zeitrechnung*，2nd edn（Stuttgart，1996）。

本书最重要的面积单位是平方英里。我将德国的平方里（German square miles）换算成平方英里（English square miles，1 德国平方里等于 21.25 平方英里），或者换算成平方千米（1 德国平方里等于 55.05 平方千米）。

通常来讲，我会简化德语的拼写，特别是偏向于用"ss"而不是"β"。本书中出现的德语和拉丁语的作品标题通常会有英语翻译，除了一些句意使书名的含义非常明显的地方。书中会在恰当的地方标注人物的出生、死亡、在位或在任时间。

关于地图和网络资源的说明

对于任何研究神圣罗马帝国的历史学者而言,地图都是一个严肃的问题。只有最大的版式,远远超过平均尺寸的册子,才能够反映帝国近代早期领地布局的复杂性。即使一些区域的地图也需要相当大的尺寸,才能够准确地展示许多地区支离破碎的特点或者区别,例如采邑主教(prince-bishop)作为诸侯统治的采邑主教辖区的边界和作为神学领袖统治的教区之间的区别。

本书中包含的地图仅能够提供一个非常粗略且笼统的导向。华盛顿特区的德国历史研究所(German History Institute)创建了"文件与图像中的德国历史"(German History in Documents and Images,GHDI),网址是 http://germanhistorydocs.ghi-dc.org/about.cfm,在这里可以找到有大量细节的非常好的地图集。相关的章节有:第一卷,"从宗教改革到三十年战争(1500~1648)",托马斯·A. 布雷迪(Thomas A. Brady)和艾伦·乌兹·格莱布(Ellen Utzy Glebe)编辑;第二卷,"从绝对主义到拿破仑(1648~1815)",由威廉·哈根(William Hagen)编辑。

已出版的最好的历史地图集,也许是由恩斯特·布鲁克穆勒(Ernst Bruckmüller)和彼得·克劳斯·哈特曼(Peter Claus Hartmann)主编的 *Putzger: Historischer Weltatlas*(103rd edn, Berlin,2001)。由安东·申德林和沃尔特·齐格勒(Walter Ziegler)主编

的关于 1500～1648 年德意志各邦国宗教和教会历史的七卷手册（被引用为 Schindling and Ziegler, *Territorien*）是这一领域不可或缺的著作，这部著作展现了 16 世纪每一个被讨论的区域的地图。对于宗教和教会历史，目前为止最好的历史地图集是欧文·盖茨（Erwin Gatz）、雷纳德·贝克尔（Rainald Becker）、克莱门斯·布罗德科尔布（Clemens Brodkorb）、赫尔穆特·弗拉切内克（Hermut Flachenecker）和卡斯滕·布雷默（Karsten Bremer）主编的 *Atlas zur Kirche in Geschichte und Gegenwart: Heiliges Römisches Reich, deutschsprachige Länder*（Regensburg, 2009）。休伯特·杰丁（Hubert Jedin）、肯尼斯·斯科特·拉图雷特（Kenneth Scott Latourette）和约亨·马丁（Jochen Martin）主编，约亨·马丁修订的 *Atlas zur Kirchengeschichte: Die christlichen Kirchen in Geschichte und Gegenwart*（3rd revised edition, Freiburg, 2004, pp. 64-94）也是关于整体宗教历史的大有帮助的地图，其中也包括帝国教会（Reichskirche）。

互联网使人们可以获得丰富的传记资源。德国（*Allgemeine Deutsche Biographie* 和 *Neue Deutsche Biographie*）、奥地利（*Österreichisches Biographisches Lexikon*）、瑞士（*Historisches Lexikon der Schweiz*）的传记辞典可以通过"传记门户网站"检索，网址为：http://www.biographie-portal.eu/about。康斯坦丁·维尔茨巴赫（Constantin Wurzbach）的 *Biographisches Lexikon des Kaiserthums Österreich*, 60 vols（1856-91），可以在 http://www.literature.at/collection.alo? objjd = 11104 的网址查询到。弗里德里希·威廉·包茨（Friedrich Wilhelm Bautz）无价的 *Biographisch-bibliographisches Kirchenlexikon* 可以以更新的

形式获取，网址是 http：//www. bautz. de/bbkl/。

地点和建筑的图像现在也可以在网络上找到：简单地用英文搜索引擎搜索，或者最好用德语引擎搜索德语术语或者地点的名字，例如通过 www. altavista. de 的网址，这一地点的图片就会很快出现。在许多文献中被描述为受到凡尔赛风格影响的建筑，结果却是完全没有相似的地方！

最后，任何研究德国历史的，或者希望在特定问题上找到更多文献的人，应该无尽感谢柏林－勃兰登堡科学与人文学院的 *Jahresberichte für deustche Geschichte* 的编辑们。他们的网络文献目录是无与伦比的，包含了 1974 年以来发布的关于德意志历史的所有内容，并且是每天更新的，网址是 http：//www. jdg-online. de。

缩略词

ADB	*Allgemeine Deutsche Biographie*, 56 vols (Munich and Leipzig, 1875–1902).
BWDG	*Biographisches Wörterbuch zur deutschen Geschichte*, ed. Karl Bosl, Günther Franz, and Hanns Hubert Hofmann, 2nd edn, 3 vols (Munich, 1973–4).
DBE	*Deutsche Biographische Enzyklopädie*, ed. Walther Killy and Rudolf Vierhaus, 13 vols in 15 (Darmstadt, 1995–2003).
DVG	*Deutsche Verwaltungsgeschichte, Band 1: Vom Spätmittelalter bis zum Ende des Reiches*, ed. Kurt G. A. Jeserich, Hans Pohl, and Georg Christoph von Unruh (Stuttgart, 1983).
HBayG	*Handbuch der Bayerischen Geschichte*, ed. Max Spindler, Franz Brunhölzl, and Hans Fischer, 4 vols in 6 (Munich, 1967–75).
HdtBG, i	*Handbuch der deutschen Bildungsgeschichte, Band I: 15. bis 17. Jahrhundert*, ed. Notker Hammerstein (Munich, 1996).
HdtBG, ii	*Handbuch der deutschen Bildungsgeschichte, Band 2: 18. Jahrhundert*, ed. Notker Hammerstein and Ulrich Herrmann (Munich, 2005).
HbDSWG	*Handbuch der Deutschen Wirtschafts- und Sozialgeschichte, Band 1: Von der Frühzeit bis zum Ende des 18. Jahrhunderts*, ed. Herman Aubin and Wolfgang Zorn (Stuttgart, 1978).
HDR	*Handwörterbuch zur Deutschen Rechtsgeschichte*, ed. Adalbert Erler and Ekkehard Kaufmann (Berlin, 1964–).
HLB	http://www.historisches-lexikon-bayerns.de/base/start (last accessed 15 November 2010).
HLS	*Historisches Lexikon der Schweiz*, ed. Marco Jorio (Basle, 2002–).
IPM	Instrumentum Pacis Monasteriense (the Peace of Münster 1648).
IPO	Instrumentum Pacis Osnabrugense (the Peace of Osnabrück 1648).
LdM	*Lexikon des Mittelalters*, 10 vols (Munich, 1980–99).
NDB	*Neue Deutsche Biographie* (Berlin, 1953–).
RGG	*Die Religion in Geschichte und Gegenwart. Handwörterbuch für Theologie und Religionswissenschaft*, ed. Hans Dieter Betz, Don S. Browning, Bernd Janowski, and Eberhard Jürgel, 4th edn, 9 vols (Munich, 1998–2005).
TRE	*Theologische Realenzyklopädie*, ed. Gerhard Krause and Gerhard Müller, 38 vols (Berlin, 1977–2007).

地图列表

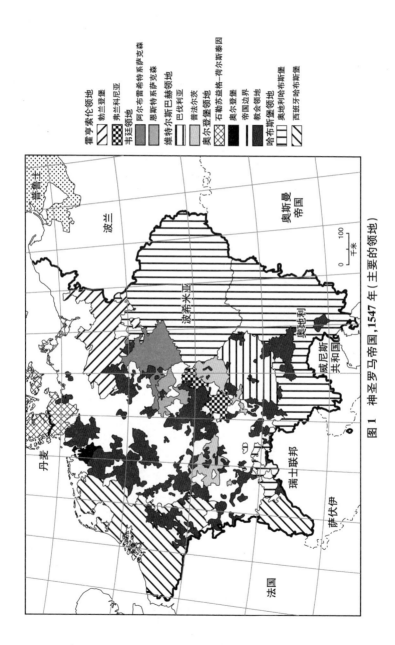

图 1　神圣罗马帝国，1547 年（主要的领地）

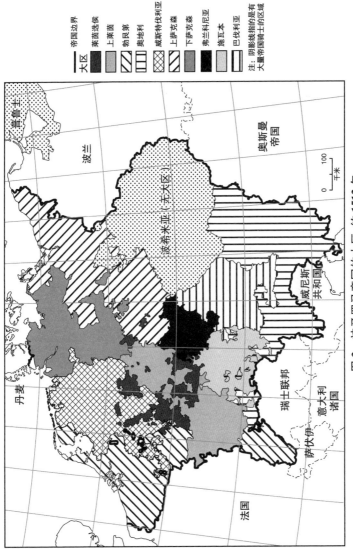

图 2 神圣罗马帝国的大区,约 1512 年

序言　近代早期德意志历史的叙述

　　德意志的历史带给历史学者特殊的困难。从 19 世纪以来，在
每一个阶段，德意志受到干扰且常常处于动荡的发展状况，都反映
在历史学者对他们过去的历史的书写方式上。事实上，在很大程度
上，德意志历史的书写从 19 世纪以来就已经是政治化的，并且受
到德国人对于历史认同的观念影响。19 世纪，在定义民族方面，
历史学者发挥了关键作用。在 20 世纪，德意志历史上的每一次断
裂或者新的阶段，都引发了人们对于这个国家过去的重新考量。在
1918 年之后的几年，以及 20 世纪 30 年代，历史进程都对 19 世纪
发展而来的历史解释的模式产生了独特的影响。

　　然而，在 1945 年之后，整个德意志的历史经历了一次剧烈的
转变，这次转变对许多关于德意志历史的基础性假设提出了挑战，
这些假设在此前一直是关于德意志的历史研究的基础。这个过程在
联邦德国和民主德国有着不同的方向，并且自 1990 年德国的重新
统一以来又出现了新的变化。这一过程也为我们对近代早期的神圣
罗马帝国的理解带来了转变。

　　这些变化的观点无论对于理解作为整体的德意志的历史，还是
对于理解其中某一个特定的时期，都是非常重要的。事实上，相比
其他绝大多数国家的历史，如果没有对前人如何书写历史的了解，
德国的历史是更加难以被全面理解的。因此，本书（两卷本）的目

标之一，就是呈现德意志的历史学者，是如何在他们所处的历史环境下理解神圣罗马帝国晚期的历史，以及呈现他们个人的历史经历如何塑造了他们对这一阶段的态度。这篇序言接下来会对过去两个世纪以来发展的一些观点进行解释。

本书的主题是 15 世纪末期到 19 世纪初，在神圣罗马帝国的框架内讲德语的欧洲中部地区的演变。1500 年前后，神圣罗马帝国皇帝马克西米利安一世（Maximilian I）试图推行的改革，导致帝国内出现了一种新形式的政体。这位皇帝没能实现他在经济和军事上的诉求。然而建立在帝国全面和平，以及设立更高级别的法院以保障和平基础之上的协定，以及随后与帝国议会（Reichstag）持续的谈判，标志着一个决定性的转折点。德意志的政体开启了新的发展路线，并一直持续到 18 世纪末。

在德意志盛行的制度平衡，与英国、法国或者西班牙的君主制是相当不同的，但与波兰-立陶宛王国或者权力分散的共和国，例如大致同时期发展的瑞士或者稍晚的荷兰是相似的。在神圣罗马帝国，皇帝与帝国（Kaiser und Reich）的表述描述了一个二元的体系，这一体系在两个层面起到了作用，二者是有区别的，又以复杂的方式相关联。在第一个层面上，帝国从基于国王和贵族封臣个人关系的中世纪封建体制向一个类似于联邦的体制发展。国王与采邑的基本架构也始终有效，直到 1806 年帝国瓦解。相比欧洲其他绝大部分地区，君主的权力是有限的，并且受到了相当严格的和明确的限制。

事实上，其他欧洲国家的历史学者更多地关注帝国发展过程中非专制的方面，并且强调帝国的局限性和缺点。[1]英国、法国和西班牙的"复合君主制"（composite monarchies），是留存下来的行省、公国或王国的集合，因为它们依附于王权。它们保持着传统的权力和制度，以对抗集权君主和君主的官员。[2]

然而，德意志的情况又是相当不同的。对于这一问题，在第二个层面，诸侯与其他下属的团体和个人相对君主保持着更大程度的自治权。也正因如此，国家（states）的很多关键职能得以发展：税收、社会管理、招募军队以及诸如此类。15 世纪以来，在一些较大的邦国，这导致出现了被一些历史学者称为国家的结构的出现。就其内部职能而言，这一术语也许是合适的。但这些地区的统治者仍然是皇帝的封臣。他们是人民的君主（overlords），但并非绝对君主（sovereigns）。他们的权力受到帝国法律和皇帝权力的限制，他们的人民有权向更高的官厅申诉。

历代历史学者对这个二元体系以及它对德意志国家发展的影响，有着不同的理解方式。在 19 世纪和 20 世纪上半叶的民族传统中，近代早期阶段被视作一个后退和衰落的时代。[3]一方面，中世纪德意志基督教帝国的浪漫观念，与神圣罗马帝国的分裂以及宗教改革（Reformation）以来明显缺少普遍影响的现实，形成了鲜明的对比。对于 19 世纪的很多天主教学者而言，宗教改革代表着中世纪普遍主义的终结。另一方面，民族主义历史学者则哀叹，所谓强大的中世纪德意志帝国或王国，在大约 1500 年以后进入了一个无政府的割裂和不统一的阶段。普鲁士和德意志其他地区的福音教历史学者则将宗教改革视作德意志人的英雄成就。但是至于其他问题，

3

这些历史学者也认同帝国在 1500 年前后的几十年里进入了最终的衰落。所谓的诸侯对皇帝的胜利，以及排他主义的主张，导致了一个世纪惨痛的分裂和旷日持久的宗教冲突。

在 17 世纪初期，这些冲突蔓延到国际范围，在三十年的时间里德意志国家成了战场。根据民族主义的传统观点，这场战争的结束标志着德意志统一的最低点。德意志国家受到摧残并且已经枯竭；德意志的社会被粉碎，德意志的文化熄灭了。在废墟之上，德意志诸侯们建立了据称不受任何弱化的权威约束的绝对主义（absolutism）国家。《威斯特伐利亚和约》（Peace of Westphalia）在 1648 年终结了敌对的行动，它被视作排他主义的大宪章（Magna Carta）。它确立了诸侯的绝对权力，并且将皇帝和德意志人民的无能写进了法律。

根据传统的观点，在接下来的一个半世纪，帝国只是以一个腐朽的空壳苟延残喘：腐败且行将就木，这是对曾经强大的、有着普世使命的中世纪帝国的赤裸裸的嘲讽。明尼苏达大学一名年轻的二代美国文学学者对于 19 世纪的德国历史学者的作品非常了解，他在 1918 年甚至得出了这样的结论：帝国在 1648 年以后"没有任何历史"，而且"帝国持续了相当长时间，维持着悲惨且毫无意义的存在，这是因为帝国的臣民缺少主动性，以及在很多情况下缺少造成帝国真正瓦解的智慧"。[4]

根据主流民族主义者的传统，18 世纪两件事的发展为帝国走出低谷铺平了道路。第一，勃兰登堡-普鲁士作为一个有领导力的强大君主国崛起，为未来德意志的统一奠定了基础。这一过程是缓慢的。即使是弗里德里希大王，在 18 世纪 80 年代也无力在诸侯联盟（Fürstenbund）将诸侯团结起来。他的继承者们在对抗拿破仑的战争中保卫了德意志，但事实证明，即使是他们对民族的呼吁也是短命的，这也使后来的统治者和政治家承担了民族事业。第二，据称 18 世纪第一次出现真正的德意志民族文化，这种文化最初是非政治的，并且在发展中与有着普世理想的国家保持距离，但是通过参与法国大革命和拿破仑战争，民族文化逐渐政治化。这两条发展路径据称在 1871 年的德意志帝国建立时汇合，这也恢复了德意志人从中世纪晚期就被打断的民族历史。

　　尽管在各种视角下，所在地区（例如普鲁士或南德意志）或者宗教信仰（例如福音教和天主教）的不同会导致人们强调的内容各有侧重，但是上述这种关于民族历史的观点在 1945 年之前几乎是不受挑战的。这种观点也成为非德国历史学者观念中固化的认知，部分原因是于 1864 年首次出版的詹姆斯·布赖斯（James Bryce）对神圣罗马帝国的经典叙述，他的叙述受到了利奥波德·冯·兰克（Leopold von Ranke）和他同时代人的深刻影响。[5]值得一提的是，布赖斯仅仅花了 28 页，大约 16% 的篇幅叙述帝国的最后三个世纪。在 1906 年此书第六次扩充和修订的版本中，19 世纪新的德意志帝国的建立获得了与近代早期的帝国相同的篇幅。

　　被描述为"官方"的普鲁士-德意志历史观，也获得了非普鲁士德意志福音教徒的广泛认可，但是也存在其他观点，尽管这些观点从未占据主导地位。在 1815 年后的几十年，存在着各种天主教或者奥地利视角的德意志历史观。即使他们对 1648 年之后德意志历史的悲剧有着共同的普遍看法，但是他们倾向于强调普鲁士的"非德意志"的特点。[6]

然而，奥地利的历史学者越来越关注他们自己的"民族"历史，并且相比这个更重要的叙事，将帝国看作相当边缘化的历史。[7]很少有人坚持大德意志（gesamtdeutsch）的观点，这一观点把近代早期的奥地利视作属于神圣罗马帝国的"德意志"的一部分。随着1919年奥匈帝国的崩溃，这一观点在关于德国人和奥地利人的联合，以及1938年德奥合并（Anschluss）的讨论中，在政治层面上变得充满争议。[8]值得注意的是，这一阶段出版了一些奥地利学者的，例如海因里希·冯·斯尔比克（Heinrich von Srbik，1878~1951）的关于帝国近代早期的重要作品。[9]

随着第三帝国的崩溃，奥地利历史学者又一次倾向于边缘化他们历史中的德意志维度。神圣罗马帝国末代皇帝弗朗茨二世在1804年创立了奥地利皇帝的新头衔，两年后（1806年）神圣罗马帝国解体，这对于奥地利的历史编纂有着关键影响，而奥地利的历史编纂对于帝国的整体历史编纂又有着重要意义。寻找奥地利帝国此前的历史，促使人们关注自16世纪早期以来，能够将奥地利从帝国其他部分中区分开的因素。在这本书中，关于奥地利是否能够在某一阶段被称为已经"脱离"帝国的问题会被反复提及。

在神圣罗马帝国灭亡的1806年之后，其他非普鲁士的德意志地区对帝国的态度发展是相似的。[10]这个问题的关键点在于，19世纪的第一个10年出现了新的主权国家。这些邦国在1800年前后主要的雄心之一就是脱离皇帝的统治。在1801年之后的几年里，在拿破仑的帮助下，它们有能力这样做，并且获得了额外的土地。这也构建了它们于 1815 年之后在德意志邦联中作为主权国家存在的基础。新的土地和新的国民的整合，也伴随着对于新的历史身份认同的阐释。它们从公共建筑上移除了帝国之鹰以及皇帝权威的其他象征，并且重新命名了城镇的街道和广场。它们同样委托人创作强调"帝国符腾堡"（Reich Württemberg）或者"帝国巴伐利亚"（Reich Bayern）作为独立国家的历史，而不是作为神圣罗马帝国附属邦国的历史。在 1815 年出现新的德意志的国家中，帝国的历史通常只是被视为它们作为近代政治体出现在德意志邦联的障碍。

在 1945 年第三帝国覆灭之后，德国的历史编纂的特征，是对于民族国家的历史的意识层面的转变，以及对过去的一些历史神话的逐渐修正。[11]此时开始出现的观点中，其含义在今天仍在探索和阐述中，对神圣罗马帝国历史的看法已经经历了实质性的转变。

对 11～13 世纪强大的中世纪帝国的信念已经受到了挑战，并且很大程度上不再被人相信。研究中世纪晚期的学者，特别是彼得·莫拉夫（Peter Moraw），已经修正了 14 世纪和 15 世纪是衰退以及陷入无政府状态的阶段的传统认知。[12]与此相反，莫拉夫认为，在这一阶段神圣罗马帝国的基础架构逐渐出现和完善，正处在一个被他称为"集中化"的管理和控制形成的长期过程（Verdichtungsprozess）中。这既发生在帝国机构的层面，也出现在帝国大诸侯的邦国层面。在这两个层面，这一过程到 15 世纪末期都达到了关键阶段，并且在改革运动中达到高峰。在这场改革中，马克西米利安一世和德意志诸侯都在追求各自的利益，并且大体上也是共同的事业。

此次 1500 年前后的改革运动所产生的妥协，为未来 300 年搭建了框架。在这个问题上，一些学者，例如汉斯·休伯特·霍夫曼（Hanns Hubert Hoffmann）、卡尔·奥特马尔·冯·阿雷廷（Karl Otmar von Areten）、格哈德·厄斯特赖希（Gerhard Oestreich）、F. H. 舒伯特（F. H. Schubert）、海因里希·卢茨（Heinrich Lutz）和福尔克尔·普雷斯（Volker Press）的重新评估，带来了新的观点。[13]过去人们往往将帝国视作一个静态的体系，例如 18 世纪的法学家约翰·雅各布·莫泽（Johann Jacob Moser）和斯特凡·海因里希·皮特（Stephan Heinrich Pütter）描述的宏大的系统性的概况，而近代历史学研究关注帝国作为一个动态发展的政体的观点。帝国在保留了中世纪封建特征与中世纪皇帝和帝国二元性遗产的同时，仍然发展出新的政治体制。换句话说，神圣罗马帝国在它存在的最后 300 年间，经历了一系列显著的转变，而远非停滞。

也许看上去很矛盾，过去的历史学者视为帝国衰落的转折点的问题，事实上是帝国转变的复杂的推动力。宗教改革从宗教层面上导致德意志国家分裂，但是与此同时，它推动了对维持政体的制度妥协的探索。1555 年的《奥格斯堡和约》（Peace of Augsburg）体现出妥协的缺陷，导致了进一步的分歧，但也导致了共存的新形式。三十年战争既是主要在德意志土地上进行的欧洲范围的军事冲突，也是被更广泛的斗争加剧的帝国的制度性危机。三十年战争导致了《威斯特伐利亚和约》，和约对 1555 年达成的制度协定进行了再次谈判，并且为接下来一个半世纪提供了政治框架。过去的学者认为僵化和停滞导致帝国最终的瘫痪，而最近的学者认为帝国的体制以多种方式有效运转，既作为欧洲势力平衡的基石，也作为德意志邦国和居民的稳定架构。

诚然，勃兰登堡－普鲁士作为北方重要势力的崛起，明显威胁到 1648 年后出现的欧洲各势力的均衡。历代霍亨索伦诸侯的野心，尤其是 1740～1786 年在位的弗里德里希大王，超越了德意志邦国政府的传统形式，达到了最高统治权而不仅是封建君主权。然而这种对帝国的挑战事实上仅仅是隐性的，并且从未真正变为现实。此外，在奥地利国家也出现了相似的发展。事实上，约瑟夫二世对帝国制度的挑战，也许比弗里德里希大王所做的事情更加激进和公开。实际上，奥地利和普鲁士对于最高权力的野心，并没有在其统治者的努力下取得成果。帝国被法国革命军队和拿破仑摧毁了。在其导致的权力真空中，不仅奥地利和普鲁士，其他大的邦国，例如巴登、巴伐利亚、黑森和符腾堡也成了完全意义上的主权国家。

这一最终的转变会在结尾的章节进行分析。近代早期到近代阶段之间显现出几条延续的脉络：近代的德意志从神圣罗马帝国中产生，并以种种方式受到其制度和历史经验的影响。正是这种延续性的存在，再次突出了放弃关于帝国最后三个世纪的消极观点的必要性，这种观点的特征在于德意志历史编纂中的民族主义传统。

自 1990 年两德统一以来，学者对于以下四个主题的关注令人印象深刻。第一，一些学者，特别是格奥尔格·施密特，主张帝国实际上应当被视作这样一个国家：在某些方面类似于英国和法国的

"复合君主制"，区别在于帝国成功发展出避免宗教或者革命性的剧
7 变所引起的内战的机制。[14] 第二，另外一些学者更愿意强调德意志历
史是欧洲的历史，并且关注帝国在欧洲中心作为法律和和平体系的
功能，或者关注帝国和帝国大区作为今天欧盟的某种先驱的观点。[15]
第三，格奥尔格·施密特和另一些人也强调近代早期德意志历史的
民族维度，并且对帝国内的爱国主义传统进行了新的强调。[16] 第四，
学者中出现了强调近代早期的帝国在很多方面的近代性的倾向：例
如，1555 年到 1648 年的宗教和约的延续性，给予个人甚至普通的
国民宗教信仰和财产权利的保障；或者法律权力向地方的下放，以
及领地之间在社会或经济政策方面合作的发展。

这些新的观点通常是存在争议的。[17] 一些人认为他们将"国家"
的概念延伸到了过分的程度，或者是不符合历史地试图将帝国描绘
成一个相当理想化的欧盟的前身。另外一些人不认同民族主义或爱
国主义在他们认为的前民族主义时代就已经出现的观点。对于那些
认为帝国是过时的和无政府状态的人而言，帝国在任何意义上具有
近代性的观点看起来都是相当荒谬的。即使如此，新的观点无疑揭
示了帝国事实上存在，并且得到很多人承认的特质，例如 18 世纪
的很多评论者。总之，这些观点激发了新一代学者的想象力，并且
在过去 20 年间，推动对近代早期帝国的几乎任何方面历史的研究
得到了真正的繁荣发展。

关于社会和经济史的大量新观点，对于帝国最后几个世纪的新
看法同样是至关重要的。对这一领域的研究有着很悠久的传统，可
以追溯到 19 世纪。但是 1945 年后对于国家和民族概念的缄默转变

了历史研究的兴趣点。部分而言，一些关于近代早期德意志社会的新认知也来源于民主德国的马克思主义历史学者提出的观点。他们认为德意志在 1500 年前后经历了一场失败的"早期资产阶级革命"。在这一观点中，帝国扮演了一个完全负面的角色。[18]当帝国繁荣时，世界主义和与教宗的联系阻碍了德意志国家的发展；在中世纪后的衰落阶段，这种联系又使德意志国家成为欧洲战争的舞台，与此同时，封建制度的加强又阻碍了资本主义的出现。

在这种语境下，宗教改革被看作一个普遍的社会危机 8 (gesamtgesellschaftliche Krise) 的表现。路德的抗议既是反对罗马的，也是反封建的，后者更为重要。他的挑战受阻，以及德意志农民起义失败预示着德意志社会的再封建化（re-feudalization）。诸侯的胜利以及他们卷入宗教冲突的政治和欧洲权力斗争，导致了三十年战争的灾难。在被摧毁的德意志的废墟之上，诸侯又一次走在了绝对主义兴起的前列：最后一次前近代的封建秩序的变化。这种观点认为只是在 18 世纪，资本主义的经济和社会条件才逐渐开始发展起来。启蒙运动（Aufklärung）的进步的、反封建的观念挑战了旧秩序，但是并未战胜它。德意志在 18 世纪末没有经历法国式的大革命，这一点被认为给未来带来了致命的后果，促使极具侵略性的资本主义和帝国主义的出现。

一方面，在这种生硬教条的形式下，失败的"早期资产阶级革命"的理论，以及所有所谓的长期影响，都无法对近代早期的德意志历史的解释产生重要的影响。但另一方面，这一理论也为经济和社会维度的研究提供了重要动力。此外，从 20 世纪 60 年代起，通常是在这一理论的启发下，并且加入了批判性内容，联邦德国再次出现了新的社会和经济史的研究兴趣。其中主要的关注点如下：关于德意志社会的经济基础的研究；德意志邦国及其法院和行政机构的社会结构；城镇和城市的发展和角色，以及非贵族群体（特别是受到神学或法律训练的公民）扮演的角色；以及非常重要的，关于普通人（common man）在塑造德意志领土的发展过程中，究竟是失败革命的被动受害者，还是和公民、贵族或者诸侯一样是主动参与者这一问题。

近期有两部著作关注这些延伸的社会和经济史的问题，并且将这些问题与更广泛的德意志历史的叙述联系在一起。彼得·布利克勒（Peter Blickle）关于从中世纪晚期到 19 世纪早期德意志自由历史的著作在 2003 年出版，此书将几十年以来对农民起义的研究与近代早期对于自由的叙述以及政府和社会的概念结合在一起。[19]托马斯·布雷迪的 1400~1650 年的德意志史，刚好在本书完成时出版。他的核心关注点是宗教改革以及宗教改革对德意志社会和政治的影响。他将起始点选为 1400 年是值得关注的，因为这本书强调了宗教改革前的漫长的社会和宗教历史。终结点选为 1650 年则反映了这样的观点：在 16 世纪上半叶，选择是非常开放的；然而此时已经牢牢地关闭了。[20]

如果说近代早期的帝国曾经是德国历史上一个相当被忽视的阶段，那么现在这一阶段已经成了一个热点领域。整体而言，对于近代早期德意志，出现的观点是有相当多差异的。传统的落后、压抑、停滞的社会景象受到了质疑，学者对落后的定义标准提出了挑

9

战。毫无疑问有一些落后的地区几乎没有发生变化，这些地方的行政机构是无能且专制严苛的。然而，德意志国家并未发展出民族国家或者经历革命性的变化，这一点已经不再被看作一个通常意义上的落后的标志。

关于这一阶段知识和文化层面的叙述被证明是更加困难的。某种程度上而言，这反映了各学科之间的隔阂，例如历史学、神学、哲学和文学，这些学科塑造了德国学术系统的特点，正如英国一样。然而，这也是这些学科坚持传统的历史叙述的结果。整体而言，这些叙述强调了宗教改革阶段和18世纪的重要性，但是严重低估了二者之间一个半世纪的重要性。仅仅在大概最近二十年间，更多近代研究才开始描述新叙述的概况。

在神学研究中，路德和他同时代人的成就，很长一段时间被认为令启蒙运动之前的所有事物黯然失色。马丁·布雷希特（Martin Brecht）和其他人编写的虔信主义发展史，以一种易于理解的方式填补了一个主要的空白。[21]这个多卷本的手册的贡献在于，说明了在16世纪到17世纪早期的福音教现象的起源，以及福音教在德意志和其他地区在17世纪末到18世纪发展所带来的无数后果。

学术型的哲学家很少认为前康德时代值得被研究，而很多人怀疑此前的时代是否存在德意志政治和社会思想。西格弗里德·沃尔加斯特（Siegfried Wollgast）1988年在东德出版的关于1550～1650年德意志哲学的著名研究，很长时间是一部被孤立和相当被忽视的著作。[22]仅仅在最近，霍华德·霍特森（Howard Hotson）和马丁·穆尔索（Martin Mulsow）等学者开始重新以一种新的方式进行叙事，他们为权威的思想家聚焦于重大文本的主流叙事方式，提供了一种替代选择。[23]对于任何更进一步的研究而言，一个必不可少的基础是一部关于 17 世纪德意志思想的手册，这部书作为 19 世纪弗里德里希·于贝韦格（Freidrich Ueberweg）的三卷本经典著作《哲学史纲要》（*Grundriss der Geschichte der Philosophie*，1863～1866）新版本的一部分出版。[24]

在文学和文化研究领域，同样有着集中关注启蒙运动和歌德时代的传统，这也是德意志文学近代化的开端。近代早期阶段通常被视作新的开始和中世纪的终结；优秀的人文主义文化在 16 世纪上

10 半叶渐渐衰退，并留下了一个空白，这一空白直到 18 世纪中期才由歌德作为领袖和奥林匹斯山的象征的文学复兴运动得到填补。即使是近二三十年重新兴起的对巴洛克文学的研究兴趣，也几乎没有消除人们对 17 世纪是德意志历史上黑暗年代（saeculum obscurum）的印象。[25]

自 1945 年以来，为了勾勒出这一阶段德意志政治观念的发展脉络，学者们已经完成了大量的工作。一些学者的著作，例如伦纳德·克里格（Leonard Krieger）在 20 世纪 50 年代的著作和汉斯·迈尔（Hans Maier）在 60 年代的著作，在建立对于德意志传统与西方传统的根本差异的新认知上，是至关重要的。[26]迄今这一点仍然相当粗略地被描绘为，一面是保守的（即使不是威权的）概念下的国家与社会，与另一面是西方的权利传统之间的差异。

更多近期的著作开始关注对帝国理论演变，以及政府概念的发展中无法为法国或英国传统所涵盖的内容的追溯。杰拉尔德·斯特

劳斯（Gerald Strauss）说明了在 16 世纪接受罗马法的政治和社会
意义。[27]罗伯特·冯·弗里德堡（Robert von Friedeburg）则揭示了在
16 世纪的德意志，对抗非正义的君主的自我防卫观念，对 1550~
1680 年英国的合法对抗权威观念的发展有重要影响。[28]一些思想家，
例如普芬道夫（Pufendorf）过去往往仅被看作欧洲自然法传统的推
动者，但是现在他们的观念在德意志背景下的重要性已经变得更清
楚了。[29]霍斯特·德雷泽尔（Horst Dreitzel）分析了从 16 世纪到 19
世纪初期君主制和诸侯制度的概念。[30]米夏埃尔·施托赖斯
（Michael Stolleis）则研究了德意志传统的公法在帝国和邦国层面的
意义。[31]

　　然而，将对神学、哲学、文学和思想的研究与有关神圣罗马帝
国历史的新思维相协调仍是一项挑战。首先，对于本卷的目标来
说，很重要的一点在于，这一时期的文献很少为英语学生，以及并
非研究这一时期的学者所了解。[32]在当下对欧洲史的英语研究中，对
神圣罗马帝国的讨论还是相当粗略的，很少会包括梅尔希奥·冯·
奥泽（Melchior von Osse）、迪特里希·雷金克（Dietrich Reinkingk）
以及魏特·路德维希·冯·塞肯多夫（Weit Ludwig von Seckondorff）
的名字，但这三位都是 16~17 世纪德意志重要的政治理论家。

　　显然，在一项研究（例如本书）中，不可能对以上提及的制
度、社会和经济、知识与文化的所有叙述内容进行细致的讨论。然
而，本书整体的结构和论点基于两个宽泛的问题。第一个问题关于
政治传统，第二个问题关于更宽泛的集体历史经验和身份认同。

　　第一个问题也许可以表达为近代版本的德国与西方之间的差异

11

这一传统主题。这一主题有着很长的历史，对于 1945 年以前的许多德意志学者而言，这是民族自豪感的来源，而对于 1945 年之前的非德意志学者以及 1945 年以后的德意志学者和非德意志学者而言，这是德国历史长期问题的来源。如果人们注意到在 18 世纪末期的德意志并未发生革命这一事实，就能够得出一个相当不同且更有意义的观点。这一问题对 19 世纪和 20 世纪的历史学者往往似乎有着根本性的意义。例如，汉斯·乌尔里希·韦勒（Hans Ulrich Wehler）在其关于德意志近代史的著作中主张："在一开始，德国就没有革命。"[33]和其他很多人关于近代德意志的著作一样，他的著作对近代德意志的评价大体上是消极的。因此近代早期被视作一个失败。帝国和各邦国被认为阻碍了近代化的改变。无论是在宗教改革时期还是在 18 世纪，社会和经济没有能够以近代化的方式发展，并没有给帝国内的旧秩序带来足够的挑战。任何知识和文化传统也没能带来这样的挑战。

然而，革命的缺失并不一定等同于缺少运动，渐进的改变也不一定是保守的或非政治化的。因为尽管前近代的德意志并没有发生革命，但改革发生了。事实上，近代早期在帝国和邦国层面明显具有持续性的分阶段改革的特征，这一事实突出了近代早期的延续性。1517 年、1555 年、1648 年、1700 年、1740～1750 年以及最终的 1789 年，本书的章节结构以这些时间点串联起来，这些时间点也都是这一进程的重要节点。强调这些改革的延续性，也是在特别强调 1648 年并非德国历史上最重大的转折点，因为还有很多同样重要的转折点。福尔克尔·普雷斯 1996 年的对于 17 世纪德意志的研究，以

及格奥尔格·施密特 1999 年的对 1495~1806 年帝国的研究，是少数
明确对德意志历史编纂中这一固有认知发起挑战的著作。[34]

　　从 15 世纪末期到 18 世纪末期的每一个改革阶段，都伴随着对
现状的挑战，这些挑战本质上是复杂且出于多重原因的。每一个危
机都大体上被解决了，或者说至少得到了调解，并且解决的方式很
难准确地被描述为保守的。事实上，与之相反，改革的过程中产生
了很多独特的现象，这些现象能够被视作进步的：帝国的框架最终
促成各基督教教派的和平共存；帝国的体系保护了即使是最小的下
属成员的独立性，以对抗较大的成员的侵略倾向和野心，并且为国
民提供了通过帝国法院对他们的君主进行申诉的机制；相比很多所
谓更进步的西方君主国，许多邦国政府的体系更能够追求全面的法
律、社会和救济的目标。这些也只是 1500 年之后的德意志历史的
部分独特产物。

　　当然，像其他近代早期的国家一样，德意志国家内的行政机构
也受到了同样的限制。例如，现在普遍认为，绝对主义远非绝对专
制。立法经常被重述且修改，这一点毫无疑问是法律相对没有效力
的证据。诸侯和市政官员也屡屡受到阻挠，比如个人和组织难以控
制的行为，以及社会群体顽固抵抗强加在他们身上的法规。尽管政
府有时是无效的，但是它的目标和行动仍然以独特的方式影响着社
会。来自下层的抵抗和普通人对政务程序的参与，毫无疑问是近代
早期德意志社会的一个重要特征，这一点也是被统治者，无论是诸
侯还是市政官员承认的。各种形式的参与和抵抗，帮助塑造了不断
发展的社会治理架构及其精神。

12

一个相似点也适用于帝国。关于神圣罗马帝国的草率观点，往往引用了 18 世纪对帝国的部分批评声音：这些内容通常是哀叹或者讥讽帝国是大而僵化，或者完全是荒唐的。然而这些观点很容易受到一些更积极的评价的挑战，这些评价着重否定德意志的历史出现了倒退，并且称颂"德意志自由"（German liberty）是有着独特的历史演变的德意志法律体系（Rechtsordnung）的特征之一。事实上，18 世纪晚期，乃至 1805～1806 年的绝大多数德意志评论者，都坚持认为帝国是一个有限君主制的国家，尽管其独特传统将帝国与其他邻国区分开。

关注这些（直到）18 世纪末期对德意志形势的积极评价，并非要沉湎于对旧帝国的怀念。这也并不意味着否认帝国正需要改革，而且帝国明显没有能力完成改革的事实。然而，这对于理解帝国如何作为一个政权运转，对于塑造帝国发展且成为德意志邦国的国家架构的知识、宗教和文化力量，提供了一个更为广阔的视角。因此，本书的第一个主题是从帝国如何运转这一问题展开的。这一问题影响了接下来对观念和文化的讨论，就像这个问题决定了理解经济和社会运转（的方式）一样。

对于本书讨论的第二个大主题，即集体的历史经验和身份认同，观念和文化也是十分重要的。关于这一阶段的历史，很多德国历史学者在 1945 年后的作品中刻意避免使用国家或民族这样的字眼。从某种意义上说，颇具讽刺意味的是，他们这样做反而反映了他们的民族主义前辈的努力。这些人认为近代早期阶段是一个分裂的，甚至是落后的阶段，而德国作为一个"落后国家"（delayed nation）需要在 19 世纪进行弥补。[35]

　　这样的普遍观点似乎在一些明显的史实中得到了强化。帝国没有首都城市。在帝国议会中，帝国划分为几百个代表席位（1521年有 405 个，1780 年有 314 个），这还不包括超过一千个其他的、通常是极小的、在帝国议会中并没有代表议席的独立政治实体。事实上，这种极度的多样性似乎挑战了任何形式上的普遍化。例如，格哈德·科布勒（Gerhard Köbler）的《德意志国家的历史辞典》（*Historisches Lexikon der deutschen Länder*），涵盖了中世纪以来超过5000 个有合法地位的政治实体。其中绝大多数在 1500～1800 年这一时期的某个时间点存在过。[36]此外，帝国在莱茵河和奥得河之间、波罗的海和阿尔卑斯山之间，有着极为多样的图景、经济、社会条件以及文化区域。最后，德意志国家也被宗教分裂，这是由宗教改革带来的隔阂，并且从未弥合。

　　上述这些看上去证实了人们的共识，即德意志人产生了植根于他们所生活的地区、城市或者邦国的身份认同。"祖国"（Vaterland）一词通常描述直接的地方或区域的语境，而非"民族"的架构。然而"祖国"实际上也经常指代帝国，并且有充分的证据表明，在整个近代早期的阶段，人们对于帝国有着强烈的认同感。[37]

　　将民族认同与近代国家联系起来的倾向，对理解德意志国家近代的民族主义出现前的身份认同造成了障碍。当然，想要准确地说明普通人在某一阶段如何看待帝国是很难的。然而，即使在这种情况下也有证据表明，在近代早期有一种逐渐加强的意识：把帝国视作德意志的帝国，甚至农民都可以参与帝国机构确立的法律秩序。

此外，帝国卷入的战争，特别是对抗土耳其人和法国人的战争，也带来了爱国的响应，加强了帝国内的团结以及共同的身份认同感和命运感。

这种情绪不可避免地在受教育群体的思想中体现得更加明显。这种情绪体现在 1500 年前后对帝国改革的愿望中；也体现在 16 世纪晚期，在宗教改革引发的冲突后寻求妥协的受过法律训练的政治家中；也在 17 世纪早期的一些作家，例如梅尔希奥·戈尔达斯特·冯·海明斯菲尔德（Melchior Goldast von Haiminsfeld）的作品中清晰地表达出来；在 17 世纪晚期这种情绪体现得更加频繁；在 18 世纪，这种情绪在一些个人，例如约翰·克里斯托夫·戈特舍德（Johann Chistoph Gottsched）和约翰·戈特弗里德·赫德（Johann Gottfried Herder）的反思中，逐渐产生重要的影响，因为他们开始思考在德国人和法国人之间"民族"特征的差异，或者也体现在一些人，例如约翰·雅各布·莫泽或者斯特凡·海因里希·皮特对于帝国体制和法律的宏大概述中。

这些态度常常被曲解为德意志民族主义失望的表现形式。特别是，人文主义者对塔西佗的《日耳曼尼亚志》（Germania）的重新发现，以及德国人的日耳曼起源神话的构建，通常被视作近代民族主义观念的前历史。[38]然而，19 世纪末和 20 世纪初对这些传统的利用和研究，扭曲了这些传统在近代早期的含义。排除后来被扭曲的形象，只考察当时语境下的这些传统，就会使诸如 1500 年前后失望的民族主义者或者 1800 年前后非政治的文化英雄等陈词滥调成为过时的说法。

　　取而代之出现的是一个同样独特的，但无害的德意志"意识形态"，这种意识形态对民族国家和其他类似的观念是无用的：是从地区到帝国的各个级别的身份认同的意识，是重叠且环环相扣的"祖国"的多元性，用现在的话说就是"多元统一"。[39]此外，这种意识，也是 1750～1830 年对德意志和德意志身份认同的老生常谈的内容，明确地反映了德意志国家 1450 年以来的集体的历史记忆。尽管一些学者一直强调德意志身份认同的中世纪起源，但是这种持续且普遍的民族爱国话语所依据的经历，以及塑造这种经历的法律、文化和宗教传统，是近代早期帝国的经历。

　　如果说德意志国家在这一时期的历史是区域的和邦国的历史，那么这段历史同样是这些政治体联合在一起的历史。这段历史同样是它们作为法律和文化的共同体，面对着宗教改革以来足以摧毁所有政治体的挑战，却依然生存下来的历史。这段历史是它们团结面对持续不断的外部威胁的历史。相当重要的是，这段历史也是在整个欧洲近代早期的政治中发挥关键作用的欧洲中部的政权的历史。像本书这样的作品，也许不可避免地会强调联盟（union），即使并非统一（unity）。对于整体趋势的讨论，不可避免地可能会忽视任何原则都存在的例外情况。然而，多样性和有时出现的无条理状态是理解任何近代早期德意志历史的基础。事实上，这一体制的本质是对个性和差异的保护。

注释

1. Bonney, *Dynastic states*, 305-60.

2. Elliott, 'Composite monarchies'.

3. Faulenbach, *Ideologie*, 38-42; Eckert and Walther, 'Frühneuzeitfor-schung'; Puschner, 'Reichsromantik'; Thamer, 'Reich'; Langewiesche, 'Reichsidee'.

4. Zeydel, *Holy Roman Empire*, 15. 这一卷是在 1966 年才再版的，在 2009 年由哥伦比亚大学出版社再次发行。Zeydel（1893~1973）于 1926~1961 年在辛辛那提担任德语教授，职业生涯卓越。

5. Bryce, *Holy Roman Empire*. 第 14 次印刷的 1904 年的第六次修订版（在 1906 年更正）在 1968 年才出版。

6. Brechenmacher, *Geschichtsschreibung*, 209-39.

7. Fellner, 'Reichsgeschichte'; Gnant, 'Reichsgeschichte'; Klueting, *Reich*, 2-5.

8. 下列著作提供了有用的视角：Blänsdorf, 'Staat'; Brechenmacher, 'Österreich'。

9. Derndarsky, 'Srbik'.

10. Burgdorf, *Weltbild*, 227-51, 277-83.

11. Langewiesche, 'Reich, Nation und Staat', 215-16; Schulze, *Geschichtswissenschaft*, 160.

12. Moraw, *Reich*. 以下的最近研究也是有帮助的：Prietzel, *Reich* and Schubert, *Spätmittelalter*。

13. Schnettger, 'Reichsverfassungsgeschichtsschreibung', 146-51; Klueting, *Reich*, 7-17.

14. Schmidt, 'Reich und die deutsche Kulturnation' and *idem*, *Geschichte*, *passim*.

15. 例如：Schilling, 'Reich' and Hartmann, 'Heiliges Römisches Reich', 11-12, 21-2。

16. 例如，特别是参考文献中 Horst Dreitzel、Caspar Hirschi、Alexander Schmidt、Georg Schmidt、Joachim Whaley 和 Martin Wrede 的著作。

17. 对一些核心争议的讨论，见：Whaley，'Old Reich'and Schnettger 'Reichsverfassungsgeschichtsschreibung'，146-51。

18. Dorpalen，*German history*，99-186；Vogler，'Konzept'．

19. Blickle，*Leibeigenschaft*．

20. Brady，*German histories*．

21. *Geschichte des Pietismus*，i and ii．

22. Wollgast，*Philosophie*；Mulsow，*Moderne*．

23. Hotson，*Commonplace Learning*；Mulsow，*Moderne*；essays in Mulsow，*Spätrenaissance-Philosophie*．

24. Holzhey，Schmidt-Biggemann and Mudroch，*Philosophie* and Schobinger，*Philosophie*．

25. 最近的著作，见 *Meid，Literatur*。Meid 的大量参考书目未包含在印刷版本的书中，但可以在以下网址找到：http：//www. chbeck. de/downloads/Bibliographie%20Autoren_ Anonyme%20Werke. pdf。

26. Krieger，*Idea*；Maier，*Staats- und Verwaltungslehre*．

27. Strauss，*Law*．

28. Friedeburg，*Self-defence*．

29. Dreitzel，'Zehn Jahre'，383-95；Dreitzel，'Pufendorf'；Hammerstein，'Pufendorf'．

30. Dreitzel，*Monarchiebegriffe*．

31. Stolleis，*Öffentliches Recht*，i and ii．

32. 一个值得关注的例外是 Wilson，*Reich*，其中涉及了 1558～1806 年这一时期的重要方面。

33. Wehler，*Gesellschaftsgeschichte*，i，35．

34. Press，*Kriege*；Schmidt，*Geschichte*．

35. 这个词语在过去超过 60 年关于近代德意志的历史讨论中被广泛应用，起源于由 Helmuth Plessner 编写的著作 *Die verspätete Nation：Über die politische Verführbarkeit bürgerlichen Geistes* 的标题，于 1935

年以 *Das Schicksal deutschen Geistes in seiner bürgerlichen Epoche* 首次出版。

36. Köbler, *Lexikon*, viii.

37. Whaley, 'Reich', *passim*.

38. Krebs, 'Dangerous book'.

39. Whaley, 'Kulturelle Toleranz', 201, 216–24.

第一部分
1500 年的德意志
和神圣罗马帝国

第一章

起源和边界

当谈到 1500 年的德意志的时候，有一些关于近代早期的神圣 罗马帝国历史的基础性问题。"德意志"这个术语本身的含义就是相当不明确的。在 15 世纪晚期，对"德意志人"的意识毫无疑问是在不断增长的。这一意识是以语言、共同的族群身份和历史经验的认同为基础的。在一些讲德语的地区，"德意志人"的意识为维护共同政治利益所强化，并通过法律和制度形式表现出来。在 15 世纪，"德意志国家"和"德意志民族"更多地被用以表述这一利益共同体；在 1474 年，帝国第一次在文件中被称为"德意志民族的神圣罗马帝国"，并且这一称谓在 1512 年正式确立。[1]然而，这一称谓所表述的帝国和"民族"（Nation）之间的关系并没有以准确的术语被定义。

事实上，在这一时期，帝国和"德意志民族"都不能够被简单地定义。帝国起源于查理大帝对罗马帝国遗产向北转移的解读，以及奥托一世（912~973）之后德意志国王逐渐采用了皇帝头衔。奥托一世在 936 年继任德意志国王，征服了意大利，在 951~952 年成为伦巴第国王，并且在 962 年加冕为皇帝。[2]帝国转移（translatio imperii）的理念是帝国精神的根本：皇帝掌握的至高无上的权力是从罗马帝国的皇帝继承而来的，因此他的威望得到了难以估量的提升。亨利四世（1050~1106）在被加冕为皇帝之前，就为当选的国王（被称为罗马-德意志国王，römisch-deutscher König）增加了"罗马人的国王"（Rex Romanorum）的头衔。[3] "神圣"一词是由霍亨施陶芬王朝的弗里德里希一世在 1157 年添加的，这反映了他统治意大利、天主教会，以及阿尔卑斯山以北地区的野心。

帝国不同的起源和多面性体现在其统治者的头衔和加冕仪式上。德意志的君主制仍然是一个选举体制，这一事实毫无疑问导致了流动宫廷的长期存在，以及帝国始终缺少一个明确的地理中心或者首都。甚至帝国的头衔本身也是模糊的，在地理意义上是不明确的：罗马帝国、基督教帝国、世界帝国（Imperium Romanum, Imperium Christianum, Imperium mundi）。就固定的地理位置而言，这些地点从统治的角度来看也并不重要。从查理大帝时期一直到 1531 年，统治者加冕为德意志国王（以及罗马人的国王头衔）的仪式在亚琛进行；在 1531 年斐迪南一世加冕后，这一仪式在法兰克福举行，或者有时直接在选举地点举行。在整个中世纪，国王加冕为皇帝的仪式在罗马的圣彼得大教堂举行，并由教皇亲自加冕。第一个没有以此方式加冕的皇帝是马克西米利安一世，他在 1508 年直接宣布自己为"当选的罗马皇帝"（Erwählter Römischer Kaiser）。最后一次教皇的加冕仪式是查理五世于 1530 年在博洛尼亚完成的加冕仪式。皇帝徽章理论上位于亚琛，但是在两次加冕仪式之间不断地被从一个地方运到另一个地方。这种现象持续到 1424

年，此时最重要的物件（包括皇冠、权杖、皇权宝球、圣剑以及圣枪）位于纽伦堡。[4]

历代德意志王朝逐渐扩大了帝国头衔的地理意义，除了阿尔卑斯山以北和以南的大量土地之外，帝国在东欧扩大了版图。卢森堡王朝的皇帝查理四世（1347～1378 年在位）、文策尔（1378～1400年在位）和西吉斯蒙德（1411～1437 年在位）试图将波希米亚、西里西亚、卢萨蒂亚和勃兰登堡伯爵领地，以及更重要的帝国外的匈牙利固定为基本领地。然而他们对于这些领地的统治从未稳固。正相反，他们的统治不断地被叛乱以及竞争对手阶段性的成功的宣称打断。但凭借着婚姻和继承策略，卢森堡家族的皇帝得到了一系列潜在的所有权。当西吉斯蒙德在 1437 年去世时，这些宣称权被哈布斯堡王朝继承，因为他的继承人，也是他的女儿伊丽莎白在1421 年嫁给了哈布斯堡的阿尔布雷希特五世。阿尔布雷希特在1438 年当选皇帝，并且首次同时获得了波希米亚、匈牙利和德意志王冠。但是在那时，勃艮第王国已经不可挽回地失去了：最后一次由德意志皇帝获得勃艮第王冠，还要追溯到 1356 年查理四世时期。查理四世在 1378 年去世之后，勃艮第王国瓦解了，并且大部分领地被并入法国。同时，帝国对大部分残留的意大利王国的领地也逐渐失去了控制。

卢森堡家族的野心投向东方。从某种意义上讲，卢森堡家族的统治者因此边缘化德意志领土，这导致来自瓦卢瓦家族的新的勃艮第统治者（1363 年起成为勃艮第公爵）逐渐稳固了统治，并且利用了德意志部分诸侯的不满情绪。作为结果，哈布斯堡的继承人几乎立刻将注意力转移到西边。他们对于勃艮第的大胆查理（Charles the Bold）的挑战做出反应，时而采用和平手段，时而动用武力，并且最终采用联姻这一最为有效的方式解决了争端。在大胆查理死

19　后不久，1477 年 4 月，查理的女儿兼继承人玛丽，与弗里德里希三世的儿子兼继承人马克西米利安结婚。勃艮第和弗朗什孔泰地区成为哈布斯堡和帝国的遗产，这件事也为另一个更有影响力的计划拉开序幕，即阿拉贡和卡斯蒂利亚通过大婚的方式合并。这也是对于法国逐渐增长的敌意的回应：路易十一（1461~1483 年在位）、查理八世（1483~1498 年在位）和路易十二（1498~1515 年在位）一直保持着对勃艮第以及帝国在意大利地位的野心。

卢森堡王朝和哈布斯堡王朝对领土的野心不断加大，并且在马克西米利安一世统治时期达到顶点（马克西米利安从 1486 年开始成为国王和共治者，1493 年成为唯一的统治者，并且在 1508~1519 年担任皇帝）。这种扩张不仅带来了权力，也带来了不安全因素。哈布斯堡家族创造了一个可以说比此前其他任何王朝都更加广阔的帝国。然而，为了坚持自己的各种主张，或者保卫自身的主张阶段性地免受充满敌意的邻居（例如法国国王）的破坏，他们需要大量资源，这导致他们对德意志的邦国施加了更大的压力。帝国内部对于法律和议会的改革呼声，首先就是对于上述压力的一种回应，因为法律和制度能够保障他们的权力。

马克西米利安一世通过继承和婚姻获得的君主权力和领土，以及皇帝头衔带来的君主权力主宰了欧洲的版图。尽管在纸面上看这一区域像是一个整体，但实际上远非如此。皇帝掌握的权力和影响

力，在不同的区域，其程度完全不同。正是因为皇帝的管辖权是随着时代变化的，所以这些管辖权的实际意义，以及对于皇帝而言作为潜在权力的载体的价值，差异也是相当大的。所有这些权力大体上都是在神圣罗马帝国的保护之下，但是根据制度或者政府的实际情况，根据帝国王权的情况，这一头衔在不同的情况下有着不同的意义。

以下两点对于编制准确的帝国地图造成了障碍。第一，帝国的外部边界始终是有着不确定性的。帝国的边界非常频繁地变化，并且在任何一个时间点都很难精确地描绘。第二，还原帝国的内部边界，使其复杂性完全为人理解，这一点从技术层面是不可能的。关于后者，在下面关于帝国体系或制度的章节中会进行讨论。然而，关于第一个问题，大约 1500 年帝国的边界范围，不仅可以说明关于地理边界的问题，还能够揭示出在某些地区，限制帝国体系发挥作用的因素。[5]

从某些方面而言，关于神圣罗马帝国边界的问题恰恰是过时的。帝国的边界是不固定和不清楚的。因为边界来源于国王和封臣之间的封建关系，所以边界随着这种关系的变化而变化，例如王朝或者贵族家族的终结，或者婚姻条约。此外，一个贵族可以同时是两个君主的封臣，从而创造出交织的领主关系以及难以明确的权力、宣称以及野心。同样重要的事实是，"德意志民族的神圣罗马帝国"不仅仅是一个德意志的帝国。在帝国的土地中，有很多族群组成的多民族混合体，这些族群说法语、荷兰语、弗里斯兰语、索布语、捷克语、斯洛文尼亚语、意大利语、拉丁语以及古罗马语。同样地，帝国

20

也并未包括所有的德语地区，因为帝国排除了所有在东欧的德语人群聚居地，也就是所谓的"语言岛"（Sprachinseln）。[6]

尽管如此，也可以说"德意志"帝国在 1500 年前后出现了。理论上讲，15 世纪的帝国由三个主要的领土部分组成：意大利、德意志和勃艮第。但是从实际层面而言，只有德意志王国仍然保存。马克西米利安的一个长期的野心，就是恢复已经失去的意大利和勃艮第的土地；在一个阶段，他甚至努力再次征服普罗旺斯，以重新获得位于阿尔勒（Arles）的过去的勃艮第王国的核心区域。然而最终这些计划在他的统治结束前失败了，并且帝国比之前更加以德意志王国为中心。

马克西米利安也许曾设想这三个王国作为一个统一体，但是事实上，无论意大利还是勃艮第都无法被称为完全属于近代早期的帝国，以至于发展成为德意志国家的负担之一。与此同时，帝国作为基督教世界的君主国的观念也逐渐淡化了。最终，这一观念更多地成了哈布斯堡王朝神话的一部分，而非帝国体系真正的特性或者愿景，这一体系则逐渐接受帝国议会中的代表。[7]三个帝国首相（美因茨、特里尔和科隆大主教分别对应德意志、勃艮第和意大利）中，只有美因茨大主教作为德意志首相（sacri imperii per Germaniam archicancellarius）仍然拥有首相府。

更大的帝国的分裂过程，即德意志国家和边缘地区分离的过程，在帝国南部最为明显。例如，意大利领地是霍亨施陶芬王朝的重要部分。其中的一些地区，例如威尼斯，在 15 世纪末期就走上了独立的道路。然而另一些部分仍然保留在帝国内。萨伏伊、米兰、摩德纳、帕尔马公国，以及热那亚、卢卡、比萨、佛罗伦萨和锡耶纳共和国，仍然将皇帝视为他们的君主。然而除了萨伏伊，其他成员都没有帝国议会中的席位，而且没有一个被包括在16世纪初发展的任何一个区域性制度结构（帝国大区，Reichskreise）中。[8] 领地授予的仪式（通常伴随着大量的货币贡金和贿赂）仍然在当地的王朝或者皇帝的即位仪式上进行。甚至在18世纪末期，意大利王国（Reichsitalien）发展出250~300处封地，包含了50~70个家族。[9]但是这些领地不受帝国法院的管辖，并且不缴纳帝国税。18世纪帝国法律杰出的评论者约翰·雅各布·莫泽反复在著作中陈述，意大利毫无疑问属于帝国，但是意大利与德意志并没有真正的联系。此外，作为德意志法律的专家，他说，他甚至无法对这样的体制给出解释。[10]

意大利的邦国实际上部分成了狭义的哈布斯堡王朝的遗产，并且成了哈布斯堡直到19世纪对意大利的宣称的基础。尽管科隆的大主教仍然保留着意大利首相（sacri imperii per Italiam archicancellarius）的头衔直到帝国结束，但帝国对于意大利地区的利益事实上是通过在维也纳任命的全权代表执行的，例如约瑟夫二世统治时期的托斯卡纳的利奥波德（Leopold of Tuscany）。然而实际上，在近代早期的帝国内，意大利地区并没有扮演任何活跃的或者有深远影响的角色，因此意大利地区被排除在本研究之外。[11]

瑞士联邦被排除在外是出于不同的原因。有着共同体传统的联邦与本质上是贵族政治的帝国，二者本身就存在潜在的裂隙，这种分裂在15世纪由于瑞士反对哈布斯堡的领土主张和野心而进一步加剧。在 1471 年之后，"旧联邦"（eidgenössische Orte）不再出席帝国议会，并且举办独立的公共会议（Tagsatzungen）。马克西米利安一世最后一次征服瑞士联邦的尝试在 1499 年宣告失败，此后瑞士联邦不受帝国的管辖得到了帝国的承认。形式上，瑞士联邦仍然保持在帝国内。然而，即使是瑞士的边界城市，例如巴塞尔和沙夫豪森，在 1530 年后也不再出席帝国议会，并且联邦始终坚持和维持自身在帝国内传统的自治权，直到 1648 年《威斯特伐利亚和约》最终承认了瑞士联邦的主权。[12]

在西方，帝国的边界呈现出更为多样的图景。阿尔萨斯的大部分在哈布斯堡家族的控制下，而斯特拉斯堡以及十个上阿尔萨斯的帝国城市则清楚地归属于帝国。北部的洛林公爵是皇帝的封臣，但是从巴尔公国（Duchy of Bar）而论，洛林公爵也是法国国王的封臣，而且他与帝国的联系只是名义上的。[13]关于勃艮第的领地，情况更为复杂。勃艮第伯国（Freigrafschaft Burgund 或 Franche Comté），嵌在北部的洛林和南部的萨伏伊之间，这一地区曾经归属于帝国（自 9 世纪以来），然而帝国城市贝桑松（Besançon）在其中心形成了一块明显的飞地。然而，这一地区与帝国整合的程度受到了其作为哈布斯堡领地的地位的限制，并且这一地区在 1556 年由西班牙哈布斯堡家族掌握，在西班牙和法国的持续冲突中扮演着关键的角色，直到 1674~1678 年最终落入法国之手。

勃艮第遗产的北方部分，包括布拉班特（Brabant）、佛兰德和低地国家，严格意义上也仍然属于帝国。[14]而那些仍然在哈布斯堡控制下的尼德兰的南部地区（其中西班牙控制到 1713~1714 年，随后由奥地利控制)，是包含在勃艮第大区的，这一地区在 1548 年起就完全豁免于帝国的管辖权和其他权力。因此新成立的荷兰共和国严格意义上在 1648 年之前一直属于帝国。尽管这一地区政治、知识和文化的发展逐渐对德意志领土产生显著的影响，但从任何意义而言这一地区都无法被看作帝国等级 (Reichsstände)。这些领地比意大利的帝国领地有着更大的作用，但是更多地反映了它们在奥地利哈布斯堡王朝的政治权力利益的重要性。和科隆大主教一样，特里尔大主教发现他的阿尔勒王国首相 (sacri imperii per Galliam et regnum Arelatense archicancellarius) 的地位，不过是一个荣誉头衔。[15]

北部的边境也许是其中最清晰的，尽管这一地区也反映了近代早期帝国的相当重要的特点。荷尔斯泰因公国归属帝国，而石勒苏益格地区归属丹麦。这两者在 1460 年的《里伯条约》(Treaty of Ripen) 中合二为一，丹麦的克里斯蒂安一世 (Christian I) 继承了绝嗣的绍姆堡公爵的领地 (通过他作为奥尔登堡家族年长的继承人的宣称权)。作为结果，丹麦国王成了皇帝的封臣，并且作为荷尔斯泰因公爵服从帝国的管辖权。这一事件也开创了一种新的模式，并且在帝国随后的历史中反复出现，例如萨克森和波兰以及汉诺威和英国。皇帝的封臣中同时存在帝国诸侯和非德意志的君主，这是使帝国成为欧洲的邦国体系的一个重要因素。与此同时，非哈布斯堡的君主在帝国内部的僭越行为也增加了对哈布斯堡王朝权力的挑战，这也是欧洲战争的潜在因素。

在东北部地区，情况则并非如此直接，而是以不同的方式呈现。尽管波美拉尼亚、勃兰登堡和西里西亚是帝国采邑，但条顿骑士团广大的领地则并非如此。[16]这些领地跨过波兰北部，并向北延伸到立陶宛、拉脱维亚和爱沙尼亚。这是条顿骑士团在 13 世纪，将力量从圣地转移到对异教徒所在的北方进行征服和基督化的结果。他们在 1226 年的《里米尼金玺诏书》中对皇帝宣誓效忠，但他们和帝国的关系，很大程度上是在波兰和俄国对他们的征服造成的威胁下得到了进一步的发展，这两个国家对德意志人的入侵感到愤

23 恨。波兰人在 15 世纪的反击导致骑士团失去了大量领地，并且有效地分化了骑士团：普鲁士领地效忠于波兰和教宗，北方的立陶宛分支则被俄国和波兰争夺。尽管后者仍然保持了一定程度的独立性，但普鲁士分支在 1498 年和 1511 年，通过选举来自德意志家族的候选人作为波兰国王（分别是萨克森的弗里德里希和勃兰登堡－安斯巴赫的阿尔布雷希特）以抵抗波兰。但是这并没有成功阻止条顿骑士团在 1525 年实现世俗化，成为普鲁士公国。然而，这一地区依然掌握在霍亨索伦家族手中，这保证与帝国的联系得以延续。与之相反，骑士团立陶宛分支的领地，由大团长戈特哈德·克特勒（Gotthard Kettler）实现了世俗化，在 1561 年成为库尔兰公国（Duchy of Kurland）并脱离了帝国。

在勃兰登堡的南部存在着一系列复杂的邦国，这些邦国附属于波希米亚王国，它们拥有特殊的权力，这些权力与帝国的其他任何部分都相当不一样。在大约 1500 年，这一复杂的地区，除了波希米亚自身，还包括西里西亚公国、摩拉维亚边疆伯爵领地，以及上卢萨蒂亚和下卢萨蒂亚。这些土地在 1526 年通过继承的方式，处

于哈布斯堡的直接控制之下。哈布斯堡的勃艮第领地特权的产生是因为哈布斯堡成为其君主，与之不同的是，波希米亚国王在帝国长期享有特殊地位。首先，波希米亚（自 1198 年以来）是帝国内唯一的王国。波希米亚国王作为帝国选侯的地位，在 1356 年的《金玺诏书》中得到确认，但是并不参与选侯院的商议。像其他选侯一样，他的领地也豁免于帝国的管辖权，这意味着他的臣民无法向帝国法院上诉（不得上诉特权，privilegium de non appellando），且帝国低级别的法院不在这里运作（不受传唤特权，privilegium de non evocando）。[17]

波希米亚独特的政治和宗教传统也许是更重要的，并且在后来有着重大影响。波希米亚的诸侯在任何情况下都会大力主张他们的选王权。例如，在 1471 年，波希米亚国王伊日·波杰布拉德（George Podiebrady）去世后，他们选举了波兰雅盖隆家族的弗拉迪斯拉斯二世（Ladislas Ⅱ）。甚至当哈布斯堡的斐迪南一世在 1526 年通过继承获得波希米亚王冠时，波希米亚的诸侯仍然坚持在国王实际加冕之前其"选举"国王的权利。这种政治独立的传统因主流的胡斯派，或者说圣杯派（Utraquist）的幸存而得到了加强。圣杯派则是在帝国和教会的反对，以及激进的塔博尔派反叛者的夹攻之下得以生存。因此，在所有帝国领土中，唯有波希米亚王国，"民族"的宗教强化了等级的"民族"观念。在 16 世纪末期，这一系列情况也成了三十年战争爆发的导火线。[18]

本章叙述的关于帝国边界的轮廓，恰好在哈布斯堡领地的东南地区完成。除了 1526 年因最后一位雅盖隆家族的波希米亚和匈牙

利国王的去世而被继承（尽管有争议）的匈牙利王国，其他哈布斯
24 堡的核心领地都属于帝国。奥地利大公国、施蒂利亚公国（Styria）、
卡林西亚公国（Carinthia）、卡尔尼奥拉公国（Carniola），以及蒂罗
尔伯国（Tyrol）和戈尔茨伯国（Görz，位于亚得里亚海沿岸），在哈
布斯堡王朝的控制下，形成了大体上紧密的联合体。像其他哈布斯堡
领地一样，它们在帝国内也享有豁免权和特权。这一段边界的另一个
特征，则是哈布斯堡的领土横跨边界的两边，其中匈牙利部分在帝国
外。[19]在北意大利，布里克森（Brixen）和特伦托（Trent）采邑主教
领地紧邻哈布斯堡的领地，它们的统治者直到 1803 年仍然是帝国的
诸侯，尽管他们在帝国的政治中并未扮演重要的角色。

从 15 世纪 40 年代起，王朝的首要需求是在土耳其人的威胁下
保卫国家，实际上大体是奥地利的领土的安全，这使得奥地利的领
地乃至整个帝国，在超过两个世纪的时间里卷入偶发的且通常是旷
日持久的军事冲突中。这种方式既起到了整合帝国的作用，从长期
而言，也突出了哈布斯堡在帝国中的独特性乃至不同之处，而这一
问题也构成了本书的一个核心主题。尤为重要的是，哈布斯堡的势
力范围基于帝国地理的边缘，这一事实对帝国整个体系未来的发展
产生了巨大的影响。尽管哈布斯堡无疑是所有德意志王朝中最强大
的，然而霸权长久地远离了他们。如果一个类似的势力在帝国的地
理中心，或者完全在北部、南部或者西部，也许会创造一个相当不
同的帝国，也许甚至会形成一个类似于法国的德意志"民族"的君
主制度。

对帝国主要边境地区的研究，表现出帝国的统治在边界的不同

层次。哈布斯堡王朝在东南部的直接统治与瑞士各州半自治的形式形成对比，这两者又与非正式的，但很突出的非帝国成员的条顿骑士团（后来是普鲁士）的领地存在着差异。在每一个地区，不同的王朝和法律传统带来了不同程度的帝国管辖权，并且在一些情形下，这也带来了作为皇帝的哈布斯堡王朝与作为法律实体的帝国，二者管辖权的差异。一些地区（意大利、瑞士和低地国家）逐渐脱离帝国，导致其余的地区逐渐整合成德意志帝国。然而，对于瑞士和低地国家，这一点在 16 世纪初期并不明显，而是接下来几百年漫长过程的结果。

边界的多样性对应着帝国内部的多样性。在研究"德意志"帝国自身的领土地图之前，首先研究帝国的制度也许是最好的方式，因为碎片化的地图是帝国的框架从中世纪晚期发展而来的结果。这一发展历程，在 1500 年前后的一系列帝国体制的改革中达到顶峰，并且使领土地图的基本特征固定下来，因此也为帝国近代早期的进一步发展奠定了基础。

注释

1. "Reich"这一词语将会从头至尾用于指代帝国，因为这个词在当下的资源中使用得最为频繁。关于命名的演变，可见：Nonn, 'Heiliges Römisches Reich'。
2. 下面段落的研究基于 Boockmann, *Stauferzeit*, Leuschner, *Deutschland*, and Herbers and Neuhaus, *Reich*, 1-127。一份不错的英语研究是 Du

Boulay，*Germany*。

3. 关于德意志国王采用"罗马人的国王"的头衔，见 *LdM*，v，1304-9 and vii，777-8。

4. Conrad，*Rechtsgeschichte*，i，317-18，326-7 and ii，66-74；Rabe，*Geschichte*，109-11.

5. 关于边界的讨论，可见 Conrad，*Rechtsgeschichte*，i，399-43 and ii，106-11，and Rabe，*Geschichte*，13-23。

6. Neuhaus，*Reich*，5；另见本书页边码 51~53 页关于语言的评论。

7. "帝国议会"（Reichstag）这一术语将会在接下来一直使用，偶尔使用的"diet"不会传达任何不同的含义。

8. 见本书页边码 35~36 页。

9. Köbler，*Lexikon*，315-16；Aretin，*Das Reich*，76-163；Aretin，*Altes Reich*，i，112-15；Conrad，*Rechtsgeschichte*，ii，110-11.

10. Moser，*Grund-Riss*，75-7，690-713.

11. 更多的信息，见 Schnettger，*Genua*，23-38；Schnettger，'Impero romano'；Aretin，*Altes Reich*，i，112-15，201-8，310-12，ii，85-96，128-34，194-215，351-80，458-67，and iii，63-71，168-71；Aretin，*Das Reich*，76-163。

12. Blickle，'Eidgenossen'；Stadler，'Schweiz'.

13. Monter，*Bewitched duchy*，21-58.

14. Mout，'Niederlande'；Press，'Niederlande'；Israel，*Dutch Republic 1476-1806*，9-40，64，66，68-70.

15. 勃艮第王国被称为阿尔勒王国，是因为勃艮第加冕仪式最初在阿尔勒举行。

16. Du Boulay，*Germany*，110-14；Boockmann，*Orden*，197-224.

17. Conrad，*Rechtsgeschichte*，ii，160，164，168. See also，Begert，*Böhmen*，*passim*.

18. 见本书页边码 448~456 页。

19. Evans，*Making*，157-60.

第二章

作为政体的帝国

描述 1500 年以前的帝国体制所面临的主要问题,是它没有系
统性的书面形式。帝国也没有一套明确界定的有着持续历史的帝国
机构,更不必说可证明的效力。15 世纪盛行的安排已经经历了几
个世纪的演变,历史学者对这一过程的关键方面存在意见分歧。关
于授予诸侯特权是不是霍亨施陶芬家族以及后继者的统治虚弱的标
志,这一问题存在着争议。对于 11 世纪到 15 世纪的任一阶段的帝
国政府的范围都存在着分歧,并且最终对 1495 年和 1500 年实行的
关键改革的目的和本质也存在着争议。一些人认为改革代表着恢复
过去的状态,无论多么理想化。另外一些人则认为,这些改革代表
着彻底的新起点。然而对于发生的事情实际在多大程度上反映了改
革者的意图,或者说现实中改革的结果是不是一种混乱且矛盾的妥
协,也存在着争议。帝国议会在 1495 年和 1500 年达成的结果,对
于近代早期阶段显然是极为重要的,因为这些结果是随后所有定义
或重新定义帝国机构的尝试所依据的基础。然而从某种意义来说,
相关的发展在过去的两三个世纪已经出现了。

无论是否将后霍亨施陶芬的君主制视作一种衰退,以下几点都

是明确的。第一，帝国仍然保持选举君主制，单一统治王朝未能出现。第二，历代皇帝专注于德意志以外，尤其是意大利的事务，以及一些皇帝在德意志国家边缘，特别是东部地区拥有宫廷，这进一步强化了选举原则并且日益加强了诸侯的力量。为了确保战争的资金和人力，或者仅仅在阿尔卑斯山以北建立权力基础，历代皇帝释放了越来越多的特权。作为结果，在一代又一代之后，皇室的官员得以将自身转变为封建纽带中的世袭领主。到1400年为止，事实上几乎所有王权和有意义的最高统治权都已经失去了。

自"红胡子"（"巴巴罗萨"）弗里德里希（1152～1190）统治时期以来，德意志诸侯的地位就逐渐得到强化。到13世纪早期为止，诸侯已经得到了重要的特权，并且在被广泛接受的法律中得到确认，例如1231～1232年颁布的《有利于诸侯的法令》（statutum in favorem principum），这一法规承认了诸侯对他们的臣民的管辖权。[1] 此外，皇帝和教皇在主教叙任权问题上的冲突，最终导致皇帝放弃了对于教会的所有政治权和法律权。1122年的《沃尔姆斯协定》（The Concordat of Worms）承认了主教和修道院长分别由主教座堂和修道院社区自由选举产生。皇帝的正式授权转变为一种分封的行为，在仪式上皇帝授予权杖和戒指，这使教会也被纳入帝国的封建体系中，这种妥协造成的影响会在下文详述。1220年，皇帝放弃了在主教或修道院长去世后对教会领地的所有主张，并且这些职位也被承认为帝国的诸侯，即《与教会诸侯联盟》（confoederatio cum principibus ecclesiasticis）。[2]

在同步的进程中，帝国城市（Imperial Cities）和自由城市

（Free Cities）也演变为独特的合作组织，然而它们在帝国内演变为制度化实体的进程比世俗诸侯和教会诸侯更缓慢。[3]在 13 世纪，出于财政原因，帝国城市得到了皇帝的推动。帝国城市最初由皇室官员直接管辖，随着市政会逐渐承担起管辖权以及行政和司法职责，它们也逐渐获得了独立性。自由城市是一些例如奥格斯堡、科隆和斯特拉斯堡的城市，它们最初服从于主教当局。[4]到 15 世纪晚期，帝国城市和自由城市的区别已经几乎消失了，很多城市在头衔中已经同时包含了"帝国"和"自由"这两个词，并且约 70 个城市被包含在帝国等级中。它们共同的身份认同随着城市同盟的形成，例如 1254 年的莱茵同盟或者 1488 年的施瓦本同盟（Swabian League）得以加强。1471 年，出现了所有自由城市和帝国城市的代表出席的越来越规律的会议，并且从 1489 年起它们在帝国议会中构成了独立的院，然而直到 1648 年之前它们仅拥有咨询权（votum consultativum），而非主动的表决权。[5]

帝国等级的逐渐演变伴随着帝国体制机构更不稳定的变化。其中最重要的变化，是在 13 世纪明确定义的来自世俗和教会诸侯的选侯团的出现。[6]这一群体由大首相（Archchancellor）和两个副首相（Vice-Archchancellor，美因茨、特里尔和科隆大主教），以及主要的帝国宫廷职位（尽管在近代早期阶段完全是荣誉职位）的世俗官员（宫廷膳务大臣、内廷大臣、司库大臣以及掌酒大臣）组成：普法尔茨伯爵、萨克森公爵、勃兰登堡边疆伯爵和波希米亚国王（在 1257~1289 年与巴伐利亚公爵争夺之后）。他们作为选侯的角色被永久确立，并且由于没有强大的统治王朝出现以及皇帝和教皇的冲

27 突，这一角色得到了加强。他们在 13 世纪的双重选举造成的混乱局面，以及部分成员时而支持"对立国王"，进一步提高了他们的地位。[7]事实上他们不仅仅是选侯：他们发展为摄政会议，并且有着引导以及在一些重要的方面限制君主自由的愿望。[8]

对选侯地位的最终确认来源于 1356 年的《金玺诏书》，其中极佳地说明了大量复杂的皇帝法令或让步。[9]《金玺诏书》通常被视为诸侯的胜利，但事实上，这是查理四世通过确认支持他的诸侯的团体，以及授予其成员特权的方式，以保证皇帝头衔由他的继承人世袭的努力。《金玺诏书》的让步并没有实现卢森堡王朝的确立。然而，它正式确立了帝国内的选举程序和选侯成员。除了明确每次选举过程的细节，以及多数决议的原则之外，《金玺诏书》也确立了选侯作为皇帝的建议者，并且为了这一目的，设立了选侯年度定期会议。此外，普法尔茨伯爵和萨克森公爵被设立为空位期或者过渡期的帝国代理官（Reichsvikare）。与此同时，《金玺诏书》规定了选侯的土地不能被分割，而且世俗选侯要采用长子继承制。[10]

《金玺诏书》规定的用来讨论内部和平和帝国改革的定期选侯年度会议，事实上并未实现。然而，《金玺诏书》的这些条款帮助强化了帝国寡头政治的本质：分享权力意味着分享责任。尤其是，《金玺诏书》看上去暗示了这样一种共识：诸侯阶段性的会议（宫廷会议，后来的帝国会议）并未充分发挥这些职能。事实上，直到 15 世纪末期，这些会议仍然是不定期的，并且成员是变化的。只有选定的诸侯被邀请讨论当下的问题，结果是很多未出席的诸侯无视或者公然拒绝承认达成的决议或法令。[11]

在13~14世纪发展其他中央机构的努力中，也出现了相似的不确定性和障碍。皇室法院在哈布斯堡的鲁道夫统治时期（1273~1291）大体上已经存在，但是除了对较小金额的资金发出皇室的确认以外，它的行动几乎是没有影响力的。同样地，皇室司法法庭，例如位于斯图加特附近罗特韦尔（Rottweil）的宫廷法庭（Hofgericht），看上去也只是偶尔有效。这些机构的持续存在无疑强化了受过法律训练的官员的传统，但作为政府机构仍然是残缺的。[12]皇权缺失的表现，是其他一些组织的出现，例如威斯特伐利亚地区菲默法庭（Veme或Feme）的出现。这一秘密机构在1300~1450年得以发展，并且执行严格且迅速的审判，有时甚至出现在远离威斯特伐利亚的地方，那里缺少任何有效的皇权。菲默法庭本质上是自我任命的，尽管它们受到科隆大主教的保护以及皇帝偶尔的许可。它们能够运转是因为它们的裁决基于一种帝国机构所缺少的强制性。[13]

但是，帝国不存在中央政府这一事实并不意味着帝国作为一个政体的意义已经不存在了，或者像传统的历史学者通常主张的那样，帝国逐渐衰退为仅仅作为一个观念的存在。事实上，到1600年，一个新的结构已经清晰地形成了。这个新的结构对于皇帝和帝国的关系，以及帝国自身广泛的本质和目的，都给出了更为明确的定义。尽管新的结构大部分是在16世纪期间发展起来的，但从根本上而言，这一体系是开始于15世纪早期，并且在1495年沃尔姆斯帝国议会和1500年奥格斯堡帝国议会改革中取得成果的改革运动的结果。历史学者在最近的几十年间对这些改革的起源存在分歧。一些人认为，这些改革代表了创建第一个真正的帝国国家的失

28

败尝试。另一些人将这些改革视作一种回到过去的尝试，无论是否
真的存在一种理想化的、与现实几乎完全不同的过去。一些人此时
则质疑在 15 世纪持续的改革传统的概念。事实上，彼得·莫拉夫
认为恰恰是"改革"这个词应当被抛弃掉，因为这个词掩盖了不断
变化的状态，以及呈现了这一过程的潜在结果的开放性。[14]

这似乎是对许多同时代人明确理解为改革的进程中固有的不确
定性的过度反应。改革这一词语的现实意义在 15 世纪的过程中逐
渐变化。实际举措是零星的，并且在每个关键时刻都受到旧问题的
新变化的影响。1495~1500 年的改革最终结果并不是决定性的结
论，而是一系列不被视作永久解决方案的妥协。然而，关于改革的
观念，其主题和内容是有延续性的。改革的观念对于人们理解近代
早期帝国仍然是基础性的。

关于广泛改革和复兴的想法产生于一系列内部和外部的因素，
自 14 世纪晚期以来，这些因素加剧了帝国所特有的不稳定性。第
一个因素是内部的无序和冲突。在一些地区，伴随着黑死病而来的
急剧的人口下降（在黑森和西里西亚达到 40%~50%），造成了经
济上严重的后果，并且导致了严重的社会危机。城镇的繁荣对于改
29 善其他地区的情况没有任何帮助。事实上，这引发了诸侯和城镇之
间的矛盾。频繁且分散的长期私战和军事冲突升级为小型战争，使
德意志国家的大部分区域变得不安全。在很多地区似乎唯一有效的
法律就是丛林法则（Faustrecht）。当 1450 年前后重新恢复繁荣时，
这样的局面也几乎没有好转，因为又出现了新的威胁，特别是在西
部地区：随着 1453 年百年战争的结束，大量闲散的雇佣军变得

多余。

对这种不安全状态的很多区域性应对出现了。这种无序的状态对很多小的领地和城镇造成了实质性的威胁，并且普遍阻碍了贸易和商业，诸侯、骑士或城镇联盟在各地的组建就是为了应对这种无序的状态。其中一些联盟常年得到皇帝的支持，它们希望利用任何机会在帝国内建立支持的基础。然而这些联盟几乎没有长期有效的。即使是那些能够幸存下来的，例如1488年成立的施瓦本同盟，最终维持到1534年，但无法解决更广泛的问题。在这方面，施瓦本同盟的失败是更为重要的，因为施瓦本同盟的基础是皇帝弗里德里希三世的支持，皇帝希望通过西南部的城市与皇帝的联合来抑制巴伐利亚的野心。联盟在一定时期产生了很大的效果，特别是在1519年剥夺符腾堡的乌尔里希公爵头衔以及1525年镇压农民起义时，但施瓦本同盟和皇帝的联合相当令人不安。即便付出了巨大的努力，马克西米利安一世也没能有效利用它。施瓦本同盟经历了16世纪20年代开始的宗教分裂，这使查理五世持续的努力被破坏，并最终在1534年毁灭了同盟。因此，源于如何在帝国内部形成普遍和平（Landfriede）的问题一次又一次被提出。

一系列对帝国完整性构成威胁的外部势力加剧了帝国的不稳定和动荡。其中最突出的是1419~1436年的胡斯战争，以及1453年君士坦丁堡陷落后奥斯曼帝国带来的威胁。这两者都引发了组建十字军以保卫帝国、抵抗异教徒入侵的想法和计划。这两者最终都导致了皇帝和帝国等级之间出现共同的事业，促使双方寻求方法以组织共同的行动，以及更重要的是为共同行动付款。在15世纪70年代之后，哈布斯堡和勃艮第（法国）逐渐加剧的冲突，使外部威胁又增加了一个维度。事实上，1495 年帝国议会的改革，使帝国等级愿意参与这些冲突的程度成了一个具体问题。很多帝国等级将这些冲突视作哈布斯堡王朝而非"德意志民族"的事务。从这个意义上讲，作为应对帝国对金钱需求的改革，也导致了帝国独特的"民族"身份的出现。

第一次严肃且广泛的关于帝国改革的提议，出现在康斯坦茨大公会议（1414～1418）和巴塞尔大公会议（1431～1437）的背景下。康斯坦茨大公会议的主要目标是解决教会分裂问题、处理胡斯派异端，以及促进整体的教会改革事业。然而在皇帝西吉斯蒙德看来，这些事项明显与帝国改革相关，他也是会议的幕后引导力量，以及推动会议在德意志的领土上召开的人。他是一个特别关注帝国

30 不安全的问题，并且致力于找到持久的解决方案的统治者。

西吉斯蒙德重申帝国对于大量地区的宣称的雄心，其本质也许在 1422 年引入拜占庭的双头鹰作为帝国标志中象征性地显现出来。[15]1417 年康斯坦茨大公会议上普法尔茨的法学家约布·维纳（Job Vener）提出的改革建议，似乎推动了 1422 年帝国名册制度（Reichsmatrikel）的实施，其中明确了每个帝国等级应当为对抗胡斯派的十字军提供的军队人数。[16]在 1427 年美因河畔法兰克福帝国议会上，第一次引入了普遍的战争税（公共芬尼，Gemeiner Pfennig）。这些税收作为先例的意义超过作为收入来源本身：事实上并没有金库，而且只有一名司库。[17]最重要的是，这些举措都应当被视作西吉斯蒙德出于安全原因建立帝国政府的尝试的一部分。其

他措施还包括尝试将自身与城市和骑士联盟联合起来，在 1424 年与有改革意愿的选侯的短暂联盟合作，以及买通一些贵族，例如索伦家族的纽伦堡城堡伯爵（1417 年受封勃兰登堡公爵），以及韦廷家族的迈森边疆伯爵（1423 年受封萨克森公爵）。

西吉斯蒙德在 15 世纪 20 年代的新方案并没有产生持续的效果。然而，在巴塞尔大公会议的背景下，库萨的尼古拉（Nicholas of Cusa）重申了改革的想法。他在 1433～1434 年的著作《论天主教的和谐》（De concordantia catholica）再一次论述了罗马教会和德意志帝国二者平行的改革计划。他的帝国方案的基础是年度议会机构以及对普遍和平的推动。尼古拉的提议在大公会议的背景下制订，但是在 1437 年会议结束后几乎没有产生影响。[18]教会改革和帝国改革的联系，在 1439 年匿名的《西吉斯蒙德的改革》（Reformatio Sigismundi）中再一次浮现，其中要求的变革既是为了普通民众也是为了诸侯。但到了 15 世纪 30 年代，相比帝国改革的事业，更为宽泛的普世天主教会的问题在重要性上逐渐降低。德意志的问题变得越来越独有：内部的和平、有效的行政机构、可行的财政收入体制、稳定的铸币，以及为了保卫帝国建立有效的军队组织。

一方面是选侯和诸侯的提议，另一方面是皇帝西吉斯蒙德和弗里德里希三世的提议，再一次没有产生任何结果。1442 年的《普遍和平条例》（Landfriedensordnung）没能维持。特里尔选侯在 1453～1454 年提出，以及波希米亚国王在 1464 年提出的创建中央执行机构的提议也失败了。[19]在 1471 年雷根斯堡的基督教会议

31 （Christentag）上，响应弗里德里希三世组建十字军以对抗土耳其人的呼吁而进行的战争税投票，直到帝国议会解散也没能刺激帝国，更不用说发动一场全面的十字军运动。由于皇帝和诸侯间的紧张关系，以及支持改革的选侯和诸侯与持怀疑态度的同僚之间的分歧，改革的提议一次又一次地被搁置，达成的协议也是无效的。

尽管如此，1471 年帝国议会标志着态度的改变。首先，这次帝国议会使弗里德里希三世自 1444 年以来再一次回到帝国。[20]此外，也使弗里德里希三世将精力投入他的儿子马克西米利安与勃艮第的"大胆"查理的女儿兼继承人的婚姻上，这件事情在 1473 年得到讨论，并且在 1477 年最终实现。这件事情进一步加强了皇帝对西部事务的兴趣，并且为主导着 15 世纪 90 年代政治局势的与法国的冲突奠定了基础。在帝国的地位处于东部匈牙利的统治者马加什·科尔温（Matthias Corvinus）的威胁的情况下，在西部建立一个新的权力基础尤为重要。然而，同样重要的是，这一卷入西方事务的行动很快产生了新的问题。在 1473 年皇帝于特里尔第一次与"大胆"查理协商，和 1477 年马克西米利安与勃艮第的玛丽结婚之间，查理在 1475 年围攻诺伊斯（Neuss，在科隆北部的莱茵河畔）时，他本人造成了战争危机。在 1477 年联姻之前不久，他在与瑞士雇佣军的战斗中去世，这使勃艮第的遗产落入了哈布斯堡王朝的手中。他对帝国的干涉也给改革观念的革新带来了决定性的影响。

对于哈布斯堡和帝国等级而言，15 世纪 70 年代的事件突出了重新组建帝国军事能力的需求。马克西米利安的婚姻使他立即卷入冲突中，这场冲突首先与法国围绕阿图瓦和勃艮第公国展开，随后又与低地国家的省份展开冲突。与此同时，在东方他也卷入了与马加什·科尔温的进一步长期冲突。在 1485 年失去维也纳之后，1490 年对维也纳以及随后对奥地利世袭领地（Erblande）的再征服，再一次激起了他重新建立东南部地区权力基础的希望。1489 年对蒂罗尔以及前奥地利（Vorlande）的继承，以及 1491 年的《普雷斯堡和约》（Peace of Pressburg）完成了这一过程。1491 年的和约保障了哈布斯堡对马加什的雅盖隆家族继任者的匈牙利土地的继承权。随后，1495 年法国入侵意大利，而马克西米利安对意大利的兴趣也由于他的第二任妻子——米兰的比安卡·玛利亚·斯福尔扎（Bianca Maria Sforza）的宣称权而高涨，这创造了一个新的前线。马克西米利安的回应是两方面的。第一，他计划通过联姻的方式与西班牙建立联盟，即他的儿子腓力（Philipp）和女儿玛格丽特（Margarethe）分别与胡安娜（Juana）和胡安（Juan）结婚。第二，他向帝国寻求军事援助。

从帝国等级的角度而言，这些发展产生了相当不同的影响。[21] 一方面，他们愿意认同马克西米利安在 1486 年当选罗马人的国王以及他父亲的继任者。这使马克西米利安在 1493 年自然成为帝国唯一的统治者，尽管他在 1508 年才成为皇帝。另一方面，基于自身在 15 世纪 70 年代的经历，帝国等级逐渐发展出独立的计划。土耳其人在 15 世纪 70 年代早期的威胁，以及"大胆"查理在 1475 年对诺伊斯的进攻，都突出了找到有效的保卫帝国免受外部进攻的方式的重要性。很显然这需要金钱，进而要求体制的改革和重组。然而，这不一定意味着完全支持越来越被哈布斯堡视为王朝重大利益

32

的行动。弗里德里希三世以及马克西米利安对金钱的不断要求，加强了他们对这一问题的关注。帝国等级针对外部威胁，以及哈布斯堡对这些威胁的回应做出了越来越多的反应。

因此改革有两方面的动力：一方面来自皇帝，另一方面来自帝国议会。[22]事实上，正是在这一阶段，帝国议会才第一次获得了作为德意志帝国的制度性机构的身份认同。帝国议会这一术语替代了此前的术语宫廷会议（Hoftag），这一事实反映了这一机构逐渐从帝国法院和国王个人获得独立性。[23]它仍然保留了作为皇帝的封臣会议的很多旧功能，在会议上授予或者延长封地，以及作为大家族的集会，协商或庆祝婚约。[24]然而政治制度这个维度逐渐凸显出来。

协调各等级努力的人是美因茨大主教贝特霍尔德·冯·亨内贝格（Berthold von Henneberg）。1486 年他获得了帝国首相的职位，作为在选举中支持马克西米利安当选罗马人的国王的回报。他得以借此改变帝国议会的运转方式。例如，此时帝国议会已经开始在各议院开展工作：选侯院、诸侯院，以及 1489 年设立的第三个院——帝国城市院。帝国议会发展出复杂的流程：提前咨询、提议案以及讨论，这些程序既在各院进行，也在帝国议会整体与皇帝之间进行，随后是反提案、投票以及正式决议（Reichsschluss），接下来决议会在帝国议会结束时以帝国告示（Reichsabschied）的形式公布，并立刻成为法律。[25]

这种标准化的流程，是在 1495 年沃尔姆斯帝国议会和 1500 年奥格斯堡帝国议会中改革得以实行的关键的先决条件，直到 1806

年帝国终结时一直生效。在沃尔姆斯，诸侯不愿意支持马克西米利安为在意大利对抗法国的行动提供资金的要求。他们将这一行动看作哈布斯堡王朝的事务。然而双方都承认改革的必要性。例如，在《永久和平条例》（Ewiger Landfriede）的发布上达成了协议，其中禁止了私战。在帝国司法法院的问题上，亨内贝格和帝国等级得以保证帝国最高法院的设立独立于皇帝宫廷。尽管皇帝有权任命大法官（Kammerrichter），但是帝国等级有权推举普通法官，其中一半是受过训练的法学家（教会法规和罗马法相关的非贵族学者），另一半是贵族。最重要的是，法院行使过去属于皇帝特权的职能的程度，在它的职权范围的定义中变得清晰：维持公共和平，以及裁决皇帝的封臣之间的争端。[26]

帝国法院早期的历史中，皇帝和帝国等级关于任命权的争端是重要的特征；1498 年，马克西米利安通过设立一个与之对抗的帝国宫廷参事院，试图降低帝国最高法院的影响力。[27]但是，帝国最高法院首先能够维持其作为帝国首要的机构性法院的地位。此外，通过规定地方或区域性法律仅在不与罗马法冲突时才有效，帝国最高法院推动了对罗马法更广泛的接纳，而罗马法也很快成了帝国整体法律体系的基础，也为邦国和城市提供了范例。在几十年里，即使对于贵族法官，法律训练也成了一个先决条件，这给法院整体增添了一种团结感和观点上的统一，这两点也进一步加强了法院的独立地位。

在 1495 年批准的两项更为长远的举措，以不同的方式帮助为帝国下定义。首先，关于如何执行公共和平的讨论导致了一个妥协

33

的方案，即所谓的"推行和平与法律"（Handhabung des Friedens und Rechts）。这一方案提醒皇帝对于帝国的职责，特别是每年召集帝国议会的义务。这个方案本身也许看上去只是陈述了明显的事实，但这代表了等级的一个重要胜利。他们通过提出这一要求以维护自身的地位，并且他们集体在议会中作为参与者的制度性地位，即使没有与皇帝相当，也在议会中得到了确认。最重要的是，这一方案为皇帝与等级之间更为正式的协议（自 1519 年以来，在选举皇帝前就协议举行协商）铺平了道路，即《选举让步协定》（Wahlkapitulation），其中详述了当选皇帝做出的承诺。"推行和平与法律"方案的作用在于确定了对皇帝权力的限制，以及明确皇帝在帝国内的功能：皇帝的地位更多是作为法律体系下的一个裁决者，而非最高权力统治者。

关于税收问题达成的决议，同样有助于决定帝国将要成为何种政体。尝试引入一项普遍的税收（公共芬尼），以支持帝国最高法院和帝国军队，展现了帝国的局限性。公共芬尼被设计为收入、财产和人头税的混合体，并且起初批准了四年，但这一税收被证明是无效的。帝国议会上诸侯和领主对这一税收的原则达成一致，但是这些原则在很多情况下与参与税收协议的当地的政治体发生了冲突。一些主要诸侯甚至认为代表帝国征税的想法是在贬低他们的地位。鉴于对纳税义务估计不精确的数据、税收机构的缺失，以及教会的教区组织的不胜任，筹措资金的任务在每个地方都被证明是困难的。相对较少的诸侯和市政官员（包括马克西米利安本人在他的领地上）付出很多努力来征收税金，最终放弃了。

1507 年的进一步协商导致了基于修订的传统帝国名册的两种形式的帝国税。帝国名册，即所有帝国等级的清单（在帝国议会有代表席位的实体），以及对于每个成员应当缴纳比例的评估。[28] 用来支持帝国最高法院的所谓最高法院税（Kammerzieler）成了一个常规税种。[29] 对于军事支出，则没有找到这样的解决方案。军事成本持续通过特别征收进行支付，这些税收根据帝国面临的每一个威胁进行商议，并且以传统的基础计算。名册被用来计算一个军人一个月配额的开销［即所谓罗马人的月饷（Römermonate），指的是源于中世纪的用来支持意大利的军事行动的税收］。这个程序对邦国政府的影响，将在关于 16 世纪 70 年代到 80 年代对土耳其人的军事行动的征税内容中进行考察。[30] 然而，这一结果对于帝国的制度框架的意义则更早就得以显现。

即使在 1495 年协议的长期影响显现之前，就已很显然的是当下问题并没有得到解决。马克西米利安仍然需要帝国的军事支持。最重要的是，尽管帝国法院已经建立起来，但是没有任何能够执行它的决议的机制。只要没有方式执行，公共和平就仍然只是一个没有希望的理想。然而执行力的问题再一次提出了皇帝和等级之间的平衡的整体问题。

1495 年，马克西米利安成功抵制了任何类似于中央执行机构的设立。到 1500 年为止，他对于军事援助的需求，使他不得不默许关于帝国执政府（Reichsregiment）的提议。帝国执政府是一个有 20 名成员的会议，包括 7 名选侯以及其他由帝国等级任命的成员，并且由皇帝或其代表担任主席。[31] 尽管帝国执政府迅速在纽伦堡建立起来，但很快就失败了。它既没有收入也没有实权。皇帝从一开始就厌恶帝国执政府，因为这是对他的权力的限制，并且当亨内贝格开始与法国代表谈判时，皇帝激烈地反对帝国执政府。³²即使是帝国等级也没能支持他们自己的创新，很多等级将它视作对他们自身地位的潜在威胁。帝国执政府在 1502 年就瓦解了，并且从未以相同的形式恢复：1521～1531 年的帝国执政府更多是查理五世缺席时的

35 摄政会议。事实上，当帝国执政府在 1524 年从纽伦堡迁到埃斯林根（Esslingen，邻近斯图加特的宫廷，在符腾堡公爵乌尔里希于 1519 年被剥夺头衔后，这里就处在哈布斯堡的控制下，直到 1534 年他恢复地位）后，正如人们所见，第二帝国执政府成了哈布斯堡政策的工具，也因此比以往任何时候都不受信任，而不是亨内贝格和其他改革者设想的中央执行机构。³³

更具有指向性的制约和平衡的特殊体系，是 1500 年引入的用来进行帝国司法裁决和组织军事支持的区域性机构，这也是德意志中世纪的制度遗产。六个大区或者说领地的区域性组织的建立，基于可以追溯到 1383 年的想法，并且起初被当作在帝国执政府中选举帝国等级的六个代表的方式。³⁴尽管帝国执政府失败了，大区则完全保留了下来。1507 年，大区有义务提名帝国最高法院的法官。1512 年，大区的数量增加，包括那些已经在帝国执政府中直接有代表席位的地区。这些地区有哈布斯堡自身的领地（在奥地利大区和勃艮第大区）、选侯的领地［莱茵大区（Kurrheinischer Kreis）］，以及萨克森和勃兰登堡的加入使萨克森大区划分为上萨克森和下萨克森大区。

　　大区的设置乍一看又是帝国分裂的故事，但是事实恰恰相反。大区逐渐发展出常规的内部程序化的制度安排和行政机构。1555 年批准的《帝国执行条例》（Reichsexekutionsordnung）是这一过程中一个特别重要的里程碑。每个大区由一名主席（Direktor，由高级教会诸侯担任）和一名大区执行诸侯（kreisausschreibender Fürst，由高级世俗诸侯担任，同时担任大区的军事指挥官）联合领导，他们共同监督首相，并且召集和主持大区议会（Kreistag）或大区集会，大区议会和大区集会是以帝国议会为模板的。随着大区制度的发展，这些大区行使执行和整合的职能，这些职能对帝国是很关键的。大区组织军队，并且监督其成员根据名册征收的税金流到皇帝手中。大区承担着执行帝国法令以及维持区域和平的职责，或者通过协调争端，或者通过直接的军事干预。此外，它们还逐渐负责道路、监狱和济贫院，负责打击乞丐和盗窃团伙，以及维持硬币的纯度。

　　所有这些职能并非立即被执行的：组织军队和维持公共和平最初就是基础性的，其余职能则是后来才有的。大区也并不总是以其结构和职责的概括性总结所指示的常规方式运转。一些大区事实上从未真正发挥职能；并且长期而言，最有效的大区是施瓦本大区和弗兰科尼亚大区，它们的特征是领地极其碎片化，并且缺少一个或者更多的主导性邦国诸侯。此外，一些大区有时会被关于特权、优先权、程序的争端阻碍，这些与对帝国议会和几乎每一个帝国机构造成阻碍的因素类似。

　　然而正是大区的存在，在帝国内提供了一个重要的区域网络的

36

架构，一系列相对正式的组织。它们促进了成员内部以及区域和皇帝之间的沟通。它们为帝国议会进一步补充了一个复杂的咨询机制，通过这一机制，参与者能够行使被询问的权利，有权反对被认为与单独的等级利益冲突的措施。它们推动了被描述为帝国的"法律文化"的出现和接纳，即帝国法律体系基于的规范和传统。不仅如此，大区的机构在帝国内创造了一个新的精英团体，即大区执行诸侯，他们与选侯组成了一个团体，没有他们的认同和合作，皇帝以及帝国本身都无法运转。[35]

1495 年和 1500 年的协商的很大一部分影响逐渐才变得清楚。对于帝国最高法院或者大区运转的大量细节安排，是在 1500 年到 16 世纪 20 年代早期的帝国议会的过程中发展起来的。随着这个体系回应了宗教改革的挑战，以及寻求法律-政治规则以克服 16 世纪 50 年代宗教分歧的需要，协商的整体结果的更广泛影响在更长的时期才体现出来。直到 16 世纪更晚的时候，随着进一步的变化和调整，法律和政治评论者才开始构建关于在 1495 年和 1500 年帝国议会的改革中近代帝国起源的历史叙述。[36]尽管如此，一些基础状况在 1500 年前后已经具体化，甚至已经很清楚了。然而，为了不高估 1500 年前后达到的明确程度，也许有必要叙述 1500 年局势的主要特征。

改革运动最初源于罗马教会和罗马帝国同步改革的方案，结果是只集中于德意志帝国的改革。教会改革的思想并未消失。事实上，亨内贝格本人很大程度上是库萨的尼古拉的继承者。他对教会和帝国的联合持有强烈的信念，因此也相信新的协议以及教会弊端的解决方案是帝国改革的一个必要部分。[37]

　　马克西米利安也希望维持罗马教会和罗马帝国的联合，尽管是以一种相当不同的方式。他与教皇在政治上的冲突导致他成为第一个没有由教皇在罗马加冕的皇帝，这也使他接受了"当选的罗马皇帝"这一头衔。然而，他并没有放弃他继承的在罗马的统治主张以及对教会的保护之职。1511 年，他甚至产生了让自己当选教皇的荒唐想法。然而，等级作为一个整体，越来越将帝国等同于"德意志国家"，也就是阿尔卑斯山北部的帝国。他们同样坚持教会改革的观点：1456 年的《德意志民族的申诉》（*Gravamina nationis Germanicae*）罗列了德意志对罗马教会不满的清单，从此在每次会议上人们都会重申和扩展教会改革的想法。在后面关于宗教改革起源的讨论中，会进一步展开这些内容。[38]然而在这一章中，其重要影响在于它们为等级专注于"德意志民族"的帝国提供了进一步的依据。

　　这里的主要问题在于皇帝在帝国内的政治权威和政治权力。这进而突出了皇帝和等级之间对帝国及其存在理由的分歧。双方以共生的关系绑定在一起。双方有着共同利益，特别是保卫帝国对抗土耳其人和其他最终的敌人。尽管在土耳其问题上皇帝和帝国等级是一致且团结的，但对于其他敌人的界定，双方则存在着差异。

　　马克西米利安对帝国的观点是由他的王朝遗产塑造的。他从他的父亲那里继承了帝国权力复兴的巨大构想。这种帝国权力基于哈布斯堡的领地和在东部地区继承的可能性的复合体（从亚得里亚海向北通过奥地利直到波希米亚和西里西亚，并且包括匈牙利），以

37

及西部类似的复合体［从松德高（Sundgau）向北通过弗朗什孔泰直到低地国家］。这一帝国构想仍然包括意大利，以及帝国与教皇之间的传统关系，既作为宗教意识形态的符号，也起到一定范围内的政治影响力。弗里德里希三世已经打下了基础，但是除了在53年时间里保有君主的地位以外，他几乎没有将这种构想打造为现实。他后来"神圣罗马帝国的大睡神"（des Hl. Röm. Reiches Erzschlafmütze）的名声是不公正的。[39]然而和他的儿子兼继承人相比，他更不受人关注。[40]从15世纪80年代起，马克西米利安不遗余力地努力主张他的权力，并且在各个方面发挥自己的全部潜能。其结果是不可避免地陷入长年的军事冲突：与法国、威尼斯甚至教皇国的对抗，在波希米亚和匈牙利的长期斗争，以及与土耳其人的冲突。

他的整个事业在每个阶段都伴随着极佳的宣传。主要的人文主义者，例如康拉德·策尔蒂斯（Conrad Celtis），被征召赞美哈布斯堡王朝的荣耀。[41]然而对资金和军事支持的紧急需要带来了与哈布斯堡帝国的核心，即德意志帝国的冲突。如果说弗里德里希三世和马克西米利安一世精心描绘了帝国的意识形态，那么德意志国家的帝国等级至少自15世纪70年代起，已经形成了他们自己的独立观点。他们对哈布斯堡王朝野心的看法，即使不是完全怀疑，也是有所保留。最重要的是，他们形成了帝国作为一个防御联盟的观点。[42]在这种观点下，意大利地区或者哈布斯堡与勃艮第和法国的纠葛完全是王朝自身的关切，而非"德意志"帝国的事务。因此他们拒绝了马克西米利安在15世纪90年代对抗法兰西所需的全部帮助，并且直截了当地拒绝了在 1509～1517 年他与威尼斯的冲突中提供支持。结果是，马克西米利安不得不更加依赖他自己的资源。由于无力凭自己推动帝国的改变，他只能在自己的奥地利领地上推行改革和重组。马克西米利安作为皇帝无法筹集的资源，他不得不作为邦国君主（Landesherr）去获得这些资源。这一点的长期影响是深远的。奥地利领地与德意志帝国的二元化，在奥地利和"德意志"之间造成了永久的压力。

这种情况使土耳其人以及可能威胁帝国西部地区的与勃艮第（法兰西）的冲突因素一直存在下来。然而在 1500 年人们无法预见这一点。事实上，土耳其和勃艮第（法兰西）造成的威胁创造了一个完全实际的利益共同体。马克西米利安仍然需要等级的支持，无论是多么有限或者附带任何条件。对等级自身而言，他们也仍然需要皇帝。没有其他德意志诸侯能够替代他的角色。

因此，皇帝和帝国等级都对帝国的军事力量的重建感兴趣。争论围绕着一个根本的问题展开：在重建军事力量的这一过程中，哪一方的权威会得到维护。现实中，没有一方获得胜利。皇帝没能成功推行帝国的征税权，与此同时，从任何意义上，皇帝没能将帝国转变为专制君主国。从等级的角度而言，他们没能以帝国执政府的形式建立政府，而执政府本可以正式限制皇帝的权力，并且建立他们自己的统治。亨内贝格和他的同盟试图采取独立于皇帝的帝国对外政策，却完全失败了。这一失败的标志是亨内贝格在 1503 年被迫交还了他作为帝国大首相持有的印章。值得注意的是，亨内贝格也没有能力团结德意志诸侯。他们集体不信任由他们自己提名的成员所组成的强大的联合政府，就像他们不信任一个强大的皇帝的野心。

在皇帝和等级之间的僵局中留存下来的，是帝国机构一直到最后所依赖的一系列原则：帝国议会合作决策的程序与其中隐含的制约和平衡体系，帝国作为等级对抗外部入侵的防御性联盟的观念，以及帝国作为维持公共和平的法律体系。在接下来的几个世纪中，帝国的诸侯和市政官员一次次恢复这些基本原则。此后所有的协议、条约和制度都建立在这些核心原则的基础上。符合这些原则的协议、条约和制度得以发展，不符合这些原则的很快就衰退了。此外，这些原则的影响对哈布斯堡皇帝和诸侯及市政官员进行了同等程度的约束：在 1806 年拿破仑强制解散帝国之前，打破这些原则的尝试都没有成功。

39　　然而，必须从两方面具体说明三个多世纪里基于这些基本原则的政体的概念。第一，帝国并非静止的政治体。在这一期间，帝国的制度和法律框架在向前演变。特别是在 1555 年的《奥格斯堡和约》和 1648 年的《威斯特伐利亚和约》中，帝国获得了新的轮廓。这些协议是有意识地在 1495 年建立的原则基础上制定的，然而从 1500 年前后的角度来看，它们的最终出现并不是理所当然的。第二，即使以帝国政体后来呈现的形式而言，帝国体制依然没有在整个德意志国家的范围内一致地发挥职能。例如，所有帝国等级都参加帝国议会，这是没办法实现的。即使在德意志国家，也不是皇帝所有的封臣从一开始就参与这一正在出现的政治体制中。在 1500 年前后，能够被描述为政治国家的地区大体上局限于帝国的南部，旧霍亨施陶芬核心领地，即美因河（Main）和萨勒河（Saale）以南，西部的阿尔萨斯到东部的奥地利公国之间的地区，在这里哈布斯堡家族扩张了他们的领地以及周边的委托人网络。北部的地区，特别是西北部的地区，在 16 世纪晚期的过程中才逐渐被整合进来。直到 1648 年以后，人们才能够谈及帝国在从阿尔卑斯山到北海和波罗的海的地区行使职能。[43]

注释

1. Conrad, *Rechtsgeschichte*, i, 428.

2. Conrad, *Rechtsgeschichte*, i, 387-91, 429.

3. Leuschner, *Deutschland*, 185 – 96; Conrad, *Rechtsgeschichte*, i, 440-61.

4. 马格德堡有时也会被包含在这个范畴内，但是它的自由从未得到正式确认：Köbler, *Lexikon*, 402-3.

5. Schmidt, *Städtetag*, 1-18.

6. Conrad, *Rechtsgeschichte*, i, 306-14, and ii, 94-6.

7. Leuschner, *Deutschland*, 109-10.

8. Schubert, 'Stellung'; Cohn, 'Electors'.

9. 最近的研究见 Hohensee et al., *Goldene Bulle*。

10. Conrad, *Rechtsgeschichte*, i, 311.

11. Isenmann, 'Kaiser', 192-203; Moraw, *Reich*, 178-9; Moraw 'Entstehung'.

12. Du Boulay, *Germany*, 76-83.

13. Du Boulay, 'Law enforcement'.

14. Moraw, *Reich*, 416 – 21; Boockmann, *Stauferzeit*, 348 – 53;

Leuschner, *Deutschland*, 201－19; Angermeier, *Reichsreform 1410－1555*, 13－30.

15. Hye,'Doppeladler', 73－83.

16. 术语"Matrikel"的字面意思是名称列表或者名册。这个名册始终不是精确的，并且包括一些从未参加过帝国议会的成员，以及忽视了另一些参加过帝国议会的成员。名册修订也被证明是存在问题的，以致于名册从来不是完全精确的。尽管如此，名册为德意志等级提供了一个粗略的和可供使用的指引。

17. Conrad, *Rechtsgeschichte*, i, 376－7; Isenmann,'Reichsfinanzen'; Rowan,'Imperial Taxes'.

18. Boockmann, *Stauferzeit*, 350－2.

19. Isenmann,'Kaiser', 151－5.

20. Koller, *Friedrich III*, 168－97.

21. Schröcker, *Deutsche Nation*, 31－95; Isenmann,'Kaiser', 167－84.

22. Angermeier, *Reichsreform 1410－1555*, 150－64.

23. Isenmann,'Kaiser', 185－94.

24. Stollberg-Rilinger, *Verfassungsgeschichte*, 23－91; Neuhaus,'Wandlungen'.

25. Schubert, *Reichstage*, 34－56; Rabe, *Geschichte*, 118－20.

26. Smend, *Reichskammergericht*, 23－67; Press, Reichskammergericht.

27. Gschließer, *Reichshofrat*, 1－3. 另见本书页边码364~365页。

28. 见注释16。

29. Conrad, *Rechtsgeschichte*, ii, 135－6. 该名称指的是在某些日期征收的事实（zielen 等同于 to aim），即法兰克福秋季和大斋节集市。

30. 见本书页边码409、515页。

31. Angermeier,'Reichsregimenter'.

32. Baron,'Imperial reform', 300.

33. 见本书页边码161~163页。

34. Conrad, *Rechtsgeschichte*, ii, 101－5; Dotzauer, *Reichskreise*, 23－79.

35. Schmidt,'Deutschland', 13; Conrad, *Rechtsgeschichte*, ii, 101－

5; Dotzauer, *Reichskreise*, 579-82.

36. Stolleis, *Öffentliches Recht*, i, 48, 72-3.

37. *NDB*, ii, 156-7; *ADB*, ii, 524-9.

38. 见本书页边码 86~88、113、169、172、177~178 页。

39. Koller, *Friedrich Ⅲ*., 20-32.

40. Boockmann, *Staufer*, 326-4; Leuschner, *Deutschland*, 209-16; *NDB*, v, 486.

41. Benecke, *Maximilian I*, 178.

42. Isenmann, 'Kaiser', 163-7.

43. Schmidt, 'Integration'.

第三章

碎片化的领地

40   从某种意义而言，1495 年和 1500 年的改革将帝国从分裂中解救出来，尽管与此同时也反映出其整合的局限性。中央政府的构建，无论是在皇帝还是等级的控制之下，都受到了强有力的离心倾向的阻碍。19 世纪和 20 世纪早期的民族主义历史学者将这一过程描述为诸侯的胜利和领地国家的出现，后者在 15 世纪和 16 世纪阻碍了民族国家的整合。这一观点扭曲了帝国的真实情况，并且低估了它的体制内部固有的整合潜力。这一观点也扭曲了领地的真实情况，并且高估了领地在 1500 年前后实现的整合程度。

    尽管可以说在 15 世纪末期一些领地出现了渐进的稳定性，但是从任何意义而言，很难说这是一个普遍的"国家创建"或"国家形成"的过程。如果说将帝国简单地看作一种联邦，也是有误导性且在严格意义上是不准确的。这些属于帝国的领地也不是紧密联系在一起的整体。一方面，它们并非主权国家，并且领主权（Landeshoheit）或者领地统治权（Landesherrschaft）受限于皇帝和帝国的更高级别的权威。[1]即便在某些方面被视作帝国下属的政治体，它们也远没有处在国家形成的过程中。另一方面，至少一部分领地在 1500 年前后实现了权力更高程度的集中，以应对与激发了帝国改革相同的法律缺失和安全问题。

在之前关于边界的讨论中已经指出了帝国内领地布局的复杂性。理解这一点，对于理解近代早期德意志的历史是至关重要的。然而在德意志国家内种种极为复杂的情况，导致即使想要呈现概况都是非常困难的。[2]事实上，地图始终受到持续不断的变化的影响，以致于即使最为细致的地图也仅能够解释某一年的情况，并且几乎无法以可视化的方式重现破碎的领地，以及在很多大区域里重叠的管辖权的情况。长子继承制直到 15 世纪晚期才逐渐流行起来，这一点也加剧了这种局面。很多领地的历史就是不断分裂、重新联合、再分裂的历史，因此一个家族的生育能力可以反映在领地的分裂或集中上。[3]近距离观察很多区域，会发现很多领地像阿米巴一样，通过继承、婚姻、土地买卖，以及土地或管辖权抵押的方式不断发生变化。土地或管辖权抵押的方式从皇帝以下被广泛用来筹钱或者扩大影响力，这取决于交易方处于哪一边。[4]

41

准独立单位的绝对数量，即使是简单列举都是相当困难的。然而，对于数量、规模和各种情形的粗略估计是至关重要的。对于其组成部分多样性的认知，将会在关于少数领地的“国家形成”程度，以及帝国作为政体为其提供保护的程度上提供准确的观点。

帝国首要的下属组成单位显然是那些被定义为帝国等级的成员：领主或者代表在帝国议会中被授予席位和投票权的单位。它们的数量在 15 世纪和 16 世纪有一定波动，即使在 1521 年起草了一份被认为准确的清单之后也是如此。[5]一些成员由于王朝的灭亡而消失了。另一些由于皇帝的提拔得以补充，皇帝的这一特权一直保持到帝国的终结。15 世纪晚期出现了下列粗略的数量。名单最上方是 7 名选侯。此外，大约有 25 个主要的世俗邦国，以及大约 90 个大主教辖区、主教辖区和修道院。后者比主教辖区地位更低，并且大致与下一层级的高级贵族地位相当，高级贵族群体大约有 100 名伯爵。

最后一个部分由自由城市和帝国城市组成，在 1500 年有大约 65 个成员。它们的数量也像其他的帝国等级一样波动。它们主要的问题是债务以及邻近邦国的敌意，这逐步侵蚀着帝国城市和自由城市的数量，直到 1648 年《威斯特伐利亚和约》最终至少在法律层面上使它们的情况稳定下来。在所有阶段，它们在经济和政治上的规模和影响力都有着很大的差异。在 15 世纪晚期，自由城市和帝国城市的规模，从最大的科隆有大约 30000 名居民，到吕贝克、但泽、汉堡、斯特拉斯堡、乌尔姆和纽伦堡有超过 20000 名居民，再到一些像弗兰科尼亚的丁克尔斯比尔（Dinkelsbühl）有不到 5000 名居民，其他很多城市的人口更少；一些城市仅有几百名居民，几乎和村庄一样多。[6]

直到 15 世纪末期，帝国等级或者成为帝国等级的帝国城市的数量是波动的，但至少可以粗略计算。在更有权力的邻国周边仍然保持着一定程度的自由且并非帝国等级的领主和其他单位，它们的数量则是难以估计的。就单独个体而言，它们的重要性也许是有限的。但它们的存在在两方面是很重要的。第一，它们的生存，就像帝国城市和帝国伯爵一样，说明了更具影响力的世俗和教会诸侯进行领土整合的过程所受到的限制。此外，这些群体与帝国城市和帝国伯爵一起，为皇帝在 15～16 世纪阻挠帝国全面"领地化"（territorialization）的努力中提供了潜在的天然盟友。[7]最终，它们的生存也体现了帝国作为一个受法律管辖的维持和平体制的有效性，尽管这些单独几乎没有力量的政治体经历了不稳定且相对缺失法律的 15 世纪。第二，它们集中在从西南部开始转向，通过施瓦本和弗兰科尼亚，再向北到达黑森和图林根的大片领地，这使与以大片领地为特征的下莱茵、北部、东北部以及巴伐利亚和奥地利公国相比，帝国这一部分版图呈现出完全不同的局面。

这些群体中最重要的部分是帝国骑士，他们享有帝国直属阶层（Reichsunmittelbarkeit）而非帝国等级阶层（Reichsstandschaft）的地位；他们是帝国的贵族，只服从于皇帝，但是在帝国议会中没有代表席位。[8]最初那些仍然在较大领地单位之外的低级别贵族成员，他们集中在施瓦本、弗兰科尼亚以及上莱茵和中莱茵区域。在 16 世纪之前，他们通过阶段性地组建同盟、协会以及骑士社团维持生存：例如，克赖希高（Kraichgau）的驴骑士团（Society of the Donkey），或者是位于上施瓦本阿尔高（Allgäu）的圣格奥尔格盾牌骑士团（Society of St George's Shield）。然而在 1500 年后，在施瓦本、弗兰科尼亚以及莱茵兰出现了更广泛的区域性合作组织，并且直到 1577 年，这些组织才被整合为一个联合的组织，即帝国直属的自由贵族团体（Corpus liberae et immediate imperii nobilitatis）。进一步来讲，这些发展也是更广泛的进程的一部分。骑士从传统的军事骑士阶层转向帝国内部拥有独立地位的贵族，这一过程从 15

世纪晚期到 16 世纪逐渐推进。[9] 推动这一过程的压力，以及在宗教改革中影响这一过程的因素，将在后面进一步讨论。[10] 本章讨论的重点，只是这些小的等级在其他更大的领地单元外仍然能够生存的情况，事实上就是它们在 16 世纪期间摆脱更大的政治单元的能力。

在这一相对多样的群体中存在着大量特殊的形式。共同遗产（Ganerbschaft）制度，或者说贵族继承人共同体制度，是其中最显著的形式之一。[11] 例如，在黑森的弗里德贝格（Friedberg）所谓的"贵族共和"（noble republic），12 个贵族家族共享一座单独的城堡（尽管他们在内部住在不同的居所）。在 1337 ~ 1498 年发展的城堡制度下，城堡中有权力的骑士家族网络选举一个城堡伯爵（Burggraf）、两个城堡总管（Baumeister）和 12 人的城堡委员（Regimentsburgmannen），由他们代表整个共同体，维护建筑并且管理日常事务。在 15 世纪，他们获得了在他们门口的帝国城市弗里德贝格的控制权（皇帝抵押了这座城市），获得了施塔登（Staden，在黑森）的共同遗产的一部分，并且购买了附近的韦特劳（Wetterau）的凯琛伯爵领地。他们共同体的地位反映在他们的城堡伯爵从 1492 年到 1729 年担任韦特劳的骑士首领，并且从 1536 年到 1764 年担任中莱茵骑士的军事指挥官（Hauptmann）。[12] 弗里德贝格的"贵族共和"的不寻常之处在于，它由大量的家族共同维系，并且其组织通过制度得以规范化。其他的遗产共同体，例如施塔登城堡或者摩泽尔河（Moselle）畔的埃尔茨城堡（Burg Eltz），其运转更为直接，并且限于更小的群体。[13] 以埃尔茨城堡为例，它采取的形式是同一家族的几个分支的合作，这些分支共同构成了家族遗产。

帝国城市、帝国伯爵和帝国骑士能够作为独立的政治体生存，很大程度上可以通过它们在帝国内部有一定的经济（帝国城市）或政治（以上三者均符合）职能的事实进行解释。直到 16 世纪中叶，在皇帝在西部和南部建立影响力和势力网络的不断尝试中，它们尤其被视作潜在的合作者。不利的经济形势使很多城市面临着强有力的邻国的威胁，导致帝国城市的数量有所下降。与之相反，帝国伯爵和帝国骑士成功地组织了区域利益和自卫团体，而他们对分割继承制的坚持使他们保持了较多的数量，尽管单位的规模可能缩小到微不足道。例如，即使到了 18 世纪 90 年代，帝国内也许仍然有1700 个帝国骑士"领地"。

农民社区没有政治功能，几乎没有自我防卫的能力，它们能够摆脱邦国领主生存是更难以解释的。在北方，这样的地区相对较早顺应了系统性的"领地化"趋势。弗里斯兰的部族社区最初通过宣誓的议会和公共政府，即弗里斯兰社区（Universitas Frisonum）进行统治，逐渐屈服于战争首领的统治，随后受到博克（Brok）家族的统治（约 1350~1464），最终则由希尔科斯纳（Cirksena）伯爵王朝统治（1464~1744）。[14] 在易北河入海口右岸的迪特马申（Dithmarschen）的"农民共和"或者说是寡头摄政一直维持到1559 年，此后被并入了荷尔斯泰因公国。[15] 尽管在政府层面较瑞士 44的共同体更为组织化，财富也能与之相比，但迪特马申失败的原因是缺少一个天然的中心。和尼德兰的其他省份相比，沿着整个弗里斯兰海岸，迪特马申缺少邻近的天然盟友。它在西北部孤立的位置尽管在一段时间里是自然优势，但是面对丹麦国王持续的敌对行动，以及 16 世纪初这一区域缺少有效的帝国力量，它最终走向了灭亡。

与之相反，在南部和西部地区以及阿尔萨斯，很多更小的社区得以生存。在这一地区，很多所谓的帝国村庄（Reichsdörfer）构成了帝国中最小且最不起眼的独立政治体。这里过去是中世纪霍亨施陶芬家族的领地，这里的居民仍然是自由人。皇帝是他们唯一的领主，尽管他们没有被视作帝国等级的成员，而且在帝国议会中没有代表席位。最初有 120 个左右这样的帝国村庄，但是相对较少的村庄生存到了近代早期；到 1803 年，只剩下了 5 个。[16] 施韦因富特（Schweinfurt）附近的戈克斯海姆（Gochsheim）和森费尔德（Sennfeld）的社区，以及邻近拉芬斯堡（Ravensburg）的阿尔高的洛伊特基希荒原（Leutkircher Heide）、陶努斯山（Taunus）的佐登（Soden）、法兰克福附近的苏尔茨巴赫（Sulzbach）的自由人，其历史不只是古董般的稀罕物。它们中的每一个社区都在几个世纪的时间里成功抵抗了土地抵押合同的影响，以及与邻近的"保护势力"关于或大或小的管辖权的争端，完全没有诉诸武力，获得了对它们独立地位的承认。它们的生存是 16 世纪早期起帝国不断进步的"管辖权"的证据。

在帝国内部，大大超过 1000 个较小领地的持续存在，使"领地国家的兴起"的观点陷入了争议。更大的邦国无疑在 15 世纪和 16 世纪出现并且稳定下来。它们的发展首先取决于区域应对公共秩序问题的需要，此后它们在有野心的诸侯的掌控下顺势成为权力工具。也许并不出人意料的是最大的领地出现在北部和东北部，15

世纪皇帝在这些地区试图通过代理人扩张自己的权力并安定这些地区，代理人包括索伦家族的勃兰登堡边疆伯爵和韦廷家族的萨克森公爵。

在其他地区，在发展的过程后，另一些有权势的大邦国也出现了。首先，它们并非封闭的领地，而是次级封建网络，并且与帝国本身类似：领主权汇集在一起，逐渐形成类似统一行政机构的邦国。这些表面上一致的大片领地，在边界附近逐渐消解成大片重叠且往往是共享管辖权的领地。领地边界消解的过程通过土地买卖、抵押交易、土地交换，以及不少见的非法暴力手段实现，这一过程在整个近代早期一直持续。

45

同样常见的是，当领主去世时有多个儿子并造成领地的分裂时，这一领地的发展就立刻终止了，这种分裂有时是一到两代人，有时则是永久性的。例如，巴登边疆伯爵领地尽管建立在有权力的策林根（Zähringer）家族遗产上，是潜在的重要邦国，但在整个近代早期被不断的分裂妨碍。[17]萨克森的韦廷王朝如果在1485年没有分裂为恩斯特系选侯国和阿尔布雷希特系公国，也许会更有权势。这是萨克森大量分裂的第一次，到17世纪为止，这次分裂使图林根成为德意志的一个典型的小国林立（Kleinstaaterei）的地区，恩斯特系和阿尔布雷希特系加起来有不少于27个宫廷和行政部门。[18]与之相反，巴伐利亚在近代早期成为强有力的邦国，是建立在1503年维特尔斯巴赫家族的兰茨胡特系绝嗣后，内巴伐利亚和外巴伐利亚的重新统一之上的，此后慕尼黑的继承人在1506年引入了长子继承法。即使如此，接下来的几十年间威廉四世（Wilhelm Ⅳ）和

路德维希十世（Ludwig X）这对兄弟之间对长子继承法的解释仍然
存在着激烈的争议，直到 16 世纪下半叶长子继承法才得到澄清和
接受。[19]

继承传统和家族政治难以预料的变化，并非领地的稳定和统一
的唯一障碍。就像皇帝无法统治帝国的贵族等级一样，大多数诸侯
也无法统治他们自己邦国内的等级：作为封建领主的贵族
（landsässiger Adel）、城镇，在部分地区甚至包括农民。[20]1231 年的
一项帝国法律要求诸侯在出台新的法律或者进行任何类型的改变
时，需要征得他们的贵族同意。在 15 世纪，由于主要诸侯在应对
构建公共秩序的任务，这通常意味着在新的财政负担方面达成一
致。因此迈向统一政府的第一步，就是将下属等级转变为等级会议
（Estates-General）。

这个过程一波三折，并且在一些情况下，例如在 15 世纪的普
法尔茨或者 16 世纪的符腾堡和其他地区，这一过程导致了诸侯和
低级别贵族（伯爵或骑士）决定性的分裂，因为这些低级别贵族坚
持他们作为帝国直属阶层，或者是皇帝本人封臣的地位。此后，剩
下的邦国议会只由教士和城镇组成。与之相反，在萨克森、波希米
亚和东部的奥地利世袭领地，发展出两个议院的组织，其中伯爵或
领主在领主议会（Herrenkurie），骑士则在骑士议会（Ritterkurie）；
在勃兰登堡，主教加入伯爵和领主的"上"议院，而骑士和城市组
46 成"下"议院。在一些更大的教会领地，主教座堂教士团承担了在
其他地区由等级扮演的角色，而在施瓦本高级教士的领地（帝国修
道院和类似地区）中，农民社区组成的领地会议也发挥了类似的

职能。[21]

等级形式的多样性——一些有实际的政治权力，而另一些则只起到税源或者诸侯债务保障者的作用；一些发展出相当详细的管理制度，另一些则仍然是临时性的会议——反映了领地自身的多样性。然而在每个地方，他们的大体职能是相同的。他们存在的原因，是他们的领主对金钱不断增长的需求，领主们为了自卫和管理而筹集资金。从 15 世纪 90 年代开始，帝国议会批准的越来越多种类的税收也增加了对于等级的需求。这也增强了他们讨价还价的能力，以致于 1550 年后这在很多邦国成了问题。[22]这进而突出了等级的第二个职能。他们是诸侯统治的调节者，也是在债务危机或幼子在位时期，或者在统治权被分给两个或三个男性继承人，且等级坚持邦国仍然作为一个整体的短暂分裂时期，邦国稳定和持续性的保证者。[23]虽然他们很少能够在统治王朝长期分裂为多个支系时仍然维持统一（梅克伦堡的等级从 1523 年到 1918 年维持了等级的统一，这是独一无二的），但是他们在很多情况下确实阻碍了这样的分裂，并且帮助提出保证邦国完整性的继承协定。

采纳 F. L. 卡斯滕（F. L. Carsten）的方式、使用更熟悉的词语 parliaments 或者 diets 而非 Estates 来描述这些机构是有诱惑性的。[24]但是这扭曲了事实。它们是一个合作社会的制度性表现，它们依靠统治者就像统治者依靠它们一样。[25]它们是调节冲突利益的机构。实际上，它们致力于达成共识而非造成冲突，并且尽管它们在政策上享有比英国议会更大的权力，但从未超出自己的角色以挑战领主。

即使是拥有富裕的王室收入的诸侯，也仍然依赖邦国等级或同等群体，这突出了等级的重要性。莱茵兰的普法尔茨、美因茨和科隆选侯通过河流通行费获得了巨大收益。萨克森选侯享有高利润的采矿权。巴伐利亚、奥地利各公国，以及不伦瑞克-吕讷堡的统治者从盐矿获得大量收入。因此他们的土地比梅克伦堡公爵的更好，他们比一些梅克伦堡公爵有更多的领地，但也有更多边缘土地。然而他们所有人和梅克伦堡公爵一样，越来越依赖贷款和税收。

这些钱的很大一部分用来支付军费或者帝国税。然而，还有很大一部用来建设或者强化行政机构。近代早期的邦国行政机构从中世纪的贵族宫廷发展而来，这一过程是持久且不顺利的。但是到1500年为止，有几个邦国已经借鉴了科隆在1469年的范例，即建立一个永久性的诸侯议会，主要负责向统治者提出建议以及监督政府的主要方面。与这一过程同步的是，行政机构通过雇用受过法律训练的官员逐渐实现了专业化。这进一步促进了建立和改革大学的兴趣，例如"胡子"埃伯哈德公爵（Duke Eberhard the Bearded）在1477年建立的图宾根大学，弗里德里希一世在1452年改革的海德堡大学。[26]

这种中央机构的专业化也越来越伴随着向下的渗透，以及对平行机构的影响，例如教会。到1500年为止，一些邦国，例如普法尔茨、符腾堡、特里尔以及勃兰登堡部分地区，都已经大体上严格组成有官员等级制度的管辖区（Ämter），将地方与中央联结起来，其中一些官员为当地的贵族和名人，另一些则是雇用的"专家"。与此同时，在宗教改革之前的很长一段时间，这样的邦国就渴望加强它们对教会的影响力。它们试图为自己攫取任命神职人员的权力（在易北河以东，甚至是提名主教的权力）。它们努力对教会法庭加以限制，并且至少对教会的资金获得了一定控制权。对教士征税，以及在一些地区将什一税转变为世俗税，分享部分赎罪券收入的诉求，甚至是利用赎罪券的收入为道路、桥梁支付费用，这些都伴随着针对主教甚至教皇的税收逐渐加剧的敌对行动。[27]

到 1500 年为止，即使是最大和最先进的邦国，也远远没有成为紧密的领地国家。邦国对往往分散的领地的控制是不完整的，并且很多诸侯依赖于封建网络，这些封建网络延伸到他们从未控制的地区。尽管他们在邦国的一部分地区无疑创造了公共和平的框架，但很多诸侯仍然付出大量金钱进行无休止的军事行动，保卫自身免受侵略，谋取他们想要夺取的相邻领主的领地或管辖权，或者只是捍卫他们对兄弟或其他亲属领地的主张。在这种意义上，帝国仍然处在一种极度不稳定和不安全的状态，而这种状态在英格兰、法兰西、西班牙甚至是意大利都在逐渐减弱。[28]即便如此，并且部分出于为应对这些情况的财政需求，邦国也发展出政府和群体参与的架构和工具，这一点与其他任何地区相比也是值得称道的。[29]

与此同时，关于政府职能的观点也出现了改变的迹象。传统的观点聚焦于"和平与法律"（Friede und Recht），这种观点得到了对"公共利益"（common good）这一概念的补充。在受过法律训练的官员通过罗马法的概念性语言进行解释后，这一概念在 1500 年后不久导致了广泛的邦国法律的制定：禁止奢侈的法律以及旨在救济穷人的措施。[30]逐渐地，政府不仅希望维持好的秩序，也想要提升

48 臣民的道德福利，这些可以用术语"公安"（Polizei）来概括。到 16 世纪初为止，好的秩序或者说公安的提升，以及由此带来的制度和法令，逐渐被整合进复杂的公安条例（Polizeiordnungen），这渐渐被视作政府的一个关键任务。[31]

如果没有 1500 年之前行政结构的发展，公安以及公安概念所必需的新的政府干预主义（或者说至少是干预主义者的希望）的发展是无法想象的。这也是在 1500 年后的时期里变化的环境的产物。它的一个重要前提条件，是在 1495 年普遍和平的影响下帝国整体逐渐出现的相对稳定的状态。第二个条件是应对宗教改革运动造成的挑战的需要。

1500 年前后，邦国的境况在某些方面和帝国自身的境况是同步发展的。回顾来看，邦国似乎经历了一个决定性的转折点，而且主要的邦国此时已经无可改变地走上了"国家创建"的道路。因此，很多人将这些发展与 1495 年和 1500 年帝国改革讨论的结果联系在一起，并得出结论，认为 1500 年前后的数十年标志着诸侯对于帝国空壳的胜利。这既低估了帝国，也高估了邦国的地位。首先，西部和南部的重要部分是碎片化的领地，并且这里的特征是帝国城市、帝国伯爵和帝国骑士的生存。即使在一些更为集中的地区，在诸侯的邦国，诸侯的权力也是明显受到限制的。在内部，他们的权力受到等级和臣民（特别是贵族，但也逐渐包括其他群体）权利的限制，这种情况基于 1231 年的帝国法律，其中要求诸侯在创新时征得同意，更普遍地说就是基于广泛流传的原则：凡是与所有人相关的事情，都要得到所有人的同意（quod omnes tangit, ab omnibus approbari debet）。在邦国外部，诸侯的权力也受到诸侯对皇帝的从属关系的限制。

当德意志的法学家和理论家思考让·博丹（Jean Bodin）关于主权国家的理论在德意志的适用性后［博丹 1576 年发表的《国家六论》（*Les Six livres de la République*），在 1592 年首次翻译成德文］，关于邦国理论上的地位的定义才变得清晰。然而，在这之前很久，对诸侯权力的限制在描述其条款中是明确的。在 15 世纪，领地统治权并非指代一系列权力或权威，而是管辖权和特权的累积。这些权力绝大部分来源于各种形式的由皇帝授予的效忠和王权象征物。[32]这些权力集中为更加统一的政府权力［尽管在邦国等级（Landstände）也出现了相似的权力集中］，反映在诸侯官厅（landesfürstliche Obrigkeit）这一术语被越来越多地使用。1500 年后的阶段，这一词语表达的是在广泛的立法措施中隐含的更高程度的权威，并且随后被描述为领主权。[33]这些术语的发展并不是持续的，而且自始至终在各种术语的区别上也没有达成一致。帝国骑士无疑享有领地统治权，但是否享有领主权，这一问题在近代早期的讨论中就存在争议，正如现在一样。[34]然而，一个关键点是没有争议的：即使是最大的邦国诸侯也未能享有最高权力（sovereignty）。所有诸侯仍然受到他们对皇帝和帝国的封建义务的限制，换句话说，仍然受限于帝国议会制定的帝国法律。权力在 16 世纪和 17 世纪逐渐集中，这个事实似乎给人一种假象：直到 18 世纪下半叶，无论是理论上还是实践上，正式的情况并没有改变上述局面，甚至没有产生明确的挑战。

49

注释

1. Conrad, *Rechtsgeschichte*, ii, 231-5.

2. Wagner, 'Grenzen', 243-6. 最为全面的研究是 Köbler, *Lexikon* and Sante（ed.）, *Geschichte*。后者也被称为 *Territorien-Ploetz*，提供了一个全面的调查。另外一份广泛但不够全面的研究是 Braunfels, *Kunst* 的前五卷，这本书着重关注建筑和艺术，但视野更为宽阔。

3. Fichtner, *Protestantism*, 1-6.

4. Krause, 'Pfandherrschaften', 515-24; Cohn, *Government*, 43-9, 62-5, 69-73.

5. 1521 年的清单没有包含一些后来被列入的成员，通常是在长期的法律争论之后；另一些则明显是被错误包含进来的。这种不确定性反映了在帝国议会经常不稳定的出席记录的基础上确定成员资格的困难程度。见本书页边码 30 页。

6. Gerteis, *Städte*, 52-6; Amann, 'Stadt'; Mauersberg, *Städte*, 75-9.

7. Schmidt, 'Politische Bedeutung'.

8. Conrad, *Rechtsgeschichte*, ii, 202-6; Press, *Reichsritterschaft*; Neuhaus, *Reich*, 36-7.

9. 施瓦本骑士最终在 16 世纪 20 年代离开了符腾堡的邦国议会；弗兰科尼亚骑士在 1540~1579 年离开了维尔茨堡、班贝格和勃兰登堡-安斯巴赫的邦国议会；莱茵地区的骑士在 1577 年离开了特里尔的邦国议会。

10. 见本书页边码 210~219 页。

11. Conrad, *Rechtsgeschichte*, i, 415-16. 这一术语来源于继承人群体共同接受了遗产的事实。

12. Köbler, *Lexikon*, 197-8; Sante, *Hessen*, 145-8.

13. Köbler, *Lexikon*, 167, 678.

14. Sante（ed.）, *Geschichte*, 406-10; Schmidt, *Ostfriesland*; Schindling and Ziegler, *Territorien*, iii, 162-80.

15. Stoob, *Dithmarschen*, 7-16, 407-12; Urban, *Dithmarschen*, 60-143; Krüger, *Verfassung*.

16. Neuhaus, *Reich*, 38; Conrad, *Rechtsgeschichte*, ii, 205. 相关的内容也可见: Köbler, *Lexikon*。

17. Press, 'Badische Markgrafen', 20-1.

18. Klein, 'Staatsbildung?', 96, 100.

19. *HBayG*, ii, 297-302.

20. 以下可见: Carsten, *Princes*; Press, 'Formen'; Press, 'Steuern'; Press, 'Herrschaft'; Rabe, *Geschichte*, 128-31。

21. Quarthal, 'Krummstab'.

22. Press, *Kriege*, 113-15; Schulze, *Geschichte*, 205-8.

23. Carsten, *Princes*, 426-8.

24. Carsten, *Princes*, v-vi.

25. Press, *Kriege*, 113; Oestreich, 'Verfassungsgeschichte', 400-3; Krüger, *Verfassung*, 1-10.

26. 其他在此阶段建立的大学包括格赖夫斯瓦尔德大学（1456）、弗赖堡大学（1457）、英戈尔施塔特大学（1472）、特里尔大学（1473）、美因茨大学（1476）、维滕贝格大学（1502）、布雷斯劳大学（1505）、奥德河畔法兰克福大学（1506）。可见: Conrad, *Rechtsgeschichte*, i, 276。

27. Rabe, *Geschichte*, 139-40.

28. Cohn, *Government*, 248.

29. Cohn, *Government*, 247-50.

30. Rabe, *Geschichte*, 133.

31. Scribner, 'Police', 104-6; Stolleis, *Öffentliches Recht*, i, 367-70; Maier, *Staats-und Verwaltungslehre*, 92-105.

32. Cohn, *Government*, 120-3; Conrad, *Rechtsgeschichte*, i, 427-32.

33. Conrad, *Rechtsgeschichte*, ii, 231-5; Oestreich, 'Verfassungsgeschichte', 394-9.

34. Conrad, *Rechtsgeschichte*, ii, 203-4.

第四章

帝国与德意志民族

50   如果人们将 1500 年前后帝国的景象和邦国的景象结合在一起，会产生大量未成形和不连贯的地区的印象，这几乎无法被描述为一个整体。这一体系似乎没有中心和统一的力量。帝国王朝的权威并不稳固，并且根据很多判断，在北方的大部分地区简直是缺失的。权威并非从帝国的中心，而是从东南部边缘地区辐射。此外，帝国没有核心的省份或领地，也没有一个强力的中心，例如尼德兰共和国的荷兰省。帝国显然也没有紧密的意识形态上的纽带，例如联结瑞士各州的纽带，瑞士最初是帝国内部一个独立的联合体，最终在 1648 年后成了独立的国家。帝国领地布局的碎片化反映在经济上的多样性。从阿尔卑斯山到波罗的海，从莱茵河西部一直到东部的斯拉夫人聚居地，看上去几乎没有任何共同利益的基础。1500 年前后，帝国总人口大约是 1600 万（不包括帝国意大利，但包括尼德兰的大约 200 万人口、波希米亚的大约 200 万人口，以及瑞士的大约 60 万人口），帝国包括了整个欧洲人口的大约四分之一。[1]帝国在多大程度上能够被称为一个有意义的利益共同体，甚至是一个整体? 当时的人如何看待"德意志"?

很显然，一些地区到 1500 年已经发展出它们自己的区域身份认同，或者即将形成这种身份认同。因此，瑞士联邦和尼德兰必须被排除在任何对帝国早期历史的考虑之外，或者至少是边缘化的。波希米亚也许是另一个特例，尽管它仍然与帝国整合在一起，并且在帝国随后的历史中再度发挥了重要的作用。在仍然处于帝国内部的大部分区域，人们不应低估贵族家族网络和以邦国和帝国宫廷为基础的委托和委任体系带来的整合的程度。例如，在韦特劳，区域内伯爵之间的联姻以及通过共管（condominium）协议和遗产协定（Erbeinungen 或 Erbverbrüderungen）实现的土地交换，创造了联盟网络和对于共同群体的身份认同，这些最终转变为"团体国家"（corporativestate）或者"准领地国家"（quasi-territorialstate）的出现。[2] 与之相似，一些宫廷，例如普法尔茨或者符腾堡的宫廷，仍然维持着委托人的网络，这些网络拓展到他们自己的邦国以外很远的地方，并且吸引其他地方独立的贵族和来自帝国城市的受教育的市民到他们的宫廷。在教会邦国，宫廷得到了作为代理机构的主教座堂教士团的补充，远方的贵族借此被接纳进来。除上述所有情况之外，帝国宫廷本身也维持了委托人网络，向西延伸，涵盖了几乎整个帝国南部。[3]

这些网络本质上是封建网络，它们的重要性导致一些历史学者质疑从"民族"的角度理解帝国历史是否合理。[4] 不过，大量证据表明在 1500 年前后"民族"维度变得愈发重要。事实上，在德意志历史以及对德意志人身份问题获得新关注的背景下，"德意志民族"和"德意志语言"这样的术语在此时的流行是值得关注的。

应当如何解释这种现象，历史学者对此几乎没有共识。现在几乎没有人接受传统历史学者的观点，即把某些人文主义者的爱国主义表达视作德意志民族逐渐出现的证据，但是这很快受到政治事件的阻碍。[5]相似的是，一些当代学者将这种情绪描述为"补偿性的"民族主义，他们同样犯了以 19 世纪和 20 世纪的标准评判中世纪晚期情况的错误。[6]事实上，这样的认知导致另一些人否认在近代以前存在任何类似于民族主义的因素。

很明显的是，即使在中世纪似乎也存在着民族意识。"natio"这一词语最初指代例如教会或者大公会议、一所大学或者一个商人共同体等一些团体内部的下属群体，在 15 世纪逐渐呈现出关于更广泛的语言或者文化共同体的更普遍的含义。当然，中世纪和近代早期在民族意识和后来的民族主义两方面存在着天壤之别。在很大程度上，这些观念的社会范围是相当有限的，尽管有证据表明它们存在于流行神话和宣传中。它们的政治影响当然也没有那么深远。最重要的是，这些影响并没有延伸到对建立民族国家的追求。

另一个主要的问题在于，这些术语本身就是极为模糊的。例如"德意志国家"无法很容易地对应精确的地理区域，这是因为帝国是一个个人联合体（Personenverband）而非领地国家。即便如此，一些发展的脉络还是变得清晰了。它们建立在两个关键的中世纪传统的基础之上：其一是德意志人有单独且特别的语言，其二是他们认为自己在制度传统上是罗马帝国的继承人。[7]

52　　关于语言的传统带来了一个特别引人关注的问题，部分原因在于从 18 世纪和 19 世纪的赫德和雅各布·格林（Jacob Grimm）开始，学者们强调语言作为集体、族群和民族身份构建中的关键因素的重要性。根据吕迪格·施内尔（Rüdiger Schnell），有证据表明从9世纪到16世纪，尽管存在着分裂德意志人的强烈的地方差异的意识，但是人们坚信只存在一种德意志人的语言。事实上，这种信念明显与语言学的证据是矛盾的。除了帝国内仍然存在的各种不说德语的语言群体外，标准化的德语不过是在16世纪下半叶才出现的。任何在此之前语言标准化的观点都是站不住脚的。[8]

如果说存在一个广为流传的语言标准，那么它就是基于吕贝克的低地德语读写形式，随着汉萨同盟的崛起逐渐演变和传播。到1500年为止，这一标准已经在北部地区逐渐扩展，从西部的埃姆登（Emden）一直到东部波罗的海沿岸的里加（Riga）、多帕特（Dorpat）以及雷瓦尔（Reval，即塔林）。[9]南德意志和中德意志的情况则更为复杂。这些地区是语言学研究更为核心的地区，因为近代德语最终来源于在这些地区使用的方言和习惯的混合。很多关于这种混合物演变的假设，是基于马丁·路德实际上是近代德语的创始人的观点。值得关注的是，根据路德的想法（大约1532年，记录在他的桌边谈话录），他没有使用"某种特定的德语"，而是一种"为高地和低地德意志人共同理解"的"公共德语"。马丁·路德说："萨克森首相府的书写方式得到了所有德意志公爵和诸侯的采纳，所有城市和诸侯宫廷都根据我们选侯的首相府来书写。马克西米利安皇帝和弗里德里希选侯将帝国内的所有德意志语言整合为一种单一的语言。"[10]

路德的结论也许是草率的。事实上，他自己的著作在北方的影响力，主要是由于这些作品被翻译成了低地德语。[11]然而，他的评论确实也指出了一些在16世纪20年代之前可能推动了有限的语言标准化的动力。西部高地德语的商业语言似乎已经成为帝国南部占主导地位的商业语言。这种语言与在帝国首相府发展，且受到马克西米利安皇帝的首相尼克拉斯·齐格勒（Niclas Ziegler）大力推广的写作格式有很多共同点，这位首相力求帝国的文件逐渐形成统一的正字法，无论这些文件来自因斯布鲁克还是尼德兰。[12]如果说帝国首相从东南部施加影响力，很显然迈森（萨克森）的首相府也从中德意志向北辐射相似的影响力。当然，这两个首相府之间存在政治联系，所以很难确定二者各自精确或者独自的影响力范围。然而，正是迈森的文体在美因茨流行，并且成了帝国告示的风格。也正是迈森的文体在 1500 年后不久逐渐为帝国更北部的首相府所接纳，这一过程从勃兰登堡开始，因此明显导致低地德语作为行政书面语言的长期衰退。[13]

53 　　关于这些变化的速度，或者是导致这些变化的各种语言形式的相对重要性，在这两个问题上是几乎没有共识的。然而，很显然到 1500 年为止，整个过程仍然处在一个非常早期的阶段。1450 年前后发明的印刷术的影响还没有显露出来。作为帝国北部的主导语言，尽管低地德语的最终衰落已经在 1450 年后汉萨同盟的衰落中得到了预示，但并不能认为在大约 1550 年之前低地德语已经衰落了（而且低地德语在一些地区，例如汉堡，一直存在到 18 世纪）。此外，对于学者、行政官员等群体而言，在 1500 年前后真正的标准语言仍然是拉丁语而非任何形式的德语。[14]甚至是对于那些歌颂方言的人文主义者而言，拉丁语也是占据主导地位的。值得一提的是，第一次总结德意志文学史的尝试——约翰内斯·特里特米乌斯

（Johannes Trithemius）1495 年出版的《德意志杰出人物》（*De viris illustribus Germaniae*）——列举了大约 300 名作家，但只有一个人用德语写作，即 9 世纪的奥特弗里德·冯·魏森堡（Otfried von Weissenburg）。[15]

如果考虑到中世纪的第二个传统，即帝国从罗马继承的延续性制度传统的意识，那么语言多样性的现实和单一语言的认知之间的差距就没那么矛盾了。这一认知的基础更为明显，并且以政治现实为基础。尽管帝国转移和延续性的观念是整个中世纪的一个主旋律，但在 15 世纪下半叶这一观念又有了新的维度。新的政治环境带来了新的框架，人文主义作家在其中对旧有的观念详述了大量的变化。这些改变聚焦于关于起源、语言和习惯的"前政治"观念，以及我们称为族群身份的观念。然而，这些观念从根本上仍然与对神圣罗马帝国本质职能的认知联系在一起。这些观念并不是希望建立民族国家的近代民族主义的表现，而是当下国家事务的反映。

15 世纪 70 年代以来的帝国政治新的动力的本质，已经在关于帝国制度的讨论中被指出。东部土耳其人和西部勃艮第（法兰西）的威胁带来了德意志民族自我防卫的政治修辞，这在帝国政治的语言中引入了一个新的词语。那些属于"德意志国家"的地区，通常也被简单定义为说"德意志语言"的地区，需要由帝国共同体来保卫。与此同时，在意大利对哈布斯堡野心的抵抗，则定义了德意志和意大利（Welsch）的区别。马克西米利安坚持德意志与"意大利"民族之间的利益共同体。然而德意志等级聚集在帝国议会，强调具有排他性的"德意志民族"的利益作为回应。[16]

54

在这种交流中并没有任何内在的民族主义。重要的不是任何 19 世纪意义上的"民族"概念，而是关于金钱、防御和权力的现实问题。[17]对于语言在宣传上的重要性，可以通过这一事实得到证明：1474 年，甚至是瑞士的伯尔尼城也呼吁其瑞士邻邦以"德意志民族"的名义抵抗勃艮第的侵略者，对抗"西方的土耳其人"以保卫德意志民族。将"大胆"查理和穆罕默德二世等同起来的这一呼吁性的语言，模仿了弗里德里希三世皇帝在 1455 年向瑞士呼吁，对抗土耳其人以保卫"德意志民族"。[18]同样地，马克西米利安在 15 世纪 90 年代对"民族"的呼吁，也与民族主义，甚至是"多元民族主义"没有任何关系。他的自传著作——展现英雄人物的《白色国王》（Weisskunig）和智慧英勇的十字军骑士的《珍贵的恩赐》（Theuerdank）表明，民族、帝国甚至是基督教，这些占据了他的公共政治表达的词语，对于他个人而言只是次要的。[19]

在马克西米利安皇帝的文学想象中，政治宣传的语言明显恰好与德意志人文主义者在文学和神话中对民族的讨论是一致的。这些人文主义者同样吸收了中世纪和平民主义的传统。事实上，沉睡帝国的神话、巴巴罗萨皇帝的神话、将拯救德意志人的帝国救世主的神话，在整个宗教改革时期在平民主义的预言作品中仍然占据着重要地位。[20]然而，正是人文主义作家自 15 世纪 80 年代以来以一种新的话语勾勒出这些长期的末世论。此外，他们的著作与越来越多保卫和改革帝国之需要的政治讨论产生紧密联系，进而与马克西米利安本人的帝国雄心产生紧密联系。保卫帝国的需要也催生了定义帝国的敌人的需求，以及定义德意志人与其敌人之间的民族边界和道德边界的需求。与此同时，15 世纪末期逐渐增长的对帝国改革需求的认知，也催生了明确帝国本质特征和潜在发展的愿望。

最后，关于这些主题的讨论也受到马克西米利安一世本人的控制。他不断试图动员这些受过教育之人的笔杆子，就像他试图调动帝国的军事资源那样。帝国桂冠诗人（poeta laureatus caesareus）制度的转变反映了这种新的氛围。这些改变是从弗里德里希三世统治晚期开始的。传统的桂冠诗人加冕仪式只是间歇采用，通常的原则是桂冠诗人赞美皇帝和帝国，此后在意大利得到发扬。随着 1487 年策尔蒂斯作为第一位德意志的桂冠诗人被加冕，这一相当模糊的职位承担了新的政治影响力。

策尔蒂斯本人于 1501 年在维也纳帮助建立了诗歌与数学学院。他成了学院的第一个桂冠守护者和分享者（laureae custos et collator），获得了马克西米利安授予的为符合资格的诗人加冕的权力。对马克西米利安而言，他在文学上真切的爱国主义和雄心遇到了志趣相投之人。在此期间，马克西米利安和策尔蒂斯加冕的桂冠诗人超过了此前任何时期；到 1519 年马克西米利安去世之前，他已经为不少于 37 个诗人加冕。他的目的在于为帝国创造一批文学宣传者，这些人将通过自身的影响力和关系建立起一个人文主义者的委托人网络。[21]他们在帝国议会开幕时有唱赞美诗的义务，这突出了他们的政治功能。通过这种方式，桂冠诗人和其他有着文学功能的仪式性机构，例如帝国掌礼官（imperial heralds），共同帮助提升了帝国议会统一和团结的意识。[22]

当然，几百个人文主义者不可能创造一个民族。想要了解人文主

55

义者的主张或帝国议会的政治关切在社会层面下沉的程度是很困难的。然而，有很多证据表明，上述两个方面的部分元素，至少与公众层面的社会运动和观点表达有所重叠，甚至进行了塑造。1493 年、1502 年、1513 年和 1517 年的鞋会（Bundschuh，字面意思是系紧的鞋子，是阿尔萨斯和西南地区起义农民的标志）起义除了其他更为地方性和物质性的要求以外，都对帝国改革和防御法国提出了要求。约翰内斯·利希滕贝格尔（Johannes Lichtenberger）的占星预言（特别是他在 1488 年出版的《拉丁语预言》大为流行，在1492～1530 年重印了不少于 29 次）警告，如果帝国没有进行改革，土耳其人将会占据科隆。[23]与之相似，匿名的"上莱茵的革命者"（Upper Rhine Revolutionary）写道，黄十字兄弟会将会协助一个新的皇帝弗里德里希（将会出生在阿尔萨斯）建立一个新的千年王朝作为黄金时代的序幕；1509 年，他将人文主义者的神话和千禧年的末世论结合在一起。[24]最后，有证据表明 1519 年的帝国选举激起了这种强烈的民众情绪。例如，英格兰的大使理查德·佩斯（Richard Pace）报告如果法国国王当选为皇帝，就将会发生一场支持"德意志人"查理的群众起义（查理五世是一个说多种语言的哈布斯堡家族成员，他有勃艮第、德意志和西班牙的祖先，他的"国籍"事实上几乎无法确定）。[25]

这些主题将会在宗教改革和德意志农民战争的章节中反复提及。这些现象的重要性在于，它们表明了可能被视作少数人在更高层级进行的学术概念讨论的更为广泛的影响。在他们对教会和帝国改革的不断坚持之下，这些被更激进地表达的公众观点也突出了关于新的人文主义者民族话语的最后一个要点。

德意志人文主义者著作的整体倾向，是在传统的帝国转移概念中引入新的变化。[26]在很短的时间内，不同的解释也逐渐反映出福音教徒和天主教徒之间的分歧，尽管这种分歧显然是早于宗教改革的。关于帝国作为普世基督教帝国的旧观点仍然在很多人文主义者的著作中流行，例如约翰内斯·科赫洛伊斯（Johannes Cochlaeus）。当他宣称"德意志高于一切"（Teutschlandt uber alle Welt）时，他指的是"德意志"帝国作为这个世界性帝国的中心。他的用词被后世曲解为主张德意志的优越性，在 19 世纪的作家霍夫曼·冯·法勒斯勒本（Hoffmann von Fallersleben）创作的歌词"德意志，德意志高于一切"（Deutschland, Deutschland über alles）中同样被误解，最终成了德意志军国主义的赞歌。[27]然而科赫洛伊斯本人，像其他"传统主义"的人文主义者一样，只是在反映"德意志"当时在帝国的中心地位。[28]

另一些反意大利主义的人文主义作家则频繁地引入更为尖锐的反罗马主义。他们对德意志人"固有"（indigenous）的特性主张，以及他们对特洛伊和前特洛伊起源的"发现"，都赋予了德意志人一个新的和独立的地位，并且在某种程度上论证了对教皇塑造的当代罗马的反抗的合理性。例如，乌尔里希·冯·胡滕（Ulrich von Hutten）在 1515 年塔西佗的《编年史》（Annals）的重新发现和出版中获得了进一步的灵感，书中包含了阿米尼乌斯（Arminius，即切鲁西人赫尔曼）于公元 9 年在条顿堡森林战胜昆克提里乌斯·瓦卢斯（Quintilius Varus）领导下的罗马人的历史。[29]关于阿米尼乌斯

的德意志文学神话在 17 世纪和 18 世纪才逐渐发展完整，并且在 19
世纪发展为接近于宗教信仰。然而在 16 世纪初，在近代早期阶段
开始时，这一神话的起源形成了另一个德意志民族观念的来源。[30]对
于胡滕和雅各布·温费林（Jacob Wimpfeling）这样的作家而言，几
十年以来人文主义者的研究中得出的合理结论就是从罗马的枷锁中
获得自由。这种倾向已经被贴切地描述为帝国的"不完全的民族主
义"（partial nationalization）的观念。帝国转移此时则被理解为这
样一个过程：德意志人凭借对基督教的侍奉，得到了罗马帝国的保
管人的地位。

　　像很多制度先例一样，1500 年前后的政治语言和"民族的"自
我定义也只是一个序幕。正如制度体系在下一个世纪逐渐演变和发展
一样，对它的历史起源的思考也是逐渐发展的。直到 1643 年，赫尔
曼·康林（Hermann Conring）才最终否认了罗马起源的传统并阐述
了帝国特别的德意志起源理论。[31]然而，人文主义者已经奠定了基础。
而且在这一过程中，人文主义者强化了共同体的意识，以及共同的政
治和制度传统的意识，这些使德意志国家紧密联系在一起，而且使帝
国成为一个整体。帝国的边界是不稳定的。帝国的内部是破碎的。除
了皇帝与诸侯或贵族封臣之间的封建纽带感在纯粹形式上以及实际上
有时是脆弱的，帝国的制度体系此时还未能完全覆盖西北部的所有
地区。但是在近代早期创造了德意志国家的完全共同体，而非德意
志民族国家的关键因素，在 15 世纪晚期已经开始结合在一起。看
似矛盾的是，实现这一共同体的下一个关键时期在某种意义上也是
分裂这一共同体的挑战——德意志宗教改革。

注释

1. Rabe, *Geschichte*, 42-3.
2. Schmidt, *Grafenverein*, 1-5, 113-59.
3. Press, 'Patronat', 20-8.
4. Press, 'Patronat', 36.
5. Stauber, 'Nationalismus'.
6. 例如: Reinhardt, 'Primat', 91。
7. Moraw, 'Voraussetzungen', 101-2; Thomas, 'Identitätsproblem', 155.
8. Schnell, 'Literatur', 298.
9. Wiesinger, 'Sprachausformung', 339-40.
10. Wells, *German*, 141, 198, 455.
11. Wiesinger, 'Sprachausformung', 339.
12. König, *Atlas*, 95.
13. König, *Atlas*, 93; Wells, *German*, 136 - 7, 141, 198; Coupe, *Reader*, xiii-xviii.
14. Wells, *German*, 133 - 4, 141 - 2; Lutz, *Ringen*, 79; Schnell, 'Literatur', 298-300, 307.
15. Schnell, 'Literatur', 308.
16. Schröcker, *Nation*, 118-19.
17. Schröcker, *Nation*, 141.
18. Sieber-Lehmann, 'Teutsche Nation'.
19. Schröcker, *Nation*, 143-4; Benecke, *Maximilian I*, 7-30; Silver, *Maximilian*, *passim* 分析了马克西米利安的形象以及它的投射和传播。
20. Borchardt, *Antiquity*, 199-297.
21. Mertens, 'poeta laureatus', 155 - 7; Flood, *Poets laureate*, i,

lxxxviii-ciii，关于人文主义，见 106-16。

22. Schubert，*Reichstage*，174-89.

23. Lutz，*Ringen*，92；Killy，*Lexikon*，vii，266 - 7；ADB，xviii，538-42.

24. Borchardt，*Antiquity*，116-19.

25. Schmidt，'Reichs-Staat'，23-4.

26. Garber，'Nationalismus'，24-5.

27. 当然，霍夫曼·冯·法勒斯勒本是一名呼吁德意志人将对德意志的珍视置于他们自己的家乡（普鲁士、巴伐利亚等）之上的政治自由主义者：Schlink，*Hoffmann*，45-69。

28. Bagchi，'Nationalism'，52；Schmidt，'Reichs-Staat'，22-3.

29. Roloff，'*Arminius*'.

30. Kuehnemund，Arminius，1-19；Dorner，*Mythos*，131-2.

31. Willoweit，'Conring'，141-3；见本书页边码 461 页。

第二部分

帝国和教会的改革

（约 1490~1519）

第五章

德意志历史的改革时代

　　帝国在 16 世纪上半叶的历史过于受到与马丁·路德的名字关　　61
联在一起的宗教改革运动的主导，以至于关于这一阶段的思考和写
作几乎都是关于宗教改革的。这并非完全不公正。1555 年的《奥
格斯堡和约》，是在 1495 年和 1500 年的帝国改革与 1521 年查理五
世的选举让步后，第一次为帝国体制提供了全面的叙述，既是政治
协定也是宗教和约。在重新规定皇帝和帝国的关系，以及定义了帝
国等级的法律权利方面，这一和约反映了自 16 世纪初期以来发展
的结果。此外，自 16 世纪 20 年代起，宗教问题越来越成为帝国政
治以及诸侯和执政官关注的焦点。事实上，新的宗教教义在某一时
期深刻地影响了德意志社会的每个阶层：要么追求新教义或狂热捍
卫旧教义，要么努力与其他人达成协定或者遏制其他人的行动。

　　一个关键问题在于，为什么宗教冲突既没有导致一方对另一方
的胜利，也没有将帝国分裂并使其瘫痪和毁灭。帝国碎片化的领地
结构促进了宗教改革的传播以及在区域的确立。这也意味着宗教冲
突在帝国内部比在其他任何地区都发生得更早。然而正是同样的结
构和体系，提供了一种解决冲突以及最终将造成冲突的分歧制度化

的机制，这与其他欧洲国家随后的经历不一致。事实上可以说，宗教改革的传播阻止了可能在16世纪20年代发生的皇帝和帝国之间的剧烈冲突。帝国及其成员对于冲突的威胁的回应方式，仍然受到帝国灵活的结构的影响。由任何一方发动的军事对抗都被证明无法打破将他们紧紧联系在一起的纽带。1555年的结果是一种妥协：它所反映的统一性和多样性此时也有了宗教的面孔。

宗教改革无疑带来了大量新的内容，但是如果将宗教改革视作在更广泛的政治和社会结构方面的催化力量，才能够最好地理解它对德意志历史发展的影响。新的宗教教义并非在真空中发展。在任62何阶层，从教区到帝国的最高机构，从农民到诸侯再到皇帝，路德和其他一些像他一样的人的观点所引发的争论和问题，与宗教、信仰这些问题往往并没有直接的联系。

对宗教改革数不清的影响的意识，长期塑造了人们将其视为德意志历史上一个决定性时刻的认知。自19世纪早期以来，大部分历史著作中有两个广泛的主题。其中一个主题是关于宗教改革给德意志民族的发展带来的所谓影响。另一个主题则是关于16世纪早期宗教改革和德意志社会潜在的转型之间的关系。尽管这两个主题看上去即使没有矛盾也是有区别的，但这两个主题拥有结构性的相似之处，以及16世纪20年代对于德意志历史整体是一个至关重要的时间节点的共同假设。

19世纪40年代，利奥波德·冯·兰克对民族主题进行了近代形式的明确表达。[1]他主张宗教改革标志着民族运动的高潮，有着创造德意志民族国家的潜在机会。他认为由于查理五世拒绝支持教会的改革事业，这种机会遭到了破坏。皇帝没能理解要求改革的力量，以及不愿意与教皇发生冲突，注定了路德宗的事业走向宗派主义道路。这进而加强了在德意志历史中固有的特殊主义倾向。根据兰克的观点，德意志民族宗教运动受到了由哈布斯堡的皇帝和罗马教皇领导的外国势力的阻碍。

尽管受到数不清的变化的影响，但兰克的观点被证明是相当持久的。1871 年之后认同普鲁士人的帝国的福音教历史学者，很容易认识到一场与罗马和外国势力斗争以主张德意志民族的利益的运动与他们自身时代的相关性。即使天主教历史学者反对这样的观点，他们也出于不同的原因认同兰克的判断。对于他们而言，民族的统一以及基督教的统一被路德和他的追随者摧毁了。[2]

如果说主流的德意志历史编纂关注 16 世纪初期民族的可能性，那么马克思主义传统则专注于这一时期革命性变革的可能性。这又是一次错失的机会的故事。从马克思和恩格斯开始，这种传统下的作者认为在 1525 年农民战争中达到顶点的社会起义，相比路德的人物形象或者他引发的宗教改革从根本上是更为重要的。[3]事实上，根据马克思和恩格斯的观点，路德在本应发展为一场在中世纪结束时摧毁德意志封建世界的彻底革命的毁灭中发挥了关键作用。他在早期参与了资产阶级对封建社会的教士和政治结构的反抗，很快就转变为对乡村和城市更低阶层坚定的敌对行动，这些阶层的愿望则由更激进的神学家表达出来，例如托马斯·闵采尔（Thomas Müntzer）。因此他们认为，尽管早期的宗教改革从长期来看导致封建主义向资本主义的转型，但路德的行为的最终影响是强化了德意

63

志的封建体制。[4]通过站在诸侯一边对抗农民，以及担任绝对君主国的仆从（Tellerlecker），路德据称帮助维持了德意志国家的现状。封建的社会结构得以保留；这种社会结构被锁定在领地碎片化的帝国，但是由于对民众运动的镇压以及随后国家教会的重建，这种社会结构更加强大了。

尽管在 1949~1989 年的民主德国，几代历史学者以一种更积极的方式对路德的形象进行了相当大的修正，但马克思和恩格斯认同的一般性问题始终是马克思主义视角的基础。[5]马克思主义历史学者认为，16 世纪早期的社会普遍危机没能带来普遍的解放或者进步的社会力量的突破。此外，1525 年诸侯对普通人的胜利也有着深远的长期影响。强大的中央集权力量没能出现，阻碍了资产阶级的发展，并且无论如何这意味着在可以预见的未来，由底层的进步力量发起的任何运动都没有统一的目标。

这两种史学传统的共同之处是将福音教视作进步的、民族构建的力量。16 世纪 20 年代福音教没能在德意志实现这种可能性，则根据罗马的阻碍阴谋或者是诸侯的旧封建秩序的胜利得到不同的解释。这些叙述也都是围绕着他们所信奉的对历史现象的基本的整体观点展开：单独的宗教改革，被视作民族国家的先驱或基础的单独的民族，或者是单独的社会运动。

过去大约五十年的研究已经超出了这些曾经相对清晰的线索。关于宗教改革影响的研究已经相当令人印象深刻。例如，传统的只限于对路德的关注，已经让位于对一系列同时期旧教会的批评者的承认。其中特别重要的是由苏黎世的乌尔里希·茨温利发起的宗教改革运动，这一运动持续了很长的时间，尽管路德宗在帝国内的福音教信仰中仍然处于压倒性的统治地位。学者现在普遍将宗教改革视作各种同步运动的复杂混合：神职人员改革者的运动、低级别贵族的运动、农民运动、自由城市和城镇的运动，以及统治诸侯的运动。大量对各种运动的地方和区域背景的集中研究导致了进一步的区分。作为结果，一些现象，例如农民战争或者"城市宗教改革"，通常可以分解为大量不一致的特定地方或区域的历史。此外，对这些平行和重叠的改革中不同组合所涉及的经济、社会和政治问题的 64
关注，有时会倾向于使它们与作为其核心的宗教问题保持距离。

　　将经济、社会和政治与宗教重新结合在一起，以及恢复宗教改革某种程度上的统一的尝试仍然存在争议。彼得·布利克勒的观点，即"社区主义"（communalism）的概念提供了理解乡村和城市地区历史的关键，是一个很好的例子。[6] 在他看来，16 世纪 20 年代标志着德意志社区发展的一个关键阶段。社区最初是在 14 世纪形成的，作为地方自治的工具来应对帝国和邦国政府的缺失。15 世纪末以来，社区逐渐发现它们已经处于邦国政权的强化所带来的逐渐增大的威胁之下。在这一危机阶段中，社区抓住了以社区信徒通过圣经称义为中心的神学理论，这看上去会使其权利和自由合法化。布利克勒认为，1525 年的"革命"调动了乡村和城镇的"普通人"，首先渴望主张社区原则，此时上升到神学原则的地位。这是一场对所有封建秩序下的更高级别权威的明确挑战，它的失败终结了宗教改革作为从底层发起的运动的阶段，开启了"诸侯宗教改革"，并且从整体和长期而言导致了社区在德意志国家的大部分区域的逐渐衰落。

这些更为广泛的结论会在后面合适的章节进行讨论。在这里，有必要指出这种宗教改革运动统一的解释存在三个缺点。第一，"社区宗教改革"也许很好地描绘了德意志国家西南部和西部地区历史的重要方面，但不适用于中部和北部的大部分地区。第二，很多人质疑预设的乡村和城市的历史之间的联系，一些人认为尤其在北方城市和城镇表现出的城市共和主义的传统，与西南部农民的村社主义似乎是相当不同的。[7]第三，即使在布利克勒的论据中扮演重要角色的瑞士联邦，也并不是所有社区都信奉了福音教——根据他的说法，福音教授予它们作为自治社区存在的神圣许可——这一事实似乎部分削弱了社区主义的一般相关性。[8]

与各种宗教改革研究同步的是，近四十年对帝国的研究也产生了大量新洞见和新问题，这些已经取代了过去关于 16 世纪 20 年代民族国家出现的可能性的争议。帝国在 1495 年和 1500 年的改革后，成了一个皇帝和等级在一种不稳定的平衡中既并存又相互竞争的政治体。[9]然而，主导接下来几十年的问题并不是民族国家是否会出现，而是这一均衡能否得以维持并制度化。对这一问题的探讨，激发了美国历史学者托马斯·布雷迪研究两个特别重要的问题。首先，他研究了南德意志城市的历史，以表明这些城市为何抵制住诱惑没有"转向瑞士"，以及这些城市信仰福音教的选择为何没能对抗皇帝的优势地位。[10]其次，他研究了福音教邦国和城市在 16 世纪 20 年代末和 30 年代初最终联合起来，它们阻止了查理五世在德意志建立中央集权的国家，以及没有创建一个它们自己的新国家的原因。[11]

关键的因素是皇帝和等级双方对于宗教改革运动的反应。无论如何定义宗教改革——是"社区的"、单一的，还是多元的——宗教改革无疑代表着一种前所未有的更为广泛的挑战，这种挑战来自底层，或者至少来自帝国业已确立的统治精英阶层之外。尽管根本上是一场宗教运动，但对于相当广泛的群体而言，宗教改革很快获得了社会和政治意义。教会的危机使帝国内的这些群体都能够将自己的不满大声地表达出来。

到 16 世纪 20 年代中期为止，这场运动看上去像是急需得到控制的地震爆发。这种控制最初发生在地方或区域层面，但在帝国层面也产生了深刻的影响。一方面，诸侯和市政官员通过在邦国或城市教会中对其制度化，以平息这场运动。在这一过程中，教会改革在更长期的邦国和城市政府体系演变的过程中形成了一个关键阶段。另一方面，皇帝和帝国的平衡需要适应帝国的一些重要部分与其法律不一致的情况。很显然，帝国体制仍然在运转。尽管存在着分歧、争执，以及时有发生的军事冲突，但等级的团结超越了教派的分裂。

在现实中各种因素的复杂性和相关性，导致很难以一种线性叙事的方式陈述这段历史。很多重要的现象和发展都是相互关联的。然而它们也都有自身独立的历史。接下来我们主要强调的是作为德意志历史中的一个时代的宗教改革时期，而非对宗教改革的全方位叙述。然而对于帝国以及邦国和城市而言，宗教改革的爆发很显然有着根本的重要性，并且决定了接下来叙述的顺序。

　　首先是对马克西米利安一世统治的叙述。接下来的焦点将转向宗教改革前不满的来源，没有这一点就无法理解宗教改革爆发的早期阶段。接下来我们会考察路德个人的精神历程和神学反抗的道路，并且考察他的神学更为广泛的影响。第三部分首先是关于查理五世统治的前十年。这一阶段中，路德的思想发展为完整的改革计划，在帝国和邦国中都造成了政治影响。与此同时，另一些改革者也出现了，并且凭借与以路德本人为标志的事业的松散联系，他们各自的宗教、社会和政治观点获得了更为广泛的影响力以及更为活跃的潜力。接下来的章节有关对宗教改革的接纳——包括帝国骑士、农民以及城市——并考察了宗教改革观念的影响。第四部分首先是对一些邦国转向福音教，另一些地区坚持天主教的情况的叙述。这一改革和非改革的进程在 16 世纪 30 年代和 40 年代一直持续。然而，在很多区域，特别是那些相对较早接纳宗教改革的区域，决定性的时刻在 16 世纪 20 年代中期已经到来了。最迟到此时，宗教改革已经给帝国体系整体造成了一系列重大问题。因此，第四部分最后介绍了帝国制度在其许多组成部分的宗教变革的影响下的发展。1555 年的《奥格斯堡和约》代表了此前几十年政治冲突的最终结果。经营这种和平也带来了新的挑战，这一部分将在第五部分进行考察。

注释

1. Dickens and Tonkin, *Reformation*, 167 - 75; Dickens, *Ranke*;

Schmidt, 'Reichs-Staat', 25.

2. Dickens and Tonkin, *Reformation*, 179-84.

3. Dickens and Tonkin, *Reformation* 234-46.

4. Dorpalen, *German history*, 123-9.

5. Dorpalen, *German history*, 99-123; Wohlfeil, 'Reformation'; Dähn, 'Luther'; Müller, 'Moment', 207-17; Walinski-Kiehl, 'History'; Vogler, 'Konzept '.

6. Blickle, *Revolution* and Blickle, *Gemeindereformation*.

7. Schilling, 'Republikanismus'.

8. Scott, 'Common people' and 'Communal Reformation'.

9. 见本书页边码 31~39 页。

10. Brady, *Turning Swiss*.

11. Brady, *Sturm*.

第六章

马克西米利安一世治下的帝国

　　1518 年 9 月底，59 岁的皇帝马克西米利安一世最后一次造访他的主要居所因斯布鲁克。他从奥格斯堡的帝国议会而来，在会议上，即使付出了巨大的开销，但是他仍然没有说服选侯们接纳他的孙子西班牙的查理为他的皇位继承人。在因斯布鲁克，这一失败又伴随着一个耻辱。他主要的官员们威胁除非立即支付金钱，否则就会辞职。这座城市的旅店老板甚至不愿意为他的随从提供住所，因为他们在上一次做客时欠了 24000 古尔登。皇帝很愤怒但也很无力，不夸张地将他的随从留在了街上，他自己别无选择，只能继续向东前进，通过萨尔茨堡进入奥地利，最终于 12 月 10 日在韦尔斯的普通城堡落脚。在离开奥格斯堡的时候，他已经生病了，并且健康情况逐渐恶化；在韦尔斯，他在几个星期内身体痛苦。他死于 1519 年 1 月 11 日，他一直希望他的孙子查理和斐迪南成为他的世袭领地的共同继承人。马克西米利安在因斯布鲁克的债务只是冰山一角，这是逐渐显露出来的，他死时欠下了大概 600 万古尔登。[1]

　　把这一充满悲情的结局视作马克西米利安自我宣称的帝国使命

失败的证据是很有吸引力的。马克西米利安自视"最后的骑士"，基督教世界的普世君主、掌控者和救世主，这与去世时他的事务明显混乱的状态形成了鲜明对比。他统治晚期的帝国广泛的动荡，以及他死后奥地利世袭领地的叛乱，都进一步突出了这一点。很多评论者认为事情发展到这种状态，是一个野心膨胀到无可救药的君主沉溺于幻想和无休止追求不可能实现的梦想的必然结果。[2]事实上，一些人总结道，幻想和现实之间是没有联系的，只有一系列偶发且混乱的行动，而最终的目的是没有实际意义的。最重要的是，根据他们的观点，马克西米利安对待德意志国家的方式在本质上是剥削性的：帝国为他提供了头衔；借此头衔，他唯一想得到的东西就是金钱，以追逐在他在其他地方的野心。根据这种观点，一旦德意志诸侯明确表现出不愿意提供钱财，他们对马克西米利安来说就没有利用价值了。

事实上，这些观点没有公正地评价他的政策之间潜在的一致性。他的统治时期的特点是在几乎每一个前线（有时是同时的）采取的各种措施：勃艮第和尼德兰、与法国的斗争以及与西班牙的联盟、意大利、匈牙利，以及针对土耳其人的十字军计划。这些行动中的绝大部分，当然也包括其中最引人关注的一些行动，是在帝国外的区域展开的。然而帝国仍然是他试图建立的体制中根本且必需的一部分。这其中有两个问题是尤为突出的，也都是从他的父亲弗里德里希三世继承而来的：其一是哈布斯堡领地基础的问题，其二是探索皇帝头衔中隐含的在欧洲全部影响力的主张的目标。

建立世袭领地稳固的领地根基，并借此建立对帝国的统治的需

要，是马克西米利安的第一要务。他的父亲在东南部边境花了很多
年的时间。弗里德里希三世在 1444 ~ 1471 年的 27 年间一直不在帝
国内，并且在统治末期又被马加什·科尔温驱逐出维也纳。[3]马克西
米利安一直试图解决哈布斯堡的奥地利世袭领地位于帝国边缘和易
受攻击的位置所造成的潜在弱点。他稳固了奥地利的领地，通过
1490 年对蒂罗尔的继承扩大了世袭领地，他还试图保护这些领地免
受匈牙利、波兰和土耳其的威胁。[4]他重组行政机构，筹划利用奥地
利世袭领地的财政，这为很多德意志诸侯加强领地的管理提供了
范例。

他应对匈牙利和波兰的雅盖隆家族国王的方式，完美地展现了
他在政治上根本的王朝路线。[5]1502 年，乌拉斯洛二世（即弗拉迪斯
拉斯二世）与安娜·德·富瓦（Anne de Foix）的第二次婚姻对
1491 年的《普雷斯堡和约》中确定的马克西米利安在匈牙利和波
希米亚的继承权构成了威胁，1503 年女儿安娜（Anna）的出生、
1506 年儿子拉约什（Louis）的出生进一步加强了这种威胁。借助
提供对抗土耳其人的军事援助这一有吸引力的许诺，马克西米利安
得以协商匈牙利的继承人与他的孙子和孙女（斐迪南和玛丽）达成
双重婚约。匈牙利的贵族持续拒绝承认哈布斯堡的继承权，以及佐
波尧·亚诺什（John Zápolya）的妹妹与波兰国王西吉斯蒙德（乌
拉斯洛二世的弟弟）在 1512 年结婚，又带来了新的危机。马克西
米利安也再次做出坚决的努力并取得了胜利。马克西米利安与西吉
斯蒙德的敌人——莫斯科大公瓦西里三世（Vasily III）在 1514 年
结成联盟，削弱了波兰对匈牙利等级的支持。这立即推动了 1515

年对婚约的再次确认，以及哈布斯堡在匈牙利的继承权。作为回报，西吉斯蒙德得到了对条顿骑士团领地的君主权。

对奥地利领地的政策建立在长期的传统之上。与勃艮第的玛丽的婚姻所获得的勃艮第遗产，则为他的王朝政策增添了一个全新的维度。[6] 事实上他只是在 1482 ~ 1494 年作为他的儿子公正者腓力（Philip the Fair）的摄政统治勃艮第地区。此外，勃艮第有着倒向法国的意愿，因此坚持在皇帝宏大的帝国计划外保持独立，这种情况很快就被腓力的继承人查理年幼时期的摄政——马克西米利安的女儿玛格丽特暂时平定了。尽管如此，很显然，马克西米利安实际上将这些西北部的领地视作第二部分世袭领地。

和奥地利领地一样，在帝国议会代表的想法中，勃艮第领地也并非帝国领土的正式部分。事实上，这些领地在 1477 年形成的等级会议中有其各自的代表机构。然而马克西米利安很明显将这一地区和奥地利世袭领地一样视作帝国的一部分。这一地区与皇帝的直接联系消除了通过帝国议会进行代表的必要性。此外，这两个地区都为皇帝保证了在帝国境内存在的可能性。至于奥地利领地的情况，蒂罗尔的继承带来了帝国南部的一系列分散领地：由松德高、布赖斯高（Breisgau）的弗赖堡，以及几个施瓦本城镇、乡村和领主权组成的前奥地利。[7] 至于勃艮第领地的情况，哈布斯堡的存在几乎没有被明确确定，特别是从对格尔德恩（Guelders）征服的不断失败的角度而言。[8] 然而勃艮第领地与帝国的紧密联系（其中一部分仍然是以传统的形式臣服于作为封建领主的皇帝），创造了一个从阿尔萨斯北部的松德高开始延伸，向北转向，通过尼德兰到达弗里斯兰的哈布斯堡统治的边境地带。与此同时，位于布鲁塞尔的宫廷逐渐成为延伸到北德意志平原和下莱茵兰，直到美因河以北的韦特劳伯爵领地（其中包括拿骚家族奥兰治的威廉的祖先）的委托人网络的强有力的核心。[9]因此马克西米利安在帝国内控制的地区至少比他的任何前任都多，这使诸侯对他的改革建议以及对他的金钱和军事援助的需求的抵抗变得完全可以理解。

这两片世袭领地的巩固，潜在地加强了马克西米利安作为德意志国王的地位。然而这一地位也与伴随皇帝头衔而来的普世理想和君权是密不可分的。对于这个问题，有两个维度。一方面，马克西米利安非常专注于意大利事务。[10]这并非盲目的痴迷，更谈不上致命的缺点，并不是像德意志的民族主义学者有时认为的那样，皇帝是以德意志人的利益为代价，寻求恢复在意大利的王朝。事实上，意大利从根本上来讲就是非常重要的，不仅是出于领地扩张的原因，也是因为皇帝在罗马加冕的需求。[11]马克西米利安徒劳地努力为他的统治塑造这一真正的合法性。并且，尽管他不得不承认自己的失败，即 1508 年在特伦托宣称自己成为"当选的罗马皇帝"，这也没有阻止他追求与罗马的传统联系。事实上，在 1511 年对教皇尤利乌斯二世（Julius Ⅱ）的背叛的愤怒，使他产生了自己当选教皇的想法。[12]这将会使他得以推行教会的改革，并且最终可以控制教皇国，在他与威尼斯的冲突中，以及与法国在意大利半岛地位的争夺中，教皇都是关键的反对者。然而，就像马克西米利安的很多计划一样，这一计划也没有任何结果，而在同一年他与教皇建立了新的同盟。他对威尼斯（毕竟是更大的敌人）的行动，只能被强取豪夺的行为破坏，这可能会导致一个新的基督教同盟来对抗他。

在罗马加冕的愿望，与马克西米利安的想法中另一个同等重要的因素相关，即领导基督教世界对土耳其人发起十字军运动的愿望和责任。得到教皇的加冕将会是发起这样一场十字军运动的关键的先决条件，就像控制意大利北部的财富，是获得教皇加冕最可靠的基础之一。当然，从奥地利世袭领地的安全而言，对土耳其人的进攻显然能够保障自身的利益。控制意大利的想法，无疑也是源于此前几个世纪霍亨施陶芬皇帝的历史记忆。然而，对于实质性地宣称成为基督教世界的统治者这一愿望而言，所有这些因素根本上都只是附加的想法。与此同时，对于罗马帝国至高无上的继承者的宣称，也会在对土耳其人的胜利中得到加强，因为土耳其人在相对近期的 1453 年摧毁了东罗马帝国在君士坦丁堡最后的残余势力。和他之前的神圣罗马帝国皇帝不同，马克西米利安真心希望成为唯一的"罗马"皇帝。[13]

随着土耳其人又一次对卡尔尼奥拉、施蒂利亚和卡林西亚的猛烈进攻，在 1493 年开始了对奥斯曼发起十字军运动的准备。最初的目标是组建一个所有基督教国家的联盟，然而很快威尼斯就拒绝参加联盟，并且法国的查理八世在 1494 年对那不勒斯发起进攻，毁掉了联盟的所有希望。即便如此，马克西米利安仍然坚持，并且希望利用 1495 年沃尔姆斯帝国议会获得德意志等级的支持，劝说法国国王合作。[14]到头来这两个目标都没有成功。马克西米利安不得不利用在奥地利等同于条顿骑士团和圣约翰骑士团的圣格奥尔格骑士团（Order of St George）在东南部构建军事前线。

事实上，在接下来的 15 年里，马克西米利安发现他已经在基督教世界对抗土耳其人的十字军的问题上沦为局外人。[15]诚然，匈牙利的乌拉斯洛二世与苏丹巴耶济德二世（Bayezid II）达成的三年停战协定，消除了对抗土耳其人的压力。然而，这一协定是由法国国王调解促成的，这一事实体现了查理八世领导基督教世界以及继承东罗马帝国皇位的野心。奥地利和苏丹在 1497 年的停战协定带来了进一步的安全，马克西米利安也能够在土耳其 1499~1503 年对威尼斯的入侵中得到好处。然而盛大的十字军的想法仍然是令人向往的。1518 年，在奥格斯堡举行的马克西米利安的最后一次帝国议会上，这一计划以一种更为宏大的形式再次出现。由神圣罗马帝国皇帝领导的基督教联军，与莫斯科大公和波斯沙阿结成联盟，将会拯救君士坦丁堡和耶路撒冷，不仅要摧毁奥斯曼帝国，也包括北非和埃及的巴巴里国家。[16]

可以说，在 1495 年之后，马克西米利安的战略想象都是极不现实的。沃尔姆斯帝国议会没能组建强大的基督教联盟。相反，帝国议会固化了皇帝和法兰西君主国的矛盾，并且促成了奥地利和西班牙的联盟。在过去的几十年历史中有足够的动力解释这次冲突。法国的野心在勃艮第受挫。由于查理八世毁掉了他与马克西米利安的女儿玛格丽特的婚约，并"偷走了"马克西米利安在 1490 年订立婚约的第二任妻子布列塔尼的安娜，马克西米利安巩固勃艮第遗产以及争夺布列塔尼的野心受到了打击。因为教皇毫不犹豫地宣布废止婚约，这一婚约未能完成，但这仍然是一场耻辱的闹剧。[17]1494 年 3 月 16 日，马克西米利安与米兰公爵卢多维科·斯福尔扎

（Ludovico Sforza）的侄女——比安卡·玛利亚·斯福尔扎结婚，紧接着在 8 月，法国军队通过米兰、佛罗伦萨和罗马入侵了那不勒斯。

　　马克西米利安并没有立刻放弃与法国和解的所有希望。1495 年在沃尔姆斯，他参与了和洛林公爵勒内二世（René Ⅱ）关于恢复那不勒斯的安茹王朝的投机性协商，这对查理八世也许是可接受的，并且因此仍然保证了法国在组建十字军方面的合作。与之相似，马克西米利安探索支持英格兰王位觊觎者珀金·沃贝克（Perkin Warbeck）的可能性，因为亨利七世（Henry Ⅶ）的失败会导致盎格鲁-法兰西联盟的破裂，还会使查理八世处于孤立并且倾向于与帝国和解。[18]然而，最终唯一可靠的联盟是阿拉贡的斐迪南（Ferdinand of Aragon）提供的联盟，他希望保证对那不勒斯王位的控制。新联盟最为盛大和公开的标志是双重婚约的订立，一方是马克西米利安的儿子勃艮第大公腓力和女儿女大公玛格丽特，另一方是胡安娜女王和胡安亲王。

　　在公正者腓力的儿子查理 1515 年的继承中，与西班牙的结盟结出了果实，西班牙因此最终成为哈布斯堡王朝的财产。矛盾的是，这实际上也注定了马克西米利安在意大利的行动以失败告终。他最初宏大的想法从未实现。他的计划是迅速在意大利展开行动，紧接着入侵普罗旺斯（他的宣称源于普罗旺斯曾经属于旧的勃艮第王国），这是奥地利、尼德兰和西班牙对巴黎发动攻势的开始。这一计划不切实际且野心过大。[19]

　　在 1495 年后的 20 年间，阿尔卑斯山以南地区的冲突几乎从未中断。联盟的情况令人迷惑地不断变化，因为查理八世和他的继承者——路易十二和弗朗索瓦一世（Francis I），通过时而对抗皇帝，时而与皇帝结盟，努力确立半岛内权力的平衡。

然而，根据最后的分析，考虑到马克西米利安不断在意大利投入的所有资源，他并不是这些斗争的主要受益者。事实上，马克西米利安在1515年的最后一次意大利远征以一种完全的耻辱结束。他的军队很轻易地被法国人击溃了，他本人也不得不逃往蒂罗尔，他的离开受到他自己的雇佣军嘲笑，称他只不过是"稻草王"（straw king）。[20]蒂罗尔南部微小的补偿以及戈尔茨的一部分，无法掩饰控制米兰的法国和控制那不勒斯、西西里的西班牙维持了权力的平衡这一事实。帝国及其盟友米兰一样，都是失败者。1516年12月的《布鲁塞尔条约》（Treaty of Brussels）对法国而言是一场胜利，即使是暂时性的。[21]

马克西米利安在帝国几乎每一个边境地区采取行动的范围，不可避免地引出了一个问题：他为德意志王国设想的角色是什么样的？利奥波德·冯·兰克和19世纪的其他学者通常尖锐地批评他对德意志国家的剥削态度，并且为他不怎么关注德意志事务感到惋惜，他们认为这一点破坏了德意志民族的发展。[22]

这样的观点很显然是过时的。然而，皇帝对德意志国家和邻国的处理方式，看上去确实存在着明显的差异。例如，值得注意的是，尽管马克西米利安曾与欧洲的大多数统治家族进行了关于王朝之间联盟的协商（有几次也包括法国），但他冷漠地拒绝考虑与任何单独的德意志王朝结盟。与此同时，他反复保证那些试图与帝国外的家族协商结盟的德意志诸侯受到阻挠。毫无疑问他在运转一套双重体制，其中德意志的贵族家族明显被视作地位较低者。[23]

然而，事实上，这也只是突出了他对待帝国和其他利益所在地区的方式上的差异。在马克西米利安统治期间，他在德意志王国内部的首要目标是动用他作为皇帝的权力和特权，并通过将传统的封建关系发展为更为有效的利益共同体的方式，使传统的王国体制有效运转。和任何前任比起来，他更为积极地寻求利用在帝国边缘执行规则的优势：作为调停者与和平守护者进行决定性的干预，而不卷入帝国内部的分裂，在这方面他没有受到任何家族纽带的阻碍，这成了一个优势。他在德意志国家付出的努力，与他在其他地区的努力，有着相同的阶段性的强度和持久度。他在这里取得的成功和在其他地区的成功一样复杂。然而，德意志等级对马克西米利安的德意志政策的反应，以及他们对马克西米利安在更广泛的帝国对他们角色的计划的认知，加强了帝国的团结，并且加强了他们对于帝国代表德意志"民族"利益的认知。

马克西米利安的帝国政策和他更为广阔的王朝方案，二者之间最明显的联系是关于提供资金和军队的持续性对话。从 1494 年 11 月 24 日发布诏令在沃尔姆斯召集他的第一次帝国议会，到 1518 年他在奥格斯堡的最后一次帝国议会，请求经济和军事援助是一个不变的主题。皇帝一次又一次请求德意志等级为他对土耳其人发起十字军运动的宏大计划，以及能够确保他获得教皇的涂油和加冕（作为发动十字军的前提条件）的意大利行动提供支持。这些谈判从一开始就和帝国改革的更为广泛的讨论紧密联系在一起。皇帝的征税

73

权以及组建帝国军队权（以及关于帝国是否应该提供资金组建常备军的讨论）的问题，在关于皇帝与帝国等级权力平衡的长期讨论中是极为重要的。

马克西米利安坚持主张帝国等级应当为保卫帝国提供人力和财力，他的企图遇到了同样顽固的抵抗。在宣传中，他反复强调"德意志"和德意志人在他的体系中的中心地位：德意志人因为他们的勇敢斗争精神而获得了帝国的责任。[24]因此在他看来，为他的行动提供物质和军事基础是他们的义务。与之相反，德意志帝国等级对他们的爱国义务持有更为狭隘的观点。他们越来越区分"德意志民族"的帝国与更广泛的"普世"帝国的利益之间的区别。因此他们能在为土耳其人的进攻提供有限援助中发现一些合理性，因为土耳其人事实上威胁了德意志"民族"，但是他们多次拒绝考虑支持任何在意大利对抗法国的行动。[25]

在现实中，即使是对保卫帝国对抗土耳其人的义务的有限让步，从资金和人力两方面而言也收效甚微。传统批评认为马克西米利安利用德意志资源的优势追求他的普世帝国的梦想，这是没有依据的。例如，在 1495 年沃尔姆斯帝国议会中，马克西米利安要求在 4 年内获得 400 万古尔登。实际只有 25 万古尔登得到批准，而即使这部分也没能完全支付。[26]在他的统治时期，他每年只能从帝国获得相当于 5 万古尔登。与他每年从奥地利领地获得的 50 万到 100 万古尔登的收入，或者与他在 1494~1500 年从他妻子的伯父米兰公爵那里获得的 100 万古尔登相比，来自帝国的收入显得微不足道。[27]甚至是犹太人在世袭领地和帝国内每年支付的税款，都比德意志等级支付的金额多。到此时为止，最重要的金融工具是马克西米利安建立在蒂罗尔富饶的矿产资源之上的债务体系。事实上，宏大的普世帝国计划依赖于卖给南德意志商人［例如奥格斯堡的富格尔家族（Fuggers）］的垄断经营权，以及来自南德意志的帝国城市的不断增长的债务。[28]

从帝国获得人力甚至比获得金钱更为困难。马克西米利安实质上是把从勃艮第继承的，并且在 15 世纪 80 年代关于勃艮第遗产的斗争中起到重要作用的方案带到了帝国内。骑士和德意志雇佣兵的结合，在对抗法国及其瑞士雇佣兵中被证明是至关重要的。[29]在 1493 年之后，马克西米利安作为皇帝试图进一步发展这种结合，并且设想组建帝国的常备军。这一策略唯一相对成功的方面在于，骑士和上层贵族的成员被整合进了他的力量中。

马克西米利安对圣格奥尔格盾牌骑士团的资助，以及恢复奥地利的圣格奥尔格骑士团最终没能够创造一支新的帝国军队。这些组织在军事层面也是无效的。例如，圣格奥尔格骑士团没能为西南部的施蒂利亚、卡林西亚和卡尔尼奥拉的军事前线提供有效的基础，尽管马克西米利安有时能够雇用一些个人，例如戈尔茨·冯·贝利欣根（Götz von Berlichingen）以及弗朗茨·冯·济金根（Franz von Sickingen）作为军事指挥官。[30]与之相似，萨克森的勇敢者阿尔布雷希特（Albert the Brave）、安哈尔特的鲁道夫（Rudolf），以及勃兰登堡边疆伯爵卡西米尔（Casimir），都是在各种行动中发挥重要作用的上等贵族中的成员。他们都是通过传统的封建委托人网络招募的指挥官，而非"近代"的职业军人。

利用德意志雇佣兵的传统存在更多问题。德意志雇佣兵（Landsknechte）事实上成为帝国的军队，他们内部有纪律和组织，并表现在各自的制服上；他们简单地效仿瑞士人制定的标准，此时瑞士人被普遍视作最为可怕的战士。[31]这无疑是马克西米利安个人投入和参与的结果。在意大利的行动中，他穿着开衩的软铠甲或者紧身上衣，戴着羽毛帽，亲自领导他的德意志雇佣兵战斗，就像他早先在勃艮第所做的那样。[32]然而，德意志雇佣兵仍然是雇佣兵（mercenaries）。一旦他们的工资没有得到支付，即使是像格奥尔格·冯·弗伦茨贝格（Georg von Frundsberg）这样通常享有雇佣兵的尊重和无条件忠诚的指挥官，也无法控制这些雇佣兵。[33]

对于骑士和贵族在军事上的结合，以及德意志雇佣兵向接近于"国家"的帝国军队的转型，最根本的障碍是等级在帝国议会的反对。[34]1495 年以来，马克西米利安的提议大体上总是失败的，这是因为这些提议会陷入关于帝国制度改革的更为广泛的讨论之中。等级不断拒绝征收用来建立由雇佣军组成的帝国常备军的帝国税，因为他们担心这会加强皇帝的地位。例如，在 1510 年，马克西米利安提出的建立 5 万人的常备军的提议，直接被推迟到了 1512 年的下一次帝国议会，并且在彼时被直接拒绝。

等级也被证明不愿意在一次性征召军队（或者财产上的等价物）方面提供任何微小的援助。他们更支持阶段性的征税体制，因为这可以给他们更大的自由度，将税收的负担转嫁给他们的臣民（帝国税在诸侯和他们的臣民之间没有区别）。然而在实践层面，他们不愿意为任何被看作与"民族"关切无关的行动付出任何代价。

即使已经许诺了援助，例如 1505 年和 1507 年的情况，资金实际上也没有足额支付，并且往往支付得太晚，以至于对原本计划使用资金的行动已经没有任何用处。如果没有以蒂罗尔的银矿和铜矿为担保的富格尔家族的贷款，以及从蒂罗尔和其他奥地利世袭领地组建的军队，马克西米利安将根本无法进军任何地方。

如果说马克西米利安想要从"德意志民族"的帝国获得的所有东西只是钱财和军队，那他很显然非常惨痛地失败了。对皇帝而言，来自帝国的帝国税和军事援助义务的问题，在查理五世统治期间才逐渐被解决。然而，马克西米利安维护他在帝国内特权的努力，其意义不止于此。事实上，在他的统治结束时，帝国并非诸侯的寡头政治，而是强化的君主制，这体现了马克西米利安的成功。[35]诚然，帝国的君主比其他一些西欧君主在国内拥有较少的权力。然而制度从根本上得到了强化的事实经常被忽视。鉴于等级表现出拒绝提供资金和人力的能力，这一结果也许代表着某种矛盾。

在皇帝和诸侯在帝国议会的关系层面，君主的弱势看上去非常明显。在 1495 年后关于帝国改革的讨论中，马克西米利安提出的每一个提议事实上都被拒绝或者被修改得没有实际意义了。[36] 1500 年，诸侯通过在皇帝之上设立帝国摄政会议或者帝国执政府，利用了马克西米利安在施瓦本战争和意大利的失败。[37]尽管他们同意（至少在理论上）提供资金和人力，但他们剥夺了马克西米利安在帝国内的所有权力，并且在纽伦堡设立了他们自己的政府。在这个新的政府中，马克西米利安只是一个名誉上的领袖，诸侯甚至要求皇帝在自己的世袭领地服从税收和军事义务。此时，真正的权力看上去掌握在美因茨大主教贝特霍尔德·冯·亨内贝格和其他选侯手中。

然而，帝国等级在 1502 年的失败和他们在 1500 年的胜利同样突出。事实证明，纽伦堡的政府会议在征税和征兵方面并不比皇帝更成功。两个较远的帝国城市——巴塞尔和沙夫豪森"脱离"帝国并且加入了瑞士。法国对那不勒斯的入侵仍然没有受到任何帝国军队的阻挡。1502 年 3 月，马克西米利安得以解散执政府，并且在与亨内贝格在盖尔恩豪森（Gelnhausen）组成的选侯联盟的斗争中再次占据上风。[38]

在马克西米利安实际上被架空两年后，他在 1502 年能够恢复地位的关键在于皇帝在帝国内的真正权力基础：他的盟友和委托人的网络，特别是帝国的那些势力较弱的等级。马克西米利安利用潜在的区域联盟或同盟扩大了皇帝的影响力，并创造了帝国政府的可能性，在这一方面他比任何前任的行动更为系统化。

这些联盟或同盟从 14 世纪以来就是对帝国内无法律问题的特别回应。[39]一般而言，它们由区域性群体组建，目的是对抗以私战的传统为掩护、单纯进行抢劫的骑士，以及对抗有吞并弱小邻居野心的强大诸侯。它们也会得到独立城市和城镇的特别支持，以自我防卫和保护贸易路线。

从 14 世纪晚期以来，几个皇帝已经多次试图协调这些联盟的行动，甚至是创建一个延伸到整个帝国的"帝国联盟"，作为维持和平、稳定和帝国当局的工具。[40]虽然没有成功，但很显然，马克西米利安在 1486 年当选为罗马人的国王时提出的第一次改革提议，取决于新的区域性联盟网络的构建。即使马克西米利安在这一阶段还设想这些联盟应当由诸侯来运转（这一提议对小的邦国和城市而言无异于致命打击），但他的改革提议还是被拒绝了，因为这侵犯了领地的权威。[41]

关于维持和平机制以及区域性机构的需求的讨论，在 1495 年的《永久和平条例》和 1500~1512 年设立的大区中取得了成果。[42]尽管这些措施在几十年之后才变得完全有效，但马克西米利安通过与已经存在的联盟合作以及试图建立以此为模板的新联盟，维护并加强了自己的地位。

这些组织中最为古老的是于 1474 年在上莱茵首次建立的低地同盟（Lower Union），是蒂罗尔的西格蒙德（Sigmund）公爵，巴塞尔和斯特拉斯堡的主教，巴塞尔、斯特拉斯堡、科尔马（Colmar）、施勒特施塔特（Schlettstadt）这几个自由城市，以及洛林的勒内二世达成协定的结果。[43]从某种程度上来说他们以瑞士联邦的高地同盟（Upper Union）为模板，最初的目标是寻求与高地同盟联合，驱除"大胆"查理在松德高、布赖斯高和克莱特高（Klettgau）的势力。西格蒙德公爵看上去是这次行动的主要受益者，因为他在 1469 年已经将土地抵押给了勃艮第公爵。此外勒内公爵也有着明确的动机，因为他希望摆脱一个强有力的勃艮第国家的威胁。然而其他成员的利益，例如城市寻求保护自己的贸易，也是同样重要的。事实上，对于经历了 7 年的中断、在 1493 年由马克西米利安主导的低地同盟重建来说，这些成员是至关重要的。

然而，此时在哈布斯堡的战略中，低地同盟发挥了相当不同的功能。因为哈布斯堡在西部主导的第二个同盟——施瓦本同盟在1488 年建立。这个组织也服务于一系列相关的目的。[44]仅从哈布斯堡的视角而言，这一同盟的目的是提前预防巴伐利亚的公爵们对蒂罗尔的主张，他们向蒂罗尔的统治者西格蒙德公爵（有 40 个私生子女但没有合法继承人）提供了大量的贷款。当挥霍无度的西格蒙德（他曾多次希望用蒂罗尔交换米兰或者勃艮第）被说服退位并支持马克西米利安后，哈布斯堡的继承得到了保障。但是巴伐利亚的威胁仍然存在。这种威胁也促使很多弱小的施瓦本等级（包括城镇、修道院、低级贵族和骑士）加入同盟，以维护领地和贸易的安全，对抗维特尔斯巴赫家族的扩张主义。对于同盟来说，第三个动力是哈布斯堡的蒂罗尔地区和施瓦本等级防御瑞士联邦的扩张主义的需要，特别是上莱茵联邦（Haut-Rhin confederacy）和格劳宾登（Graubünden）。最后，这种同盟也与对城镇和乡村叛乱的普遍恐惧相关，因为普通人的运动被认为受到了自由的瑞士的激励，即使并非积极的挑动。因此同盟通常在两种意义上充当地方法律维护者的角色：对抗扩张主义的诸侯，对抗反叛的臣民。

从一开始，同盟就展现出帝国机构没有实现的活力和有效性。同盟很快发展出法规，并且建立了常规的咨询程序。在城市大量财富的支持之下，同盟也很快展现了自身的军事实力。例如，在 1492 年，同盟召集了一支军队，以镇压在肯普滕（Kempten）修道院领地上的农民起义。在同一年，同盟组织了 20000 人，说服巴伐利亚的阿尔布雷希特四世（Albrecht Ⅳ）正式放弃对蒂罗尔的所有主张并且放弃帝国城市雷根斯堡，这座城市在 1486 年被吞并入他的领土。[45]诚然，1499 年的施瓦本战争（也被称为瑞士战争）对马克西米利安和同盟而言都是一场灾难。在过去几十年已经开启的讲阿勒曼尼语的莱茵河北部和南部之间的冲突变得过于剧烈，瑞士联邦的政治传统过于稳固并且得到了强大军事力量的保卫，以至于施瓦本同盟无法将瑞士重新带回帝国。[46]尽管同盟被击败了，但是在 1500 年又得以重建，并且在 1504 年对巴伐利亚人取得了巨大的胜利。

巴伐利亚的继承战争证明了皇帝和同盟之间的联合可以实现怎样的效果。[47]巴伐利亚的两个公爵（兰茨胡特和慕尼黑）终止了条约，从而引发了此次冲突。1503 年，巴伐利亚-兰茨胡特公爵富人格奥尔格（George the Rich）将他的领地授予他的女儿伊丽莎白和女婿普法尔茨伯爵鲁普雷希特（Ruprecht，普法尔茨选侯菲利普的儿子），而没有授予他的堂兄弟巴伐利亚-慕尼黑的阿尔布雷希特四世。在他们的冲突中，马克西米利安一开始充当封建君主的调停角色，承认阿尔布雷希特基于合法权利的继承权。然而，当鲁普雷希特与波希米亚国王（雅盖隆的弗拉迪斯拉斯二世）结盟并侵略巴伐利亚的领地以主张他的继承权时，这场争端迅速升级。他此次破坏和平的行动很快被宣布非法，并且马克西米利安动员了施瓦本同盟的军队（1200 名骑兵和 12000 名步兵）对抗他。

因为鲁普雷希特在 1504 年 8 月 20 日突然去世，此次巴伐利亚的争端相对迅速地得到了解决。然而到此时为止，除了巴伐利亚的继承之外，很显然还有其他利益攸关的问题。马克西米利安利用这次机会，获得了鲁普雷希特在毗邻蒂罗尔的巴伐利亚领地问题上的让步，作为他提供支持的代价。更重要的是，此次冲突在施瓦本西部和阿尔萨斯发生，也体现为一场遏制普法尔茨不断向南部扩大影响力的斗争。西南和东南部军事冲突的结果是马克西米利安和施瓦本同盟无可争议的胜利。此外，马克西米利安在阿尔萨斯［从普法尔茨获得的哈格瑙行政管辖区（Landvogtei of Hagenau）］、施瓦本和蒂罗尔（从巴伐利亚获得）取得了重大的领土成果。与此同时，同盟的其他成员，例如纽伦堡和符腾堡也抓住机会从巴伐利亚获得了施瓦本的土地。

79

　　1500 年，马克西米利安处境糟糕，但随后他在 1504 年的胜利是相当卓越的。他有能力为调解这一地区的冲突而再次调用军队和资金，而作为皇帝他却发现在更广泛的战役中不可能这样做，这一点是非常值得注意的。当他试图以帝国君主行事时，他是虚弱的；然而，当他作为封建君主利用哈布斯堡家族的委托人中立地维持和平时，他是很强大的。借助这种能力，他能够通过和弱小的等级结盟来与诸侯对抗，而在帝国议会的讨论中，他则被诸侯排挤。事实上，这一区域性系统的能量很强大，以至于很多诸侯也不得不加入同盟，例如符腾堡，弱小邻国显要的掠夺者；在 1504～1505 年以后，连巴伐利亚也加入了同盟，而正是它与哈布斯堡家族的对抗，很大程度上促使了施瓦本同盟最初的成立。[48]

　　当然，同盟自身也出现了一些压力和内部问题。城市尤其越来越多地抱怨他们不得不为皇帝的财政负担，他们认为只有在资金上满足了皇帝，他才会感激。在 1511～1512 年之后，一些诸侯，例如符腾堡公爵、巴伐利亚公爵威廉四世（在 1508 年继承了阿尔布雷希特四世），以及勃兰登堡边疆伯爵和巴登边疆伯爵逐渐退出同盟。

他们对于皇帝明显将同盟作为皇权工具的愿望愈发不满。然而，和低地同盟在 1499 年施瓦本战争后就宣告解散，并且马克西米利安两次恢复低地同盟都以失败告终不同的是，施瓦本同盟保留了下来。事实上，施瓦本同盟过于持久和成功，以至于在 1518 年，马克西米利安对聚集在因斯布鲁克的奥地利等级提出了这样的想法：在奥地利世袭领地与哈布斯堡在南部和西南部的委托人之间建立一个更为紧密的同盟。[49]计划中新的体制在因斯布鲁克进行统治，其他两个地方性中心是维也纳和昂西塞姆（Ensisheim，位于阿尔萨斯），并且最初的目的很清晰：减轻皇帝统治晚期压在他身上沉重的经济负担。然而这与施瓦本同盟最初的目的仍然是完全一致的：对抗诸侯不断膨胀的野心、维持和平，以及捍卫皇帝的权力。

尽管不情愿且有所猜忌，奥地利等级还是接受了皇帝的提议。然而马克西米利安在 1519 年 1 月的去世使这些计划的实行被迫终止。很难判断如果这些计划得以施行，会有怎样的发展。当然有一种可能，如托马斯·布雷迪认为的那样，将形成一个由奥地利统治的南德意志君主国，也许和英格兰统治下的不列颠君主国相似。[50]然而，在马克西米利安推动施瓦本同盟上，过分强调他暗含的构建国家的野心也是错误的，因为这会忽视在其他地区建立在帝国保护或 80 领导下的相似联盟的持续努力。[51]马克西米利安积极推动在弗兰科尼亚和韦特劳的骑士和伯爵联盟。他两次尝试以不同的组合方式建立"弗里斯兰同盟"，目的在于将尼德兰与帝国联结起来，并且将帝国西北部地区纳入帝国体系之中。[52]

从帝国政策的角度而言，这些组织没有一个取得成功。弗里斯兰同盟的失败，是由于区域内主要的诸侯不愿意服从哈布斯堡的监管，特别是韦尔夫家族的不伦瑞克公爵。弗兰科尼亚和韦特劳的组织为了在帝国议会中联合的低级别等级的正式代表权，仍然保持着组织机构，但是它们并没有像马克西米利安也许希望的那样成为王室政府的代理机构。核心的问题在于，它们并不处于哈布斯堡委托人网络的地理范围内，因此它们无法从对皇帝宣誓效忠中获得任何利益的保障。恰恰相反，这样的行动也许会使它们更容易受到强有力且有野心的邻国的攻击，例如美因茨、黑森、勃兰登堡或者巴伐利亚。

正如 1495 年以后大量的制度性发展一样，建立有效的王室政府体系的尝试，无论在南德意志还是在整个帝国，结果都是零星的或者仅仅是阶段性有效的。相比呈现出任何具体的和持续性的成功，指出这些措施的潜在可能性，以及推测如果状况有所不同，事态将会如何发展是更容易的。然而，皇帝做出了这样的尝试，以及在帝国内至少一个重要区域中，帝国体制相当有效地运转这一事实，是马克西米利安控制下的王室权力复兴的重要证据。这也突出了在他更广阔的帝国中，德意志民族的帝国的真正意义。帝国并不只是资金和人力的来源（远非如此），而是一个政府的真实范围，皇帝在其中积极且有目的地追求王朝统治的野心。事实上，这为马克西米利安的帝国宣传提供了一定的可信度，并且解释了他的宣传在德意志帝国的每一个层级都得到了大量积极响应的原因。如果说他的野心总是超出了现实，至少他在帝国内的统治比他的所有前任都呈现出更强大的活力和权力。

注释

1. Wiesflecker, *Maximilian*, 376-81, 386.
2. Wiesflecker, *Maximilian*, 11-16; Wiesflecker-Friedhuber, *Quellen*, 5-27; Angermeier, 'Wormser Reichstag 1495', 1-3.
3. Koller, *Friedrich Ⅲ*., 214-17.
4. Wiesflecker-Friedhuber, *Quellen*, 4-5; Press, 'Erblande', 53-6.
5. Pamlényi, *Hungary*, 113-18; Wiesflecker, *Maximilian*, 125-33, 148-9, 187-92; Wiesflecker-Friedhuber, *Quellen*, 18-20; Kohler, *Expansion*, 269-74.
6. Rabe, *Geschichte*, 181-2; Wiesflecker, *Maximilian*, 61-5, 355-7; Kohler, *Expansion*, 327-33.
7. Press, 'Vorderösterreich'; Quarthal, 'Vorderösterreich'.
8. Israel, *Dutch Republic 1476-1806*, 58-64.
9. Press, 'Niederlande', 322-5; Schmidt, 'Integration', 6-8.
10. Kohler, *Expansion*, 334-41.
11. Wiesflecker, *Maximilian*, 365-9.
12. Wiesflecker-Friedhuber, *Quellen*, 15.
13. Wiesflecker, *Maximilian*, 370-1.
14. Angermeier, 'Wormser Reichstag 1495', 11-13.
15. See Kohler, *Expansion*, 264-8.
16. Wiesflecker, *Maximilian*, 193-4.
17. Wiesflecker, *Maximilian*, 73-7.
18. Angermeier, 'Wormser Reichstag 1495', 9.
19. Wiesflecker, *Maximilian*, 366; Wiesflecker-Friedhuber, *Quellen*, 9.
20. Wiesflecker-Friedhuber, *Quellen*, 18.
21. Rabe, *Geschichte*, 180-1.
22. Wiesflecker, *Maximilian*, 13, 369, 372.

23. Angermeier，'Wormser Reichstag'，11-12；Kohler，*Politik*，*passim*. 一个例外是他的妹妹库尼贡德（Kunigunde）与巴伐利亚的阿尔布雷希特四世的婚姻，尽管这场婚姻发生在 1487 年并且明显没有获得她的父亲弗里德里希三世的同意：ADB，i，234。这个联盟至少部分是打算加强巴伐利亚对蒂罗尔的主张，因而加剧了哈布斯堡家族和维特尔斯巴赫家族之间的紧张关系。马克西米利安的王朝政策的一个重要特征，是他在精心安排属于他的委托人体系的家族之间的婚姻中发挥的作用，无论这种委托人体系是通过封建纽带还是作为宫廷和行政官员。

24. Wiesflecker-Friedhuber，*Quellen*，27.

25. Schmidt，'Integration'，3-4

26. Wiesflecker，*Maximilian*，264.

27. Wiesflecker，*Maximilian*，348-9.

28. Wiesflecker，*Maximilian*，350；Wiesflecker-Friedhuber，*Quellen*，11-12；Brady，*Turning Swiss*，80-92.

29. Rabe，*Geschichte*，26-8；Kurzmann，*Kriegswesen*，63.

30. Kurzmann，*Kriegswesen*，34-5.

31. Kurzmann，*Kriegswesen*，63-71.

32. Wiesflecker，*Maximilian*，338；Baumann，*Landsknechte*，36-7.

33. Baumann，*Landsknechte*，117.

34. 后续内容见 Kurzmann，*Kriegswesen*，16-28。

35. Schmidt，'Politische Bedeutung'，186.

36. 见本书页边码 31~39 页。

37. Wiesflecker，*Maximilian*，269-73；对瑞士或施瓦本战争的简单介绍，见 Wiesflecker，*Maximilian*，112-21 以及 Brady，*Turning Swiss*，57-72。

38. Wiesflecker，*Maximilian*，271-3.

39. Moraw，'Einungen'，*passim*.

40. Dotzauer，*Reichskreise*，23-31.

41. Schmidt，*Grafenverein*，24-5.

42. Dotzauer, *Reichskreise*, 33-9. 另见本书页边码 35~36 页。

43. Brady, *Turning Swiss*, 49-52, 55-7.

44. Brady, *Turning Swiss*, 52-4; Bock, *Schwäbischer Bund*, 1-24; Carl, 'Schwäbischer Bund', *passim*; Wiesflecker, *Maximilian*, 253-5.

45. Bock, *Schwäbischer Bund*, 71.

46. Brady, *Turning Swiss*, 58.

47. Brady, *Turning Swiss*, 72-9.

48. Bock, *Schwäbischer Bund*, 93-4, 103.

49. Brady, *Turning Swiss*, 89-92.

50. Brady, *Turning Swiss*, 114, 224-5.

51. Schmidt, *Grafenverein*, 25-6.

52. Schmidt, 'Integration', 6-8; Israel, *Dutch Republic 1476-1806*, 29-33.

第七章

帝国、教皇和帝国教会

81   当 1521 年马丁·路德被传唤到沃尔姆斯帝国议会，并被要求放弃自己的观点时，他发起一场彻底的教会改革的愿望及其教义成了帝国政治中的一个重大问题。正如我们了解到的，路德在此时有意识地将他关心的问题，与其他已经有很长历史并且有大量追随者的事业联系在一起。然而，宗教改革并不是前一个世纪德意志教会发展的直接结果。很难确认在 15 世纪末期，教会或者社会存在着明确的或者逐渐发展的危机，与宗教改革运动早期爆发式的发展，或者对德意志国家造成的巨大且持续性的影响是相对称的。试图认定马克西米利安一世统治时期德意志社会中的"系统性"或"普遍性"危机，是远远无法让人信服的。

宗教事务与社会、经济和政治问题的联系非常紧密，正是这一点使宗教改革的影响力如此巨大。在这样一个宗教和生活之间不存在区分的社会中，这完全不令人惊讶。然而前宗教改革时代的问题，事实上并非它们最初看起来那样新颖。这些问题更多为人们所了解，是因为留存下来的原始资料更为丰富。然而，从某种程度来说，这也只是反映了自 14 世纪起，从主要通过口述到书面文化的明显转变。这些不满通过书写，以及 15 世纪末期以来通过印刷得以记录，这给过去占主导的口述传统增加了一个重要的新维度。"不满文学"的出现帮助人们对危机形成了新的认知。另一个扭曲则来自改革的修辞本身，因为它总是唤起对被模糊定义的黄金时代的一种怀旧式想象，与之相比，现实世界则被认为存在着巨大且危险的偏差。

很明显，前宗教改革的时代以大量的末日论为特征：对于重大事件很快将要发生的逐渐强烈的感觉；认为一个伟大的改革者，在一些版本中被称为"天使王子"，将会降临并再次拯救世界。[1]很多这样的期望聚焦于皇帝马克西米利安。他在 1519 年的去世以及随之而来的空位期创造了权力真空，查理五世的补充并不充分。空位期看上去为增强这种期待感，以及将这种"一些事情将要发生"的感觉转变为必须要做一些事情的决心创造了正确的条件。事实上，有证据表明，在空位期路德本人被广泛认为是那个受到长时间等待的圣人和改革者，至少在一小段时间内将改革和复兴的愿望与更加扩散的末日论想象结合在一起。

如果想要协调 15 世纪帝国内的教会在发展中的明显矛盾，认知和现实之间的差异是非常关键的。改革的呼声不断被重复，而且教会和社会彻底的改革显然并没有成为现实。然而在这一点上，人们对不满的重复不应当被解读为任何事情都没有发生的证据。一方面，教会结构性的问题，从教皇到教区的所有层级都存在。其中很多问题在整个欧洲的教会都是一致的，然而也有一些问题只存在于德意志的环境下，或者至少在德意志的社会环境下有着更严重的影

82

响。另一方面，这一时期以大量的改革措施和复兴行动为特征，这些措施和行动由主教、教士、世俗统治者以及平信徒推动。这些行动缺少根本性的改革，但它们足够多也足够坚定，这使得教会充满生机活力，在 1500 年前后的具体表现是对腐败的激烈批评，以及前所未有的奉献和虔诚的程度。

15 世纪教会的复兴和改革，是在康斯坦茨大公会议（1414～1418）和巴塞尔大公会议（1431～1439）中未完成任务的背景下发展的。这两个会议寻求解决阿维尼翁教皇（1309～1378）和教会大分裂（Great Schism，1378～1417）所引发的问题。[2] 这些事件对教皇制度的发展，以及天主教会在欧洲整体的地位产生了深刻的影响。教皇的权威受到严重打击。教皇在法国被"囚禁"的几十年，突出了制度的政治本质，而这是以宗教权威为代价的。这几十年扩大了教皇和教廷为一方，由主教代表的教会为另一方之间的矛盾，这导致了在教会内部对核心权威的不满，类似于在君主国和邦国内等级的不满。教皇也变得越来越官僚化，并且无情地征收教皇税（papal taxation），这使得人们认为教皇正在榨干每一个层级的教会，从高级别教会机构的人员支付的费用到低级别教士支付的税金。

大分裂时期也严重破坏了教会教义的一致性。服从罗马或阿维尼翁的分歧引发了巴黎和帝国的神学学校之间的不和。德意志的国王和诸侯仍然大体上忠于罗马，并且他们现在需要在帝国内建立大学，为那些不再能够在巴黎接受训练的人才提供机会：1348～1502年，有 17 所大学得以建立。神学中心的持续增加助长了教会内部异端的发展。到 1520 年为止，能够认定的思想流派不少于 8 个，这促使学术型神学家在平信徒中造成了困惑和怀疑。[3]

大分裂也产生了重要的政治影响。世俗统治者利用教皇的虚弱，来获得对他们自身领地内的教会机构更有力的控制。国家或者区域性教会通过一系列的协定得以建立，削弱了有效的教皇领导权的可能性。这也导致了教皇的"世俗化"，因为他们更加依赖于自身意大利领地的资源。建造圣彼得大教堂的巨大开销以及历任教皇公然的不道德的生活方式，给了平信徒不满的更多理由。最后，尽管世俗统治者获得了对教会的新权威，但长期存在的教皇问题也影响着平信徒。一些人物的出现，例如威克利夫（Wycliff）和胡斯（Hus），挑战了传统的权威和罗马的教阶制度，并且传播再次兴起的"纯净"的基督教教义，这些教义更加以《圣经》为基础，并且被收录在将要被拯救的由神的选民组成的教会中。[4]更多的组织是与正统流派相适应的，但也代表了一个相当重要的新开始，例如共同生活兄弟会（Brethren of the Common Life）：无须发誓的致力于近代虔信（Devotio Moderna）的平信徒社区，在 14 世纪 80 年代起源于德文特（Deventer）和兹沃勒（Zwolle）。[5]

在欧洲其他地区，教廷的虚弱导致教皇与君主的关系有所调整，例如 1438 年的《布尔日国事诏书》（Pragmatic Sanction of Bourges）确认了法国国王高于高卢教会的权力。在帝国内，结果则是更零星且更不清楚的。与此同时，被提出用来解决这种情况的观点，成了关于帝国和教会改革这一更具普遍性问题的讨论中的一部分。

即便在大分裂时期帝国也面临着问题（在 1410 年三个教皇并

立的同时，也有不少于三个德意志国王），帝国仍然在解决教会分裂的问题上发挥关键的作用。德意志的理论家，例如康拉德·冯·盖尔恩豪森（Konrad von Gelnhausen），在提出只有宗教会议掌握着解决问题的关键的观点上起到了重要作用。[6]海因里希·冯·朗根施泰因（Heinrich von Langenstein）和康拉德一样是巴黎大学的学者，他进一步提出宗教会议应当全面解决教会改革的问题。他们的观点没有得到迅速的响应，并且他们被法国国王强迫离开巴黎，因为法国国王想要控制教皇而非改革教会。然而，随着政治风向转变，宗教会议的观点以新的活力重新出现。海德堡大学与前任普法尔茨伯爵——维特尔斯巴赫家族的德意志国王鲁普雷希特关系紧密，该大学的理论家发展出关于这些争论的进一步转向，指明了前进的方式。例如，索斯特的康拉德·科勒（Konrad Koler of Soest）声讨枢机主教的宗教会议是对德意志教会的根本性威胁，这表明相比强有力的枢机主教寡头体制，虚弱的教皇对德意志是更有利的。在他的观点中，召集宗教会议是罗马人的国王（即未来的皇帝）的特权。[7]

84　　　鲁普雷希特没有办法实现海德堡大学的理论家的期望。他在国内的地位很虚弱，他没能将等级联合起来，被废黜的文策尔国王仍然控制着等级里的大量摇摆者。鲁普雷希特的继承者——西吉斯蒙德进一步巩固王室权力，才为这件事情带来突破。西吉斯蒙德在登上王位时宣称他希望给教会和帝国都带来良好的秩序，这标志着恢复这两个机构的秩序的长期努力的开始。西吉斯蒙德的意图得到了海德堡大学学者文章的坚定支持。这些文章详细论述了大公会议作为全方位改革的基础的观点，为西吉斯蒙德自己召集和监控的康斯坦茨大公会议提供了理论基础。

实际上，无论是康斯坦茨大公会议还是后来的巴塞尔大公会议，都没能给帝国或是教会带来根本性的革新。[8]然而，它们带来了对计划的详尽阐述。大公会议在《神圣大公会议》（Haec Sancta Synodus）法令中宣称其权威高于教皇后，1418 年的《德意志协定》（German Concordat）列举了问题和解决措施。根据《周期法令》（Frequens，关于宗教会议召开的频次），协议要求教皇最多五年内召集一次新的宗教会议。教皇马丁五世（Martin V）禁止宗教会议对抗教皇的要求；在 1423 年根据《周期法令》在比萨和锡耶纳召开的大公会议上，当人们试图延长《神圣大公会议》时，他粗暴地解散了会议，通过以上两件事，他清晰地表明了自己的态度。教皇和大公会议之间的再次冲突，导致德意志教会失去了在 1418 年的协定中获得的大部分权力。作为结果，在巴塞尔大公会议之前，美因茨和科隆的大主教组织了一系列的地方性大会。计划中的民族大会没能成形，但是在 1433 年巴塞尔大公会议上，德意志"民族"仍然能够提出有条理且完整的改革方案。

大公会议或教皇的最高权威这一根本性问题的冲突，再一次为会议议程蒙上了阴影。为了至少保留改革成功的一定希望，西吉斯蒙德试图采取中立路线，这一策略在他死后也得到选侯和他的继承人阿尔布雷希特二世的延续。1438 年，法国民族宗教会议接受了巴塞尔大公会议的法令，并且实质上退出了争论：在任命教职人员方面，用国王任命取代了教皇任命或自由选举这两种方案。与之相反，德意志诸侯仍然希望他们以中立的路线进行协商。在所谓的《美因茨承诺》（Mainzer Akzeptation）中，他们承诺接受巴塞尔大公会议的大部分改革决议，除了非常关键的一项决议，即实质上恢复《神圣大公会议》以及大公会议高于教皇的权威的主张。[9] 在八年的时间里，在这项准则中隐含的德意志的中立立场一直得以维持，但关于最高权威的争议的终极问题不可避免地削弱了这种立场。与此同时，教皇也不得不确保诸侯放弃大公会议的事业。

85　　哈布斯堡家族在 1445 年领导了协议的进程。教皇尤金四世（Eugine Ⅳ）保证了弗里德里希三世在他自己的领地内的六个主教辖区的任免权以及其他一些让步，包括对大量低级别圣职的权力，以换取哈布斯堡承认尤金四世为正式的教皇。两年后，选侯与教皇在 1447 年的所谓《诸侯协定》中达成了相似的妥协。教皇接受了承认巴塞尔大公会议的法令的要求（除了那些涉及大公会议的频次及最高权力相关的内容），与此同时，奥地利、波希米亚、美因茨、勃兰登堡、萨克森以及其他人向教皇宣誓效忠。由于尤金四世后来又对他声明的有效性进行了质疑，最终在他的继承人尼古拉五世（Nicholas Ⅴ）时期达成了协议，即 1448 年的《维也纳协定》（Vienna Concordat）。[10]

这一协定以教皇决议的形式发布，突出了教皇在削弱大公会议地位上的胜利。教皇仍然保留了在奇数月对大量德意志圣职的任免权。在教会邦国，主教的选举权牢牢地掌握在主教座堂教士团手中，然而教皇也保留了反对不合适的任命的权力。低级别圣职的首年收入（annates）以及侍奉（servitium，每个新主教或修道院长的首年收入）被确认为教皇的合法收入。最重要的是，这一协定明确地替代了巴塞尔大公会议的决议。其他所有问题通过与诸侯各自签订协议进行解决。这些协议在接下来的 30 年里达成，导致绝大部分邦国主教辖区的职务任免权控制在当地的统治者手中。这进一步加剧了帝国内两种教会政权的差异。一方面是由采邑主教和采邑修道院长组成的帝国教会，由教士团和修道院成员选举产生。他们是皇帝的封臣，然而与世俗诸侯、贵族和城市一样独立于皇帝。另一方面，在各种世俗邦国内教会的结构取决于，或者说可能取决于统治者个人的意愿和权力，由相应的世俗权威控制。

《维也纳协定》从未获得帝国法律的效力，因为它并没有在帝国议会中以帝国告示的形式正式公布，但协定还是规定了教皇和德意志教会的关系，直到帝国解散的 1806 年。与法国的《国事诏书》或者英格兰和西班牙的情形相比较，也许看上去证实了传统的观点，即这代表了对"民族"利益的背叛，或者至少是保障这种利益的失败。尽管德意志"民族教会"没有出现，但德意志国家的情况在本质上和其他地区也是相似的。普世教会为"区域化"的教会所取代，这种分割是以正在出现的国家和邦国的边界为依据的，这些边界在帝国内意味着等级而非帝国本身的区域。[11]

教会大分裂及其带来的持续到 1448 年的大公会议，对德意志国家有着进一步的影响。最为重要的一点是，整个过程中产生了大量的改革文献，将教会的复兴与帝国的复兴联系在一起。[12]改革的观念，或者说回归到神授的最初状态的观念，并不是新出现的。事实上，在 14 世纪这已经成了陈词滥调，因为几乎每一部新法律都以

86

改革的形式呈现。然而，在大公会议时期，改革这一术语获得了新的意义，并且作为人类社会全面革新的关键，再一次充满了更广泛的含义。

西吉斯蒙德皇帝对于教会和帝国的共同改革的个人兴趣，以及他对于这二者之间必要联系的明确认知是非常关键的。这一计划得到了一系列与巴塞尔和康斯坦茨大公会议相关的理论著作的详述。鲁普雷希特国王此前的顾问约布·维纳在 1417 年拾起了由一些作家发起的主题，例如亚历山大·冯·罗斯（Alexander von Roes）以及迪特里希·冯·尼姆（Dietrich von Niem），维纳在大公会议上呼吁帝国和教会机构的革新。[13]

这些情绪在库萨的尼古拉 1433 年的著作《论天主教的和谐》中得到了响应，指向巴塞尔大公会议。[14]和维纳一样，库萨的尼古拉本质上重申了普遍原则，而没有深入讨论细节。但是另一些人，例如吕贝克主教约翰·舍勒（Johann Schele，在大约 1436 年）和海因里希·托克（Heinrich Toke，在 1442 年）创作了教皇、德意志教会和帝国改革所需的措施清单。[15]尽管维纳和他的继承者们的学术专著明确针对皇帝和诸侯，并且涉及制度改革，但 1439 年匿名的《西吉斯蒙德的改革》为更广泛的诉求提供了证据。例如，它提议废黜所有教会诸侯，并且将领地分给城市和低级贵族，并且要求保护普通人对抗贵族镇压的措施。1476~1497 年，14 个手抄本和 4 个印刷版本（1520~1522 年又多了 4 个版本）充分展现出对这些观点的持久共鸣。[16]

在巴塞尔大公会议后，关于改革的作品逐渐变得更为关注帝国制度的改革，以及皇帝和等级之间冲突的议题。然而对于教会改革的兴趣仍然存在。这种意愿通常体现在更为流行的不满文学中，例如"上莱茵的革命者"的小册子（约 1500~1510 年）。尤为重要的是，这些不满在所谓的《德意志民族的申诉》（以下简称《申诉》）中得到了系统的表达。[17]

德意志民族对罗马教廷这一系列的不满，是因为《维也纳协定》将巴塞尔大公会议的法令置于一边。这些法令本可能解决的弊端（教皇的过度官僚化、繁重的教皇税、教会法庭程序的滥用）很快转变为政治问题，特别是被一些收入受到影响的教会诸侯利用。第一份草稿在 1455 年美因茨的区域会议上拟定，并且下一年在法兰克福的诸侯代表会议上进行了讨论。1458 年，清单得到了扩展并且正式得到了帝国议会的采纳，此后成了几乎每一次帝国议会和代表会议的议题。《申诉》在帝国政治中成了一种执念（idée fixe），人文主义作家和马克西米利安一世后来在他（最初政治性的）对抗教皇的运动中，都使《申诉》服务于宣传的目的。1518 年，等级利用《申诉》为拒绝提供对抗土耳其的十字军的资金需求进行辩护。在接下来的 1519 年，这些内容被整合进了查理五世的《选举让步协定》；1520 年，路德成了《申诉》最有力的支持者，他使这些内容成为对基督教贵族的申诉的基础。

对于法国人、意大利人和西班牙人能够管理教会，而德意志国家则被压榨得最严重以支持教皇和他的随从们腐化的生活方式的控诉，使《申诉》有着特殊的影响力。很难评判其中每一个控诉的有效性。在教会大分裂时期，法国人和意大利人在阿维尼翁教廷占据

87

优势地位，而德意志人在罗马教廷的地位逐渐提升，这种局面在马丁五世和尤金四世期间达到了顶点。此后，随着《诸侯协定》和《维也纳协定》在帝国内创造了大量区域化教会，德意志地位下降，罗马教廷也逐渐失去吸引力。[18]

无论教廷官员的民族属性如何，教廷无疑关心自身的物质财富，其方式逐渐招致了更多的批评。在整个西方基督教世界中，教廷授予多个圣职是一个争论的焦点，因为这些个人几乎不会满足于仅仅两三个职位。例如，审查主教（datary）以及枢机主教（cardinal）威廉·范·恩肯沃特（Willem van Enckenvoirt，1464~1534）拥有两个主教辖区以及超过 100 个其他圣职，包括在 26 个主教区中的 2 个主教职位，这些能给他带来每年超过 25000 杜卡特的收入。他对此仍然不满意，他也能够为他家族的其他成员在列日（Liège）地区提供职位，甚至寻求使他自己的部分财产得到继承。[19]反对教皇的小册子作者们表达了对罗马"淫妇"（courtesans）的蔑视，认为这些人自私地利用人们的信仰并且窃取了他们的教会，这也就并不奇怪了。

关于财政剥削的问题是更难回答的。马克西米利安宣称，教皇从帝国内得到的东西百倍于他自己。[20]然而，从帝国实际流入罗马的金钱似乎并不像争论中指出的那么多，事实上甚至比法国的"民族"教会支付的金额还要少很多。从根本上来说，在大分裂之后，教廷越来越依赖教皇国的收入，而对更广泛教会的贡献的依赖逐渐减少。事实上，即使是 16 世纪的福音教分裂（也许被认为对教皇意味着严重的收入损失），看上去也没有对教皇的整体收入造成很大的影响。[21]

然而，对于不公正和剥削的认知明显增加。在大分裂时期，罗 **88**
马教皇几乎完全依赖来自帝国的收入时进行了非常高强度的剥削，
从某种程度而言，上述认知是基于对这一时期的长期记忆。此后，
尽管教廷自身的领地变得愈发重要，但教皇任命权的保留和对神职
其他形式的税收，以及在大约 1450 年以后对赎罪券的愈加滥用，
加深了持续的改革运动。

关于《申诉》中"民族"这一术语的使用，通常被用来论证
未能像法国或英格兰一样建立起民族教会对"德意志"造成的不利
影响。即使去除掉法国比帝国等级支付更多的这一事实，上述观点
仍然是有偏差的。因为《申诉》是等级的"民族"的不满，而非
人民的"民族"的抱怨。这些不满首先代表了教会诸侯的不满，因
为他们需要放弃相当多自己的神职收入。其次，这些不满也代表了
世俗诸侯和城市的不满，因为他们正加强对领地内教会的控制，并
且他们厌恶要支付给遥远的并且越来越"世俗化"的罗马教皇的税
收。对于世俗和教会统治者来说，教会法庭的滥用也是一个真实的
物质和政治上的考虑因素。

《申诉》在马克西米利安治下的帝国成了一个关键的政治问题，
但教会诸侯在 15 世纪 90 年代之前就已经制订了第一份方案并且进
行了反复申述。尽管这些教会诸侯看上去是在为整个民族发起呼
声，但实际上他们并不适合代表对腐化的教皇发出道德批评。他们
自身的情况在一些人看来也是有问题的。因为和教皇一样，但是和
其他欧洲君主国的教会领袖不同，德意志的主教既是宗教领袖也是

世俗统治者。帝国教会不仅仅是帝国内部教区的总和。它是帝国制度结构和政治体系不可或缺的一部分。在 1122 年的《沃尔姆斯协定》中，皇帝已经放弃了在帝国内授予所有主教和修道院长牧冠和权杖的权力主张，以换取在祝圣前授予王权象征物的权力。结果是教会成了国王的封臣，主教也在他们的领地中发展出与更少的世俗诸侯相同的权力。

德意志教会的地图会表现出类似于帝国地图一样的复杂情况，对主教辖区和其他机构的列举也会被在对帝国的绝大多数方面的描述中出现的同样问题困扰。在中世纪晚期，阿尔卑斯山以北大约有 50 个主教辖区，相比之下在小很多的意大利半岛有超过 250 个主教辖区，在法国则有大概 75 个。[22]这些主教辖区大致被组织成 10 个教省，每一个区域都由一名大主教（archbishop）作为都主教（metropolitan）领导。

德意志教会并没有名义上的领袖头衔，但在普遍的共识中最高级别的教职是美因茨大主教，作为选侯以及帝国大首相，并且他的教省包含 13 个主教辖区，从北部的哈尔伯施塔特（Halberstadt）到南部的库尔（Chur）。特里尔和科隆大主教也是选侯。然而，相比美因茨，只有科隆大主教（即使在排序上低于特里尔大主教）也是五个主教辖区的都主教，包括列日和乌得勒支（Utrecht）。特里尔的辖区［梅斯（Metz）、图勒（Toul）和凡尔登（Verdun）］则没有那么重要，而且 15 世纪以来就处于"德意志"帝国的外部。在其他大主教辖区中，只有萨尔茨堡（Salzburg）、汉堡-不来梅（Hamburg-Bremem）以及马格德堡（Magdeburg）在 1500 年前后从任何意义上都属于帝国。而贝桑松、格涅兹诺（Gnesen）、布拉格、塔朗泰斯（Tarentaise，作为锡永都主教）大主教，或者阿奎莱亚总主教（Patriarch of Aquileja，作为特伦托的都主教）显然是更为边缘化的，即使贝桑松大主教直到1679年都是帝国诸侯，而布拉格大主教则坚持从不参加帝国议会。

考虑到这些不确定因素，即使是帝国内的主教辖区的数量都很不精确。1448~1648年，德意志主教的传记辞典给出了总计62个主教辖区的细节情况。[23]然而，这一数据包含了帝国内的很多非德意志地区或边缘地区，以及相邻的地区。一些主教辖区，例如乌得勒支、洛桑（Lausanne）或者锡永、佩德纳（Pedena）或者的里雅斯特（Trieste）、波美萨尼亚（Pomesania）或者桑姆兰（Samland），从某种程度来说，分散了人们对于那些同样是帝国的邦国的主教辖区的真正核心的关注。即使是1521年的帝国名册在这一问题上也存在着误导。除了美因茨、特里尔和科隆选侯以外，还罗列了其他50个主教辖区，以及65名修道院长和教士长（provosts）、14名女修道院长（abbesses）、条顿骑士团的4名指挥官。

尽管名册的清单意味着帝国等级阶层，有权出席帝国议会并投票，以支付税金的形式积极参与帝国事务，但其真实的数量是相当少的。因为其中一些被列举的成员事实上无法行使独立的权利，并且在15世纪期间已经实质上成了领地化的主教辖区。因此勃兰登堡、哈弗尔贝格（Havelberg）、莱布斯（Lebus）主教辖区都附属于勃兰登堡选侯；迈森、梅泽堡（Merseburg）以及瑙姆堡－蔡茨

（Naumburg-Zeitz）主教辖区归属于萨克森；什末林（Schwerin）和卡明（Cammin）分别由梅克伦堡和波美拉尼亚控制；桑姆兰和波美萨尼亚最初由条顿骑士团控制，在 1525 年后由普鲁士控制。石勒苏益格则错误地被列入其中，因为这一地区属于丹麦，并且无论如何是属于隆德（Lund）的都主教。

　　1521 年的名册也包括四个附属于萨尔茨堡的主教辖区［基姆湖（Chiemsee）、古尔克（Gurk）、拉万特（Lavant）以及塞考（Seckau）］，即所谓"专属主教辖区"（Eigenbistümer），其中基姆湖主教作为辅理主教，拉万特和塞考主教则分别作为施蒂利亚和卡林西亚的副主教（Vicars General）。这些主教自称诸侯，但并不出席帝国议会。如果进一步排除掉位于低地国家、法国以及瑞士法语

90　区的 8 个主教辖区（尽管瑞士法语区被认为在 16 世纪早期仍然是帝国议会的成员），"活跃的"德意志采邑主教的真实数量在 40 个左右。

　　在任何情况下，主教辖区包含的区域，相较主教直接控制的领地（Hochstift）是大很多的。[24]在帝国内这些区域加总的结果也是一样的。整体上，帝国全部领地的七分之一到六分之一由教会直接控制。[25]这些主教辖区更大的边界范围与附近的世俗邦国以及独立城市重叠，带来了大量争端的导火线，这些争端关于教职任免权和税收权，关于为低级别教士制定法令的权力，以及与世俗法院对抗的教会审判权。主教座堂实际上坐落于城市中，在中世纪晚期主教与帝国城市的争端是相当常见的，通常的结果是主教被驱逐出城市。到1500 年为止，奥格斯堡、巴塞尔、科隆、康斯坦茨、施派尔

（Speyer）、斯特拉斯堡和沃尔姆斯的采邑主教都被强迫搬到城市外的居所。这些居所后来的辉煌，例如波恩之于科隆或者梅尔斯堡（Meersburg）之于康斯坦茨，掩盖了它们最初的存在是一种防卫的标志的事实。[26]

尽管一些主教的居所和政府与他们的主教座堂分开，并且所有主教的权威在他们直接控制的领地之外是不确定的，但仍然有很多主教控制着大量的领地。萨尔茨堡、明斯特、科隆、美因茨、特里尔以及维尔茨堡能够与最大的世俗邦国以外的诸侯竞争。弗赖辛、斯特拉斯堡、康斯坦茨、雷根斯堡、沃尔姆斯以及库尔相对较小，后三个相当穷，但是从规模和影响力来说，它们仍然能够排在德意志邦国的中等级别。

即使是那些实际上并不很突出的教会统治者，如果他们与一些主要的世俗邦国联系在一起，有时也会在区域甚至帝国政治中扮演重要角色。因而沃尔姆斯、施派尔以及条顿骑士团［大团长在1527年后在施瓦本的梅根特海姆（Mergentheim）统治了一些分散的土地］，成了普法尔茨选侯实质上的封地。巴伐利亚的维特尔斯巴赫家族统治弗赖辛和雷根斯堡，他们与哈布斯堡家族在萨尔茨堡和帕绍（Passau）竞争对于教士团以及教士选举的影响力。[27]

对德意志教会的很多批评者而言，教会的问题在于其领导者看上去想要像世俗统治者一样行事，与此同时又过于频繁地利用潜在的教会特权和职责来追求纯粹的世俗目的。这并不令人惊奇。自从中世纪早期，帝国教会从整体上效仿帝国的结构：帝国教会是贵族教会。绝大多数主教座堂教士团几乎全部由贵族构成，并由教士团

91

选举主教。例如，在斯特拉斯堡，教士团只由地位较高的贵族（伯爵和骑士）组成。在科隆，根据 1475 年的规定，牧师的候选人需要证明有 32 个贵族祖先；根据 1500 年的规定，特里尔则要求 16 个贵族祖先是被接纳的先决条件。事实上，在 15 世纪晚期，教士团利用这种封闭的教阶制度，主要用来对抗逐渐向上流动的受过大学教育的管理人员阶层。1474~1517 年，在巴塞尔、奥格斯堡、帕德博恩（Paderborn）、明斯特以及奥斯纳布吕克（Osnabrück），非贵族根据规定被排除在教士团外。

在帝国的西北和东南部，教士团的人员组成则更加多样，包括农民以及市民。然而，在西部，贵族则处于掌控位置。这些社会性排外的主教座堂、牧师会以及修道院，确实配得上"德意志贵族福利院"（Spitäler des deutschen Adels）这一通常赋予帝国教会整体的称号。在 1500 年经过了旷日持久的艰苦斗争，马克西米利安一世才说服了奥格斯堡的教士团破例接纳他提携的马特霍伊斯·朗（Matthäus Lang）作为教务长，他后来成了枢机主教以及萨尔茨堡大主教。贵族教会的排外性极少被打破。事实上，人们说即使是基督本人也没有资格成为美因茨圣阿尔班（St Alban）的牧师（这只是一个非座堂的牧师会，且远非最排外的组织机构）。[28]

教士团的排外性是由那些最初是贵族后来成为教士的人控制的；这种排外性保证了他们选出同等级别的候选人，或者通常是更高级别的。900~1500 年，帝国内选举的 166 名大主教中，人们所知只有 4 人是非贵族身份。[29]在 7 世纪到 15 世纪选举的 2074 名主教中（不包含布拉格的 31 名主教），只有 115 人是非贵族，与之形成对比的是，1169 人来自高级贵族（皇帝的封臣），另外还有 359 人来自低级别贵族（诸侯的封臣）。[30]如果非贵族成功获得了职位，那几乎一定是金钱或者强有力的贵族支持的结果。虔诚的学者，例如库萨的尼古拉，摩泽尔河船夫的儿子，后来成了枢机主教和布里克森主教，这是极少数的特例。

宗教改革前夕的情况完全反映了中世纪时期的发展。一项对由 33 名采邑主教统治的 38 个主教辖区的分析表明，只有 5 名主教 [吕贝克、拉策堡（Ratzeburg）、勃兰登堡、卡明及库尔] 是非贵族出身。所有主教都是德意志人，没有人属于像一些批评者指控的控制德意志教会的罗马"淫妇"的范畴。有 12 名主教是诸侯的儿子，其中有 4 名主教控制超过一个主教辖区。勃兰登堡的阿尔布雷希特是美因茨和马格德堡的大主教，以及哈尔伯施塔特的主教，也控制一系列其他小的圣职。不伦瑞克-沃尔芬比特尔的克里斯托夫（Christoph of Brunswick-Wolfenbüttel）控制着不来梅和费尔登（Verden）的主教辖区；不伦瑞克-格鲁本哈根的埃里希（Erich of Brunswick-Grubenhagen）则占有明斯特和帕德博恩。普法尔茨的菲利普则成了瑙姆堡和弗赖辛的主教，这两地相隔大约 400 千米。[31]

作为群体而言，主教如果想要胜任职位，需要依靠他们作为政治家和管理者的能力，而非学识或者虔诚。很多人对物质财富和利益的追求远远超过他们对教牧职能的追求，这样的例子不胜枚举。普法尔茨-锡门的鲁普雷希特（Ruprecht of Pfalz-Simmern）在担任斯特拉斯堡主教的 1440～1478 年从未做过弥撒，在他去世的时候则发生了这样的事情：他丢失了这一高级职位的象征性器物，牧冠和权杖都找不到了。威廉·冯·洪施泰因（Wilhelm von Honstein）在 1506 年被选为斯特拉斯堡主教，在担任主教的 28 年中，他从未忏悔或者布道。[32]据称，1515 年当选科隆大主教的赫尔曼·冯·维德（Hermann von Wied），当他在 1519 年抵达帝国议会出席帝国选举时，无法理解英格兰使节理查德·佩斯递交的拉丁文国书。还有，梅克伦堡的马格努斯（Magnus of Mecklenburg）在 1516 年被选举为什未林主教时年仅七岁，很难看出在此时他是如何被视为教会可靠的管理者的。

即使是那些打破了贵族教会的"玻璃天花板"的非贵族，也很快就拿出了和他们的同僚一样的做派。马特霍伊斯·朗是奥格斯堡一位没落贵族的儿子，他在 1500 年努力获得了奥格斯堡教务长的职位。在职业的巅峰时期，他在意大利、西班牙、法国以及德意志都拥有圣职，并且据称收入大概为 50000 古尔登。[33]此外，在 1519 年成为萨尔茨堡大主教之后，他完全表现出自己的傲慢、虚荣和自大，参加仪式时总是带着不少于 80 个随从，超过了很多贵族主教的盛况和仪式。这至少符合对帝国内教会领袖的预计范围。与之相反，作为奥格斯堡主教（1486～1505 年在位），霍亨索伦伯爵家族的弗里德里希在 1487 年出席纽伦堡帝国议会时穿着教会的服装，因而被无情地嘲讽为寻求枢机主教帽子的"意大利人"。[34]

事情的这种状态不可避免地招致了批评。[35]凯泽斯贝格的约翰·盖勒（Johann Geiler of Kaisersberg，1445～1510）是教会腐败的批判者和论战的教士，他甚至主张在超过 100 年的时间里，没有人看到任何一个德意志主教承担任何神职人员的义务。非贵族出身的基姆湖主教贝特霍尔德·普思廷格（Berthold Pürstinger，1508~1526 年在位），最终退休并投身于修道院的祈祷和研究中。他在 1519 年主张，他的同僚主教们无视自己的职责，已经将基督教会带到了毁灭的边缘，并且把整个世界带入了即将发生的大灾难。这些批评，以及批评针对的现实，无疑有利于历史学者寻找宗教改革的原因。然而事情并没有那么简单。当时批评教会统治集团的人称得上大声疾呼，但他们并不是多数。此外，后来的作者总是用之后的特伦托大公会议制定的标准来衡量中世纪晚期的教会。后特伦托时代主教的理想典范几乎没有办法在近期的历史中找到模板。

考虑到其所处环境，德意志教会的领导者也许比其历史名声所暗示的好一些，至少对教会造成的伤害没有那么大。一方面，值得注意的是帝国教会整体在宗教改革中存活下来。那些最终转为福音教的部分位于帝国北方，尤其是在萨克森和勃兰登堡影响力的范围内，即使是这些机构也只是在 1550 年前后才正式转教。主教辖区以及其他教会组织的生存，即使不考虑其他因素，至少证明了教会领导者的政治、外交和军事能力。无论其中一些人的生活方式多么世俗或者放纵，当这一体制受到根本性的挑战时，他们都展现出对体制的忠诚。

同样明显的一点是，作为帝国诸侯，很多主教对政治利益和世俗目标的追求并没有使他们抛弃实现精神义务的真诚努力。在 15 世纪末的科隆，大主教积极与牧师、市政会以及平信徒共同努力，以提升社区的宗教生活。[36]斯特拉斯堡主教也许没有规律地做弥撒，甚至在一些时期根本就没有做弥撒，但是他们召集教士会议，并且不断努力进行旨在提升教区条件的全面改革。这些措施的有效性是另一个问题，然而很明显，低级别教士有动力并且成功阻止了很多改革措施。没有准确的资料，但在 1450~1515 年，许多主教区的宗教会议的活动似乎达到了顶点。[37]

教区的领导能力以另一些方式得到了提升。在 15 世纪，除了管理教区法律事务的官员以外，被任命的辅理主教以及副主教的人数出现显著的增加。[38]到 1500 年为止，21 个主教辖区有辅理主教。美因茨甚至有两个辅理主教，一个是管理其莱茵兰领地的，另一个管理图林根领地。雇用这些主教的公务人员最初是为了对抗会吏长（archdeacons），这些人在 13 世纪变得非常有权势，以至于在一些主教辖区威胁夺取主教的权力，在 1500 年前后，辅理主教以及副主教是主教们的教牧代理人。尽管他们的上司有时是一些不称职的教士，但辅理主教都受过良好教育，非贵族出身，并且通常是从修道会招募的。因此他们都是相当好的教士和神学家——他们也很便宜，这也是一个重要因素，因为主教需要用自己的收入付他们的工资。

最后，尽管在德意志主教中神学家很少，圣人更是闻所未闻，但很大一部分人已经表达了对人文主义者的兴趣。这其中也包括美因茨、马格德堡和哈尔伯施塔特的主教阿尔布雷希特，也正是他自私地发行赎罪券（为了偿还他为向教皇支付多个高级职位的费用而借的贷款）引发了路德 1517 年的《九十五条论纲》。"世俗化"的文艺复兴时期的采邑主教是一种常态。但有足够多的人文主义主教证明更为积极的评价是合理的，即使是通常持批判态度的约翰·魏勒（Johann Weiler）也曾经做出了积极评价，写道"人们发现了很多虔诚的领导者"。[39]

注释

1. Strauss，'Ideas'；Dickens，*German nation*，8-17.

2. Patschovsky，'Reformbegriff'；Leuschner，*Deutschland*，201 – 9；Angermeier，*Reichsreform 1410-1555*，63-70.

3. McGrath，*Origins*，69.

4. Cameron，*Reformation*，74-5.

5. Cameron，*Reformation*，61-3.

6. Thomas，*Geschichte*，369.

7. Thomas，*Geschichte*，371-2.

8. Borgolte，*Kirche*，28-9；Boockmann，'Zusammenhang'；Leuschner，*Deutschland*，205-9.

9. Hürten，'Akzeptation'.

10. Meyer，'Konkordat'.

11. Borgolte，*Kirche*，74-5.

12. Märtl，'Reformgedanke'；Krieger，*König*，49-53，114-18.

13. Bautz，*Kirchenlexikon*，xiv，1565-9.

14. Bautz，*Kirchenlexikon*，vi，889-909.

15. Angermeier，*Reichsreform 1410-1555*，84-9.

16. Schulze，*Deutsche Geschichte*，59.

17. Gebhardt，*Gravamina*；Rublack，'Gravamina'；'Gravamina'，in

TRE，xiv，131-4；Hirschi，*Wettkampf*，143-56. 关于《申诉》的原始文本，也可见：Tillinghast，'Reformation'。

18. Borgolte，*Kirche*，90-1.

19. Munier，'Enckenvoirt'.

20. Lortz，*Reformation*，i，77.

21. Partner，'Financial policy'，49；Hoberg，'Einnahmen'，83-5.

22. Moraw，*Reich*，137.

23. Gatz，*Bischöfe 1448-1648*，ix.

24. 主教区的范围和主教作为诸侯统治的主教辖区的范围的差异在 Gatz，*Atlas*，57-143 的地图中得到了描绘。

25. Moraw，*Reich*，137.

26. Ziegler，'Hochstifte'.

27. Press，'Adel'，340.

28. Press，'Adel'，338.

29. Schulte，*Adel*，62；Schubert，*Spätmittelalter*，253-5. 还有 9 个人的家世并不清楚。

30. Santifaller，*Geschichte*，132. 421 名主教的社会出身不明，5 人是"非自由人"（Unfreie），5 人是外国人。

31. Wolgast，*Hochstift*，22.

32. Blickle，*Reformation*，32.

33. Rabe，*Geschichte*，152.

34. Gatz，*Bischöfe 1448-1648*，198-200. "Welsch"是一个轻蔑的术语，也用来指代意大利的任何事物；后来逐渐被用来指代更为广泛的在南方的事物，也包括西班牙的事物。

35. 接下来的内容，可见：Hermelink，*Reformation*，25，43，181。

36. Schilling，'Reformation'，15-16.

37. Cameron，*Reformation*，44.

38. Brodkorb，'Weihbischöfe'；Wolgast，*Hochstift*，27.

39. Janssen，*Geschichte*，i，629；Schindling，'Reichskirche'，103-8；Wolgast，*Hochstift*，26-7；Schmid，'Humanistenbischöfe'.

第八章

宗教复兴与平信徒

无论一些主教付出了多少努力，试图实施了康斯坦茨和巴塞尔
大公会议上发展的改革计划中的一些内容，但在提供教牧关怀方面
很明显存在着较大不足。一个根本性问题是德意志主教辖区的数量
规模。例如，康斯坦茨由超过 1700 个教区组成；奥格斯堡也包含
超过 1000 个教区；甚至美因茨的会吏长区（archdeaconate）爱尔福
特（Erfurt）也包含大约 500 个教区。[1]在许多教区，如此广泛的义
务所产生的行政问题，因 14 世纪和 15 世纪会吏长区的解散而加
剧。这是一个旨在消除强大的"邦国"会吏长对主教构成的潜在威
胁的措施，尽管通常是在辅理主教体系完全发展起来以取代他们之
前实行的。[2]此外，在很多区域世俗诸侯试图"保护"他们的教士不
受主教辖区权威的影响，从而有效地破坏了即使是最和睦的教省或
者主教辖区的教团法令。

世俗统治者在低级别牧师与贵族教士和主教之间的作用，表明
了冲突进一步的来源。对于身兼数职的贵族招致的对教廷的债务转
嫁给教区的方式，普通的教士往往感到深切不满。同样令人厌恶的
是主教对各种事情征收的数不清的罚款和费用，从缺席教区职责义

务到在被禁止的季节的婚礼上使用蜡烛。主教和教皇采取的措施一样体现了财政主义。事实上，主教和教皇都从赦免神职人员和平信徒的某些罪行（包括对圣物的犯罪、与修女的性关系、鸡奸、重婚和巫术等，仅举几例）的权力中榨取了相当多的收入。与此同时，很多在教区的教士模仿他们上级的一些更为世俗化的习惯。在地方层面同样在进行圣职的积累，同样地对基本的教会服务（洗礼、婚礼、临终祈祷、葬礼等）征收费用以及对"不正当行为"罚款，伴随着如果不付款就进行绝罚的威胁，这些也在阶段性地导致不满的增加。

两个或者更多圣职集中由同一个人掌控，会不可避免地对每个教区提供的教牧关怀的程度产生影响。更为重要的影响则是合并的运作，教区及其收入由此变为处于一个修道院、一个主教座堂教士团或一个城市收容所（hospice）控制之下。这些机构越来越多地试图利用它们的权力，比贵族圣职过去所做的程度更甚。获得教区收入的修士（conventual）或者神职人员并不是长期定居的，而且通常只是在周末做弥撒。其他的教牧职责则由教区牧师（vicar）和教堂牧师（chaplain）承担，他们的报酬通常不超过劳动者：他们是教士中另外一个不满的阶层，也是未受过良好教育的草根阶层。

在一些主教辖区（例如康斯坦茨、斯特拉斯堡和沃尔姆斯），大约三分之二的教区被合并了；在奥格斯堡和下莱茵地区，这一数字大致是 50%；然而在符腾堡公爵领地，教区牧师与普通的教区教士的比例达到 5：1。[3] 并不令人意外，这些"低级别"教士不仅经常因为无知受到批评，也常常因为他们呈现出的社会底层普遍的道德特征而受到鄙视。对教职人员骈妇的抱怨也许被夸大了。然而，一些教区已经承认了有与妇女同居或者生下小孩的教士支付的费用或者罚款，这一事实表明这样的情况已经很流行了。[4]

然而，贪婪的修道院无休止地利用教区合并（敛财），贫穷的教士道德水平并不高于最为放纵的采邑主教，关于这两者的证据应当以更为广阔的视角看待。同样重要的是，在 15 世纪有很多改革中或者完成改革的社区的发展的案例。事实上所有宗教组织都经历了一些遵守教规的运动，库萨的尼古拉在 1450~1452 年作为教皇使节对德意志国家的视察，也推动了这种恢复到最初的或者更为严格的修士制度的改革措施。[5]

两场复兴运动尤为重要。第一场是始于哥廷根附近的布尔斯费尔德（Bursfelde）的本笃会改革。在约翰·德德罗斯（Johann Dederoth，1439 年去世）的领导以及不伦瑞克公爵的赞助下，布尔斯费尔德从一个据说修道院只有一个修士和一头奶牛居住的腐朽空壳，到 1500 年前后转变为北德意志和下莱茵兰直到阿尔萨斯超过 90 个修道院网络的中心。[6]相似的改革行动从上普法尔茨的卡斯特尔（Kastel）和奥地利的梅尔克（Melk）的本笃会修道院扩散。第二场重要的运动，是奥古斯丁修会的所谓温德斯海姆修会（Windesheim Congregation）的改革。[7]这相当于修道院中的共同生活兄弟会，从 15 世纪早期，它从科隆扩展到黑森和符腾堡，最后包含了大概 100 个修道院。与布尔斯费尔德的运动类似，温德斯海姆修会也特别强调培养对修道会制度的严格遵守。修会也强调学习是宗教生活的核心，这使得一些人认为这帮助铺平了宗教改革的道路。

　　布尔斯费尔德和温德斯海姆修会所代表的那种复兴，与其他很多宗教团体的严守（observantine）倾向匹配。[8]他们与有着相似目标的平信徒运动（lay movement）同步发展。这其中最重要的就是共
97 同生活兄弟会，它推动了温德斯海姆修会的发展方向。兄弟会最初在 1380 年前后由格特·格罗特（Gert Groote）在德文特建立，是由一小群教士和平信徒组成的社区，他们致力于追求祈祷和慈善的生活方式。在接下来的几百年间，其他大量社区致力于追求"近代虔信"，这些社区首先在下莱茵兰和威斯特伐利亚建立。他们并非教会成员，但像希尔德斯海姆团体的彼得·迪堡（Peter Dieburg）强调的那样，他们旨在"虔诚地活在世界上"。[9]

　　大量准修道士的平信徒兄弟会（brotherhood）以及姐妹会（sisterhood）在大约 1450 年后扩散开来：分别是贝格哈德男修会以及贝居因女修会；兄弟会只是致力于共同的生活和祈祷，但也通常与收容所或者医院联系在一起；并且最终，出现了方济各会和多明我会的平信徒第三兄弟会（Third Order houses）。[10]一些团体在定位上是非常强调实践的；另一些则更为神秘，是 14 世纪伟大的神秘主义者，如埃克哈特大师（Meister Eckhart，本名约翰内斯·埃克哈特）和约翰内斯·陶勒（Johannes Tauler）的间接继承者。然而，所有这些修会都在通过各种各样的方式寻求实践一种相似的理想方式。这就是对那些没有正式受到传统修会制度约束的个人内心生活的培养，这一内容在近代虔信的核心著作——托马斯·肯皮斯（Thomas à Kempis）的《效法基督》（De imitatione Christi）中得到

论述。在 1473 年印刷之前，其手稿就已经广泛流传了。毕竟，从某种意义来说，修士和修女离开了世俗；而兄弟和姐妹在世俗中过着祈祷的生活。[11]

尽管这些组织时而被怀疑是异端，但从根本上来说它们与那一时期的教会是一致的。它们是中世纪晚期天主教非正统潮流中的一部分，而其生活和信仰方式与主流是并立而非包含在内的。它们并未明确地挑战教会。尽管如此，这样的平信徒组织的出现反映了对正式的教会结构的潜在对抗，并且表现出从这种已经逐渐被社会疏远的机构中解放出来的强烈愿望。[12]

平信徒对教会的态度是矛盾的。在大约 1450 年以后，批评和敌意越来越多，同一时期平信徒的宗教生活明显加强，二者得到了平衡。这种现象不仅体现在平信徒的兄弟会和社区中，也体现在更为强烈的大众虔诚形式的演变中：对圣徒和圣物的崇拜，以及朝圣运动等。这种发展使人们很难接受这样的观点，即宗教改革脱胎于逐渐增强的激进的反教权主义，而这种反教权主义则体现了中世纪晚期教会的衰落。

首先，反教权主义恰恰在一些受宗教改革影响最小的地区表现得最为强烈，例如巴伐利亚和莱茵兰。[13]同样值得关注的一点是，尽管出现了对几乎所有人的批评，上至罗马教皇，下到教区中无知的教区牧师，但对教会的完全否定是非常少见的。到 1500 年为止，即使是激进的胡斯派起义也成了遥远的过去。在布拉格留存的圣杯派教会与罗马形成了一种不稳定的共存关系，而波希米亚兄弟会人数尽管达到了大约 10 万人，是潜在的迫害受害者并依赖于贵族的

98

保护，但他们仍然过着相对封闭的生活而没有成为激进对抗者。[14]虽然波希米亚兄弟会在 1467 年正式离开罗马教会，他们在一些理念上却仍与其保持一致。即使是"在谷仓中用锡杯"庆祝弥撒的最激进的胡斯派教士，也是从某种意义上更好地履行神职，而不是从整体上反对神职的概念。[15]最重要的是，任何形式的胡斯派本质上只是捷克的有限现象，即使在邻近的摩拉维亚和西里西亚造成的影响都很小。总体而言，在宗教改革前夕，德意志国家的异端比以往的几乎任何时刻都要少。

对于神职人员的言语和身体攻击，反映了一些在单纯的排斥之外更为复杂的事情。有两个指控似乎变得越来越常见。第一个是教士超越了自身的权力限制。第二个是他们的生活方式危及其工作的有效性。人们担心由放纵的、有罪的教士进行的圣礼是无效的，这种担忧在 1500 年前后表达不满的著作中被频繁提及。[16]这两种指控为反教权主义的含义和本质提供了关键线索，并且反映出教会和社会之间关系的长期转变而非割裂。

第一个指控的关键是对神职人员的豁免权以及在世俗事务中的权威的反对。[17]这是对无论在罗马或教区的教会法庭的管辖权不满的要点，也是对教士采用禁令、禁罚以及开除教籍这些手段的不满的重点。[18]这一指控源于在所有级别进行教会改革的愿望。对大公会议失败的失望，越来越推动社会所有阶层的平信徒将这些问题掌握在自己手中。这只是大公会议运动符合逻辑的结果。因为这不仅削弱了教会的权威，也在世俗权威的影响下赋予了平信徒关键的角色。毕竟，正是皇帝西吉斯蒙德而非教皇，首先采取行动召集康斯坦茨大公会议。尽管大公会议运动本身被挫败，但教皇在接下来几十年达成的协定中承认了世俗权力在教会事务中的权威。

在德意志邦国内，这引起了诸侯个人为掌管教会事务发起的一系列举措。从某种程度来说，这是由纯粹的政治考量引起的，没有任何新的内容。例如，鲁道夫·冯·哈布斯堡曾宣称他打算成为自己领地内的教皇、大主教、主教、会吏长以及座堂牧师，并因此闻名。与之相似，巴伐利亚公爵在 1367 年否认"教皇、皇帝和国王"在他的领地内有任何支配的权力。[19] 法律格言"克莱沃（Kleve）公爵在他自己的领地上是皇帝和教皇"，在 15 世纪广泛传播。[20]

由这样的主张引发的举措有这样几个维度。一方面，一些如奥地利哈布斯堡家族、勃兰登堡选侯以及萨克森选侯的诸侯，试图在自己的范围内建立对主教辖区的控制。这些措施可以追溯到 15 世纪 40 年代的协定，但正式的协议才使这些举措成为定局。作为结果，一系列主教辖区失去了它们的直属地位，成了附属于世俗诸侯的邦国主教辖区（Landesbistümer），包括：瑞士格劳宾登的库尔和奥地利的古尔克主教辖区，萨克森的瑙姆堡、梅泽堡和迈森主教辖区，勃兰登堡选侯国的勃兰登堡、哈弗尔贝格以及莱布斯主教辖区。

梅克伦堡公爵对什未林和拉策堡施加的影响，尽管没有正式生效，但相当强烈。普法尔茨选侯没能"殖民"施派尔和沃尔姆斯，但成功地支配它们，就像巴伐利亚的公爵们在雷根斯堡、弗赖辛、帕绍和萨尔茨堡的选举中努力代表他们的利益那样。[21] 与之相反，于

99

利希-克莱沃-贝格（Jülich-Kleve-Berg）公爵没能在自己的领地内扫除科隆大主教的权威；在黑森，邦国伯爵（Landgraves）建立附属于他们自己的主教辖区的野心也遭遇了挫折。然而，在以上所有三个邦国中，对抗更高级别的教会权威的斗争，是在宗教改革之前的世纪中一个主要事项。

很多邦国也试图获得对修道院的控制，从而获得对并入其中的教区的控制。这是像符腾堡的伯爵和公爵的一个主要目标，他们避开了控制相关的主教辖区权威的野心（在这个例子中对应的是康斯坦茨主教辖区）。从某种程度而言，这是推动降低教会法庭的地位以及控制教会收入，使教士自己也要交税的必要手段。但这也是人们对管理良好的教会与稳定且繁荣的领地之间的联系的认知的结果。

虔诚的教士意味着虔诚的传教。虔诚的传教意味着对平信徒合适的指导，以及对颁布法律和规定不可或缺的补充。教会改革承诺更好的社会规训。因此，很多诸侯在他们的邦国推动严守运动，发起教会视察，以及颁布为提高教士道德和实践水平的法令。例如，在符腾堡，埃伯哈德（Eberhard）伯爵不仅扩大了他的职务授予权，而且试图推动良好的传教实践。1477 年，他也在乌拉赫（Urach）的基地建立了共同生活兄弟会，随后他创建了更多宗教团体，例如他于 1491 年在艾恩西德尔恩（Einsiedeln）的圣彼得教堂建立的机构。12 个教士、12 个贵族、12 个平民在一个教会的教务长和一个贵族“行政人员”的共同管理下，在一个微小的领地内被要求实践基督教的共同生活。[22]

　　确立对当地教会组织的管辖和监督权的措施，也是在同一时期城市的一个特征。帝国城市，例如奥格斯堡、纽伦堡和斯特拉斯堡，试图将对教士的保护扩大到他们的管辖权内（这通常会与相应的主教产生对抗），以及试图保有任命自己教区的教会人员的权力。此外，他们越来越多地对所有形式的神职机构和慈善机构实行监护，实际上相当于严密监督。[23]他们的动机和目的与推动邦国采取措施的目的是一样的。平信徒越来越希望保证教会的纯洁性，从而保证教会施行圣礼的纯洁性，因为他们相信这是社会稳定和繁荣的先决条件。这意味着显著的角色互换，在中世纪大多数时候，教士指导平信徒并且监督他们的道德。此时平信徒在指导和监督神职人员。[24]根本性的趋势是平信徒取得控制权，为他们自己的教会负责。这一根本性变化在教区层面也是很明显的，无论是城市还是乡下。社区主张神职人员的任命权，或者他们自己为常规布道或者日常弥撒提供大量资金，这种现象是很常见的。[25]

　　在宗教改革前的几十年，也有其他很多宗教现象反映了更加坚定的平信徒的逐渐变化，他们实践了自我意识更强的、更积极的信仰。平信徒远非反对教会，他们似乎既热情地接受了教会提供的大部分事物，有时又以与正式教会平行但在教会之外的宗教表达形式扩展这些事物。

　　平信徒的虔诚在教会内的新弥撒捐赠的热潮中得到了体现，这种热潮始于1405年前后，直到大约1520年之后才下降。在同一时期，人们对圣餐、被钉在十字架上的基督、圣母玛利亚以及越来越多的守护神人的形象的崇拜愈演愈烈。事实上，教堂本身的体积太

100

小，以至于无法容纳新的信仰形式，并且这一时期出现了巨大的建筑热潮，包括新建的教堂以及对现有教堂的改建和扩建，以容纳由这种狂热崇拜的爆发带来的圣坛和圣像。从阿尔萨斯和上奥地利到荷兰和波罗的海，晚期哥特式教会建筑的热潮几乎无法跟上城市和乡村、贵族和市民教众捐赠的节奏。[26]与此同时，对圣餐和圣母的崇拜导致平信徒兄弟会的出现。第一个玫瑰十字兄弟会（rosary confraternity）在 1474 年建立——玫瑰念珠（rosary bead）似乎是由特里尔的加尔都西会（Carthusian）成员在 1450 年之后发明的——有大约 5000 名成员；它发展迅速，到 1481 年据说成员已经超过 10 万人。[27]基督圣体（Corpus Christi）兄弟会也出现了类似的流行。

其他一些现象与正统信仰和崇拜的主流的联系则更为松散。到神迹的圣地朝圣，在勃兰登堡的威斯纳克（Wilsnack）和梅克伦堡的施滕贝格（Sternberg）进行圣餐崇拜，1512 年在特里尔首次展示圣袍（Holy Robe），或者是圣母在格里门塔尔（Grimmenthal）和雷根斯堡的圣像（在 1519 年圣像的圣地出现的一年里，超过 10 万朝圣者参观了圣地），这些似乎展现出平信徒在创造他们自己的神圣空间。[28]这样的圣地或者宣布幻象引起的宗教热情，无论对教会还是对世俗当局都不总是合适的。这很容易煽动叛乱。例如，在 1476 年，有消息从弗兰科尼亚的尼克拉斯豪森（Niklashausen）传播开来：汉斯·伯海姆（Hans Böheim），一名年轻的鼓手和农民血统的吹笛者，正在宣扬为所有献身于圣母玛利亚的人赦免所有罪行，同时也谴责教士和贵族。他造成了兴奋和动荡的局面，以至于维尔茨堡主教派遣军队逮捕他。在一个军事团体解救他的尝试失败之后，他被处决了。[29]

虽然精英和普通民众在态度上存在着差异，但在富人和穷人之间存在着惊人的广泛相似性。尽管村庄需要为偶尔的弥撒聚集资源，但是像维尔纳·冯·齐梅恩（Werner von Zimmern）伯爵这样的贵族据说在 1483 年的一年内为他们自己的灵魂支付了 1000 次弥撒的费用。[30]普通人往往长途跋涉去参拜著名的圣地，然而像萨克森选侯智者弗里德里希（Frederick the Wise，1486~1525 年在位）这样的统治者，可以打造自己的圣地。在 1493 年去耶路撒冷朝圣之后，他花费了大量资金重建他在维滕贝格的城堡教堂，用来存储他的 19000 多件圣物，这些圣物中包括一个神圣无辜者（Holy Innocent）的身体、圣母的奶水，以及耶稣出生的马厩中的草。[31]几乎与此同时，勃兰登堡的阿尔布雷希特，即选侯和美因茨大主教，积累的圣物能够保证他获得不少于 39245120 年的赎罪保障。[32]

赎罪券是教会和平信徒的另一个交集。尽管赎罪券的神学基础是有争议的，但贩卖赎罪券越来越成为教皇在 15 世纪利用的工具。[33]从 1450 年起，教廷决定普通的赎罪券应当在每 25 年一次的大赦年（Jubilee）时销售。大量额外的赎罪券发行，例如 1506 年用来为建造罗马的圣彼得教堂筹集资金的特殊赎罪券，以及其他有利于当地特定事业甚至是帮助支付道路建设费用的赎罪券。

与此同时，赎罪券的本质也朝着相当令人质疑的方向发展。1506 年的赎罪券是一个特别丑陋的极端案例。此次的赎罪券是在美因茨大主教阿尔布雷希特的协助下在帝国内发行的，他被授予一半的收入，用于偿还富格尔家族和教皇的债务，这是在确保他提升为大主教时欠下的债务。这一次兜售的赎罪券，不仅允许豁免在未来的某个日期"兑现"，也允许购买者用来实现已经死去的人死后的豁免。这一特殊的行动对宗教改革产生了深远的影响。有必要强调的是，尽管此后的人们将这样的行为视作腐败以及神学上的谬误，但把这种情况看作逐渐兴起的商业主义和教会衰落的证据，是过于草率的。需求和供给同样重要。路德对赎罪券的反对无法掩盖这一事实：虔诚平信徒为他们的救赎投资的渴望，对于这种特殊的筹措资金形式的成功是至关重要的。

注释

1. Moraw, *Reich*, 137.

2. Maier, 'Archidiakon', 136-55.

3. Blickle, *Reformation*, 28-9.

4. Blickle, *Reformation*, 30-1.

5. Meuthen, *15. Jahrhundert*, 88.

6. Du Boulay, *Germany*, 207; Heutger, *Bursfelde*.

7. Kohl, 'Kongregation'.

8. Meuthen, *15. Jahrhundert*, 88, 165.

9. Du Boulay, *Germany*, 211.

10. Bailey, 'Religious poverty'.

11. Cameron, *Reformation*, 62-3.

12. Blickle, *Reformation*, 20; Israel, *Dutch Republic*, 41-5.

13. Du Boulay, *Germany*, 205.

14. Cameron, *Reformation* 71-4; Rabe, *Geschichte*, 154.

15. Du Boulay, *Germany*, 202.

16. Schubert, *Spätmittelalter*, 268.

17. Du Boulay, *Germany*, 201.

18. Cameron, *Reformation*, 27-9; Blickle, *Reformation*, 32-3.

19. Du Boulay, *Germany*, 190-1.

20. Moeller, *Deutschland*, 42; Hashagen, *Staat*, 550-7.

21. Schulze, *Fürsten*, 13-45.

22. Schulze, *Fürsten*, 23-8.

23. Cameron, *Reformation*, 59-61.

24. Moeller, *Deutschland*, 43.

25. Blickle, *Reformation*, 25-6; Blickle, *Gemeindereformation*, 179-83.

26. Moeller, *Deutschland*, 37; Moeller, 'Frömmigkeit', 9-10.

27. Schubert, *Spätmittelalter*, 275-6.

28. Schubert, *Spätmittelalter*, 282.

29. Franz, *Bauernkrieg*, 45-52; Cameron, *Reformation*, 58. 见本书页边码 136~137 页。

30. Moeller, 'Frömmigkeit', 14.

31. Cameron, *Reformation*, 14; Ludolphy, *Friedrich*, 355-9.

32. Moeller, 'Frömmigkeit', 13.

33. 'Ablaß', in *TRE*, i, 347-64, esp. 351-5.

第九章

人文主义在帝国

102 　　德意志人文主义是 14 世纪晚期到 15 世纪从意大利兴起，并传遍欧洲的思想运动的一部分。[1]人文主义在德意志的特点，是将对民族起源的关注与对新的基督教理想的认同结合在一起。这里面没有任何不寻常的内容。人文主义本质上是一套旨在以最初的含义阅读旧的希腊语和拉丁语文本的研究方法。它的格言是回归本源（Ad fontes）。这种回归到原始资源的呼吁，首先应用于对古典学术文本的研究，特别是作为西方思想基础的主要的哲学和法律文本。文献学的方法以及回归到最初的含义同样应用于其他主题。

　　几乎在欧洲的每个地方，这都涉及对民族起源和民族身份的重新发现。从某种程度来说，这些观念来源于与"最初的"意大利人文主义者的竞争或者对其反抗：他们反对意大利学者主张的自己在古代世界的优越性。到 15 世纪末期，欧洲其他绝大部分地区的学者都已经发现或者发明了他们各自民族共同体的起源，在很多情况下，他们主张自己的社会起源更早，并且比意大利人更纯粹、更原始或者更本土化。[2]

　　这自然导致了各民族人文主义者群体之间一定程度上的竞争，

因为他们试图颂扬本民族的美德优于其他民族。[3]同样地，在所有地方，人文主义也融入了欧洲各国学术的、神学的、历史的和政治的争论。在帝国内，人文主义的特殊意义在于，从 15 世纪中叶起，它塑造和表达了对帝国和教会改革逐渐增长的诉求。各种发展汇集在一起，形成了这第一个民族知识分子群体。

德意志人文主义者代表着受教育的平信徒的一个独特的子群体。尽管把他们视作"近代"世俗哲学最初的倡导者是很有吸引力的，但是他们仍然在教会内。然而，他们确实发展出独特的社会思潮，促进了一种与近代虔信和共同生活兄弟会相关但也有所不同的虔诚。他们也明显导致对教会的批评增多，特别是反对在他们看来对教会产生束缚的经院哲学，并且发出反对罗马的声音，认为教皇对教会和社会的所有症结负有责任。

人文主义者也是 15 世纪高等教育显著发展的产物。这反映了在邦国和城市里发展中的行政机构对受过教育并且合格的官员逐渐增长的需求，以及随之而来的雇用非贵族机会的增加。在 1400 年，只有大约 2000 名学生；到了 1500 年，有大约 20000 名学生。[4]在大致同一时期，德意志大学的数量由 5 所（布拉格、维也纳、海德堡、科隆和爱尔福特）增加到 16 所，1450 年后在上德意志最为集中。[5]与此同时，许多城市发展了拉丁语学校，其功能与大学相同，本质上唯一的区别是无法授予学位。例如，施勒特施塔特的拉丁语学校在大约 1450 年后比得上大多数文学院的质量和学生数量。[6]

这种不断扩大的高等教育基础，日益受到与文艺复兴有关的理念的影响。[7]最初，意大利的思想流入帝国是通过政治和贸易联系以及从意大利的大学返回的德意志学生和学者，这是一个缓慢的过程。康斯坦茨和巴塞尔大公会议促进了德意志人和意大利人的联系，这使更多的意大利思想明显流入德国。到意大利旅行或学习，以及与来到阿尔卑斯山以北的意大利人交流仍然很重要，但是从1450 年前后开始，本地化的人文主义在帝国各个部分已经扎根。

新的教育理想得到了那些在大学推行课程改革之人的大力推动。这些计划最初专注于低级别的文科院系，但很快扩展到高级别的神学院系，不久后还扩展到医学和法律院系。[8]神学系是尤为重要的：在这里，与经院哲学的对抗往往是激烈但有成果的，在课程期间与根深蒂固的教会权威的斗争，塑造了德意志人文主义者整体上反经院哲学的特征。在大学以外的环境中，在一些如奥格斯堡和纽伦堡的城市中，富裕且有文化的权贵，例如康拉德·波伊廷格（Conrad Peutinger）和维利巴尔德·皮克海默（Willibald Pirckheimer），在信奉新思想的小圈子中处于核心地位。最晚到1500 年为止，人文主义者的理念在一些主要的宫廷及其中央机构得到了确立：在维也纳和林茨的哈布斯堡宫廷，以及包括美因茨、特里尔、科隆或者海德堡的宫廷等。阿尔萨斯地区城市的人文主义学者和作家的关注点，既与哈布斯堡相关，也受到与法国邻近和敌对的状况影响。

影响的不同形式、地理分布和机构从属使人们很难将德意志人文主义说成是单一的、一致的现象。然而分散的个体和群体组成了一个广泛的网络，一些人的兴趣与教会相关，一些人对文学感兴

104

趣，还有一些人对邦国的政府或者帝国改革感兴趣。他们同样有着参与公共事业的意识，这种意识越来越强烈且自信。德意志人文主义成为越来越密集的网络，这一网络由志同道合的学者、作家、大学和拉丁语学校教师以及他们分散在整个帝国的学生组成。个人的联系以及朋友和学生的网络共同支撑着这个网络。这些联系通过地方和区域性团体的联络，通过远程旅行，以及最重要的是通过通信保持了良好的秩序。他们都参与了印刷机带来的公共讨论，他们都不懈地投身于充满交流的人文主义者世界的热情通信。

这场运动的核心关注点是高等教育的改革，以及对语法、修辞、诗学、历史和道德哲学这些传统文科研究的推动。对最初论述这些学科的人的研究是基础性的，尽管这很快延伸到对所有古代文本的研究——包括拉丁语和希腊语（后来也包括希伯来语）的文本，既包括异教徒的也包括基督徒的文本。书写优美的拉丁文是一项核心技能，一些如西塞罗谈话的文体实践也是如此，不同的观点在其中共存且调和，这种文体在人文主义者社会交往的对话圈子和学者书信中并存。争论以及愿意欢迎所有观点被认为是基础性的。最重要的是，对人文主义者的研究能够提升和完善个人的信念，这是核心的信仰。

因为人文主义主要涉及方法、态度和精神，所以它能够引发无数种不同形式的智识活动和文学活动，并且能够投入任何事业中。在 1500 年前后人文主义者的大量努力之中，两大趋势是尤为重要的：从西北部传播的荷兰的基督教人文主义，以及在阿尔萨斯和维也纳之间发展起来的上德意志人文主义。这种区分也许是人为的。

实际上并不存在地理意义上的南北分界线，并且在这两种趋势中有很多联系和重合点，其中很多人从一个区域到另一个区域，或者在两个区域之间往返。然而，这两者在侧重点上也存在着明显的差异。

　　荷兰的基督教人文主义产生于共同生活兄弟会的修道院和学校与 15 世纪 70 年代和 80 年代新的语言学研究之间的有效联系。[9]这种环境的一个早期产物是弗里斯兰人鲁道夫·阿格里科拉（Rudolf Agricola，约 1444~1485）。[10]他在格罗宁根（Groningen）的兄弟会接受教育。在 1479 年返回格罗宁根前，他刚好在意大利生活了超过十年，他与这里的一些人物保持着联系，例如韦塞尔·甘斯福特（Wessel Gansfort），兄弟会中非正统的神学家，以及亚历山大·黑吉乌斯（Alexander Hegius，约 1433~1498），他从 1483 年起担任德文特的拉丁语学校校长。1484 年，沃尔姆斯主教达尔贝格（Dalberg）劝说他搬到海德堡，他在一次意大利旅行后的第二年在这里去世。阿格里科拉从未获得有影响力的职位，也没有出版很多作品，但 1476 年出版的《赞美哲学》（*In laudem philosophiae*）设立了新的标准并且定义了人文主义者的志向，这是他于 1475 年在费拉拉（Ferrara）发表的演讲内容。

　　阿格里科拉随后成了人文主义者生活方式的模范：独立且批判性的精神，投身于以文献学原则为基础的学术研究，受到古典文本研究的启发，但仍然坚持坚实的基督教基础。他带来的激励和影响在所有派别的人文主义者中是普遍的。例如，他通过黑吉乌斯和德文特的拉丁语学校与穆蒂亚努斯·鲁弗斯（Mutianus Rufus）产生联系，后者是基督教人文主义和佛罗伦萨的新柏拉图主义（Neoplatonism）的一个有影响力的代表人物，在哥达（Gotha）担任教士，也是爱尔福特的人文主义者圈子的知识分子导师。从海德堡开始，阿格里科拉的文献学和文学规范为上德意志设立了标准。

比阿格里科拉更为重要的是德西德里乌斯·伊拉斯谟（Desiderius Erasmus，1466~1536），在很多方面他是基督教人文主义最重要的支持者，以及基督教人文主义的化身。[11]伊拉斯谟也是德文特拉丁语学校的产物，1477~1484 年在这里学习，他在这里还听过阿格里科拉的课程。在个人层面，他在 1489 年进入哥达附近的斯泰恩（Steyn）的奥古斯丁修道院（导致他在 1492 年被授予神职），这使他进入某种牢笼，直到 1517 年在教宗的特许后他才艰难地逃离出来。然而，也正是在这里他遇到了兄弟会的人文主义者圈子，他们培育对古典语言的研究，也肩负着他们团体的教育使命。

在英格兰居住的另一个阶段使他与托马斯·莫尔（Thomas More）和约翰·科利特（John Colet）取得联系，并且使他专注于研究教父的著作以及《圣经》，这项工作在 1516 年伊拉斯谟注释的希腊语《新约》出版时达到顶点。1506~1509 年他在意大利逗留了很久，得以游历都灵、帕多瓦、博洛尼亚、那不勒斯、佛罗伦萨和威尼斯，也使他能够扩展对希腊语手稿的了解。在这一时期，他与意大利新柏拉图主义者的联系也使他对异教或者世俗主义产生厌恶，这受到很多意大利学者的影响，并且进一步加强了他的基督教信仰。1514 年从鲁汶（Louvain）到巴塞尔时，他已经声名大噪。

伊拉斯谟沿莱茵河而下的旅程就像是一次胜利的帝国前行。与约翰内斯·罗伊希林（Johannes Reuchlin，1455～1522）和乌尔里希·冯·胡滕（1488～1523）等人的会面是此次旅程可圈可点的地方，并且无论到哪里他都被赞美为新的学识时代的先驱，这一时代此时逐渐在德意志降临。[12]他自嘲说自己几乎已经成为英格兰人，但是他现在想要成为一个德意志人。实际上，他几乎立即回到鲁汶，并且直到1521年才在巴塞尔定居。然而，他沿着莱茵河的频繁旅程，以及他与学者们的友谊，例如伊拉斯谟称其为兄弟的比阿图斯·雷纳努斯（Beatus Rhenanus，1485～1547，他生于施勒特施塔特，后来居住在斯特拉斯堡，从1511年开始定居在巴塞尔），使他能够持续在德意志的人文主义者中间保持存在感。[13]

伊拉斯谟与阿格里科拉有很多共同点，但他在著作数量和对他的目标进行的哲学论述上都超过了阿格里科拉。阿格里科拉采用术语"基督哲学"（philosophia Christi）表示他将近代虔信与新的文献学元素的结合。[14]当伊拉斯谟写下"基督哲学"时，他表达的是将对文献的研究提升到基督徒的使命中，即学问与虔诚的内在融合。真正的基督精神无法在教会的教条或者表面虔诚的著作中找到，而只能在《圣经》中找到。唯有《圣经》掌握着爱和虔诚之心的钥匙，这能够区分有无思想的基督徒。对这种学术严谨的宗教方式最好的准备，存在于对经典著作和教父的研究中，这些是正确理解《圣经》本身的所有必要基础。沿着这种路径，通过独立于教会指引的个人思考获得的宗教学问，是唯一真正的宗教学问，也是模仿基督生活的唯一基础。这进而被视作基督教世界整体重建和改革的先决条件，并且可以在新的人文主义研究中实现。

1517 年之后，伊拉斯谟的印刷作品才在德意志土地上发挥了它们最大的影响力。他的《基督教骑士手册》（*Enchiridion militis christiani*）在 1503 年初次发表，直到 1518 年在巴塞尔由弗罗本（Froben）出版后才广为人知。他的《愚人颂》（*Moriae Encomium*）和《和平哀叹》（*Querela Pacis*）也在这一阶段十分流行。在宗教改革争论的背景下，伊拉斯谟逐渐被认作先驱，因为他在宗教改革前已经提出了很多关键问题，也因此最终成为路德之后在德意志著作最被广泛阅读的作者。[15]在 1517 年之前，他的影响力更多地局限于拉丁语的人文主义者圈子，尽管这种影响力也是很大的。

伊拉斯谟保证了人文主义圣经研究的崇高地位。他也帮助将近代虔信针对教会的腐败、世俗化以及完全表面的虔诚的隐含批判，发展成系统性的、建立在哲学和神学基础之上的批判。更具体而言，他以反教皇主义的形式，明确表达了对教会的普遍不满，他曾经将罗马描述为"全世界什一税的仓库"，并且寄希望于改革的宗教会议。[16]他对经院哲学的嘲讽和对虚荣傲慢的教士的蔑视，加强了帝国内的很多人对教会改革和复兴的愿望，以及德意志很多人文主义者理性的反教权主义。罗伊希林事件的反响展现了在宗教改革前夕的帝国内，这样的情况已经变得多么强烈。[17]

约翰内斯·罗伊希林的使命感，在伊拉斯谟成为帝国内知识分子之前很久就已经形成。他先后在普福尔茨海姆（Pforzheim）和弗赖堡学习文科，随后在巴黎和巴塞尔继续他的学业，之后又在奥尔

107

良和普瓦捷转向法学。在 1482~1490 年游历意大利时，他又结识了皮科·德拉·米兰多拉（Pico della Mirandola）并接触到其神秘主义哲学，这激起了他对希伯来语和卡巴拉（kabbala）的兴趣。1496~1498 年，他与海德堡的人文主义者进行交流，此后在 1502~1513 年获得了施瓦本同盟在图宾根的法官职位，最终于 1519 年在英戈尔施塔特得到了希腊语和希伯来语教授的职位。

1509 年，罗伊希林几乎是希伯来语唯一的专家，这使他卷入了一场浩大的公共事件之中，这一事件成了前宗教改革时代的德意志人文主义自我认知的决定性时刻。约翰内斯·普费弗科恩（Johannes Pfefferkorn，1469~1523）是改信基督教的科隆犹太人，他成功地引发了要求犹太人上交所有反基督教作品的帝国法令，声称这些作品扩展到了所有的犹太著作经典中。[18] 罗伊希林作为《基础希伯来语》（De rudimentis Hebraicis）的作者，也是受到帝国当局咨询的人之一，并且只有他通过捍卫哲学和科学的希伯来语文本以及希伯来语版本的《圣经》的价值，坚持反对这一法令。他主张即使是《塔木德》的章节也对基督教世界没有害处，并且只有傻瓜才会认为《圣经》上的希伯来语注释应当被毁掉。

文字领域的争论很快上升到经院哲学与新思想之间的激烈冲突。在普费弗科恩动员科隆神学院后，罗伊希林在出版物中谴责他的学术批评者是"山羊"和"猪"，是落后和腐朽的大学的代表，这引起了一场一直持续到 1520 年的异端审判。与此同时，言语上的斗争发动了几乎整个人文主义者网络，以捍卫他们中的一分子。除了发布自己的激烈的辩解书以外，罗伊希林也发布了来自其他人文主义者的两卷支持的信件。其中最重要的是 1515 年和 1517 年写给科隆的神学家领袖奥尔特温·格拉蒂乌斯（Ortwin Gratius，1475~1542，顺带一提，他也是德文特的黑吉乌斯的学生）的匿名信件《蒙昧者书简》（*Epistolae obscurorum virorum*），其中对经院哲学家学术上的傲慢和道德上的可疑性进行了猛烈的抨击。[19]

"蒙昧者"的愤怒无法削弱讽刺作家们的论战胜利。《蒙昧者书简》的作者并不明确，但第一卷可能出自克罗图斯·鲁比亚努斯（Crotus Rubeanus，约 1480~约 1539）之笔，他是穆蒂亚努斯·鲁弗斯的爱尔福特圈子中的一员；第二卷来自克罗图斯过去的学生和朋友——乌尔里希·冯·胡滕。[20]整个事件起到了将不同的兄弟会联合起来的作用。特别是，这些信件象征着基督教人文主义和德意志人文主义的另一个主流趋势，即爱国人文主义的结合。这种爱国人文主义在从阿尔萨斯一直到奥地利的哈布斯堡领地，以及上德意志地区都很盛行，民族主义传统通常将这种爱国人文主义的主要支持者视作德意志的人文主义者。

某种程度来说，这种区分当然是人为的。然而伊拉斯谟的普遍和平主义，即便受到北方的人性和善良的适度自豪感的缓和，仍然与主要的南方人文主义者尖锐的政治和"民族"观点形成了鲜明对比。[21]伊拉斯谟批判教会，谴责完全流于表面的信仰，以慎重的方式批判教皇制度，而南方的人文主义者以一种强烈的反教皇主义的洪流对罗马进行了严厉批判。此外，尽管阿格里科拉为德意志人提供了榜样，但他们缺少德文特拉丁语学校为许多基督教人文主义者在开始大学学习或前往意大利之前所提供的那种共同背景。

　　南方人文主义者的共同经历是有所不同的。他们也游历了意大利，很多人在那里度过了几年时间。像基督教人文主义者一样，他们也对这段经历做出了反应，随后也发展出关于基督教信仰的坚实基础的观念，这种宗教准则随后得到了伊拉斯谟和其他人的观念的进一步强化。但他们也植根于一个与德文特很遥远的不同的政治世界。在阿尔萨斯、上德意志以及奥地利，人文主义发展的同时，德意志帝国也开始变得具体化。很多人文主义者在他们视为帝国转移结果的帝国身上找到了自己的事业，即"学识转移"（translation studii）的制度依靠。他们逐渐将马克西米利安一世视作将要到来的新时代的名义上的领袖。马克西米利安本人受到他的帝国雄心壮志的鼓舞，更乐于扮演凤凰的角色。同样地，马克西米利安寻求与人文主义者合作也是出于更实际的原因。像很多德意志诸侯一样，他希望控制新的学问来服务于发展中的国家，而且在 1500 年前后他与教皇的斗争中，人文主义者是无价的宣传者。[22]

　　尝试建立人义主义的委托人网络的有效程度是不明确的。桂冠诗人的头衔无疑受到了追捧，并且有证据表明，至少有些人不仅认真对待自己的文学职责，而且努力在家乡大学的学生和人文主义者圈子中拓展人脉。[23]这一文学帝国的地理核心与政治帝国的核心区域相似，位于德意志的中部和南部，其中阿尔萨斯作为受到法国最大威胁的前线地区，有着特别密集的区域性活动。例如，施勒特施塔特的雅各布·温费林（1450~1528）虽不是桂冠诗人，但他仍然是一个不知疲倦的帝国宣传者，并且当选侯似乎在与法国合谋对抗皇帝时，他在 1501 年辞去了在海德堡的教职。另一些人，例

如乌尔里希·冯·胡滕（在 1518 年被加冕为桂冠诗人），则逐渐变 109
得对马克西米利安失望，并且最终支持宗教改革。[24]然而胡滕对皇帝
的政治的失望，丝毫没有削弱他的爱国主义思想或者他在帝国事业
中的宣传活动。再举两个例子：奥格斯堡权贵康拉德·波伊廷格
（1465~1547）和纽伦堡权贵维利巴尔德·皮克海默（1470~
1530），在各种文学政治计划中与马克西米利安合作。波伊廷格建
议马克西米利安在因斯布鲁克建立他的皇帝陵寝，并且促成了胡滕
的加冕。然而，像皮克海默一样，他本人不是桂冠诗人，也同样和
皮克海默一样，参与了其出生城市转向福音教的过程。

在这种背景下，很难指出支持帝国和反对帝国的阵营，就像在
1495~1500 年关于帝国改革的争论的背景下很难做到这一点一样。
对帝国的文学热情能够以很多种方式表现出来，而不一定是任何简
单意义上以一种或另一种方式。[25]例如海因里希·倍倍尔（Heirinch
Bebel，1472~1518，来自符腾堡）、雅各布·温费林（来自阿尔萨
斯），或者约翰内斯·阿文蒂努斯（Johannes Aventinus，1477~
1534，来自巴伐利亚），这些人文主义者将和帝国相关的爱国主义
与对区域或者邦国忠诚的强烈情感结合在一起，始终认为"民族"
的统一基于多个"邦国"或"人民"的共同利益。[26]

无论他们的兴趣和侧重点有何差异，这些人文主义者的著作都
受到同一个来源的启发。他们参与的争论，是由 1455 年前后对塔
西佗的《日耳曼尼亚志》文本的重新发现推动的。它第一次带来了
独立于帝国历史的德意志人的历史的可能性。人文主义者因此以一
种新的视角看待关键的中世纪概念"帝国转移"，这一概念认为神

圣罗马帝国代表了罗马帝国的延续。不久之后，一些人就开始将罗马起源的理论视为完全的虚构。

接纳《日耳曼尼亚志》的历史是复杂的。尽管它在 1472 年才首次出版，但通过与意大利学者的交流，其内容已经为阿尔卑斯山以北所知。[27] 塔西佗的主题是对图拉真领导下的罗马人没能征服德意志行省的原因的分析。他对日耳曼部落的民族志学和历史学研究将日耳曼人良好的美德和力量与罗马帝国文化和社会的初期衰退进行了对比。事实上，塔西佗既指出了陋习也指出了美德。他写道，德意志人的美德——勇气、忠诚、一夫一妻制、朴素、虔诚——主要在他们处于战争中时体现出来，并且使他们成为相当有战斗力的勇士。在其他时候，他们睡觉、吃饭，尤其是过量饮酒以及内部之间激烈争斗。但塔西佗最重要的观点也许是日耳曼人是一个原住民族，不是移民而是起源于他们仍然定居的土地上，他们起源于像上帝一样的人物图伊斯托（Tuisco），据说日耳曼部落认为他在尘世间的儿子曼努斯（Mannus）是所有日耳曼人的祖先。

对塔西佗重新被发现的作品的早期解释是相互对立的。一方面，第一批意大利人文主义评论者大体上都是支持罗马教廷的，他们发现有证据表明，相比继承了古罗马文化的基督教罗马的文化，德意志人是更为落后和没有文化的。这一主题被埃内亚·西尔维奥·皮科洛米尼（Enea Silvio Piccolomini，1405 ~ 1468，1458 年成为教皇庇护二世）用来反驳法兰克福帝国议会在 1456 年的《德意志民族的申诉》的内容，即德意志国家的血正在被教皇的财政需求榨干。皮科洛米尼引用塔西佗的文本，主张教皇已经帮助德意志人从他们最初的贫穷和落后中摆脱出来。他声称德意志人现在是一个繁荣且有高度文化的民族。皮科洛米尼的前任们通过暗示德意志人是"醉酒的争吵者，闻起来很臭，无法掌握古典拉丁语"激怒了德意志学者；他本人实质上主张德意志是"罗马教廷的政治和文化殖民地"，也没有提供任何安慰。[28]

意大利人文主义者含蓄的羞辱伤害了德意志人文主义者的自尊心，也激起了他们的雄心。塔西佗的文本提供了主题。他主张德意志人是"原住民"（indigenae），而且他对德意志人起源的叙述缺少明确性和准确性，这激发了接下来半个世纪中大量著作出现。

一些人，例如海因里希·倍倍尔和康拉德·策尔蒂斯（1459～1508）探寻德意志人是"原住"民族这一概念的含义。[29]如果德意志人确实是"原住民"，并且他们仍然在自己最初的土地上生活，那么这些土地此时就一定要得到保卫。他们主张这些责任落在马克西米利安的身上。而且这还有着更为广泛的含义。例如，策尔蒂斯否认过去的所有证明德意志人和希腊人有共同渊源的尝试，主张二者都可以追溯到更为久远的德鲁伊人（Druids）。策尔蒂斯因此主张德意志人和古代世界的联系，从而保证帝国转移并不需要成为对罗马人的亏欠或者导致对罗马人的屈从。同一主题的变体也出现在维利巴尔德·皮克海默的作品中；他对于"德意志人是原住民"（germani sunt indigenae）的坚决主张，使他否认需要证明德意志与希腊或者罗马有任何联系。

这些理论与德意志人文主义者"历史研究"的第二个主题有所重合，即德意志人起源的身份认定。[30]在这个语境下，维泰博的阿尼乌斯（Annius of Viterbo）在 1498 年对迦勒底作家贝洛修斯（Berosius）惊人且欺骗性的"发现"，为塔西佗著作中所包含的暗示提供了补充。随之而来的"真相"是所有的种族都可以追溯到诺亚（Noah）和他的三个儿子——闪（Sam）、含（Ham）和雅弗（Japhet），这产生了进一步的解释，即图伊斯托是诺亚的继子。而111 他的儿子曼努斯［或者被称为阿勒曼努斯（Alemannus）］是日耳曼各部落最初的祖先。换句话说，日耳曼人比特洛伊人古老得多，并且从种族上与起源于雅弗的其他欧洲民族是相当不同的。

无论是对于起源还是对于历史，人们都没有任何共识。这两个问题在几十年里都是激烈的，有时是刻薄的学术争论的主题。即使是加冕的桂冠诗人，也不能说他们从任何意义上都遵循了由皇室授意的"政治路线"。与他的主要合作者策尔蒂斯相比，马克西米利安本人坚持更为传统的帝国观点。[31]他主张特洛伊人起源。他认同法兰克人最初起源于特洛伊的观点，这使他们与罗马人平等并且优于法国人，因为法国人只是法兰克人的一个分支或者子群体。最后，马克西米利安把他个人的神话与罗马帝国对奥西里斯（Osiris）和赫拉克勒斯（Hercules）的崇拜编织在一起，他将这二人的祖先追溯到特洛伊的赫克托耳（Hector）。也许并不令人吃惊的一点在于，在皇帝的思想中，王朝的谱系比帝国的起源以及作为"德意志民族"的帝国的合法性更为重要。尽管如此，在 1500 年前后，这也完全符合人文主义者"民族"话语的精神。

整体来看，在大约 1480~1520 年的这一时期，学者的著作主要有助于创造一种德意志国家联合的认知。在这一时期政治宣传的推

动下，这些著作利用历史、神话以及文化和语言的身份认同，使
"民族"这一观念具体化。值得一提的是，这一代人创造了第一
部德意志历史（由温费林在 1501 年完成）、第一部德意志文学史
（由约翰内斯·特里特米乌斯于 1495 年完成），并进行了第一次
德意志国家的地理测绘。[32]事实上，策尔蒂斯毕生的最大雄心就是
制作一部最好的历史地图，并命名为《日耳曼图说》（Germania
illustrata）。他不知疲倦地致力于这个项目，尽管这始终只是一个
计划，而且他死去时也只完成了这部宏大著作的开头部分，但这
一计划的想法本身仍然被当时的人视为一个凭自身能力实现的重
要成就。[33]另一些人的野心更为保守，创作了精装版的真正著作，
例如约翰内斯·科赫洛伊斯，他的著作《德意志简介》（Brevis
Germaniae Descriptio，1512）提供了"日耳曼尼亚"的流行解释，
将其解释为说德语的土地。[34]

这些人在马克西米利安帝国事业中的角色，以及作为早期德
意志"民族"身份的支持者的角色，在此前的章节已经探讨过
了。[35]在这里，他们的兴趣受到帝国环境影响的方式是相关的。康
拉德·冯·策尔蒂斯的形象说明了这一点，他经常被称为"大人
文主义者"。[36]策尔蒂斯在 1484~1485 年在海德堡得到了阿格里科
拉的教导，在 1486~1487 年游历了罗马和意大利的其他城市，并
且在 1487 年被加冕为德意志的第一个帝国桂冠诗人。受到罗马
学者的启发，他的宏大计划是在帝国内培养大量人文主义学者，
这促使他在海德堡、奥格斯堡、雷根斯堡、奥尔米茨（Olmütz）、
克拉科夫、维也纳和布拉格建立文学团体，甚至包括吕贝克的波

112　罗的海文学团体（尽管失败了）。[37]这些为帝国建立文学基础的努
　　力，是对他打造中世纪德意志文学标准的不懈努力、歌颂德意志
　　语言文学，以及宣称一个他为帝国设想的改革时代的自然补充。
　　这场改革也意味着最广泛意义上的复兴：社会和宗教的复兴，以
　　及帝国体制的复兴。

　　　　因此策尔蒂斯的帝国爱国主义也涵盖了教会改革的概念。从他
　　对罗马的所有批判来看，他并不反对罗马教廷，或者是煽动异教的
　　北欧或者德意志对其反抗。他设想教会应当继续存在，尽管是改革
　　后的教会。事实上，他全部的思想都是基于类似于那些受到伊拉斯
　　谟启发的预设。对新研究的投入是基础性的。然而这些研究应当牢
　　牢地转移到德意志基督教的土壤中。这些研究将成为实现正确衡量
　　真正的美德和达到对客观真理的认知的途径。这些真理存在于自然
　　的法则中，上帝自身在其中作为最高的创造力。能够达到这种最高
　　级别的认知和洞察力的人因此使自己效仿基督的形象，并且借此实
　　现人类最崇高的使命。[38]

　　　　与更为尖锐的反教皇主义结合的同类基础哲学充斥于乌尔里
　　希·冯·胡滕的著作中，他常常被视作策尔蒂斯的继承者。[39]他是一
　　名弗兰科尼亚骑士的儿子，来自一个在维尔茨堡西北部有着大量城
　　堡和土地的大家族的分支。1499 年，在他 11 岁的时候，他就被送
　　到富尔达（Fulda）修道院。他的家人希望他在帝国教会中度过生
　　涯，从区域的"地方性"基层开始，区域的低级别贵族会将他们的
　　儿子送到这里。1503 年，他前往爱尔福特完成获得修士职位所需的
　　两年学业。然而，他并没有返回富尔达，而是与他的朋友约翰·耶

格（Johann Jäger，也就是人文主义者克罗图斯·鲁比亚努斯）开启了一段拓展的学术旅程。

1512 年，胡滕游历了意大利，他的父亲显然希望他能够在帕维亚和博洛尼亚完成法律学位。但他又一次让他父亲的计划落空了：当他的钱用尽时，他加入了马克西米利安在意大利北部的军队。1514 年，他返回德意志，并且为美因茨大主教勃兰登堡的阿尔布雷希特选侯服务，后者赞助胡滕第二次游历意大利，希望胡滕完成他的法律学业。离开后不久，他就卷入了关于《蒙昧者书简》第一卷的争论中，这显然也激励他在意大利期间写下第二卷。

尽管策尔蒂斯对胡滕的影响是深刻的，但胡滕也不只是他文学上的继承者。1509 年塔西佗的著作《编年史》被重新发现之后，胡滕在对神话人物阿米尼乌斯或者说赫尔曼的叙述中发挥了关键作用。《编年史》第一次提供了关于日耳曼人在公元 9 年对战罗马人的胜利的叙述。[40]胡滕的贵族家世和他早年在教会的经历也促使他更敏锐地关注人文主义者对教会批评的政治影响。他在 1514 年 8 月与伊拉斯谟相识，开始一段持续了大约 5 年的友谊，这又是一个决定性时刻。[41]

胡滕受到伊拉斯谟对教会和经院神学家的批判，以及对普遍改革的期待的鼓舞而充满热忱。他第二次在意大利逗留的经历也是关键的。他再一次没能获得法律学位，但他回国后被加冕为桂冠诗人并且有着博士的地位，这使他最终有资格在美因茨被任命为学者议员。此时他不再追求研究法律，而是沉浸在人文主义学习和写作中。其中很关键的一点在于，在回国前，他在博洛尼亚阅读了洛伦

113

佐·瓦拉（Lorenzo Valla）对伪作《君士坦丁的赠礼》（Donation of Constantine）的批判，这揭示了教皇的主张是不实的，即教皇从君士坦丁大帝接受了对西方帝国的权威。对于胡滕来说这是一个关键的经历。瓦拉的文章增强了他对尤利乌斯二世放纵生活方式的不满，也为他后来否认教皇授予或拒绝宽恕罪行的权力提供了合法辩护。胡滕在1517年夏天返回美因茨，此时他已经充满了将德意志人从罗马的桎梏中解放出来的使命感。

随着瓦拉著作的德语版本的出版，这次运动的第一波攻势很快就到来了，胡滕颇具挑衅意味地将著作献给利奥十世。这进而也成为他作为美因茨大主教的议员，在1518年7月到9月参加奥格斯堡帝国议会的序曲。胡滕并不是唯一在场的人文主义者，但在质疑帝国议会上的皇帝继承问题后的第二个重大问题，即教皇索要资金以支持对抗土耳其的十字军上，几乎没有人比他更为活跃。

作为回应，帝国等级以他们新版本的《申诉》对抗教皇的使者——托马斯·卡耶坦（Thomas Cajetan）。这一版本基于由纽伦堡的人文主义者、权贵以及市政官员维利巴尔德·皮克海默的汇编。胡滕受到他的大主教委任，写下一份致辞以敦促帝国等级支持皇帝和教皇对抗土耳其人。胡滕此时已经无法压制自己近乎病态的反罗马主义，他把对十字军的拥护，与对教皇的贪婪以及对德意志不公正的剥削的尖锐批评结合在一起。他的致辞巧妙地将教皇和帝国等级的立场结合在一起，但发表得过晚，以至于没有在谈判中产生任何影响。[42]然而此次帝国议会以及他在此期间的文学活动，标志着他作为政治激进派以及帝国内真正的民族人物的生涯的一个新阶段。

接下来的一年他离开了大主教身边的职位。作为施瓦本同盟对抗符腾堡的乌尔里希的战斗中的一部分，在又一次军事间歇期后，胡滕试图在查理五世的弟弟斐迪南在布鲁塞尔的宫廷中获得职位，他希望斐迪南可以与新的年轻皇帝一起引领教会改革的事业。1520年8月，在布鲁塞尔没能获得升职后，他在强有力的雇佣兵队长（condottiere）弗朗茨·冯·济金根在埃伯恩堡（Ebernburg）的城堡寻求庇护，以免受到教会的惩罚。在这里胡滕开始第一次大量用德语写作，他在1520~1521年的冬天创作了大量小册子。他的主题受到了这样一个事实的影响：他开始将路德视为寻求教会和帝国改革的重要盟友。

1518年，胡滕并不在意路德针对赎罪券的运动，认为这只是教士派系之间的争吵。当路德本人在1519年7月与约翰内斯·埃克（Johannes Eck）的辩论中将他的神学观点与爱国的教会改革运动原则联系在一起时，胡滕的观点改变了。[43]从路德的视角来看，这是一种便利的联盟。教会当局似乎也注意到路德和胡滕的联合，在1520年6月15日的《主起诏书》（*Exsurge Domine*）中加入了后者的名字。[44]然而，即使在1523年8月胡滕早逝之前，他们的目标之间根本性的差异也是很明显的。胡滕是最后一批马克西米利安的改革者中的一员，而不是严肃的新的路德派。

关于路德与胡滕结盟以及胡滕参与济金根的改革事业的广泛影响，会在后面的《骑士战争》一章进行讨论。[45]然而，其联盟犹豫不决的起始，其本质上代表了普遍意义的人文主义与宗教改革

114

运动关系的复杂性。这两者同步发展了很多年，但是并没有趋于一致。

　　德意志人文主义者几乎没有例外，都是教会改革的支持者。他们中的大部分也是帝国改革的支持者，或者至少认为德意志文学的复兴与帝国的复兴以及整个社会的复兴存在普遍的联系。在宗教改革前大约 20 年的时期，人文主义者的著作已经越来越多地批评教会。它们帮助带来了更多的改革呼声并且提高了期望。从巴塞尔和弗赖堡到罗斯托克（Rostock）和格赖夫斯瓦尔德（Greifswald），人文主义者圈子发展壮大，并且向受教育的人们（学生、官员以及牧师）传递信息。人文主义者方法论的基本准则，即在"回归本源"的口号中表达的回归到原始文本，强化了人文主义为宗教改革打下了基础的印象。人文主义者原始文本的文库也包含古老的异教文本，这些文本在新的神学中没有位置，然而如果没有新版本的《圣经》和教父的文本，路德的著作是无法写成的。

　　然而，这些数不清的影响并不意味着人文主义和宗教改革二者直接的因果关系。人文主义无疑引起了帝国学者文化的根本性转变。然而，人文主义实现这种转变的方式，对后来改革的天主教和正在出现的福音教产生了同样的影响。人文主义的目标和精神并非世俗的，而是深度基督教化的，而且在根本上仍然坚守传统的教会。人文主义的目的是改革旧教会，而不是摧毁旧教会。和人文主义者非常反对的大众虔诚一样，人文主义也是中世纪晚期教会大量动荡的一部分。

　　因此在 1517 年之前投身于神学和政治或爱国主义争论的很多

115

人文主义者，并不支持随后的宗教改革事业。一些人，例如罗伊希林和温费林，从最初就反对宗教改革。穆蒂亚努斯·鲁弗斯对路德的观点有一定同情，但当这些观点卷入大规模运动后，他也选择了回避。其他人在最终的决裂之前也经历了一个漫长的矛盾心理的阶段。例如，伊拉斯谟想尽办法将他自己和与路德派信仰相关的动荡划清界限，并且最终在 1524~1525 年与路德公开决裂。这一决裂事件本身有着很深的象征意义：象征着路德对于罪恶之人的悲观主义观点与人文主义强烈的道德乐观主义之间的矛盾。[46]然而，在老派人文主义者和宗教改革事业之间的这个矛盾，由于年轻一代人文主义者逐渐成为人文主义的支柱而得到了平衡。年轻一代人文主义者中最重要的代表人物是罗伊希林的甥孙菲利普·梅兰希通（Philipp Melanchthon），1518 年 21 岁时，他就被任命为维滕贝格的希腊语教授。[47]

　　相比 15 世纪晚期的其他很多平信徒运动，人文主义展现了更为独立的持久力。事实上，如果路德宗没有将知识分子和教育精英整合起来，同时吸收人文主义的教育理念，它一定无法生存下来。从某种程度而言，更准确的说法是，路德宗和稍晚的天主教一样不得不适应人文主义，就像人文主义不得不适应新兴的宗教改革运动一样。然而，在 1500 年前后，政治上十字军般的精神到 1517 年之后很快就减弱了。人文主义的核心——教育改革运动——在新的宗教分裂的世界中盛行，就像在中世纪晚期的旧教会一样。人文主义者的理念被证明可以与新的宗教事业共存，并且起到塑造作用，就像它们在过去的教会事业和帝国改革事业中那样。统一的基督教的理想作为超越并试图克服宗教分歧的理想得以留存下来。

　　然而，尤为重要的是，第一代人文主义者发展出牢牢地将民族等同于帝国的修辞。与人文主义在 1500 年的这代人之后就逐渐衰退的长期以来的观点相反，16 世纪 20 年代后，人文主义仍然在多重意义上继续存在着。[48]人文主义的教育理念塑造了福音教和天主教文化的发展，直到 17 世纪。人文主义的民族话语也一直是帝国政治文化的基础。[49]民族的修辞最初由马克西米利安一世和查理五世调动起来，此后在 1520~1521 年试图对抗罗马的动员中被短暂利用。

116　此后，这种语言很快变为从意识形态上对抗德意志皇帝的辞令的核心。[50]人文主义者因而创造了在帝国中一直持续到 1806 年的爱国主义语言：在 16 世纪 40 年代的制度斗争以及三十年战争中，在 16 世纪和 17 世纪与土耳其人和法国人的斗争中，在 18 世纪 80 年代与诸侯联盟的政治斗争中，以及 18 世纪 90 年代德意志对法国大革命以及法国对帝国的进攻做出反应时。[51]

注释

1. 关于德意志人文主义的概况，可见：Overfield, 'Germany'; Meuthen, 'Charakter'; and *TRE*, xv, 639−61。

2. Münkler and Grünberger, 'Identität'; Münkler, Grünberger, and Mayer, *Nationenbildung*, 235−61.

3. Hirschi, *Wettkampf*, 124−74.

4. Schubert, *Spätmittelalter*, 286.

5. 布拉格大学（1348 年）和维也纳大学（1365 年）的建立早于 1386 年建立的海德堡大学。Hammerstein, *Bildung*, 1–6.

6. Schubert, *Spätmittelalter*, 285; Hammerstein, *Bildung*, 9–11.

7. *HdtBG*, i, 39–51.

8. Hammerstein, *Bildung*, 6–9, 13–15, 97–9, 103–4.

9. Israel, *Dutch Republic 1476–1806*, 41–8.

10. Killy, *Lexikon*, i, 634, 77; *ADB*, i, 151–6; *NDB*, i, 103–4; Laan, 'Agricola'.

11. Killy, *Lexikon*, iii, 273–82; Hammerstein, *Bildung*, 15–16.

12. *DBE*, iii, 135.

13. Schoeck, *Erasmus*, 233–5, 283–97; Stadtwald, *Popes*, 78–92.

14. Israel, *Dutch Republic 1476–1806*, 44.

15. Killy, *Lexikon*, iii, 277.

16. Stadtwald, *Popes*, 81.

17. Rummel, *Reuchlin*, 3–40; Killy, *Lexikon*, ix, 398–400; *ADB*, xxviii, 785–99; Bautz, *Kirchenlexikon*, viiii, 77–80. 对罗伊希林事件及其神学影响最全面的叙述，可见 Price, *Reuchlin*。

18. Price, *Reuchlin*, 95–112.

19. Rummel, *Reuchlin*, 23–4.

20. *DBE*, ii, 404–5 and v, 236–7.

21. Stadtwald, *Popes*, 78–9.

22. Stadtwald, *Popes*, 206.

23. Mertens, 'poeta laureatus', 160–5; Flood, *Poets laureate*, i, lxxxviii–ciii. 另见本书页边码 54~55 页。

24. 见本书页边码 56、112~114 页。

25. Rabe, *Geschichte*, 160–7.

26. Mertens, 'poeta laureatus', 165–72.

27. Tacitus, *Germania*, 50–66. 由 Gerhard Perl 写的介绍（50~66 页）也许给出了对《日耳曼尼亚志》的重新发现和文本的早期印刷历史的最清楚的介绍。也可见 Münkler, Grünberger, and Mayer,

Nationenbildung, 163-233 以及 Krebs, 'Dangerous book', 285-8。

28. Münkler and Grünberger, 'Identität', 224. 另见本书页边码 53～57 页。

29. Münkler and Grünberger, 'Identität', 225-31.

30. Münkler and Grünberger, 'Identität', 232-41.

31. Garber, 'Nationalismus', 28.

32. Moraw, 'Voraussetzungen', 101.

33. Strauss, *Germany*, 22-5.

34. Schmidt, *Geschichte*, 49-50.

35. 见本书页边码 37～38 页。

36. *ADB*, iv, 82-8; *NDB*, iii, 181-3; Killy, *Lexikon*, ii, 395-400.

37. *ADB*, iv, 84-6; Spitz, *Celtis*, 45-62.

38. Killy, *Lexikon*, ii, 397.

39. Vogler, 'Ulrich von Hutten'; Gräter, *Hutten*; Killy, *Lexikon*, vi, 27-30.

40. Münkler, Grünberger, and Mayer, *Nationenbildung*, 263-71.

41. Honemann, 'Erasmus', 68-9.

42. Kalkoff, *Hutten*, 60-2.

43. Schmidt, 'Hutten'.

44. Burger, 'Huttens Erfahrungen', 45.

45. 见本书页边码 112～114 页。

46. Schoeck, *Erasmus*, 298-308. 见本书页边码 147、206～208 页。

47. Moeller, 'Humanisten', 55-6.

48. Overfield, 'Germany', 115; Meuthen, 'Charakter', 224-7.

49. Schmidt, *Vaterlandsliebe*, 125-33.

50. Hirschi, *Wettkampf*, 389-412.

51. Schmidt, 'Deutsche Freiheit'.

第十章

"印刷革命"与公共领域

如果没有新的印刷媒介，德意志人文主义的影响，以及人文主
义塑造前宗教改革时代德意志国家的知识环境的方式是无法想象
的。人文主义者是第一批通过印刷文字的方式互相交流，以及与他
们身边的世界交流的知识分子。然而，他们并不是最先使用印刷术
的人。事实上，即使在人文主义者的出版物爆发式增长之前，新的
媒介已经以各种方式产生影响。

关于"印刷革命"长期的重要性是毫无疑问的。印刷机被证明
是独特的强有力且持久的"变革媒介"。[1] 然而，在 1500 年前后它的
影响是怎样的，以及多大程度上它能被视为宗教改革的原因之一？
1542 年，历史学家约翰内斯·施莱丹（Johann Sleidan）称颂印刷
术是天赐的礼物，"打开了德意志人的眼睛"，并且能够使他们完成
"特殊的使命"。[2] 事实则更为复杂。事实上，印刷术在此前提及的前
宗教改革的所有发展中都发挥了作用。尽管传单和印刷的文学作品
在宗教改革的早期阶段发挥了关键作用，但它们作为媒介本身，并
不能因此被视作旧秩序的颠覆者。

印刷术的发明和传播助推了人文主义的浪潮。事实上，自美因

茨的权贵约翰内斯·根斯弗莱彻（Johannes Gensfleisch，被称为古腾堡）在 1450 年之前发明西方活字印刷术以来，这一"黑色艺术品"就席卷了欧洲。[3]仅在德意志国家内，有印刷机的城市或城镇的数量，就由 1460 年的 3 个（美因茨、班贝格和斯特拉斯堡）增长到 1500 年的 62 个，大约有 200 台印刷机。到此时为止，印刷业已经成了劳动力和资金密集型行业，至少有一个在巴塞尔的印刷工场雇用了大约 30 名工匠。

1500 年之前，大部分印刷生产力投入书籍中，其中大约 80% 是拉丁语的，内容上大部分是与宗教相关的。例如，其中包含了大约 100 个版本的拉丁文《圣经》，以及 59 个版本的托马斯·肯皮斯的《效法基督》。[4]事实上，教会也许是印刷术早期发展的最重要因素。正如维尔茨堡主教鲁道夫·冯·舍伦贝格（Rudolf von Scherenberg）解释的那样，礼拜著作的印刷对于为那些"已经陷入混乱和毁坏状态"的祷文和弥撒书籍"恢复和带来秩序"是至关重要的。[5]因此在改革运动的每一个层级，从教士的新制度到平信徒的新祷文和指导书籍的出版，印刷术都发挥了关键作用。[6]雅各布·温费林有很好的理由将印刷工匠比作传教士，将书籍描述为福音书的使者。[7]

新的平信徒运动也产出了自己的著作，并且为印刷品创造了需求。例如，近代虔信派通过学校和社区促进了读写能力的提升，并且培养了个人和群体阅读的实践。[8]早期的印刷商明显效仿了斯特拉斯堡的约翰·芒特兰（Johann Mentelin，约 1410~1478）的案例，他在 1466 年出版了第一个德语版本的《圣经》，并且他投机于富裕的平民对阅读尤其是获得书籍的兴趣。[9]在这个市场，最初印刷商与类似于哈格瑙的迪博尔德·劳贝尔（Diebold Lauber of Hagenau，约1427~1468）的抄写工场竞争，印刷商后来取代了抄写工场的位置。他的工场雇用了至少 5 名抄写员以及 15 名制图员，为库存以及世俗和宗教的委托人制作了超过 70 部作品，其中包括德语版《圣经》，超过 800 份复制品留存了下来。[10]

区分教会和平信徒的书籍并不总是很容易的，但方言材料的增加是平信徒需求增长的一个显著标志。1466~1522 年，不少于 22 个完整版《圣经》是用德语出版的，绝大部分在上德意志地区，有一些还有丰富的插图，例如 1483 年由安东·克伯格（Anton Koberger）翻译的版本，其中包含了 100 幅来自低地德语出版物的木版画。同一时期出版了 131 首弥撒曲和 62 个版本的圣咏经（Psalter）。[11]

如果说印刷术有促进异端的发展，或者说至少促进个人解放的潜在力量，那么它同样可以为教会提供帮助。在 1499 年，一名匿名的科隆编年史家似乎预测了未来的发展，他宣称印刷术的发明使"每个人都可以自己阅读，或者听其他人阅读关于救赎的道路"。但这一说法是在赞美印刷术的发明，作为上帝赐予人们的用来从牧师的懒惰和无知中保护教众的工具：这是上帝抚养教众的一个案例，而非要求教众舍弃教会的观察结果。[12]与之相似，稍早一些的低地德语作家主张，如果人们不努力学习去阅读，这是一种罪行，因为这就意味着他们会因此任性地拒绝获得在书中出现的救赎的知识。[13]换句话说，印刷物增添了在教会内部已经提供的东西的维度；印刷物并不必然是使教会变得多余的替代品。

　　教会似乎也意识到了自身无法直接控制的媒介所造成的潜在威
脅。1485 年，美因茨大主教贝特霍尔德·冯·亨内贝格发布了一个
命令，除了其他内容，规定了反对在德意志印刷术的滥用以及礼拜
书籍的发布。1501 年，亚历山大六世（Alexander Ⅵ）重新发布了
英诺森八世（Innocent Ⅷ）1487 年的普遍法令，要求所有印刷商将
他们的著作上交到教会权威机构获得许可，特别是德意志的科隆、
美因茨、特里尔和马格德堡大主教辖区。[14]然而，这样的担心并不是
新出现的。一系列过去提供德语《圣经》、全书以及弥撒书的抄写
员的活动，也招致了类似的担忧。一种抱怨声称，他们将"神职人
员的宝物变成了平信徒的玩物"。[15]关于阅读在宗教改革前促进了异
教或者异端的说法是没有证据的。

　　从大约 1490~1500 年起，其他类型和形式的印刷品流行起来。
非宗教主题内容的增长，反映了人文主义学术第一阶段的成果。几
乎与此同时，小册子和大报更多地被用于宣传的目的。在过去，它
们只是零星地被用于诸侯和城市之间的冲突，这样的宣传工具此时
变成了政治表达的常规载体。从很大程度来说，这是人文主义者对
帝国改革事业拥护的结果，是阿尔卑斯山以北的人文主义者有意识
地寻求超越其他文人的读者以及意大利人文主义者的赞助者的众多
方式之一。[16]

　　出版这些材料的主要中心是皇帝的首相府，它正在努力获得德
意志等级对马克西米利安政策的支持，尽管马克西米利安的宣传材
料同样在上德意志地区出版。[17]其他诸侯很快也效仿皇帝的范例，帝

国和邦国的行政机构都发现了可以将印刷品作为媒介，用来发布法律、政令、铸币制度，以及从封地的授予到禁止用水稀释酒的规定等其他所有种类的文件。[18]作为政府和法律的语言，德语的使用加强了帝国内对于共同的德意志政体的意识，正如各阶层坚持使用马克西米利安1508年首次在个人写作中使用的哥特体（Fraktur）一样。[19]

在1510年后罗伊希林事件的争议中，小册子首次被用于根本性的学术争论，尽管这是一次有着更为广泛影响的争端。小册子的使用使人们能够更快地回应，也促进了与更多读者的交流；事实上，这也使这些读者能够参与到和反对势力的斗争中。嘲笑、讽刺以及往往彻头彻尾的人身攻击都是罗伊希林和他的支持者使用的武器，他们极为精湛地用这些武器打击那些控制教会和学术阶层的"蒙昧者"的尊严和道德权威。[20]

印刷品在德意志国家的使用和传播，比欧洲其他地区都广泛得多。[21]尚不清楚的一点是，到底在多大程度上可以说印刷品的使用和传播对宗教改革之前的社会整体产生了影响。塞巴斯蒂安·勃兰特（Sebastian Brandt）在1494年抱怨道，书籍的数量已经太多了，其中很多根本不值得出版。[22]然而"印刷革命"的程度在这些早期的年代还是有限的。书籍很昂贵，而且即使是学术图书馆中的著作也很少超过100部。[23]小册子和大报当然更便宜，但它们的影响力仍然有限，因为只有少数人能够阅读它们。

即使在最大的城市，识字率大致也不超过20%，就帝国整体而言，识字率大约在5%。[24]帝国整体的"阅读民众"的核心由教士组成，他们在很长一段时间都是社会上最大的识字群体。事实上，其他很多人从任何意义上都不能真正被包含在"阅读民众"内；他们有"实用的识字能力"，能够满足贸易或者职业要求，而不是在能够读书意义上的阅读能力。对于他们以及更多根本不能阅读的人（只能听和看）来说，他们唯一能够接触到的媒介就是木版画和带插图的大报。从 14 世纪末期以来，公众虔诚的转型为一些事物带来了巨大的市场，例如在圣地出售的信物以及其他虔诚的图像。这个市场一直保持到印刷术早期的几十年，并且与之形成互动，因为印刷商经常在他们的书籍和小册子中使用木版插图。到 16 世纪早期为止，木版画与印刷品的混合带来了有着小段解释性文字的插图大报，这在印刷品世界中形成了一个新的更低级别、社会覆盖面更广的层级。[25]

伴随着木版画等大众媒介的发展，印刷品媒介形成了一个基本架构，至少潜在地提供了一个覆盖全社会的交流体系。[26]此外，自 15 世纪 90 年代以来，尤其是由人文主义者推动的印刷品的普及，也至少为公众领域创造了基本形式，其中一些问题，例如帝国的未来以及教会改革得到了广泛的讨论。

这些讨论中的核心问题产生了越来越广泛的回响，也以某种方式传播给了非阅读者，例如通过教士、通过大声朗读、通过木版画交易中售卖的图像。印刷品在宗教改革的早些年的爆发式增长，体现了这种架构的分布范围之广。1518~1524 年，德意志出版物的产量至少增长了六倍，其中有非常多的印刷品直接与宗教争论相关。[27]

121　仅小册子的总量就有大约 3000 种，其中很多印刷了 1000 份或者更多，在这六年期间总计大约有 300 万小册子得到了传播。[28]这也是第一次小册子和公众材料变得比学术或学者的神学著作更为重要。事实上，这种爆发式增长是相当剧烈的，以至于弗里德里希·卡普（Friedrich Kapp）在一百多年前指出，有充分的理由放弃 1500 年，而是以 1520 年作为古版书（incunabula）时代的终结。[29]

印刷术并没有导致宗教改革。在 1517~1518 年之后的年份里，印刷商是在回应需求而不是主导出版计划。然而他们有能力这样做，是因为行业和商业架构的基础以及大众市场都已经存在。在过去的 50 年里，印刷术已经以各种方式发挥了关键作用。印刷术帮助在帝国内创造了与帝国改革息息相关的公众领域。印刷术帮助出版和传播了大量的爱国主义著作，强化了在受教育群体和贵族精英中的德意志民族身份认同感，这形成了帝国的基础。印刷术加强了在平信徒中，在宗教事务上逐渐加强的自我意识和自我依赖的关键趋势。印刷术促进了很多教士对改革问题意识的提升。印刷术为德意志人文主义者的交流提供了平台和载体，他们寻求动员社会参与他们自己的改革事业。如果塞巴斯蒂安·勃兰特能在他的《愚人船》（*Ship of fool*，1494）中以现在"整个国家都充满《圣经》"的感叹开篇，这就不仅仅是早期印刷业的成就。[30]

最后一个与印刷术部分相关的发展，也对帝国有着巨大的影响：马克西米利安一世建立的普通邮政服务。最初，这仅仅是用于提高奥地利的公爵与布鲁塞尔沟通的效率。[31] 1490 年，马克西米利安雇了一个名为塔西斯（Tassis）的邮政专家，在他的两片世袭领地之间建立通信服务，由布鲁塞尔方面组织和支付。1505 年，他

的儿子公正者腓力（1478~1506）与弗朗茨·冯·塔克西斯（Franz
von Taxis）签订了第一份邮政合同。到 1516 年西班牙和勃艮第的
查理达成第二份合同为止，这一服务已经对私人消费者开放。从那
时起，邮政服务在范围和速度上都逐步发展，从 1534 年开始日常
提供"普通的"公共宣传服务。

　　尽管直到 16 世纪 60 年代，才可以说帝国的邮政服务覆盖了帝
国几乎所有区域，但是在因斯布鲁克和布鲁塞尔之间，此后穿过大
部分上德意志地区的最初的联系标志着一个重要的突破。在很短的
时间内，个人开始利用邮政服务，这创造了一个新的交流媒介，并
且定义了政治和文化话语的新兴背景。[32]

注释

1. Eisenstein, *Press*, *passim*.

2. Eisenstein, *Press*, 305.

3. Schubert, *Spätmittelalter*, 186-90.

4. Schubert, *Spätmittelalter*, 188.

5. Schubert, *Spätmittelalter*, 188.

6. Giesecke, *Buchdruck*, 147.

7. Schubert, *Spätmittelalter*, 189.

8. Schubert, *Spätmittelalter*, 271.

9. Schubert, *Spätmittelalter*, 271.

10. *DBE*, vi, 264; *ABD*, xviii, 22-5.

11. Schubert, *Spätmittelalter*, 271-2.

12. Giesecke, *Buchdruck*, 160；略微有差异的解释，见：Schilling, 'Reformation', 33。

13. Giesecke, *Buchdruck*, 161.

14. Hirsch, *Printing*, 88-9.

15. Schubert, *Spätmittelalter*, 271.

16. Hirsch, *Printing*, 137-8.

17. Hirsch, *Printing*, 100-1；Walz, *Literatur*, 66.

18. Hirsch, *Printing*, 101-2.

19. Fichtenau, *Lehrbücher*；Kapr, *Fraktur*, 24-36；有一个内容丰富的研究，网址是 http：// www. typolexikon. de/f/fraktur. html。路德喜欢更宽的字体，被称为"施瓦巴赫"（Schwabacher），而且他的著作一直以这一字体印刷，马克西米利安的哥特体则逐渐占据主导地位。德意志的印刷商只有在外文著作（和外文单词）中使用"古典"（antiqua）字体。拒绝使用"古典"字体或者"意大利"字体是在印刷术的发明中对德意志人的身份和自豪感有意识的坚持。

20. Walz, *Literatur*, 66-7.

21. Hirsch, *Printing*, 100-3 and *passim*.

22. Rabe, *Geschichte*, 168.

23. Schulze, *Deutsche Geschichte*, 123.

24. Scribner, *Simple folk*, 2.

25. Scribner, *Simple folk*, 5-6；Dickens, *German nation*, 105-6.

26. Giesecke, *Buchdruck*, 391.

27. Dickens, *German nation*, 106.

28. Walz, *Literatur*, 65.

29. Kapp, *Buchhandel*, 262-3；Schulze, *Deutsche Geschichte*, 122-3.

30. Ozment, *Reformation*, 16.

31. Behringer, *Zeichen*, 58-63, 66-76, 99-101, 127-8.

32. Behringer, *Zeichen*, 101-10. 另见本书页边码 370~371 页。

第十一章

经济形势、社区及其不满

大多数人文主义者设想了由新学问的传播带来社会的革新。对于世界将要陷入混乱的认知，以及对于改革失败将会导致激烈的剧变和也许是整个社会的终结的恐惧，给很多人文主义者的提议带来了一种紧迫感。在人文主义运动的边缘，更激进的声音利用关于改革、占星术和千禧年预言的大众写作的传统，以生动的形式表达了这种恐惧。例如，1500 年前后，以"上莱茵的革命者"为人所知的匿名作者抨击了当时社会的弊病，并且描绘出一个得到秘密的兄弟会帮助的强有力的皇帝形象，他将清除掉世界上所有有罪之人。这些人包括教士和所有剥削穷人的人，也包括被认为没能履行职责的马克西米利安。在持续几年的大清洗之后，兄弟会的复仇军队将会建立一个公正且平等的社会，在这个社会里，一位新的皇帝将会亲自保卫普通人的权利。[1]

这样充满忧虑的愿景，到底在多大程度上能够大体反映真实的经济和社会问题？人们对"上莱茵的革命者"所知甚少。此人显然是一个受过法律训练的受教育者。他也许出生在 1438 年并且似乎在阿尔萨斯生活过。他可能是一名帝国官员，也许是歌德海姆的马蒂亚斯·武尔姆（Mathias Wurm of Geudertheim）。他曾经抱有很高的期望，希望马克西米利安能够建立一个在哈布斯堡东南和西南领地基础上的新的帝国秩序。然而，当他写下《百章四十律》（*buchli der hundert capiteln mit vierzig statuten*）时，显然他的幻想已经破灭了，因而他的著作是对最近错过的机会的失望控诉，也是对军队或者未来的计划的呼吁，这两方面的程度是一样的。此外，没有证据表明"上莱茵的革命者"产生了什么影响。他的著作从未出版，并且人们只能通过一份手稿来源了解它。

尽管如此，他的著作中将人文主义者的帝国爱国主义与流传的千禧年传说结合在一起，这正是那个时代一系列的不满：普通人对世俗和教会领主、富裕的城市金融商和手工业者的剥削的不满。[2]很难将帝国的情况一概而论。从阿尔卑斯山到波罗的海，从莱茵河到奥得河，各地的形势和情况各不相同，一名阿尔萨斯的作者很难担得起对"德意志"问题的描述。他的作品也不能用于反映 1500 年前后德意志社会整体危机的开端。他描述的问题无疑是真实的，并且这些问题在宗教改革前期的社会动荡中发挥了重要作用。然而，这些问题极为针对特定的区域，特别是作者生活的西南部地区。此外，这些问题构成了一个以增长和扩张而不是危机和衰退为特征的复杂形势的一部分。

在 1450 年之后的时期，14 世纪中叶的黑死病对于人口的影响已经逐渐逆转。黑死病以及此后几十年里其他次要的危机导致欧洲的人口数量大幅减少。德意志国家有三分之一到二分之一的人口死亡，总人口数量从 1100 万下降到大约 700 万。与此同时，定居点

123

的数量也从大约 17 万大幅下降到大约 13 万，结果是在中世纪盛期
已经被开发的很多领地，又被废弃并重新变为灌木丛或者森林。[3] 这
一毁灭性的人口危机对乡村和城市都造成了影响，但对二者在经济
层面的影响是相当不同的。在农业部门，人力的缺失以及长期低迷
的需求导致了长期的衰退，并且在很多地区导致了人口从农村向城
镇和城市的流亡，这进一步加剧了危机的影响力。与之相反，对于
很多城市和城镇而言，当大瘟疫的直接影响过去以后，在 15 世纪
普遍进入了繁荣和成长阶段，扩张的手工业和工业也支付了高
工资。

　　1450 年后人口数量重新恢复增长，15 世纪 70 年代到 80 年代
之后人口增长得更为显著，这标志着人口数量到大约 1530 年为止
重新恢复到 1350 年的水平，以及此后几十年里保持强劲增长率的
开始。很难估计帝国的总人口数量，因为缺少精确的资料来源，也
很难定义研究区域。一个基于 1914 年德意志边境的计算，给出了
在 1500 年有共计 900 万人的结果。另一个基于不同的边境的估计，
对相同的年份给出了 1150 万人到 1200 万人的估计数字（加上了尼
德兰和波希米亚的各 200 万，以及瑞士的大约 60 万）。[4]

　　然而，整体的人口增长是没有疑问的。在西部，特别是西南部
的人口增长普遍较东部地区更快。例如，在苏黎世地区，1497～
1529 年，经计算人口增长率是年均 2.4%。[5] 对于上施瓦本以及康斯
坦茨湖（博登湖）地区，从 15 世纪 70 年代到 16 世纪早期，人口
增长率为 1%～1.5%，这一数据看上去比较普通。与之相反，在萨
克森和哈布斯堡领地的增长率更低，大约为年均 0.5%～1%，然而

一个对图林根的三个辖区的研究表明，1496~1542年，这里的人口增长率为年均1.33%。[6]

在那些有能力接纳移民，事实上鼓励在黑死病后无限制移民的城市和城镇，人口增长的影响是最为严重的。到大约1500年为止，很多这样的城市正在经历剧烈的过分拥挤。在大约1550年完成的《齐梅恩伯爵编年史》（*Chronicle of the Counts of Zimmern*）指出，近期内施瓦本的人口数量增长过快，以至于土地从没有像此时一样被高强度开发。[7]更早的时候，乌尔里希·冯·胡膝甚至建议对土耳其的十字军战争也许可以通过减少城市和乡村的年轻人群体数量，解决人口过剩的问题。[8]

然而，人口的普遍增长并没有伴随着对过去几百年趋势的简单的镜像反转。在人口数量下降的年代，已经出现了在当下盛行的新的土地利用以及乡村活动模式的演变。[9]绝大多数被废弃的定居点并没有恢复；当重新增长的人口导致对新土地的开发时，这些新的土地倾向于集中在现存的村庄、城镇和城市中。那些已经恢复为灌木丛或者林地的废弃土地中的大片土地，变成了用于商业开发的森林。

在其他区域，过去被开发的土地被用于畜牧业或者乳品业，以满足富裕的城市中心的食物需求。这些中心地区对酒的需求，也能够解释葡萄栽培在15世纪晚期明显的扩张。[10]最为集中的葡萄园在阿尔萨斯西部和南部、内卡河谷（Neckartal）、下美因（Lower Main）、摩泽尔地区，以及从施派尔到科布伦茨的中莱茵地区。然而，到1500年为止，葡萄也在一些极为边远的地区得到培育，例如荷尔斯泰因、梅克伦堡、勃兰登堡以及东普鲁士，以及卢萨蒂亚、萨克森和图林根。在大多数边远地区，这些活动在一个世纪内停止了，特别是因为啤酒逐渐成为主要的饮料，尤其是在北方。1500 年前后，葡萄栽培的大幅扩张与畜牧业和乳品业日益提升的重要性，说明了在德意志国家的很多农业活动更加以市场为导向。

　　主要产业部门的出现也改变了很多地区的工作情况和工作模式。纺织行业在 15 世纪期间的显著增长导致了一系列的活动。[11]对于越来越多种类产品逐渐增加的需求，刺激了用来做衣服和染料的经济作物的培育，也促进了用来提供羊毛的绵羊养殖，羊毛到此时为止仍然是纺织行业最重要的原材料。随着需求的增长，以及商人寻求规避限制性规定（尤其是对产量的限制）和垄断的城市行会的高额收益，手工业更多地流入乡村。

　　在所谓的包买商（Verlag）制度下，一名城市的商人可以用他的资本提供原材料，之后将兼职农民纺织者在家生产的纺织品投向市场。这种前工业化的形式直到 19 世纪都是最为重要的产业活动类型，对从施瓦本和博登湖地区到图林根或者下莱茵兰，以及威斯特伐利亚的很多区域都产生了巨大的影响。

　　纺织行业因此为乡村经济增添了新的多元化的元素，吸引了劳动力并且带来了收入（在农民的财产因被分割而逐渐减少的地区尤为明显）。纺织行业也增强了城镇和农村的联系，特别是在南部和西部地区，这里有很多小城镇几乎与大型村庄没有区别，其中的居民少于 1000 人，有的只有 200~300 人。[12]这进而使乡村地区容易受到城市商业危机的影响：例如，在 1500 年前后，对由羊毛、丝绸和山羊毛缝制而成的粗纺品巴拉坎大衣的需求下降了两次，这导致上施瓦本出现大量的失业。因此农村的不满，特别是在没有土地的计工资的劳动者中，越来越指向抢钱的城市人，就像对那些压迫性的封建领主一样。

从某种程度来说，在大量的资本投入以及技术创新的驱使之下，采矿业在这一时期的扩张是更为剧烈的。[13]熔融法的发明，即通过添加铅从铜中提取银，彻底改变了德意志中部和蒂罗尔传统的银矿和铜矿开采的活动。与此同时，采矿技术的进步，特别是新的排水系统，也带来了在美因河畔法兰克福北部的西格尔兰（Siegerland）、哈尔茨（Harz）以及图林根的铁矿石的开采的扩张。

快速发展的采矿业在三个方面有着特别重要的意义。第一，采矿需要大量劳动力：在萨克森的厄尔士山脉（Erzgebirge），采矿业城镇如施内贝格（Schneeberg）或者安娜贝格（Annaberg），各自雇用的劳动力数量有 3000～4000 人；在蒂罗尔的施瓦茨（Schwaz），雇用人数超过 1 万人，其中仅法尔肯施泰因（Falkenstein）一个矿区就有大约 7000 人。这种劳动力的集中不仅创造了对食物和其他国内产品的需求，要求提高工资和改善工作条件的劳动组织和罢工也发展出早期的形式，起义的威胁也逐渐出现。

第二，采矿活动的增加刺激了大量的二次加工行业，其中大部分（尽管并非全部）在城市中。例如，1450 年前后在纽伦堡被发明的熔融技术，增强了纽伦堡作为金属加工业、精密产业（例如乐器和钟表制造）的中心地位。第三，发展采矿业所需的相当大量的

126

金钱来自矿区以外的地区。主要的投资者是城市的商人，例如奥格斯堡的富格尔和韦尔泽（Welsers）家族，前者是蒂罗尔和匈牙利的产业的主要投资人，后者则是图林根的产业的主要投资人。然而他们的主要伙伴是当地的诸侯，例如蒂罗尔的马克西米利安以及哈尔茨东部的曼斯费尔德伯爵、厄尔士山的萨克森选侯，以及其他贵族。因为他们对资金的需求增加，他们对利用采矿权以及森林和河道更感兴趣，森林和河道对利用采矿权以及初步加工矿石是很关键的。

和纺织业一样，采矿业尽管需要坐落于远离城镇和城市的地方，但也相当依赖城市。因为城市有资本和商业知识，也创造了对制成品的大量需求。当然，不是所有城市或城镇都可以从这个角度看待。据估计，帝国内城市的数量在2000~4000个，这取决于定义方式以及研究的区域和日期。无论总数是多少，很显然绝大部分城市都是相当小的。一个估算指出，大约67%的城镇可以与大的乡村社区或者农民市镇相比较，在这些乡村地区，居民中的大多数完全从事农业活动或者是从事农业兼职的行会成员。[14]只有5%左右的城镇人口数超过5000人，超过10000人的城镇则更少（只有大约30个或者占比1.5%）。

有两个城市群体在贸易方面特别重要，它们都覆盖帝国内外，并且为纺织业和采矿业等行业的发展提供了资本。在北方，汉萨同盟由大约90个城市组成，在北海和波罗的海占支配地位，也延伸到内陆地区的科隆、不伦瑞克和马格德堡。[15]尽管到1500年为止与伊比利亚半岛的联系，以及与科隆和不伦瑞克在纺织业和采矿业的往来也已经建立起来，但它的特殊性在于北部的东西向的贸易往来。汉萨同盟在 15 世纪与丹麦、尼德兰和英格兰的战争中取得了胜利。

然而，在 1500 年以后，马克西米利安和查理五世对尼德兰利益的促进，导致相对于低地国家和英格兰的经济和更重要的商业发展，汉萨同盟经历了长期的萧条。除了商业和军事功能外，汉萨同盟也是一个货币市场。它的特征是二到四个合作伙伴的小型贸易公司，通常短期内组建或者为了特定的交易组建。但是他们的活动基于各种个人的投资，包括贵族、教士，甚至行会和劳动工人。积累的资金为包买商或者广大区域的制造业产量提供了基础，或者用于在矿业股票（Kuxen）的投资，在由诸侯和领主建立的采矿事业的投资。

第二个重要的城市群体是南德意志的城市网络，这甚至是更为重要的一个。[16]这个城市网络由奥格斯堡和纽伦堡领导，包含了从斯特拉斯堡一直到哈布斯堡的奥地利领地的城市，并不像汉萨同盟那样正式组织化。但是，通过施瓦本同盟，通过与哈布斯堡直接的金融联系，以及通过参与帝国议会，城市的利益得以被代表，而北部的汉萨城市在帝国议会中没有享有同样程度的地位。它的商业版图是巨大的。它控制了南北贸易（包括黎凡特到威尼斯）以及匈牙利和波兰的贸易，并且主导了法国和正在兴起的伊比利亚贸易。在北海-大西洋经济出现之前的阶段，南德意志城市代表了欧洲商业的中心，并且积累了大量的财富。

南德意志公司的运转与北方的公司有着明显的差异。它们的规模更大，并且建立在更为持久的基础之上。例如，1380 年成立的拉芬斯堡大贸易公司，鼎盛期有 121 个合作伙伴，在 1497 年仍然有 38 个合作伙伴，并且在区域内享有纺织业的垄断地位，以及与巴塞罗那纺织品贸易中的主要份额，比重是 50%～70%。[17] 南德意志的公司在与它们进行贸易的地方发展了固定的要素和代理人网络。这些公司采用了复式簿记，早于汉萨商人并且比他们的更为详细，记录了复杂的库存以及账户余额，并且使用了汇票。换言之，所有最新的意大利商业创新都在一个比阿尔卑斯山南部更有活力的商业环境中得到了应用。

相比汉萨的同行，南德意志的商人对制造业的参与程度以及作为银行家参与货币市场的程度更深。最重要的是，他们所有这些活动的手段，其特征都是建立垄断的驱动力。事实上，大公司的全部要素，更多的合作伙伴、更多的资本、更大的代理人网络等，这些都意味着减少竞争。例如，奥格斯堡的富格尔家族最初起源于兼职的农民纺织工，在 14 世纪中叶从莱希菲尔德（Lechfeld）搬到了南部的城市。[18] 到 1500 年为止，他们在蒂罗尔建立了对银矿、铜矿以及铸币实质上的垄断权。马克西米利安在 1490 年继任蒂罗尔公爵，在 1493 年成为皇帝，这为富格尔家族与哈布斯堡的长期联合建立了基础。这一联合为富格尔家族带来了国际范围内的收益，富格尔家族获得了匈牙利的采矿权以及伊比利亚的贸易权（包括在葡萄牙的胡椒垄断，以及稍晚一些在西班牙北部养羊）。雅各布·富格尔在 1514 年成为唯一被封为帝国伯爵的德意志商人，他也在 1519 年的皇帝选举中有效地提供资金，支持了查理五世。没有哪个案例比这件事情更能突出新的商业资本与南德意志政治权力之间的关系。[19]

一方面，无论南德意志的贸易公司看上去多么进步并且"资本主义"，它们仍然与那些行会有相当多的共同点；它们的活动仅在由政治权威授予的特权所规定的范围内进行；在富格尔家族的情况下，这个政治权威就是皇帝。[20]另一方面，它们活动的巨大规模以及获得的成功，使其成为不满的明显目标。那些自己的贸易和手工业衰退的人，那些在社会底层、认为自己是时代改变的受害者，那些低级贵族中由于土地长期荒芜收入受到严重影响的人，很快会将奥格斯堡的商业诸侯视为自身问题的罪魁祸首。他们是在 15 世纪 90 年代出现，并且在大约 1512 年之后的十年里达到顶点的反垄断抗议运动的主力人群。[21]

即便在 1512 年的特里尔帝国议会上通过了禁止垄断的法令，反垄断运动也没能达成任何有效的结果。无论是马克西米利安一世还是查理五世，都无法承担惩罚那些使他们在经济上得以周转之人的代价。然而部分由于反垄断运动受到阻碍和拖延，这场运动呈现了广泛的影响力。反垄断运动以一种松散的联盟联合起来，除其他人之外，还包括更小的施瓦本帝国城市、吕贝克的商人（因为富格尔家族试图参与波罗的海贸易而被激怒）、贵族、教士、行会人员以及农民。这是在宗教改革之前，第一个真正意义上民族和帝国的事务。

反垄断运动也将商业、制造业和手工业领域的不满，与教会的问题结合起来。因为富格尔是教皇和美因茨大主教等高级教会人员的银行家，也是皇帝的银行家。此外，满足这些主顾的放贷活动受到严格的神学约束，神学认为高利贷、不正当的利润以及汇票是有罪的。富格尔试图推动约翰内斯·埃克等神学家为他的灵魂祈祷，埃克为投资利率达到 5% 的许可进行辩护，并且为他的奥格斯堡济贫院"富格尔之家"（Fuggerei）委任圣职人员。[22] 但是这些努力都没能缓和他的很多批评者的愤怒（路德也在其中），他们将富格尔视为帝国很多弊病的象征。

1450 年之后，德意志国家的经济扩张也涉及各行业的结构性变化。这些变化既产生了赢家也产生了输家。在考虑到各地区特有的社会和法律结构时，提出的问题将更为突出。也许在整个帝国都能听说对垄断的不满，但实际的动荡也只是在特定的区域和特定的环境下发生。例如，农民起义最可能发生在南部和西南部、弗兰科尼亚和图林根。城市的骚乱事件在帝国的分布则更为平均。因此对城市和乡村的环境都需要更细致的考察。这将会说明 16 世纪 20 年代危机的社会经济状况的关键元素，也能够解释德意志社会整体的基本架构。

帝国大约有 85% 的人口生活在乡村。然而，他们的生存条件有很大的差异，特别是涉及乡村的法律制度。几乎没有人是完全自由的。真正的自由人只存在于零星的地区，例如北海沿岸的迪特马申、易北河北部，或者是在施瓦本以及威斯特伐利亚、下萨克森和巴伐利亚部分地区的洛伊特基希荒原，然而这些地方仅有 4%~8% 的农民人口。

绝大多数农民生活在各种形式和程度的奴役状态下。他们的条件既不是统一的，也不是静态的。[23] 一方面，13 世纪开始的采邑制瓦解的缓慢过程，带来了非常多样的地域和地区情况，也出现了大量与之匹配的术语。贵族或教会地主直接管理庄园的制度让位于农民承租人制度，承租人服从此前的土地所有者行使的管辖权。这一进程的发展受到贵族保持独立的程度的影响，或者被调节并融入新兴的领地国家中。另一方面，农业生产中的长期趋势，以及人口危机和 15 世纪的衰退，对于在中世纪结束为止出现并取代采邑制的结构产生了关键的影响，这些结构中最为重要的特征之一，是贵族对土地和人口新的控制方式的演变。

根据不同的农村制度，一般习惯于将帝国粗略地划分为两个区域。易北河东部和萨勒河北部的地区出现了贵族地产制度，被称为大地产制（Gutsherrschaft），在这些地区土地由贵族直接管理，农民被限制在土地上，处境与农奴无异。相似的土地所有制形式以及贵族对土地的直接管理，也出现在荷尔斯泰因和巴伐利亚的部分地区，尽管这里没有任何形式的农奴，或者类似于易北河东部的大地产制的更为严厉的典型特征。[24]然而，在帝国西部和南部的大部分地区，采邑制的衰退让位于封建领地制（Grundherrschaft）。在这里，贵族在相当不同的程度上要求封建义务并行使管辖权，农民对自己的土地则享有不同程度的财产保护。

大地产制起源于 14 世纪，直到 18 世纪才达到它的终极形态。[25]然而，它的基本元素大体上在中世纪结束时就已经存在。几个因素导致了大地产制的形成。起初，在最新殖民的土地上，除了经济权以外，贵族在获得管辖权上的成功是至关重要的。这使他们获得了对他们的地产更为全面的控制权，并且对来自邦国诸侯的任何更高

130

的管辖权有着相对的自治权。在殖民的最初阶段，12 世纪和 13 世纪，相对较小的贵族地产与独立的农民地产是共存的。随后在 14 世纪晚期和 15 世纪，乡村人口的衰减为扩大贵族地产提供了机会。弃置的土地逐渐被整合起来，而与此同时贵族也通过限制农民流动的自由，努力阻止流民从乡村涌进城市。

对于中世纪晚期的大部分人而言，这些发展的首要动机是扩张贵族的权力以及加大对土地和人的控制，换句话说，是主张传统贵族的特权。此后，随着农产品（特别是谷物）价格在 15 世纪晚期的恢复以及在 16 世纪的持续上涨，经济因素也变得同等重要。北部和东部的大地产天然适合进行面向西北部城市市场的集约型的谷物种植。在很多地区，农产品商品化的比例达到四分之三，这是贵族使用直接劳动力进行直接的地产管理的一个新的经济原因。[26]这使被束缚的劳动力在 16 世纪和 17 世纪变成了农奴，也导致很多无地农民（Bauernlegen）在 18 世纪被迫成为农奴。

大地产制发展的速度及其最终形式的强烈程度是各异的。其中最具代表性的、最终最为严苛的表现形式，大致出现在荷尔斯泰因、梅克伦堡和波美拉尼亚。程度略轻但仍然很严重的形式出现在勃兰登堡部分地区以及条顿骑士团的普鲁士领地内。在西里西亚、卢萨蒂亚和波希米亚，大地产制在 1550 年后大幅发展，即使那时仍然有大量的农民并不在这一制度内。在萨克森，不同的政治条件阻碍了大地产制的发展，尽管部分地区最终形成了大地产制。在大地产制发展的地方，它强化了最初推动这一制度的基础性的政治联盟和社会结构。这些地区在强有力的诸侯和贵族联盟的掌控下发展。对于农民而言，这大体上意味着服从唯一领主的权威。

德意志的农奴制形式，是无法与大致同一时期发展起来的俄国和波兰的农奴制相比的。德意志的大地产主受到社会和福利义务以及贵族家长制传统的制约，并且由于在更大的邦国，统治者也会频繁采取措施确保农民免受过分的剥削，这也削弱了大地产主。[27]尽管如此，这一制度对乡村社会的发展仍然产生了深远的影响。

尽管农民阶层条件恶劣并且经常被残忍对待，但这些地区动乱相对较少，并且没有受到农民战争的影响。这里没有发展出强大的村社组织，因为殖民定居点的条件并不需要这样的组织。最初的农民定居者并没有被束缚在那种需要村社合作的复杂的田间轮作制中，因此限制了类似于在西部区域的更古老的定居点的自治。此后，随着大地产制的扩展，村庄也被纳入其中。村庄成了贵族土地所有者的机构，村庄的头领大体上出于他的任命。因此，村社从来没有发展为一个集体对抗领主的载体。

易北河西部更古老的定居点的条件则是非常不同的。在这些土地上，对于绝大部分地区而言，中世纪采邑制的衰落让位于农民耕种的体制，或者说封建领地制。此外，在人口衰减和价格停滞时期，农民能够提升他们的地位。采邑权转变为地租和封建税收，大部分可以以货币的形式缴纳。最重要的是，农民能够逐渐改善他们在土地上的永久使用权，获得继承权，尽管土地并没能成为他们的财产。

西部地区有不少于五种农民土地所有的制度，每一种在大量的地域和地区差异中进一步细分。[28]然而，将其划分成两种类型的地区

131

也许是更有意义的。其中一部分，是以从西北的石勒苏益格到东南的巴伐利亚的大片土地为代表的区域，相对较大的农民土地所有制占主导地位，不可分割的继承传统保持了土地规模，与此同时也带来了相对较多的低级别无地劳动者。在另一些地区，以西南部的大部分以及下弗兰科尼亚的部分地区为代表，分割继承的传统导致这里更小的农民土地所有制是常态。

从某种程度而言，可分割和不可分割继承之间的区别反映了农民在多大程度上能够免受他们领主的控制：对于贵族而言，不可分割的继承制是定期地租的更好的保证，然而农民天然地倾向于分割财产的原则。[29] 然而，在整个西部地区，贵族在 15 世纪试图回溯或者延伸封建权，甚至重新引入农奴制，这些尝试造成了大量的摩擦。这些摩擦在那些后来成为农民战争中心的地区最为剧烈：阿尔萨斯和上莱茵、中莱茵、上施瓦本和符腾堡、弗兰科尼亚、图林根以及穿过阿尔卑斯山的土地直到蒂罗尔。与之相反，其他部分，例如下莱茵、威斯特伐利亚、西北部或者巴伐利亚则没有被影响，尽管在这些地方也出现了一些相同的问题。

132　　不满和动乱的原因是多样的，并没有一个共同特征，即使 1525 年暴力斗争最严重的地区也是如此。在那些可分割继承的地区，人口在 1470 年以后重新增长的影响是增加了小地产的数量，并且增加了乡村无地劳动力的数量。与此同时，数量增加的小地产所有者无法在 15 世纪晚期有利于大土地农民的市场机会中获利。在很多地区，这倾向于在乡村的富人和穷人中造成新的隔阂。然而，即使是在农民土地规模并没有显著缩小的地区，例如阿尔萨斯，为市场生产的产品（如酒或食品）也无法持续盈利。

1500 年前后，交替的丰收和歉收导致了大量的困难，以及农民对富裕的城市居民、教会团体和犹太人的负债，这些人也成了这一时期农民起义的主要目标。[30]与之相似，那些专门生产用于纺织行业的农作物的地区，农作物包括茜草和亚麻（上莱茵、施瓦本和博登湖）或者菘蓝（图林根），也经历了收成的波动和纺织市场的周期，这也影响了兼职纺织者和类似人员的增长。[31]农业和手工业或者产业的危机也自然地对无地的下等阶层造成了巨大的打击，在符腾堡、施瓦本、弗兰科尼亚、图林根和萨克森的部分地区，无地的下等阶层占整个乡村人口的 50%。[32]

在那些政治权威支离破碎，或者领地化进程没有完成的地区出现了特别的困难。例如，帝国的西南部和弗兰科尼亚，这两个地区的贵族仍然保持自由，管辖权非常混乱。因此农民可能附属于多个领主：对诸侯，是臣民和缴税人；对贵族，是封建地主；对修道院，则是农奴或者佃农；在管辖权问题上需要面对伯爵领地的法庭。[33]下奥地利的村庄里不少于 27 个封建领主有管辖权，这是一个极端的案例，但多个且重叠的管辖权，并且每一个都对农民有实质的影响，这种情况很常见。[34]在 15 世纪晚期，很多这些主体都在寻求增加其索取，或者寻求以新的方式利用其权力。作为结果，农民身上的压力变得越来越沉重。

最为明显的负担主要由农民需要承担的费用和义务组成。地租以及支付的形式（货币或者其他类型）在领主之间，甚至在地产之间都存在着差异。他们可能会索取整个农田产量的 20% ~ 40%。此外，教会的什一税也需要支付，包括谷物的"大什一税"和蔬菜的"小什一税"。劳役也在绝大多数地区存在。在西南地区大部，劳役限制在每年的几天里。然而，在德意志中部和东部以及下奥地利地区，在贵族和修道院管理自身地产的地区，强制每周一到两天的劳役招致了强烈的不满。[35]额外的临时义务，例如领地授予费用，在农民或者地主去世时都需要支付。

图林根、弗兰科尼亚以及施瓦本的大部分地区在 15 世纪第一次引入了遗产税。遗产税通常包含财产价值的 5%～15%，然而在施瓦本的一些领地，据估计所谓的死亡税（Todfallabgabe）或者认可金（Handlohn 或 laudemium）普遍达到了 50%。[36]即使是更为古老的做法，即要求上交最好的牲口（Besthaupt）作为转让财产的费用，对于那些底层农民也是相当繁重的，他们最初也许只有两三头动物。[37]在西南部的一些地区，有证据表明，地主通过缩短租约从而获得更高的转让费用，或者甚至保有被归还的地产以增加他们直接管理的地产。

很难说清楚哪个群体的农民受到租赋和义务的影响最大。在不同地区情况是不同的：一个统治权下对较大的农民财产造成严重打击的租赋，接下来就会对中等和较小的农户造成负担。[38]限制村社对树木、湖泊和河流的权利，看上去是一件对小农和无地农民影响最为严重的事情。砍伐和取用树木、打猎以及公共放牧都被削弱，因为木材的产业需求促使贵族进行更为系统化、商业化的森林管理。许多地主试图关闭森林以保护他们自己的猎物；一些人也强制农民承担助猎者的劳役，这是相当痛苦的，因为捕猎行动通常在收获时节进行，也会毁坏一些农民无法收割的农作物。与之相似的是，贵族和教会地主限制对河流和湖泊的利用，并且扩大了人工池塘的系统，从而在高利润的贩鱼交易中获利。对鱼类的需求始终很大，因为教会规定整年有大约三分之一的斋戒期（戒肉食）。[39] 在图林根和弗兰科尼亚，纺织业的需求导致诸侯、贵族和教会割羊毛的规模大幅增长。这需要农民的劳役，导致很多农民的土地荒芜，并且限制了农民使用公共土地。[40]

在大部分地区，15 世纪末期的封建领地制的特点是集约化和商业化。这一点部分受到人口增长所带来的农业盈利能力恢复的驱动，部分受到产业和手工业多元化发展的驱动。在一些情况下，贵族有阻止农民离开土地并在繁荣的城市纺织行业寻找更好机会的需求。贵族的生活方式成本提高、比武大会和类似活动的开销增加，也起到一定的影响。

在很多情况下，这些因素与政治野心结合在一起：扩大对土地和人的控制的愿望。这是为了建立统治权（Herrsschaft），一种比贵族对其地产的简单控制更高级的权威。[41] 在封建领地制的背景下，在一些地区重建农奴制形式的尝试就是这种情况的首要案例。在施瓦本东部的阿尔高的很多修道院领地，以及整个西南部的一些其他领主，在 15 世纪期间试图实行系统性的、残酷无情的"再农奴制"（re-enserfment）政策。例如，肯普滕的采邑修道院长发布了禁止农奴自由迁徙以及禁止农奴与村社外的人结婚的命令，以及强制推行不同阶层通婚生下的孩子直接具有低级地位，即所谓"低级人员"的"阿尔高传统"，这些令他臭名昭著。相似的批评也适用于博登

134

湖和黑森林地区，以及阿尔萨斯部分地区的统治者。

这些措施的主要目的是在破碎的地产外创造封闭的领地。这不仅带来了地主之间关于送还逃跑的农奴的区域协定，也导致了土地和人的正式交易。一些合约一次性涉及超过 1000 名农奴。[42]即便如此，这也无法与易北河东部地区发展的农奴制形式相提并论，因为农民并没有像那样被限制在贵族地产之上。

德意志西南部的农奴制（Leibeigenschaft），本质上包含了由领主将封建税赋和劳役中隐含的义务向法律形式的转化，这些领主的领地太小，以至于无法以更传统的方式建立政治法律权威。通过土地买卖或土地交换，一些修道院，例如肯普滕、魏恩加滕（Weingarten）、舒森里德（Schussenried），以及一些帝国骑士和帝国伯爵，甚至是一些帝国城市，创造了一些孤立的领地，在这些领地所有农奴只服从于唯一的权威。在较小的领地"合理化"的过程中，农民不仅承受了更为沉重的负担，作为个体以及作为村社的成员，他们也失去了在当地行动的相对自由，这种自由源于大量相互竞争的管辖权。他们不再能够使一个权威与另一个权威相对抗，或者利用一个领主的恩惠来对抗他的竞争者的剥削。[43]

即使在这些所谓"可怕的农奴制"之外的土地，农民也在封建领地制下经受了大量额外的负担。在破碎的帝国中部和西南部地区，区域不稳定和法律缺失经常会导致毁灭性的后果。在海德堡西部的莱宁根（Leiningen）伯国，1452~1524 年出现了不少于 28 场战争和私战，这导致了大约 500 个乡村被毁灭。巴伐利亚和普法尔茨在 1504~1505 年的继承战争破坏了上百个村社。[44]

在领地破碎和法律缺失让位于统治诸侯的整合和领地控制的地方，农民在物质层面又经历了新形式的权威。新整合的领地需要资金支付给它们的法院和行政机构，这些资金大部分通过直接或间接的税收进行筹集。[45]与之相似，统治诸侯的其他经济负担也很快转移到他们臣民的身上：例如，在教会领地征收的所谓的祝圣税（Weihsteuer），用来支付主教或者采邑修道院长在选举中的费用，以及 1495 年以后新的帝国税。所有这些税收都会转变成农民新的负担，并且通过更具侵略性且更坚决的行政机构向他们征收。[46]以近代标准来看，德意志国家的早期官僚机构可能是效率低下的，但对于第一次面对它们的农民来说，它们几乎是名副其实的利维坦。

在采邑制瓦解后这一时期的封建领地制地区，农民村社的发展是一个普遍的特征。[47]这是源于帝国西部流行的田间轮作制的复杂性，以及对公地和公有设施的使用和维护达成一致的需要。然而，村社的发展也是农民实现的相对程度的自由的证据，与易北河东部地区形成了鲜明的对比。在西部，村社集会逐渐承担了组织、代表以及在很多情况有限的管辖功能。即使如此，村庄首领（在南部被称为 Schultheiss、Amman 或者 Vogt，在北部和东部被称为 Schulze 或者 Bauermeister，在中部被称为 Heimbürger）通常还是由当地领主任命，或者其选举需要当地领主的同意。[48]

村社远非代表农民团结对抗其领主的同一性质的组织。[49]一方面，村社自身在内部就划分为富农、中农和无地农民。村社首领是由地主任命的，这一事实也突出了源于农民与封建领主之间日常基础的合作程度。毕竟，领主只会在与佃户的不佳关系中蒙受损失，例如导致以实物支付的劣质品。农民对协商获得合理利用领主磨坊的权利，或者保证领主的乡村法庭以令人满意的方式管理道路的维护或者管理田间的轮作和施肥是非常感兴趣的。

如果发生了争端或者关系破裂，出于领主和村社的利益，都需要迅速解决问题。如果被证明无法解决，农民也远非无助。对于领主而言，消极抵抗也许是最具破坏性的行动，并且有潜在的长期危险的结果，因为这会削弱其权威和封建权力。[50]积极反抗也是可能的，在 15 世纪，这是一个农民似乎更频繁诉诸的选项。

136　　领地的破碎化以及各地情况极致的多样性，阻止了任何重大"民族"反抗的爆发，如类似于法国 1358 年的扎克雷起义（jacquerie）或者英格兰 1381 年的农民起义。然而，帝国的一些部分经历了比西欧其他所有地方都更为强烈的地方性或区域性的起义。[51]最不稳定的地区是村社组织最为发达的南部地区，例如从阿尔萨斯到施蒂利亚，以及从符腾堡到瑞士各州。在那些村社发展较少的西北部地区，或者易北河东部地区，起义相对较少。同样地，巴伐利亚公国的村庄权利较少，因而也相当平静，尽管它的周围都是起义爆发的地区。[52]

大部分起义都是对封建领地制的强化和商业化的抗议。这些起义在一些地区特别持久且激烈，例如肯普滕，在这里修道院长也利用农奴制度的残余来进一步巩固统一的领地区域。在这里，持续的不满在 15 世纪到 16 世纪早期阶段性地爆发。相似的冲突，例如圣加仑（St Gallen）修道院长与阿彭策尔（Appenzell）的农民之间的冲突，或者苏黎世与它的乡村领土区域之间的冲突，标志着瑞士各州在相同时期的发展情况。[53]在萨尔茨堡及奥地利领地，以及符腾堡和巴登，主要的不满对象是领地国家自身发展的表现形式：货币的变化、行政干预以及直接和间接税收的新形式。[54]正如 1515 年在卡尔尼奥拉，正是统治者的行为使农民更为坚定。[55]在其他领地，特别是教会领地，额外的税收仅仅是极为糟糕的债务的合理后果，维尔茨堡的采邑主教就是这种情况，这里的普遍不满引起了极为惊人的情绪表达，伴随着 1476 年尼克拉斯豪森的吹笛者汉斯·伯海姆的出现。[56]

这些起义大多数的规模相对较小，尽管在它们发生的小范围领地内足以被视作地方战争。这些起义几乎没有以农民的胜利告终的。官厅总是能够或早或晚击败农民武装，通常是在邻近的领主或者区域性组织，例如施瓦本同盟的帮助之下。然而，作为结果，让步也许和失败同样常见，这至少代表了一定程度的成功。有时，一名统治者，例如 1502 年的上施瓦本的奥克森豪森（Ochsenhausen）修道院长，不得不对他的农民做出让步，即使施瓦本同盟已经摧毁了他们的起义。[57]无论单独争端的结果如何，严重的起义足够频繁和 　137激烈，足以造成对农民日益增长的恐惧。每一次起义都起到了警告整个区域的作用，而且在西南地区大部，"成为瑞士人"的表达成了农民自由和反对封建当局的密码，这会使领主感到害怕，因为这有时会刺激他们愤怒的臣民。[58]

这些 15 世纪的骚动，大部分都是聚焦于一个问题或者一个单独的领主或统治者的。即使是起义事业更为泛化的时候，例如在1476 年发生的尼克拉斯豪森骚乱，伯海姆的"梦境"使他宣称并且详述了宗教和社会改革的计划，骚乱也很快就结束了。当伯海姆被处决后，据说超过三万名的朝圣者就一哄而散了。这一事件存活在民众的记忆中，但并没有达成任何实际的结果，也没有革命的后文或者继承者的运动。

然而，在 15 世纪 70 年代之后，这种无规律的、地方化的、针对单一问题的骚动，让位于一种不同形势和特征的活动。从 1500 年前后开始，起义更具区域性而非纯粹地方性的性质，有着更为广泛的政治、社会和宗教目标，其另一个特征是从要求对"好的旧法律"的恢复到要求"神法"（godly law）的建立，这也形成了 1525 年起义爆发的前兆。

瑞士农民似乎成了先驱。[59]在 1477 年所谓的"野猪旗帜进军"（Saubannerzug）中，大约 1700 名年轻人从乌里（Uri）、施维茨（Schwyz）、翁特瓦尔登（Unterwalden）和楚格（Zug）进军日内瓦，因为日内瓦没有支付在 1475 年约定的费用，当时瑞士的军队保护这座城市在勃艮第战争中免受洗劫。这些"正义生活的人"，正如他们在当代编年史中被称呼的那样，目标是强行索要他们的钱财，以及惩罚所有伯尔尼的腐败权贵，因为他们密谋延期支付费用。这一次，来自几个地区的武装力量聚集起来为正义而战，维护社区的意志并对抗顽固当局。这种威胁以一种在 1481 年的《施坦斯协议》（Compact of Stans，这一协议使他们共同镇压了所有臣民的非法集会）中很少展现的团结，将瑞士联邦的愤怒城市和农村联合起来，这一事实凸显了威胁的严重性。[60]

相似的模式也出现在 1493～1517 年帝国西南部的鞋会起义和

1514 年符腾堡的穷康拉德（Armer Konrad）起义，以及在巴登和阿尔萨斯的相关骚动中。农民的带子鞋自 15 世纪早期以来就已经作为一个抗议和抵抗的符号阶段性地出现。[61] 1493 年，带子鞋成了斯特拉斯堡北部的施勒特施塔特的城市和乡村不满者谋划的联盟的象征符号，这个联盟由雅各布·汉泽尔（Jakob Hanser）组织起来，他是帝国村庄布林施韦勒（Blienschweiler）的首领。

他们的不满是多方面的：斯特拉斯堡主教的暴政，修道院机构和犹太债主对农民的剥削，隶属于修道院的村庄农民与那些直属皇帝的农民在福利方面令人不满意的差异，对传统的打猎和捕鱼权利的限制，等等。尽管在普遍的武装号召发出之前，密谋就已经被发现了，但是革命的符号以及不满的清单在 1502 年再次出现在施派尔。然而，这一次，以及 1513 年鞋会在莱恩（布赖斯高）的起义，还有 1517 年在斯特拉斯堡东部莱茵河两岸的起义，这几次起义都是在约斯·弗里茨（Joss Fritz）的领导之下，各种不满结合成一个接近于完整的革命方案，要求"神法"的体制。1513 年，密谋者决定"不再希望服从除了皇帝和教皇外的任何领主"，并且"杀死所有反对他们计划的人"。[62]

鞋会的多次起义由逐渐发展的改革计划和约斯·弗里茨的领导联系在一起。然而，这些起义仍然是无规律地发生的，而且没有构成单独的持续性运动。即使如此，在西南部地区，鞋会符号在二十年时间里的反复出现激起了不满的意识，并且在统治者和很多农民村社的想法中，都引起了对于即将发生大规模动乱的越来越强烈的预期。事实上，弗里茨和他的共谋者的计划在激励一系列不相干的起义中起到了更为广泛的作用：1511 年在阿尔萨斯汝拉山的费雷（Pfirt）伯爵领地的起义；1513～1515 年在瑞士联邦的起义；1514 年在匈牙利的起义；1515 年在卡尔尼奥拉、施蒂利亚和卡林西亚的起义；1514 年在符腾堡（穷康拉德起义）、巴登和阿尔萨斯的起义。[63]

这些起义中，很多打着"好的旧法律"的旗号，并且要求恢复由腐败的和"近代化"的统治者篡夺的权力。例如，穷康拉德起义，是由雷姆斯塔尔的彼得·盖斯（Peter Gais of Remstal）领导的农民和城镇贫民反抗由暴虐的符腾堡公爵乌尔里希征收的新税，用以还清他从圣洁的前任公爵——"胡子"埃伯哈德继承的债务。彼得·盖斯和他的同伴单纯是为了抵抗这一新的不公正的税收，而不是改革整个世界。

尽管起义者的目标是有限且具体的，但乌尔里希公爵在雷姆施塔尔的受侵害的臣民和这一阶段其他的起义者一样，在马克西米利安一世统治时期，在帝国西南部造成了更为普遍的骚动和不安定感。不仅仅是时间上的先后顺序将这些骚动与 1517 年后的宗教运动联系在一起，这一点看上去是很清晰的。对"神法"越来越多的呼吁以及革命性计划的出现，至少提高了对路德早期著作中核心问题的接受度，这些内容有的印在大报或者雕刻成木版画，教会改革和其他诉求都涵盖在其中。约斯·弗里茨不是宗教改革的先行者，他只是扬·胡斯的回溯者。但他的行动使很多社区倾向于将路德视作支持他们事业的人，事实证明这是错误的。

农村的不满通常也包含了城市人口的一些因素。尤其是一些较小的城镇，特别是农民城镇（Ackerbürgerstädte）以及那些嵌在密集的乡村产业之间的地区，在这些地区处于社会底层的人们的利益共同体是相当强大的。厄尔士山的矿业城镇，例如弗赖堡和施内贝格，有着有组织的劳动力，这些城镇组成了另一个独特的类别，从1450年前后开始就出现越来越多的罢工。[64]然而除此之外，在很多更大的帝国城市以及较大的邦国城市，例如马格德堡、不伦瑞克、美因茨或者维也纳，同样有着重要城市的不满传统。

帝国城市和邦国城市的区别，并不像1500年前后城市社区享有的自治权程度以及内部差异的程度那样明显。[65]一个城市或城镇越独立于诸侯官厅，其市政官员就越有可能被视为统治权威或者政府，并且成为阶段性的批评或者敌意的目标。被引用最多的骚乱清单记录了1350~1550年，在105个城市的210次严重的起义，其中很多阶段性爆发的不断恶化的斗争持续了几十年甚至一个世纪。[66]考虑到帝国内城市和城镇的数量之多（根据一些估计，数量达到4000个），很难评估这一发现的意义。不过，城市冲突的实际发生率可能更高：在15世纪末期，骚乱的频率明显升高，这至少部分反映了编年史和其他文字记录在这一时期更大的可获得性。然而，最新的证据表明，在宗教改革之前骚乱尤为集中，仅1509~1514年就有19个城市经历了起义，此后在1521~1525年，又出现了一次与宗教改革相关的明显增长。[67]

城市的冲突展现了与农村冲突相同的多样性，尽管在城市和农村之间存在着根本性的差异。绝大多数农村的冲突专注于恢复理想化的"旧法律"或者是同样理想化的"神法"。城市的冲突通常反映了相互竞争的社会群体之间的矛盾，或者是关于源自具体问题的制度性问题的争端。这些冲突倾向于发生在大城镇和大城市，并且总是通过妥协解决。即使不同地方的情况千差万别，但仍然出现了一些普遍的主题。

城市的政府有两种形式。[68]第一种是由权贵集团（有时是贵族阶层）实际统治或者通过与附近地区贵族联姻进行统治。第二种则是由手工业行会或者贸易组织进行统治，它们任命或者选举市政会的成员。事实上，相对较少的城市直接符合其中一种类型，大多数城市社区都是这两种形式的结合。在权贵统治的社区中，行会永久地主张参与统治的权利；而在由行会统治的社区中，市政会无法避免地倾向于由一个更富裕家族的小圈子组成，因为只有他们能够将时间投入公共事务中。

即便存在差异，所有城市社区都有相似的精神特质，并且在中世纪的整个帝国范围内，它们发展了被称为"基督教共和主义"的元素。[69]这代表了一系列核心价值观，城市的政体也以此为基础建立。对于他们而言，关键在于自由的概念，这关系到整个市民社区而不只是个人。社区的自治、不受任何外部控制的自由以及自决权是基础性的。

在内部，城市的政体建立在四个最高原则之上。第一，所有市民享有同样的基础权利和自由，特别是对人身和财产免受任何干预的保护。第二，所有市民在税收方面、投身公共事务（例如城墙的建造和维护），或者服务于城市的防卫及政府和行政机构方面，承担同等的义务。第三，社区作为所有宣誓公民的集合，有权参与关于政策的决定，不仅在行政事务上，也包括战争与和平、税收、制度改革和宗教问题。第四，尽管几乎所有城市都由寡头统治，但仍然普遍建立在开放的原则上，这一原则假定新的群体可以阶段性地进入权力集团，并且没有一个群体、派系或者个人能够实现永久掌权。

　　当然，现实往往与理想冲突。这并不是近代民主社会，而是"新罗马理念的自由国家"的例子，这种观念在近代早期的整个西方启发了一系列共和主义的思想。[70]在德意志城市中，共和主义传统建立在中世纪的社区基础上。在实践层面，寡头政府频繁地与共和主义的理念产生冲突。事实上，受过训练的法学家地位的凸显，以及将罗马法的"近代"原则应用于城市行政管理的倾向，在 15 世纪下半叶加强了城市市政官员的寡头趋势。[71]

　　如果说罗马法主要的吸引力在于其全面的涉及范围，以及支持世俗高于教会权威的主张的能力，那它也促使市政官员将他们的公民视作其统治的臣民。然而能够使上述情况成为可能的罗马法的语言，也能够帮助促进社区作为整体主张自治权。无论是在逐渐受到诸侯控制的帝国内坚持独立地位的帝国城市，还是坚决维护独立于诸侯权力的邦国城市，都发现将自身塑造成"主权立法者"（sovereign law-making princeps）[72]的角色是很便利的。然而，在城市内部，到 17 世纪为止这种矫揉造作的说法导致一些帝国城市将自己塑造为"蒙上帝的恩惠"，颠覆了政权赖以建立的原则并引起了不满。

　　城市社区通常有着较村社更为清楚的社会结构。[73]在绝大多数城

141

市，至少有四个很容易识别的团体是很突出的。在最顶端，一小群相对紧密联系的权贵家族群体控制了政治权力的位置。其中很多成员，特别是在西南部城市，参与了长距离的贸易；很多成员也发展出世袭贵族的倾向，一些成员最终从城市搬迁到乡村的土地。权贵家族的世袭化，在如纽伦堡和奥格斯堡这样的地区也许是最为显著的，这些城市在15世纪末期与帝国政府建立了密切的联系，而且这些城市的主要家族也接受了人文主义的学问和艺术赞助。然而，各地的权贵在社会上都是排外的，不愿意接受外人，尽管一些权贵由于他们的排外性付出了沉重的代价：例如，在巴塞尔、希尔德斯海姆以及明斯特，他们直接灭绝了。[74]

第二，在很多城市，特别是在北方，中世纪晚期出现了很多成功的非权贵商人群体。由于被排除在统治阶层之外，很多这些团体有时会正式组成协会或者社团，并且越来越激烈地大声疾呼他们对"社区"的参与和代表权的要求。第三，在大多数城市中，手工业行会通常代表三分之二的城市人口，它们形成了对政治精英的主要制衡力量。行会本身通常也根据主要的阶层差异进行划分，在每个城市行会的等级取决于在当地经济中特定行业和职业的重要程度。[75]第四，在行会（其成员是完整的公民）之下是劳工、仆役等群体，他们占据了大约四分之一的人口，而这一群体存在很大的差异，例如在新的采矿业城市中，劳工阶层构成了主要部分。[76]

如果说15世纪对德意志的城市和城镇而言是一个黄金时代，那这一时期同样是政治上动荡的年代。当非权贵的商人群体，或者行会更为频繁地挑战统治阶层的权威时，绝大部分问题就出现了。动乱出现的具体原因一般是经济危机、货币的变革，或者征收新的税赋。在 15 世纪晚期以及 16 世纪早期，随着皇帝对帝国城市的索取逐渐增多，而城市在此时也需要价格高昂的新防御工事保卫自身对抗新的火炮武器，税收就成了核心问题。例如，1509~1514 年，所谓的间接消费税（Ungeld）成了绝大多数动乱的焦点。

城市的穷人受到这些税赋的打击最大，这些人的不满促使行会指责市政会的管理不当以及腐败，并且要求公众对财政事务的审查权，以及行会参与到未来的管理中。这样的行动往往会进一步扩展到要求参与对教会手中的"公共"物品的管理，以及平信徒对教区的控制和任命教士的权力。[77]教士能够免除赋税，是因为他们并没有宣誓成为公民，而他们享有城市的保护，并且能够通过教会法庭施加相当大的影响力，这进一步鼓励市政官员和他们的反对者都去寻求扩大世俗的控制权。

人们以各种方式解释城市的运动。[78]一方面，它被视作和农村的村社运动同步进行的运动，在"社区"的宗教改革中达到顶峰，并且在经历了混乱的几年后，又成为"诸侯"改革的受害者。另一方面，一些人将城市的运动视作独特的城市共和传统的出现，与在欧洲其他地方出现的情况相似，然而在帝国内与诸侯政权的长期对抗中，没能逃脱失败的命运。这些观点主要的分歧之处在于，共和传统是否在 16 世纪 20 年代留存下来的问题。更重要的一点也许是，学术界一致认为城市社区的制度斗争也涉及当地教会的问题，而且这些斗争因此汇入了宗教改革，或者与之同步发展。改革神学家的

142

语言，尤其是核心术语"社区"（Gemeinde），看上去与城市政治的语言中使用的词汇是一致的。这一词语在每种背景下有着不同的含义，这一事实为宗教改革运动提供了一个重要的主题，以及宗教改革在帝国政治和社会中的反响。

在 1525 年农民战争时写下的笔记中，迈克尔·埃森哈特（Michael Eisenhart）反思道，"如果路德没有写下任何一本书，那么德意志将会保持和平"。[79]对于像埃森哈特这样的当时的天主教徒来说，这似乎是显而易见的事情，然而这一点受到了很多历史学者含蓄的挑战，他们认为德意志社会在 1500 年前后陷入了根本性的危机，甚至早期资产阶级革命将要发生。

马克西米利安一世统治时期既出现了恢复和发展，也出现了加剧的紧张关系。这创造了胜利者和失败者。整体而言，并没有客观理由预测帝国内会有革命爆发。在 1518~1519 年的帝国继承问题上出现的政治不确定性，似乎聚焦于对涉及帝国、教会和社会整体进行改革的期望，但正是路德事件触发了 1517 年后的危机。路德的思想得到了最广泛的群体的解释，这些群体有最为多样的关切和利益，其中很多解释是误读或者过度解读。他的思想和对他的思想的解释随后传播开来，将德意志领地整体以一种前所未有的方式全部调动起来。

注释

1. Lauterbach, 'Revolutionär'.

2. Cohn, *Pursuit*, 119-26; Borchardt, *Antiquity*, 116-19.

3. 这一估计是基于 1937 年的德国领土：Wiese and Zils, *Kulturgeographie*, 68。

4. Pfister, 'Population', 40; Rabe, *Geschichte*, 42; Schulze, *Deutsche Geschichte*, 23-4.

5. Schulze, *Deutsche Geschichte*, 13.

6. Endres, 'Ursachen', 219-20.

7. Pfister, 'Population', 41.

8. Schulze, *Deutsche Geschichte*, 25.

9. Rösener, *Agrarwirtschaft*, 31-6; Scott, *Society*, 72-112.

10. Scott, *Society*, 86-9.

11. Scott, *Society*, 97-101; Mathis, *Wirtschaft*, 22-5, 86-9.

12. Schilling, *Stadt*, 8.

13. Scott, *Society*, 101-7; Mathis, *Wirtschaft*, 23-5, 35-9, 57-61, 82-5; Schubert, *Spätmittelalter*, 185-6; Braunstein, 'Innovations'; 关于矿区的文章提供了对帝国采矿业的全面研究。

14. Brady, 'Institutions', 274.

15. Scott, *Society*, 25-6, 121-6; Mathis, *Wirtschaft*, 71-5; Schubert, *Spätmittelalter*, 147-52.

16. Scott, *Society*, 126-32; Mathis, *Wirtschaft*, 31-3, 58-60, 92-3.

17. *HbDSWG*, 351; Brady, 'Institutions', 271.

18. Häberlein, *Die Fugger*, 17-68.

19. Köbler, *Lexikon*, 201; Häberlein, 'Fugger'.

20. Schmidt, 'Frühkapitalismus', 91-113.

21. *HbDSWG*, 486-90; Schmidt, *Städtetag*, 423-40.

22. *HbDSWG*, 487.

23. Scott, *Society*, 153-7.

24. Scott, 'Landscapes', 11; Scott, *Society*, 188-97.

25. Schubert, *Spätmittelalter*, 79-82; Scott, 'Landscapes', 9-11.

26. Scott, 'Landscapes', 10.

27. Rabe, *Geschichte*, 99.

28. Rösener, *Agrarwirtschaft*, 36-9, and Holenstein, *Bauern*, 30-4, 关于最初分类标准的最新研究，可见：Lütge, *Agrarverfassung*, 188-200。

29. Schubert, *Spätmittelalter*, 74.

30. Buszello, 'Oberrheinlande', 83.

31. Endres, 'Ursachen', 224.

32. Endres, 'Ursachen', 222.

33. Endres, 'Ursachen', 219.

34. *HbDSWG*, 373.

35. Endres, 'Ursachen', 233-4.

36. Blickle, *Revolution*, 48-50.

37. Rabe, *Geschichte*, 95.

38. Endres, 'Ursachen', 227.

39. Blickle, *Revolution*, 58-65; Endres, 'Ursachen', 231.

40. Endres, 'Ursachen', 232-3.

41. Blickle, *Leibeigenschaft*, 53-74.

42. Franz, *Bauernkrieg*, 10-14; Blickle, *Revolution*, 76.

43. Blickle, *Revolution*, 77.

44. Laube, 'Revolution', 35-6.

45. Endres, 'Ursachen', 239-45.

46. Körner, 'Steuern'.

47. Schubert, *Spätmittelalter*, 86-93; Scott, *Society*, 48-55; Blickle, *Gemeindereformation*, 13-204.

48. 这些术语和它们的同义词，可见：Haberkern and Wallach, *Hilfswörterbuch*。

49. Scott, *Society*, 176-82.

50. Schubert, *Spätmittelalter*, 83.

51. Schubert, *Spätmittelalter*, 93.

52. Blickle, *Unruhen*, 12-25; Franz, *Bauernkrieg*, 1-79. 但是一些相

反的证据，可见：Blickle，'Konflikte'。

53. Franz，*Bauernkrieg*，3-9；Blickle，*Unruhen*，15-17.

54. Franz，*Bauernkrieg*，30-41.

55. 引用自：Schubert，*Spätmittelalter*，96，尽管其中写的年份是 1513 年，并不准确。

56. 见本书页边码 100、137 页；Franz，*Bauernkrieg*，45-52。

57. Laube，'Revolution'，56.

58. Schubert，*Spätmittelalter*，68-9，95；Brady，*Turning Swiss*，28-42.

59. Blickle，*Unruhen*，22-3.

60. Brady，*Turning Swiss*，32-3.

61. Schubert，*Spätmittelalter*，96；Blickle，*Unruhen*，23-4；Franz，*Bauernkrieg*，53-79.

62. Blickle，*Unruhen*，24.

63. Laube，'Revolution'，88-9；Franz，*Bauernkrieg*，19-41.

64. Laube，'Revolution'，64-6.

65. Schilling，*Stadt*，39-40.

66. Maschke，'Stadt'，75-6，95.

67. Schubert，*Spätmittelalter*，131；Blickle，*Unruhen*，25.

68. Blickle，*Reformation*，82-5；Schilling，*Stadt*，48-9.

69. Schilling，*Aufbruch*，170-1.

70. Skinner，*Liberty*，11，17-36.

71. Strauss，*Law*，56-95；Stolleis，*Öffentliches Recht*，i，66-7.

72. J. W. Allen，quoted by Strauss，*Law*，64.

73. Scott，*Society*，34-48.

74. Rabe，*Geschichte*，88；Du Boulay，*Germany*，141-5.

75. Blickle，*Unruhen*，11-12.

76. Rabe，*Geschichte*，89-90；Maschke，'Stadt'，*passim*.

77. Blickle，*Gemeindereformation*，179-83；Rabe，*Geschichte*，198.

78. Schilling，*Stadt*，89-92.

79. Maurer，*Prediger*，24；Baumann，*Quellen*，621，635-6.

第十二章

马丁·路德和"路德事件"(1517~1519)

后世的福音教传统将 1517 年 10 月 31 日作为宗教改革开始的纪念日。据说路德通过将文章钉在维滕贝格城堡教堂门上的方式，发布了他的抗议出售赎罪券的《九十五条论纲》，这被认为引发了德意志反抗罗马的斗争。事实上，这件事情不太可能发生。1517 年 11 月，论纲的内容以令人震惊的速度为公众所知，但似乎很明显路德本人并不对此负责。

写下《九十五条论纲》或者在 10 月 31 日将其寄给美因茨大主教的行动，都不代表提前谋划的反叛行动的第一次挑衅行动。与之相反，正是教会当局尤为剧烈的反应，使路德在接下来的两年里转变为异端。到 1519 年的夏天为止，这使路德处于他在 1517 年无法想象的境地：在他与埃克在莱比锡的争论中，他公开为 15 世纪波希米亚的异端扬·胡斯的一些观点辩护，并且宣称即使是大公会议也会犯错。继公开反对教会权威之后，是更为激烈的挑衅行动。其中最惊人的是 1520 年 12 月 10 日路德公开烧毁了教皇的《主起诏书》，教皇在其中宣布路德的著作是异端，并且要求路德公开认错。

教会对路德的妖魔化开启了两个关键的进程。第一，路德本人更为系统性地发展，并且更为明确地表述了他的神学的根本信条，这些信条在 1517 年之前已经有所发展，但直到此后才作为旧信仰的直接替代品出现。事实上，看起来很可能正在此时，路德才有意识地完成了他的伟大发现，即只有通过信仰才能称义的教义的"宗教改革突破"，这解决了他长期的个人危机，并且为他后来的神学提供了基础。第二，他的立场吸引了多方面的大力支持。到路德的行径在 1521 年 5 月被《沃尔姆斯敕令》（Edict of Worms）宣布为非法时，他已经成了一个有号召力的人物，并且有大量的追随者。

路德在 1517 年之前的背景或者发展，几乎没有使这样的结果变得不可避免，甚至是变为可能。[1]他于 1483 年 10 月 10 日出生在曼斯费尔德伯爵领地的艾斯莱本（Eisleben）的一个向上流动的家庭。他的父亲是农民出身。由于当地限定继承权的法令，家里的小儿子继承了土地。作为家里的长子，他被禁止从事农业工作。在经历了作为当地铜矿和银矿劳动者的低微的起步后，并且在与艾斯莱本的一个知名市民家族的女儿的婚姻帮助下，他在冶铜行业成了一名较为成功的企业家。即使是在曼斯费尔德铜矿繁荣的鼎盛时期，从曼斯费尔德伯爵租赁冶铜厂的冶炼厂主的生计也是相对不稳定的，并且依赖大型贸易公司的资本和营销技巧。然而，即使经历了起伏，他的生意还是能够保证一定程度的繁荣和地位，足以与当地的城镇、曼斯费尔德以及邻近的萨克森的法学家和官员建立联系。这也激发了让他的长子为法律生涯接受教育做准备的愿望。

人们对于路德早年在曼斯费尔德、马格德堡和爱森纳赫

（Eisenach）接受的教育所知甚少。在马格德堡，他曾寄宿在共同生活兄弟会的一个社区；在爱森纳赫，他与一个以虔诚和对当地方济各会修道院的赞助而闻名的家庭生活在一起。尽管他的学业没有什么特别的地方，但这看上去为他在 1501 年 18 岁时进入位于美因茨选侯的图林根领地的爱尔福特大学做了充分的准备。在这所位于有着两万人口的德意志最大的城市之一的德意志第五古老的大学里，路德投入四年时间学习文科，为更高级别的法律学习做准备。尽管在那个时候，人文主义者的研究已经在爱尔福特确立，但路德似乎与他们几乎没有联系。他的学业完全遵循更为传统的经院哲学的主流，尤其是以奥卡姆的威廉（William of Occam，约 1285 ~ 1349）的唯名论作为阐释形式的经院哲学。这提供了在逻辑、辩论以及唯名论者学说上的严格训练，即所谓"新路派"（via moderna）在哲学和神学方面的基础，这也代表了对于旧的实在论（realism）的确定性的激进挑战。

这两种体系的冲突从根本上反映了认识论和语言上的差异。实在论者认为语言或者概念与其所指的事物直接相关。此外，所有概念都有着能够为人所知的普遍的有效性或真实性。因此上帝的真实性、真理或者正义都可以为人所知，这些知识则由教会及其神学家汇集在一起，并且通过他们以某种确定性的方式传递给人们。正如理查德·马里厄斯（Richard Marius）评论的那样："唯名论是当时的解构主义。"[2]奥卡姆和他的追随者否认概念的独立存在，主张词语只能指代特定的事物；对于并非特定的事物以及我们没有直接经历的事情，什么都不能确定。这一观点的核心在于强调上帝不可能受到任何普世理念的限制，相反他是自由且全能的。从根本上而言，对于人类来说他是完全神秘的。我们能够了解到关于上帝的事情，就是上帝选择揭示给我们的事情。我们的理性只能够帮助我们将我们具体经历所带来的知识收集在一起。理性也许能够向我们表明上帝存在，然而我们无法通过对他的创造的研究推断出上帝的存在。对于与上帝相关的绝对真理的知识，或者是例如我们灵魂在死后的状态的问题，我们只能依赖启示和信念。

如果说唯名论者的学说训练了路德的逻辑和辩论，它也使他的思想陷入焦虑和怀疑的系统中。因为奥卡姆思想中内在的含义是这种可能性：上帝是不可预测的，或者我们认为我们对上帝的了解也许是错误的。[3]这导致强烈的个人不安，并且最终将教会置于一个潜在的易受攻击的位置。对启示的强调意味着这依赖于由教会进行的传递和解释启示的准确性。奥卡姆认为教会的教义是绝对可靠的，但是他之后的很多人都挑战了罗马代表真正的教会这一观点。罗马已经经历了威克利夫和胡斯的挑战，但罗马教会仍然容易受到指责，人们指控教会越来越世俗化的教阶制度无法代表信徒的圣职继承。同样重要的是解释的问题。中世纪神学提供了几乎无限的多样性，并且到1500年为止，人文主义者的考据也提供了理解《圣经》的另一种路径，这至少潜在地独立于任何官方的教会指引。[4]

尽管没有证据表明，这些情况在路德这一阶段的学识发展中发挥了有意识的作用，但奥卡姆哲学的元素为他此后的思想提供了框架。他的思想在完成硕士考试之后的一段时间才逐渐开始展现，此时一个巨大的转变经历使他远离了父母为他计划的在法律上进行深造的方向，而是开始了修道院生活。1505 年 7 月 2 日，在他从爱尔福特前往曼斯费尔德的路上，一道雷电在他身边炸响，他被强烈的死亡恐惧征服了。他立即发誓如果圣安娜可以救他，他将成为一名修士。从那时起，他视自己投身于修道生活，不久后进入了爱尔福特的奥古斯丁修道院。

　　路德在一年内完成了他的见习期，在 1507 年 4 月得到祝圣，并且开始了他的神学研究。从这里开始，他的生涯向着三个方向发展。在每一个方向中，他都得到了有权势的导师——约翰内斯·冯·施陶皮茨（Johannes von Staupitz）的帮助，后者是奥古斯丁会萨克森教省的都主教，也是德意志奥古斯丁派教众的副主教，他和智者弗里德里希在 1502 年建立了维滕贝格大学，他还是学校的第一位神学教授。[5]第一，在神学学习中路德逐步完成学位，直到 1512 年在维滕贝格获得博士学位（再次由于施陶皮茨的帮助，他尤其迅速地获得了学位），随后他继承了施陶皮茨的位置担任神学教授，他在此后的人生中一直持有这一职位。第二，作为一名修士，路德在 1512 年被提升为维滕贝格的奥古斯丁修道院的副院长，以及在迈森和图林根的 10 个修道院的区域牧师职位。第三，从 1513 年起，他在奥古斯丁修道院以及维滕贝格的城市教堂中承担了作为布道士的日常牧师职责。[6]

146

　　这些年里，路德在被称为德意志教会的改革派人士和改革导向的领域内取得了职业上的成功。此时并没有任何反叛或者不满的证据。即使是 1510 年的罗马之行关系到萨克森的奥古斯丁修会的管辖权的争端，也没有对路德的观点造成明显的影响。他的演讲和早期的著作表明他敏锐地注意到教会的弊端，并严厉批判了滥用职权，特别是针对教会等级的上层。[7]但他的观点在主张改革的教士中是非常典型的，并且值得注意的是，与此同时他严厉地谴责了那些像胡斯派一样抛弃了"邪恶的基督徒"之人的傲慢。与之相反，路德是一个"对教会有热情的批判者"。[8]

然而，这些年他也再次经历了个人危机，他称之为"试炼"（Anfechtungen），他独特的神学学术课程至少部分代表了克服他内心不安的持续性努力，他借此实现了发展。1505 年引发他的转变经历的对死亡的强烈不安和恐惧感，不断地挫败他融入修道院日常生活的努力。无论他多么努力使自己符合修道院的理念，却仍然受到欲念以及不适和无用感困扰。他无法做任何事情救赎自己。再多的苦修也无法根除他的罪孽；即使是进行一次完整的忏悔的想法，也会招致傲慢的罪恶。[9]

相应地，路德对上帝的审判和诅咒有着深深的恐惧。他的导师施陶皮茨，以及在维滕贝格居主导地位的学术神学为这些问题提供的解决方案，本质上来说是新路派的方案，这反映了施陶皮茨在1497~1500 年与加布里埃尔·比尔（Gabriel Biel）的弟子的经历以及在图宾根的共同生活兄弟会的经历。一方面，预定论的教义教导，尽管上帝是神秘的和未知的，但一些人会得救而另一些人会被诅咒。上帝明显的任意性，以及他的选择并没有与我们进行沟通的事实，导致义人会经受苦难，但唯一的解决方法就是信念。另一方面，人类有着有限的通过善功救赎自我的能力。[10]

路德在 1513～1517 年关于赞美诗（Psalms）以及《圣保罗书信》的课程，是对这些问题的延伸讨论，这些课程带来了一个令人关注的替代品。路德吸收了圣奥古斯丁关于人的原罪的观点，他否认了人能够通过善功得救。人只能通过接受上帝的审判才能成为义人，要在上帝面前保持谦逊和卑微。正如耶稣在十字架上一样，人只有被毁灭之后才能得救。在那个时候，他既是义人也是罪人，这完全取决于来自外部的拯救。尽管这些观点是在与经院神学的对话中发展而来的，但此时路德阅读了 14 世纪的神秘主义者约翰内斯·陶勒的著述，这使他确认了信仰的重要性，信仰是人与上帝的直接关系，没有任何中介代理。事实上，路德也宣称在更早的神秘主义者的著作中认识到他自己的观点。[11]

这一谦卑的神学的发展产生了对修道院生活的质疑、对传统的虔诚和围绕圣餐的仪式的批判，以及最终对经院神学家的批判，这些经院神学家以带给人们错误的安慰和希望的教义，毒害了基督徒的思想。1516 年，路德在一场大学辩论中公开攻击新路派的大部分教义，更准确地说，对他被雇用以传授的内容进行了攻击。在下一年，刚好在赎罪券的论战开始之前，他发表了对经院神学极具破坏力的批判，这一批判基于圣保罗对人类潜能的悲观主义与亚里士多德对人类道德能动性的乐观主义之间的矛盾性。

同样的问题也逐渐主导了路德对人文主义的态度。他很快就使用伊拉斯谟版本的希腊语《新约》以及其他人文主义者的学术著作。然而，他使用这些文本也是为了澄清他在很多问题上与伊拉斯谟的不同意见。最重要的是，路德反对人文主义者研究的整体指导思想。他并不喜欢《蒙昧者书简》作者采用的轻蔑的语调，路德对教会的批判是针对其教阶制度的。但其中也有更为根本性的问题。从根本上来说，路德反对人文主义的原因和反对经院哲学的原因是一致的。在他的眼中，二者都犯了伯拉纠主义（Pelagianism）的错误，这是一种乐观主义的观点，认为人有能力救赎自己。[12]路德在这一问题上对伊拉斯谟的公开反对，是以交换意见的小册子的方式进行的，在1524~1525年才发生。然而，他对自由意志的否认是基于早在十年前发展的观点，这意味着任何宗教改革和人文主义的最初联合都仅仅是表面上的。[13]

路德直截了当地反对经院哲学的观点给他招致了恶名，但相比经院哲学的教授，他有更多的学生听众，在他的同事中也有越来越多的追随者。他们并不认为路德是异端。宗教改革神学的关键元素在1517年已经呈现，但是这些元素还没有形成一种新的对抗教会的神学。事实上，路德本人也是在此后的某个时刻才认识到他自己的观点的全部意义。正如他后来的回忆，在1517年的时候，他仍然是"最狂热的教皇党人，沉浸在教皇的教义中"。[14]

即使是对赎罪券的批判，最初也是以一种完全无懈可击的方式提出的。这一问题本身对路德而言是宗教问题。他的维滕贝格教区的一部分教民穿过边境到邻近的美因茨大主教的领地，购买由多明我会的教士约翰·台彻尔（Johann Tetzel）发行的赎罪券。当他们带着赎罪券返回，并且在没有任何忏悔和承诺改正错误的情况下要求路德赦免他们的罪行时，路德发现他正在面对着已经困扰他的良心很多年的关键问题的一个现实案例。

148

这一陷入问题的赎罪券在规模上是不寻常的，在时间上也是敏感的。[15]此次的赎罪券是在教皇利奥十世（Leo X）和勃兰登堡的阿尔布雷希特达成交易之后发行的，后者在 24 岁就已经在马格德堡大主教和哈尔伯施塔特行政区之外，获得了美因茨大主教辖区。教皇希望完成圣彼得大教堂的建造，大主教则需要偿付他在确保自己当选以及要求教皇放弃规定超过 30 岁才能当选主教的法律时招致的债务。

发行这一赎罪券的最重要的教士——多明我会的约翰·台彻尔始终由富格尔家族的一名职员跟随，后者记录下收入并且立即在各领导人之下直接分配，这突出了达成的协定的逐利本质。即便如此，通过富格尔家族的银行业务提前筹集资金并再次利用富格尔银行作为清算机构还清款项，这一复杂而不光彩的财务安排在当时并不广为人知，即使路德也不知情。在引发丑闻方面更为明显和关键的因素，是区域政治敏锐性的程度：萨克森选侯对于勃兰登堡的诸侯在他的边境上的扩张抱有敌意，这使他禁止在他自己的领地上售卖赎罪券。然而教皇的赎罪券是相当有吸引力的，以至于他的臣民，包括来自维滕贝格的很多臣民，热情地行走数英里到采尔布斯特（Zerbst）和于特博格（Jüterborg）购买他们的救赎品。

台彻尔的活动加剧了路德已经持有一段时间的对整个赎罪券概念的怀疑，因为赎罪券许诺宽恕罪孽，以作为购买它的回报。他曾写文章反对这种行为的滥用，并且呼吁主教采取行动。1517 年 10 月 31 日，他再一次求助他的上级，求助美因茨的阿尔布雷希特和他自己的主教勃兰登堡的希罗尼穆斯·舒尔茨（Hieronymus

Schultz）。他警告称，人们已经被引入歧途，相信能够购买他们的救赎品。在那时或者不久之后，他也将《九十五条论纲》寄给了他们以及他的一些同伴，在其中表达了自己的担忧，并且详述了论纲的神学含义。

关于这些论纲是否像一直坚持到 20 世纪的福音教传统，也被钉在了维滕贝格城堡教会的门上，仍然是存在争议的。没有证据表明在这一阶段，路德本人寻求公开的对抗，甚至是公开的争论。关于这些论纲是如何在 1517 年 12 月投入印刷，并因此在接下来的几个月传播给更广泛的受众，是不清楚的。然而，这一事实的发生，说明了印刷品媒介是如何将一个本应局限于地方制度程序的教士争端，转变为一个很快使教会和帝国陷入一场深刻危机的重大事件。

《九十五条论纲》以及人们的反应标志着路德个人发展的一个　149
转折点。论纲本身仍然是在传统教会的框架内确切表达的。路德认为教皇本人也会对这些以他的名义传播的错误教义感到苦恼。然而，与此同时他也坚称，教皇的权威是有限的。他只有赦免由他自己或者教会法律施加的惩罚的权力。他没有权力施加完全属于上帝的宽恕。更不必说，教皇和任何教士都没有对死去之人的权威，或者赦免炼狱之中的罪行的权力。与之相似，教会的宝藏并不是由教士分发恩典的宝库，而是所有人都有资格接触到的"上帝的荣耀和恩典的神圣福音"。

教会的财富也不存在于世俗的物品中；与之相反，教会是贫穷的。教皇不需要普通基督徒的钱财，他自己巨大的财富很轻易就能资助圣彼得大教堂的建造。从根本上来讲，基督徒的一生是不断悔悟的一生，在这一生中，对罪孽的惩罚会一直持续到最后。最终的目标存在于天堂，但效仿基督的号召会带领人们度过所有形式的惩罚、死亡和苦难。忏悔被赋予了角色，因为上帝不会宽恕那些不服从他们的牧师（作为代理者）的人。然而，赎罪券以及教会详尽的赎罪体系的大部分都受到了质疑。

路德随后似是而非地宣称他最初并没有希望攻击赎罪券（只是反对赎罪券的滥用）或者教皇。在这些论纲中有很多挑衅式的语言，甚至有一定的异端思想（例如，认为教会是一个贫穷的教会，或者对教皇权威的挑战）。然而如果没有被前所未有地公开化，这些观点也不会带来这样的影响力。到 1517 年 12 月底，论纲正在以各种印刷版本在整个帝国内流传。对路德的观点出现了越来越多的支持，并且对教会将如何回应他的挑战出现了越来越多的好奇。最初收到路德信件的两名主教行事谨慎。与之相反，售卖赎罪券的教士台彻尔以及多明我会几乎立刻就发起了反击。路德被声讨为与威克利夫和胡斯一样的异端。1518 年 1 月，第一份申诉被送到罗马，这激起了在 2 月罗马教廷通过他自己的修会对他发出的警告。

这一剧烈的反应，特别是多明我会将他与威克利夫和胡斯归为同类的策略，迫使路德澄清他的观点。他全部的目标就是证明他的正统性。最终的结果却是一个新神学的基础。路德在后来将他发现上帝的义的时刻，描述为他在维滕贝格修道院的塔楼里研究中的一次巨大突破。

路德没能提供这一经历的日期，这引发了大量学术争论以及早起 1508 年晚至 1520 年的时间点的详尽观点。1517 年之前的日期将描绘这样一幅场景：一个孤独的修士经历了一场良心上的危机，最终促使他走向公众，并且至少在最初的阶段，以一己之力对抗罗马。然而，这会让人们很难理解，为什么他在 1517 年之前在维滕贝格的课程中一直轻描淡写的问题，后来却成了他的神学的核心。他的神学的大部分内容在课程中并未言明，或者是从课程中发展而来。正是台彻尔和他的同伴们对呈现在《九十五条论纲》中的观点的强烈反对，以及将他视作异端的污名化，才导致路德详尽阐述在他看来是福音书真理的更为清晰的观点。事实上，这最可能是一个渐进的过程，而非路德在后来描述的是一个戏剧性的时刻。[16]

路德的核心思想在 1518 年春天或者夏天开始形成，但在接下来的几年才逐渐成熟，并且第一次表达了他对教会实践的所有不安和不满。这依赖于对《圣经·罗马书》第 1 章第 17 段关于上帝的义的解释。自进入修道院以来，他一直为自己的不胜任感所苦恼。他一直有这样的想法：即使最勤奋地投身于修道院的戒律，也无法与上帝和解。他不禁认为上帝是无情且报复心极重的，这种想法也使他感到苦恼。

此时路德认为"上帝的义"意味着相当不同的事物。上帝的义并不是对积极的审判和非难的偏好，而是上帝无条件的恩典，是一种"被动的义"，义人通过信仰而活。换句话说，人不会因为他们犯下的罪而受到不可预测的上帝的惩罚；作为一个罪人，善良、仁爱的上帝能够使人称义。人的一生是悔悟和上帝在人死亡时自动完成的逐渐宽恕的同步过程。因此，人通过信仰而非行动称义。信仰和恩典密不可分地联系在一起，获得它们要通过福音的词语：只通过恩典、只通过信仰、唯有基督、唯有《圣经》（sola gratia, sola fide, solus Christus, sola scriptura）。这四个术语代表路德新的认知的本质。[17]

在接下来的两年里，随着路德被要求放弃他的观点，他又增添或者详述了更多的维度。1518 年 4 月，在海德堡的奥古斯丁主教座堂，路德阐述了他的十字架神学，反对经院哲学家的"荣耀神学"：十字架神学是真正的基督受难的神学，反对只看到反映在人类行动的上帝的工作的肤浅神学。1518 年 10 月，路德在奥格斯堡受到枢机主教卡耶坦的审讯。他再一次明确否认了教皇的权威并且呼吁大公会议，与此同时他阐述了教会作为得到救赎的基督徒的共同体的观点。这一观点，正如卡耶坦立即认识到的那样，实际上意味着一个"新的教会"。

1519 年 7 月，路德参与了在莱比锡与英戈尔施塔特的神学家约翰内斯·埃克的公开辩论，还有台彻尔，《九十五条论纲》主要的早期公开批判者。此时他否认了教皇和大公会议的绝对权威。路德再一次面临着异端的指控，以及将他与胡斯进行的对比。他再一次否认了异端指控，拒绝放弃自己的观点，并且拒绝与胡斯相提并论。然而，值得注意的是，他拒绝谴责波希米亚异端的所有教义：他主张，和他的信仰一样，胡斯传播的部分内容是基于《圣经》的，因此不应当全部被教会谴责，而康斯坦茨大公会议在这件事上犯了错误。

至于教会当局为什么对路德处理得如此缓慢，主要有几个原因。很难将路德的所谓异端思想与中世纪晚期教会的教义区分开来。路德也得到了大量的支持和保护。他的修会，特别是他的上级施陶皮茨，从一开始就支持他。1518 年 8 月，路德被传唤到罗马回答异端调查中对他的指控时，得到了他的统治者智者弗里德里希的保护。选侯和路德的观点并不一致；他的虔诚恰恰表现在各种外化的表现以及对圣物的崇拜中，而这正是路德所反对的。选侯甚至没有与路德交谈过，二者唯一的见面发生在 1521 年的沃尔姆斯帝国议会。不过，选侯的私人秘书格奥尔格·施帕拉廷（Georg Spalatin）是路德的同情者，并且加强了选侯的决心，选侯坚持主张他的邦国内对教会的传统权力，以及否认教廷审理其臣民的案件的权力。

选侯坚持他的管辖权高于教廷的管辖权，在 1518 年夏天的特殊形势下呈现出特别的意义。各方势力都预料到马克西米利安即将死亡。教皇需要萨克森选侯的合作，因为他想要阻止西班牙和勃艮第的查理继承皇位。因此教皇不愿意疏远一个强有力的选侯成员，特别是教皇认为萨克森选侯本人也许是一个可信赖的候选人。如果想要说服奥格斯堡帝国议会同意由皇帝和教皇共同提出的、为支持对土耳其人的十字军进行征税的要求，选侯的支持也是很关键的。

枢机主教卡耶坦尝试说服路德至少放弃一部分他的观点，也是此次行动的一部分。1518 年秋天，教皇的侍从卡尔·冯·米尔蒂茨（Karl Von Miltitz）也试图完成相似的任务，他被从罗马派遣到萨克森传递消息：教皇希望授予选侯金玫瑰勋章，这是平信徒能获得的最高荣耀。[18]和卡耶坦一样，米尔蒂茨也没能对路德产生任何影响。尽管授予金玫瑰勋章的希望似乎取悦了选侯，然而在 1519 年 9 月最终颁发前的推迟令他越来越不耐烦，这对于使他放弃对他的臣民对抗教会的审判程序的坚定保护，没有产生任何作用。

所有非正式的诱使路德放弃的尝试都失败了，这导致在罗马重新开始对他的正式诉讼，此时逐渐得出合理的结论。1520 年 6 月，教皇的诏令《主起诏书》公开，威胁如果路德不在 60 天内收回他的异端教义，他将被开除教籍。在 12 月 10 日的维滕贝格，路德挑衅般地将诏书连同教会法规和其他著作一起烧毁，这招致了 1521 年 1 月 3 日的另一份诏书《宜乎罗马教皇》（*Decet Romanum Pontificem*），路德因此正式被开除教籍。和他一起受到判决的还有乌尔里希·冯·胡滕、维利巴尔德·皮克海默以及拉扎鲁斯·施本格勒（Lazarus Spengler），他们都因为支持路德的反教皇观点而为人所知。通过审判这一群体，教皇使路德观点的问题成了民族问题。路德自己的上级没能解决他的问题，意味着他现在成了皇帝和帝国的政治问题。他个人的精神之旅即将催生一场动摇帝国根基的运动。

152

注释

1. 最权威的叙述仍然是 Brecht, *Luther*, i。Leppin, *Luther* 是当下极佳的叙述。
2. Marius, *Luther*, 35.
3. Ozment, *Age of reform*, 61-2.
4. McGrath, *Origins*, 12-31.
5. Leppin, *Luther*, 72-89.

6. Brecht, *Luther*, i, 150-5.

7. Brecht, *Luther*, i, 144-50.

8. Brecht, *Luther*, i, 146.

9. Marius, *Luther*, 59.

10. Leppin, *Luther*, 75-8.

11. Leppin, *Luther*, 85-8.

12. Brecht, *Luther*, i, 162-5.

13. Lohse, *Luther*, 72-8.

14. Marius, *Luther*, 147.

15. Rabe, *Geschichte*, 212-13; Brecht, *Luther*, i, 178-83. 另见本书页边码 101 页。

16. Lohse, *Luther*, 157-60; Cameron, *Reformation*, 169-73.

17. Blickle, *Reformation*, 41.

18. Brecht, *Luther*, i, 265-73; Ludolphy, *Friedrich*, 411-13.

第三部分

查理五世以及 16 世纪 20 年代宗教改革的挑战

第十三章

查理五世时期前十年的帝国

马克西米利安一世在 1519 年 1 月去世，此时他的孙子西班牙 155
的查理还没有被选为他的皇位继承人，这带来了一个充满不确定性
和不稳定性的空位期。在帝国的很多地区，特别是南部和西部，逐
渐增加的危机感使这种状况在当时人们的脑海中得到了加强。在
1519 年 7 月的选举中，查理五世继承了他祖父的领地，但是作为勃
艮第公爵和西班牙国王，他带来了对这些领地管理的不同视角，以
及充满了新的帝国愿景的强有力的顾问。

然而，在几年的时间里，强大的宗教和社会力量的爆发，从根
本上挑战了查理进一步发展马克西米利安的德意志体系的目标。宗
教改革是从下层出现的，然而这一体系与之达成妥协的方式，很快
对帝国的整个制度结构产生了深远的影响。在超过十年的时间里，
德意志帝国外的问题将查理五世的注意力转移到了帝国之外。到 16
世纪 40 年代为止，当查理在帝国内再一次尝试建立一个强大的帝
国政府时，宗教运动已经使福音教诸侯和天主教诸侯的反对成了不
可逾越的障碍，并以这样一种方式改变了局势。

从一开始，帝国的历史和宗教改革的发展就非常紧密地联系在

一起，以至于任何分开二者的尝试都是相当武断和不符合历史的。然而，任何对它们的其他分析方式都会导致叙述过于详细和复杂。因此，叙述查理五世16世纪20年代的政策（主要关注宗教事务以外的问题）时，将会首先说明他的统治与马克西米利安的统治的连贯性。接下来我们将会考察皇帝和帝国议会解决"路德事件"的努力，以及宗教运动的性质，它引发了帝国内一系列不可控的重大剧变，这些剧变在1525年农民战争中达到高潮。在接下来的30年里，德意志的统治者努力重建他们自己邦国内的平衡和帝国内的平衡。其结果是1555年的《奥格斯堡和约》。

想要精确地了解查理五世对他的帝国的看法的本质、他对帝国很多不同部分的政策的本质，以及特别是他对德意志帝国的态度是非常困难的，就像他的祖父马克西米利安的情况一样。"帝国"是看上去能够将二人的统治时期联系起来的关键词，并且这两个人的帝国都面临相似的策略性问题。然而在现实中，查理五世的"帝国"与他前任的帝国是明显不同的。当然，关于帝国的特定部分的态度存在着强烈的帝国延续性，但查理五世新的当务之急使他以不同的方式对出现的问题，特别是在德意志帝国内的问题做出应对。

马克西米利安的视角更多受到奥地利世袭领地的影响，而查理五世的视角从根本上是西方的和勃艮第的。[1]事实上，当马克西米利安想要安排后事时，查理被证明是最不情愿的潜在的继承人。在布鲁塞尔，他还是孩子的时候就已经处于贵族亲法派的强烈影响之下，特别是通过他的导师——在1515年后成为首席总管的谢尔夫（Chièvres）男爵纪尧姆·德·克罗伊（Guillaume de Croy）。当他在

1515 年成年的时候，他通过对法国采取调和的态度，表明自己独立于他的祖父的政策。[2]在《努瓦永条约》（Treaty of Noyons）中，查理在那不勒斯的继承问题上向弗朗索瓦一世做出了让步，作为回报，第一，他获得了自己在西班牙的前景的保障；第二，法国放弃对格尔德恩公爵的支持，这最终将尼德兰置于哈布斯堡的控制之下。1516 年，查理的外祖父阿拉贡的斐迪南去世之后，查理继承了西班牙王位，此时另一些利益群体和顾问进一步增添了反对他继承帝国皇位的论据。

　　然而，查理极力拒绝马克西米利安提出的授予他的弟弟斐迪南奥地利某个王国的建议，而这个建议得到了他的姑妈——此前的勃艮第和尼德兰摄政玛格丽特的支持。[3]另一个逐渐加强了查理对帝国皇位的兴趣，并且最终变成强烈的野心的考虑因素，是他担心如果他坚持违抗祖父的愿望，皇位将会落入法国手中。皮埃蒙特贵族梅尔库里诺·阿尔博里奥·迪·加蒂纳拉（Mercurio Arborio di Gattinara）在 1518 年成为他的首相，他对查理越来越大的影响在这一态度转变上也是至关重要的。事实上，加蒂纳拉似乎在说服年轻的来自勃艮第的西班牙国王将他庞大而遥远的遗产与帝国皇位结合起来将会获得的优势上，发挥了重要作用。[4]

　　当查理最终做出参与选举的决定时，行动就坚定地展开了。马克西米利安在 1518 年奥格斯堡帝国议会上试图完成选举的努力失败了。[5]五个选侯被说服了，但特里尔选侯仍然很顽固，萨克森的智者弗里德里希也未被说服。特里尔选侯明显受到法国国王的控制，法国国王试图自己获得皇位的野心很快就暴露无遗。萨克森选侯保持真正的中立，然而他也受到了教皇反对查理五世继承的影响。

157　　利奥十世在阻止 1518 年的事态上是非常关键的，因为在他的反对下马克西米利安没能加冕为皇帝，因此马克西米利安没能在罗马人的国王的头衔上更进一步，这就使 1518 年的选举在严格意义上是非法的，因为这会导致两个罗马人的国王。他进行阻挠的深层动机是担心查理作为西班牙和那不勒斯的国王，将会给罗马和教宗国带来前所未有的威胁。同样地，利奥十世也担心弗朗索瓦一世当选，因为他是米兰公爵兼法国国王，这可能会导致在北意大利建立一个强大的瓦卢瓦王朝。然而，利奥十世试图发起的支持智者弗里德里希的行动没有任何结果，主要是因为弗里德里希本人拒绝考虑他没有资源或者权力维持的地位。英格兰的亨利八世作为候选人的出现则更像是一个毫无意义的谣言，这几乎不是一个严肃的主张，除非发生哈布斯堡和瓦卢瓦家族同时崩溃这种不可能事件。

　　1519 年 1 月，马克西米利安一世的去世集中了人们的注意力，并且加剧了选侯商议的紧迫感。[6]与此同时，空位期使法国国王燃起了希望。他的动机很复杂。很显然，查理的当选会为法国带来前所未有的哈布斯堡包围网的可能性：在尼德兰、在西班牙以及在帝国。因此，弗朗索瓦一世在 1519 年春天试图利用德意志内部在符腾堡和希尔德斯海姆的冲突（与反对哈布斯堡的格尔德恩公爵查理合作），这并不只是一场鲁莽的冒险。[7]如果他在帝国内建立了至少一个立足点，他也许会避免哈布斯堡的支配地位。不过，法国国王对皇位的兴趣，也是他自己的帝王思想和作为"最信仰基督教的国

王"领导基督教世界的雄心的合理延伸。从这个意义来说，1519
年瓦卢瓦和哈布斯堡之间的竞争，是两个互相对抗的王朝之间的竞
争，这两个王朝有着非常相似的主导欧洲的野心。[8]

对于哈布斯堡阵营及其在帝国内的支持者而言，弗朗索瓦一世
代表着一股潜在的破坏稳定的力量。他对符腾堡公爵乌尔里希的支
持以及对希尔德斯海姆主教辖区的私战的介入，都清晰地证明了这
一点。符腾堡危机源自乌尔里希公爵的明显违法行动。[9]由于乌尔里
希公爵在 1515 年谋杀了汉斯·冯·胡滕 [Hans von Hutten，他怀疑
胡滕与他的妻子巴伐利亚的扎比内（Sabine）私通，她是马克西米
利安一世的外甥女]，他已经处于禁令之下，并且被剥夺了 6 年的
统治权。1518 年 1 月 28 日，他吞并了帝国城市罗伊特林根
（Reutlingen）。由于他这次明目张胆地破坏和平，在奥地利和巴伐
利亚领导之下的施瓦本同盟的武装力量迅速将他逐出了他的领地，
而且哈布斯堡的顾问巧妙地揭示了公爵的法国赞助人的诡计。这一
行动对查理五世作为神圣罗马帝国皇帝的早些年产生了重要的
影响。

然而，在1519 年同样重要的是，弗朗索瓦一世努力操控希尔 158
德斯海姆主教约翰四世和他的北部主教辖区的贵族之间的冲突。[10]他
与格尔德恩公爵合作行动，支持主教主张收回已经抵押给当地贵族
的财产的非法企图。这一争端有着更为广泛的影响，因为它分裂了
韦尔夫王朝，不伦瑞克-吕讷堡公爵海因里希得到了法国和格尔德
恩公爵的支持站在了主教一边，而他在卡伦贝格（Calenberg）和沃
尔芬比特尔的亲哈布斯堡的侄子则支持贵族。主教在法国和格尔德

恩公爵大力的资金支持下，在 1519 年 6 月 28 日查理当选的当天，在索尔陶战役（Battle of Soltau）中取得了压倒性的军事胜利。

从一开始，这一争端最初和最为暴力的阶段足以使帝国的整个西北部地区陷入混乱之中。然而这一胜利来得太迟，无法帮助弗朗索瓦一世成为皇帝。事实上，整个事件正中哈布斯堡官员下怀，他们试图揭露弗朗索瓦一世的阴谋，并展现这些阴谋对帝国和平和稳定造成的威胁。主教和海因里希公爵都被宣布违法，到 1523 年为止主教被强制归还从贵族获得的所有财产，并且将他的大部分直属领地割让给卡伦贝格和沃尔芬比特尔。最终，这种动摇帝国权威的企图以其得到有效的维护告终。

旷日持久的选举过程，以及尤其是查理和弗朗索瓦一世在 1519 年 1 月之后紧张的竞争，使帝国选举成了一个不寻常的公共事件。这次选举以一种前所未有的方式引发了广泛的公共兴趣。[11]帝国内很多贵族积极地游说选侯，人们焦急地观察着选侯不断变化的观点，其观点由涉及的所有派别的代理人和官员报道。事实上，对选举的兴趣甚至扩散到帝国的诸侯、城市和贵族之外。根据一些观察者的描述，这一竞争性的选举甚至触动了很多区域的普通人。这并没有得到证实，而且这样的报告很可能被写作外交宣传。然而，公众的关注也反映了哈布斯堡阵营推动他们的选举主张走向胜利结果的努力。

哈布斯堡的事业需要努力打消这样一种在很多人心中存在的担忧，即作为勃艮第公爵以及西班牙和那不勒斯国王，查理代表了对德意志帝国内的皇帝与帝国等级之间微妙的权力平衡的潜在威胁。

另一些人则担心帝国会陷入传统的法国和西班牙的对抗之中。那些不愿意卷入马克西米利安的意大利战争的人，现在同样不愿意接受在未来卷入哈布斯堡王朝和瓦卢瓦王朝针对北意大利和那不勒斯的冲突的可能性。

三个有利于查理的因素被成功调动起来。第一个就是对哈布斯堡王朝作为德意志国家的德意志国王、调解人以及和平维护者的传统忠诚。第二，查理被塑造成符合宣传运动所产生的要求，即新皇帝必须是一名德意志王子。支持弗朗索瓦一世的德意志资格的论点——法兰克人和德意志人最初的兄弟情谊，以及在法兰克福的所谓法国王室的起源——很容易用哈布斯堡王朝更令人信服的主张进行反驳。[12] 作为一名勃艮第人和以法语为母语的人，从这方面而言查理的前景看上去并不好。然而，至少使他令人信服的一点是，他出自"最为高贵的德意志血脉"。正如美因茨大主教勃兰登堡的阿尔布雷希特令人信服地主张，如果无法选择德意志的选侯或者王子，那么查理就是接下来最好的选择。[13]

第三个也是最终的决定性因素就是资金。除了挑动对哈布斯堡在莱茵兰地区统治地位的恐惧，以及承诺法国王室的公主与勃兰登堡选侯的继承人联姻，法国的行动严重依赖行贿。哈布斯堡的阵营只是出价更高，花费了超过 85 万古尔登，其中大约三分之二依赖富格尔家族的丰厚担保，这足以克服所有疑虑和争议。作为结果，在教皇最后一次试图推举萨克森的弗里德里希失败后（利奥十世许诺承认他当选，即使他只获得了两票），查理最终于 1519 年 6 月 28 日在美因河畔法兰克福被一致选举为皇帝。奥格斯堡的雅各布·富格尔有着充分的理由，随后写信给查理五世："如果没有我的帮助，你的王朝将无法获得罗马皇位，这是众所周知并且显而易见的事情。"[14]

从某种意义而言，德意志帝国在查理五世的体系内扮演着一个次要的角色。很明显，勃艮第、尼德兰和西班牙优先；战略重点是西部和地中海。首相加蒂纳拉对这位年轻的皇帝产生了重要影响。从他的基于罗马法和基督教信仰的普世君主国的构想来看，德意志帝国仅仅提供了一个能够将各个区域联合起来，并且为君主国提供历史和神学的合法性的头衔。[15]对于加蒂纳拉，也因此对于查理而言，意大利从一开始是帝国真正的核心。查理更甚于马克西米利安，最初专注于将法国驱逐出意大利，以及再一次把教皇限制在纯粹的教牧职能上。这一最重要的野心与使同法国的冲突变得不可避免的进一步的目标联系在一起：重新获得在 1477 年落入法国手中的最初的勃艮第公国，使佛兰德和阿图瓦免于法国的封建君权，以及恢复帝国的普罗旺斯采邑和此前阿拉贡在朗格多克（Languedoc）的采邑。[16]

这一宏大的构想看上去是相当清晰的：创建与北部的勃艮第和尼德兰联系在一起的西班牙-意大利王国。然而，各地的政治传统施加了自身的限制，并且影响了当地政策，这些政策严重限制了对任何理想的系统性追求。当查理被选为皇帝时，他甚至不会说德语，并且对德意志国家几乎一无所知。加蒂纳拉对德意志的了解也没有多很多。首先是勃艮第人，接下来是卡斯蒂利亚人主导了国务院（Council of State），这是为了配合查理对他的疆域进行统治而设立的核心机构，其中从来没有包含一个德意志人。[17]帝国执政府包含一定数量的德意志官员，然而执政府在相当程度上最初由皮埃蒙特人加蒂纳拉主导，后来又由卡斯蒂利亚的官员阿方索·德·巴尔德斯（Alfonso de Valdés）主导。

1530 年加蒂纳拉死后，没有继承人被任命为大首相，而且帝国执政府与此前相比，除了纯粹的技术性问题以外，在政治上更加依赖皇帝的勃艮第官员。由于他在 1522 ~ 1530 年以及 1532 ~ 1540 年不在帝国，这使查理五世的相对无知以及随之而来的对帝国的忽视看上去更加糟糕。

然而如果像一些人一样，从上述所有情况中得出查理对帝国没有兴趣，以及他太晚才认识到宗教改革的重要性及其对帝国政府的影响的结论，这是错误的。诚然，皇帝 1540 年返回帝国拉开了一场旷日持久的斗争的序幕，他在这场斗争中重新主张自 16 世纪 20 年代中期以来被宗教分歧从根本上改变的体制内皇帝权威。然而，这一阶段与查理统治初期形成了鲜明对比。在统治初期，宗教改革几乎尚未确立，此时与过去的统治时期延续性的元素是更为突出的。1521 年的沃尔姆斯帝国议会上，路德第一次公开露面，会议发布了禁令，正式将他定为异端并将他驱逐，事实上，即使在此时，普遍的帝国改革问题仍然发挥着更为重要的作用。在他统治的前几年，和在 16 世纪 40 年代一样，查理都在努力确立在帝国内有效的皇帝权力。

在 1520 年 10 月查理为了他在亚琛的加冕而踏上德意志土地之前，由选侯谈判的作为他当选的先决条件的《选举让步协定》已经为这些早期的努力确立了框架。尽管这样的条约或者协议在主教选举中也是很常见的，但在 1519 年起草的正式文件仍然代表着帝国的创新。[18]这也设立了一个持久的先例，因为此后的所有皇帝都不得不签署这样一份文件。在 1519 年，这一协议的动机是选侯对一个强大的君主国的前景感到不安。他们认为总结过去几十年以来发展起来的制度状况是至关重要的，这自然非常偏向选侯的利益。

161　　协定中最为重要的条款试图使皇家特权受到选侯和等级的认同的限制，并且将非德意志对帝国影响的可能性降到最低。皇帝有义务保证选侯的权力，特别是关系到帝国选举，以及由普法尔茨伯爵和萨克森选侯在空位期和皇帝缺席时进行摄政的权力。与之相似，他承诺尊重所有诸侯、伯爵、领主和其他等级的权力和尊严，并且遵守和执行《永久和平条例》。与外国的条约和联盟将取决于选侯的许可，征收所有帝国税和间接税也是如此。皇帝承诺居住在德意志，并且在他的行政机构只任命德意志人。他进一步承诺只用拉丁语或者德语作为行政语言，保证他不会在帝国外召集帝国议会，并且保证他不会在德意志的土地上部署外国的军队。

　　另一个旨在保障等级的权力以对抗强大的"外国"君主的专制权力的措施，规定帝国的臣民不能在国外受审判，也不能在没有充分的听证和应有的审判的情况下就受到帝国禁令。与此同时，皇帝也承诺进行各种具体的改革：例如，与罗马谈判以减少德意志人应付的税费，并且着手抑制强大的垄断商贸公司的活动。最后，皇帝承诺建立一个新的帝国政府会议（帝国执政府），这与 1500 年到 1502 年曾经存在的执政府类似，皇帝和等级将在执政府中合作解决帝国制度中的缺陷。

《选举让步协定》中规定的大部分内容都是不现实的，并且大部分内容在随后都被回避或者忽视了。事实上，另一些因素很快介入，使本可能是在皇帝和帝国等级的斗争中的另一段时间变得复杂。哈布斯堡对符腾堡的占有、查理的弟弟斐迪南担任摄政的安排的复杂性和矛盾状况、新的执政府持续的不稳定性以及施瓦本同盟持续的活动，这些共同导致了建立决定性的君主制的任何早期雄心的失败。

在帝国选举和关于选举协定的谈判正在进行的时候，符腾堡的事件导致了帝国形势的转变。[19]当施瓦本同盟驱逐了乌尔里希公爵之后（在他吞并帝国城市罗伊特林根时已经对他实行了帝国禁令），关于如何处理他的土地的问题自然而然地出现了。[20]查理的德意志和尼德兰顾问立刻看到了这是增强和重振哈布斯堡在帝国南部的体系的机会，顾问中最重要的是马克西米利安·范·贝尔根（Maximilian van Bergen），他是勃艮第宫廷的皇帝阵营的重要成员。

贝尔根商定的协议体现了他希望追求几年之前马克西米利安一世制订的方案。作为支付施瓦本同盟成员军费的回报，最初以乌尔里希公爵继承人的名义建立哈布斯堡-巴伐利亚托管领地的想法被置于一边，并且哈布斯堡获得了对符腾堡的全部控制。通过强调这一地区固有的不稳定，以及鼓吹这一地区"转向瑞士"的可能性，贝尔根在查理和他的亲密顾问的脑海中注入了紧迫感。他指出，这甚至可能会造成君主国在南德意志的普遍危机，并且导致帝国城市

162

的胜利。然而，同样重要的是皇帝对于南德意志帝国城市的资金来源的传统依赖。这些资金来源在查理选举中就是至关重要的，并且当富格尔家族的信用工具在 1524 年扩展到包含西班牙军事团体的收入抵押时，它们对皇帝的财务体系甚至变得更为重要。[21]

在短期内，获得符腾堡带来了在帝国内皇室地位的重大提升。由等级要求的，但受皇帝利益影响的帝国执政府的建立反映了这一点。[22]等级构想了一个永久的中央国务院，首先代表他们自己的利益。而在 1521 年沃尔姆斯帝国议会后实际出现的是一个代理政府，由查理任命的摄政领导并且在皇帝缺席期间负责管理事务。最重要的一点也许在于，这削弱了普法尔茨伯爵和萨克森选侯作为帝国代理人继续存在的理由，并且使任何关于皇帝缺席时的摄政权（absente rege）——在君主缺席帝国期间，代理人应当担任摄政——这一历史主张作废。[23]

执政府的构成也是一种妥协。皇帝任命他的弟弟斐迪南担任执政府摄政，并任命了四名代表；选侯各任命一名代表，主教、诸侯、高级教士和伯爵各自有一名代表；帝国城市任命两名代表，六个最初的大区也各任命一名代表。然而，由于所有非皇帝和非选侯任命的官员的任期必须限制在四个月，以及选侯必须每三个月轮换出席一次的条款，执政府的潜力被削弱了。此外，由于皇帝仍然保有对涉及外国事务以及授予和剥夺采邑的绝对权威，执政府的权限范围也受到了限制。事实上，查理坚持派遣自己的使者带着指令去帝国议会，而这些指令经常与执政府送到帝国议会的建议发生冲突。官员被任命得过迟以及选侯很快就疲于他们的出席义务，也是时常发生的。当等级无法为执政府的维持提供资金时，财政状况也成了问题。1523 年，作为执政府的摄政，斐迪南不得不个人承担执政府的开销，并且在 1524 年他无法拒绝所有议员都要被更换的要求。与此同时，普法尔茨选侯重申了行使帝国的代理权的主张。[24]

对于这些挑战以及等级对他们自己最初提议建立的执政府直接表达的不满，斐迪南做出了回应，将执政府由纽伦堡搬到符腾堡中部靠近斯图加特的帝国城市埃斯林根。然而将帝国执政府从帝国议会所在地搬到一个被哈布斯堡控制的领地包围的地点，及其更加受到限制的权限范围，最终揭示了执政府的本质：它只是哈布斯堡统治的工具。1526 年帝国执政府第二次搬迁到施派尔也没有改变这一点，作为一个相对没有意义的机构，它一直存在到 1530 年查理五世返回帝国的时候，此时才最终瓦解。[25]

帝国执政府的有效性，以及建立对符腾堡的成功控制的所有努力的一个主要障碍，是查理和他的弟弟斐迪南之间极为矛盾的关系。[26]摄政统治在查理的帝国中是一种惯例，而且他经常安排自己的家族成员在这些位置上。然而在帝国内做出这样的任命是一件极为敏感的事情。首先，帝国内摄政的任命，不可避免地引发了继承问题以及可能的选举罗马人的国王的问题。比其他很多查理的领地上更为多见的情况，是皇帝和等级在帝国内微妙的制度性的平衡使摄政和等级之间结成的不忠诚的联盟不只是一个偶尔会出现的噩梦。就斐迪南的情况而言，问题在于他作为他的祖父愿望中规划的共同继承人，很显然有着超过成为普通的摄政候选人的期望。

　　查理极力拒绝任何关于授予斐迪南一个奥地利的王国的提议，导致这种局势的敏感性进一步凸显。在 1519 年之后，关于继承的实际让步是很缓慢的，并且使继承权的授予看上去多少有些不情愿。[27]继承的原则在 1520 年就达成了，但直到 1521 年 4 月查理才在沃尔姆斯宣布他将把五个奥地利的公国的所有权力授予斐迪南。接下来，1522 年 2 月，在布鲁塞尔达成的一个新条约授予斐迪南蒂罗尔、施瓦本的前奥地利领地，包括阿尔萨斯和符腾堡。斐迪南的地位并没有得到改善，因为双方也同意将后续的权力转移保密，这使斐迪南（至少在公开层面）只是查理暂时的统治者和摄政。这一诡计在三年后被放弃了，但小矛盾仍然导致斐迪南的安全无法得到保障。

　　皇帝一直拒绝践行保证斐迪南当选为罗马人的国王的许诺，并且在 1524 年之后他再次拒绝将米兰公国授予斐迪南。这也许加强了斐迪南希望继承帝国皇位的主张，因为严格意义上米兰采邑是属于帝国的。然而，对于查理而言，米兰的重要性在于其提升西班牙在意大利的地位的可能性，而且他不愿意将米兰交给斐迪南，反映了他支持加蒂纳拉以帝国传统为代价的吉伯林派（Ghibelline）的构想。

164　　这些问题预示着在 16 世纪 50 年代两兄弟之间围绕德意志继承权的最终的公开斗争，这场斗争也导致在查理五世退位之后哈布斯堡领地的分裂。在 16 世纪 20 年代，这些问题并不剧烈，但仍然具有根本上的意义。斐迪南首先能够平定奥地利的公国，随后着手推行强有力的改革计划，在 1527 年达到顶峰，建立了中央化的行政体制。这些行动的重要性，也由于他在 1526 年继承波希米亚和部分匈牙利地区得到加强（尽管这进而加重了他需要承担的保卫他的领地和帝国整体对抗土耳其人的重任）。

随着加强对他逐渐扩张的世袭领地的控制，斐迪南的立场也逐渐变得更为稳固。然而早些年极端的不确定性促使巴伐利亚公爵威廉产生了成为罗马人的国王的严肃野心，并且在 1526 年获得了教皇克雷芒七世（Clement Ⅶ）的支持。[28]大约与此同时，威廉和他的弟弟、共同摄政的路德维希计划对哈布斯堡发起另一场挑战，试图使他们中的一个获得波希米亚王位。与此同时，这两兄弟与斐迪南在匈牙利的对手——特兰西瓦尼亚总督佐波尧·亚诺什维持着密谋的联系。[29]在这些形势下，斐迪南既没能把自己打造成帝国内一个独立的力量，也没能为他的哥哥承担起有效的摄政职责。[30]

施瓦本同盟是过去二十年在马克西米利安体系下的核心力量，它越来越严重的处境进一步使 16 世纪 20 年代帝国政府的任务复杂化。1519 年征服符腾堡是同盟最伟大的胜利，这场胜利与对同盟过去在帝国政策中的作用的认知，无疑导致查理在 1522 年强制推动对它的改革。[31]作为维护法律和秩序的力量，同盟仍然在展现它的有效性，通过大量野蛮行径，镇压了济金根的私战以及 1522~1523 年的骑士战争，并协助镇压了 1525 年的农民战争。然而，看似取得了无与伦比的胜利的这些年，也是同盟逐渐衰落的时期。施瓦本同盟由于在符腾堡事件中与哈布斯堡完全联系在一起而经受了困难。即使不考虑其他事情，这件事也引起了巴伐利亚潜在的敌意，巴伐利亚很快将自己与同盟划清界限，并且拥护符腾堡公爵乌尔里希的儿子，也是巴伐利亚公爵的外甥克里斯托夫的宣称权。

1521 年的沃尔姆斯帝国议会决定恢复帝国最高法院，并且将其裁决的执行权委托给大区，这威胁到施瓦本同盟的地位，使其变得多余，因为此时的帝国议会已经逐渐希望自己扮演帝国内的和平保卫者。[32]与此同时，同盟即使不是对抗，也是独立于执政府和摄政，这呈现了危险的倾向，也破坏了自己忠诚和正直的名声。最后，恰恰是因为同盟在维持法律和秩序方面过于有效，施瓦本同盟逐渐被
165 视作，事实上也正是反宗教改革的力量，因此很快受到了那些认同新的教义之人深深的不信任。[33]

在查理当选后的几年里，哈布斯堡在帝国内的体制仍然远非稳固。尽管获得符腾堡使哈布斯堡获得较之前更大的潜力，但事实证明无法成功利用这一机会。选举协定中所构想的帝国改革和帝国政府的常规事务，在 1521～1524 年都受到了阻碍。1521 年在沃尔姆斯再一次进行的关于税收的讨论以等级的胜利告终。[34]他们最终拒绝了用以支持所谓的"摊派金额"（Matrikularbeiträge）的公共芬尼（对包括诸侯的所有人征收）。[35]这些是以等级为单位，按照被称为"罗马人的月饷"的一定比例或者倍数定期征收的税费，名义上作为帮助皇帝去罗马加冕的军队的成本。皇帝并没能设计出任何更好的体制，以适应帝国等级惯常的不愿意为他们的君主支付任何款项的局面，特别是当君主急需帮助的时候。

等级对皇帝任何加强集权的意图的持续反对，以及反对者利用皇帝和摄政之间矛盾的能力，这两者的结合有效地削弱了执政府的所有主要措施。相比诸侯，城市和教士会承担更多税赋，当他们向

皇帝控诉时，帝国执政府恢复公共芬尼提议的努力就失败了，随后皇帝在 1524 年的第三次纽伦堡帝国议会上，从支持这一提议变为反对。帝国执政府通过帝国名册筹集资金，以对抗来自土耳其人的逐渐加剧的威胁的努力也没能成功。[36]1522 年，等级同意在 1521 年批准的用于皇帝前往罗马（实际还未发生）的款项可以用于东部前线，但只有弄清从匈牙利能获得多少的时候才可以这样做。由于在匈牙利事件中普遍存在的混乱，这一信息并没能出现，因此这笔款项直到 1529 年才筹措（在 1530 年批准的款项直到 1542 年才得以支付）。

另一个重要的改革提议经历了和税收计划相同的命运。帝国边境税（对所有非维持生存的货物征收 4% 的进口税和出口税）的计划在 1524 年失败了，因为皇帝再一次向帝国城市的抗议让步。[37]与之相似，限制资本的规模和南德意志商业家族（自 16 世纪早期以来在流行文学和政治讨论中就被妖魔化为垄断组织）的活动的提议，在 1522~1523 年被接受。但是在 1523 年 8 月，一个城市的代表团在巴拉亚多利德（Valladolid）向皇帝请愿后，这一提议就失败了。[38]查理命令中止已经开始的针对富格尔家族和其他家族的法律程序。之后，他在 1525 年发布新的诏令，将问题重新限制在所有矿产和金属交易之外，这实际上终止了对所有原为行动目标的大公司的惩罚，他借此阻碍了改革。

边境税和反垄断措施都失败了，这是因为皇帝倾向于否决他的摄政斐迪南的措施，特别是那些与他自己的城市债主的利益相关的事务。更为中性的关于货币的改革则出于另外的原因而失败。[39]这一

166

问题本身巨大的复杂性，就已经注定了在帝国内将大量区域和地方的货币进行标准化的任何努力最终都会走向失败。说服诸侯铸造在很多区域短缺的更小面额的货币，而不是对诸侯更有利可图的大面额货币，这个任务同样没有希望。

在查理五世统治的早些年，哈布斯堡在帝国内的政策的特征是野心和不确定性的混合。像往常一样，皇帝的野心总会产生激起等级的怀疑和不满的后果。在皇帝缺席的16世纪20年代，帝国政策的不确定性，特别是在皇帝和摄政之间缺少的一致性，进一步提升了帝国议会的重要性。由于没有任何其他有效的政府机构，帝国议会比之前担任了更为关键的角色，维护等级传统的团结和等级的利益共同体，以及作为整体的帝国的利益。[40]当等级在1524年反对帝国执政府时，他们拒绝了对他们的事务进行任何更高级别的干预和管理的可能性，无论是由皇帝还是其他任何统治当局。与此同时，他们使帝国议会成为他们唯一的代表机构。从皇帝的角度而言，执政府迁往埃斯林根，导致它变成了仅仅是皇帝统治的一个附属物。从长期来看，这一联合统治工具的失败加强了皇帝通过建立强大的君主国来改革帝国的愿望，这成了查理五世在1540年之后的政策的持续主题。然而，从短期来看，在皇帝缺席期间，帝国议会的加强是以皇权为代价的。

在16世纪20年代早期，宗教问题逐渐上升的重要性也推动了这一发展方向。当查理五世和马丁·路德在1521年的沃尔姆斯帝国议会上对抗的时候，宗教问题第一次变成了帝国政治事件，此时宗教问题巨大的重要性还没有立即显现出来。然而对新教义越来越

多的接受，很快给现存秩序带来了一系列根本性的挑战。在帝国议
会和帝国政治层级，宗教改革对帝国传统的宗教统一，以及皇帝对
教会行使世俗代管权的传统宗教职能提出了质疑。宗教改革也要求
以一种其他问题从未有过的方式行动，毕竟拒绝授予资金或者没能 167
在其他改革措施上达成一致并没有从根本上质疑整个体制的统一
性。与此相反，宗教问题不断冲击着实施和执行在"皇帝和帝国"
层面做出的决定的核心原则。

宗教问题也越来越带来这样的问题，即在不破坏帝国体制统一
的传统的前提下，"抗议宗"（Protestants）能够或者应当在多大程
度上被接纳或者适应这个体制。在其他方面，特别是在地方层面，
宗教运动也对整个政治和社会结构的合法性提出了质疑。在一些地
区，质疑让位于对现存秩序的暴力攻击，这一事实很快使很多人将
宗教改革视作一场不亚于灾难性的普遍革命的预兆。这一发展开始
于路德在 1517 年后出现在国家的舞台之上。

注释

1. 极佳的简明研究，可见：Koenigsberger,'Empire'。Kohler,
   Quellen，1-26，以及 Lutz,'Perspektiven'也有启发性。
2. Wiesflecker, *Maximilian*, 184.
3. Press,'Schwaben', 27；Brady, *Turning Swiss*, 89.
4. Headley,'Germany, the empire and *monarchia*'.
5. Wiesflecker, *Maximilian*, 194-7；Rabe, *Geschichte*, 195-6.

6. Fuchs, 'Zeitalter', 40-3.

7. Fuchs, 'Zeitalter', 42; Stanelle, *Stiftsfehde*, 1-3.

8. Bonney, *States*, 79-130.

9. Rabe, *Geschichte*, 220 - 1; Brady, *Turning Swiss*, 94 - 7; Press, 'Herzog Ulrich'.

10. Stanelle, *Stiftsfehde*, 1-3.

11. Laubach, 'Wahlpropaganda'; Schmidt, *Geschichte*, 52-4; Hirschi, *Wettkampf*, 389-99.

12. Moeller, *Deutschland*, 69.

13. Schmidt, 'Deutschland', 23.

14. Moeller, *Deutschland*, 71.

15. 对于以下的内容，见：Headley, 'Germany, the empire and *monarchia*' and 'Habsburg World Empire'。

16. Rabe, *Geschichte*, 224; Kohler, *Expansion*, 352-62.

17. Headley, 'Germany, the empire and *monarchia*', 22-3.

18. Conrad, *Rechtsgeschichte*, ii, 71; Rabe, *Geschichte*, 223 - 4; Angermeier, *Reichsreform und Reformation*, 24 - 5; Kleinheyer, *Wahlkapitulationen*, 45-69.

19. Brady, *Turning Swiss*, 103-15.

20. 见本书页边码 29、157 页。

21. Kellenbenz, 'Erwägungen', 43-6.

22. Angermeier, *Reichsreform und Reformation*, 27-36.

23. Hermkes, *Reichsvikariat*, 1-12, 18-23, 27-46.

24. Rabe, *Geschichte*, 245.

25. Roll, *Reichsregiment*, *passim*; Angermeier, 'Reichsregimenter'.

26. Laubach, 'Nachfolge'.

27. Press, 'Schwaben', 27; Laubach, 'Nachfolge', 2-15.

28. Kohler, *Opposition*, 116-18.

29. Press, 'Schwaben', 30.

30. Kohler, *Opposition*, 109.

31. Bock, *Schwäbischer Bund*, 161−3.

32. Press, 'Reformation', 208−9.

33. Bock, *Schwäbischer Bund*, 199−200.

34. Rabe, *Geschichte*, 246−8; Schmid, 'Reichssteuern'.

35. Schmid, 'Reichssteuern', 163−73; Isenmann, 'Reichsfinanzen', 195−8. Schmid, *Gemeiner Pfennig* 对这一税收进行了全面的叙述。

36. Angermeier, *Reichsreform 1410−1555*, 237−40.

37. Rabe, *Geschichte*, 248.

38. Rabe, *Geschichte*, 248−50; Brady, *Turning Swiss*, 127−50; Blaich, *Reichsmonopolgesetzgebung*, *passim*.

39. Rabe, *Geschichte*, 250−2; Conrad, *Rechtsgeschichte*, ii, 151−4; North, 'Münzpolitik'; Schefold, 'Wirtschaft'; Blaich, *Wirtschaftspolitik*, 14−19.

40. Press, 'Reformation', 206 − 8; Angermeier, *Reichsreform und Reformation*, 53−5.

第十四章

路德和帝国政治（1517~1526）

卡耶坦和米尔蒂茨没能解决路德问题，意味着在 1519 年 1 月马克西米利安去世之后，帝国进入帝国政治的关键阶段时，路德的问题仍然没有得到解决。¹这一阴谋和不确定性的阶段一直持续到查理五世在 1519 年 6 月 28 日当选皇帝，但实际上空位期又额外延长了 15 个月，直到 1520 年 10 月 27 日新皇帝在亚琛加冕，以及 1521 年 1 月 27 日他的第一次帝国议会在沃尔姆斯召开。这种不确定性带来了担忧，也带来了希望，即年轻的查理在年迈的马克西米利安失败的地方也许能够成功。帝国改革、教会改革和社会改革——在社会的各个阶层都有它们主要的参与者。

在这种背景下，提倡改革的人文主义宣传者逐渐认识到路德事件的政治相关性，其中最重要的是乌尔里希·冯·胡滕。胡滕在 1518 年并没有理会关于赎罪券的争论，把它视作不同派别的教士之间的争吵，此时则越来越将路德视作德意志人为摆脱罗马暴政的自由而斗争的一名英雄。1520 年 1 月他寄给路德一封信，主动提供弗朗茨·冯·济金根的军事保护。²6 月，他再一次写信给路德，宣称他坚决与罗马做斗争，这封信随后被印刷了两次。秋天，胡滕发布了他的

《对罗马教皇和不虔诚的教士的不信奉基督教的权力的告诫和警告》（*Clag und Vormanung gegen den übermäßigen unchristlichen Gewalt des Bapsts zu Rom, und den ungeistliche geistlichen*），这是他的第一个白话文小册子。胡滕把路德视作新的阿米尼乌斯，后者注定会领导德意志人反抗暴政，这是路德在 1520 年和 1521 年的民族立场的一个关键前提。[3]

后来的事件清楚地展现了在路德和胡滕与在 1519 年和 1520 年相信他们已经建立同盟并且宣称他们的团结的很多人之间，实际上存在的差异。然而，种种迹象表明，路德清晰地认识到这种狂热和动荡的政治环境的潜力。在 16 世纪 20 年代后半段，他明确投身于当时主要的政治事务中。

1520 年三篇所谓的"宗教改革檄文"，第一次包含了路德思想相对全面的叙述。[4]这并不是最终的叙述。他的神学的概要以及大量含义是逐渐显现的。在他受审判期间，很多内容在他的大量创作中变得更加清楚，截至 1522 年底他出版了超过 150 部著作。这些著作涉及大量的问题，从经济政策方面到祈祷的功效以及善行的本质。然而，路德也只是完全阐释了他的很多最重要的观点，尤其是关于国家的权威和作用方面的教义，作为在随后几年出现的形势的回应。这有时会带来一种印象：路德的观点缺少一致性，或者只是随意变化。

事实上，路德的阐释自始至终体现了显著的一致性。他既没有寻求与教会对抗，也没有寻求与教会分裂。对赎罪券的批判是基于在过去十年里形成的观点。对这种批判的剧烈反应促使他澄清了其中潜在的神学原则。即使在被开除教籍之后，路德仍然宣扬基于他构想的神学原则的教会改革。只是教会对这种呼吁的拒绝，及其未曾设想且确实无意的对社会造成的巨大影响，导致了对建立一个新体制的需求。路德的回应自始至终与早年作为维滕贝格的教授时产生的想法是一致的。即使如此，1520 年的三篇文章代表了相对清晰和全面的总体概况。这三篇文章阐述了路德被开除教籍前夕在政治和神学层面对他的立场的理解，它们也为后来回应的表达提供了概念性的框架。

1520 年 6 月，路德发表了《致德意志民族的基督教贵族：论改善基督教状况书》（An den Christlichen Adel deutscher Nation: von des Christelichen stands besserunng）。在这篇文章中，路德将他卷入的具体问题与在德意志等级的《申诉》中体现的更为广泛的问题强烈地结合在一起。他呼吁皇帝和德意志贵族"履行他们的基督徒职责并保卫教会对抗教皇，并且负责召集大公会议进行教会和基督教等级的改革"。[5]通过发表这篇文章，他为传统的《申诉》提供了神学依据，这是未曾有过的。他主张所有的受洗者皆为教士，否认中世纪的教士高于世俗等级的特权的观念，并且当教士无法起作用的时候，授予平信徒像教士一样行动的权利——在这种情况下是因为罗马坚定地抵制改革。

尽管这个呼吁是针对皇帝和贵族的，但路德的语言是模棱两可的，因为他关于德意志人被罗马剥削的抒情段落也清晰地呼吁了"民族"，其涵盖范围超过了贵族。《致德意志民族的基督教贵族》将所有可想象的改革与对社会改革、对恢复真正的上帝秩序的恳请结合起来，这发生在从罗马的暴政解放之后。[6]

此外，这一小册子表明了路德对由帝国等级代表的公众领域的 170 理解，以及他对帝国在 16 世纪 20 年代初的政治形势的意识和敏感性。这也将路德个人的神学理念与更为广泛的德意志传统联系在一起：对大公会议商讨教会的全面改革的要求，以及对教皇和教阶制度及这一制度下直到地方性教士的几乎每一层级的批判。

四个月后路德在《论教会的巴比伦之囚》（De Captivitate Bablyonica Ecclesiae）一文中表达了更为激进的神学观点。正如路德自己宣称的那样，这篇文章包含了他已经说过或者暗示过的所有内容。然而在表达关于圣餐的想法以及需要根据《圣经》进行神学改革的需求方面，他几乎不可能与罗马合作。过去对罗马暴政相当模糊的讨论，现在转变为对教皇作为异教的"巴比伦"统治者和敌基督的指责，教皇使教会受到错误教义的束缚。他指出四个圣礼（坚振礼、婚姻礼、圣职授予礼和终傅礼）是没有任何圣经依据的，因而应当废除。他表达了对忏悔礼的怀疑。更具挑衅意味的是他对圣餐的重新定义。在这个问题上，根据路德的说法，罗马教会刻意欺骗了民众。罗马教会拒绝普通人领圣杯；教会详述了变体论（transubstantiation）的神学，这引起人们对由教士祝圣后的面包和酒进行偶像崇拜；教会将弥撒美化为教士提供的真正的基督身体，参加弥撒本身也变成了一种善功。

所有这些都使教会偏离了上帝，偏离了在《圣经》中能够发现的真正的圣餐：这是一个为纪念基督和出于救赎的信念而做出的信仰行为。和很多后来的改革者不同，路德保留了基督的身体真实临在圣餐的观点，尽管饼和酒是与身体和血同在的，而不是一种神奇的变体。尽管如此，他将圣餐从一个由教士在观众面前精心策划的奇迹，变成了一个由每个教众成员实践的信仰行为。

最后，1520 年 11 月，在《论基督徒的自由》（*Von der Freiheit eines Christenmenschen*）中，路德回答了如果无法通过善功获得恩典，基督徒如何仍然可以过基督徒的生活这一问题。路德宣称，基督徒既是自由的也是不自由的。他的自由是免于"教士的暴政……以及教会的监狱"的自由，因为人只因信仰称义。[7]然而对上帝同样的爱，是人对上帝赐予救赎的恩典的回应，也是以积极的方式限制人的行为的纽带。将人们从做善功才能获得救赎的必要性中解放出来，使人们可以只是出于对基督的模仿做善功。

这个新的信仰"纽带"本身并不会保证生活上的良好行为，但它至少开启了如果征服了肉体的灵魂得到了在《圣经》中记录的福音的滋养，保持戒律的可能性。在反驳那些宣称他传播将属灵的训练与放纵的生活方式结合起来的批评者时，路德指出，信仰和信念形成了社会中所有有序生活的基础。在这一阶段，这一主张对于政治和教会的管理的准确影响仍然是不清晰的。因为在此时，在他与教会官方的争论越来越激烈的背景下，对于路德而言，重申他关于所有信徒皆为教士的观点就已经足够：这一看不见的教会只为上帝所知，而罗马教会在很多个世纪之前就已经与它断绝关系了。

1520 年的著作并没有代表路德对任何具体问题的定论。他没有打算声明与罗马教会最终决裂，但这些文章是足够直接的和纲领性的，在教廷反对路德的运动所卷入的政治进程中被证明是十分重要的。在 1521 年 1 月 3 日发布的开除教籍的禁令，是罗马的审判以及路德拒绝像 1520 年 6 月的《主起诏书》的要求那样收回观点的顺理成章的结果。然而事实证明很难对他采取任何强制措施。路德的书籍在鲁汶、列日、科隆和美因茨被焚烧，但是大多数统治者并没有响应罗马的裁决。[8]智者弗里德里希也坚持支持路德。[9]根据通常的做法，教皇的开除教籍禁令会自动使路德在帝国内被宣布违法。在 1521 年 1 月开除教籍的事件发生之前，智者弗里德里希在其他一些诸侯的支持下，就已经展开了与查理五世的谈判，要求路德在皇帝召集的沃尔姆斯帝国议会中发声。

各种因素的结合促成了这次寻求路德问题在德意志得到解决的努力。其中也许是最重要的是，在皇帝漫长的缺席时间，路德本人已经成了民族英雄。[10]教皇的使者吉罗拉莫·阿莱安德罗（Girolamo Aleander）反复在他的报告中提及路德令人震惊的受欢迎程度，而英格兰的使者卡思伯特·滕斯托尔（Cuthbert Tunstall）也提到，皇帝的大首相加蒂纳拉曾经对他说，有十万德意志人准备好为了路德牺牲他们自己的生命。很多人确信，对路德诉讼的任何尝试将会很容易引发起义。与此同时，智者弗里德里希联合其他有影响力的诸侯，希望在即将到来的帝国议会中推动教会改革的事业。

针对路德的行动的问题也开始呈现出制度意义。毕竟，1519 年的《选举让步协定》规定了没有德意志人应当在外国的法院面前接受审判，如果等级不能坚持这个仅仅发布了 18 个月的原则，他们就不可能在更重要的事务上占据上风。出于几方面原因，同意在帝国议会中听取路德发言的提议，对于查理五世似乎是合乎逻辑的。

172 在那时，他需要应对西班牙的公社起义，他不想冒在德意志也发生起义的风险。在为帝国议会构想的政治改革，特别是关于帝国执政府的制度方面，他也需要智者弗里德里希的支持。他的几个顾问也强烈支持通过某种宗教会议实行教会改革；一些人支持民族会议，另一些人则追随伊拉斯谟的提议，即查理五世、亨利八世和匈牙利的拉约什应当组成一个公正的法庭来审判路德。最后，推迟遵从教皇关于路德的愿望，也许会被证明是对教皇施加压力、要求其在与法国在意大利的冲突中支持皇帝的有效方式。教皇自然强烈反对任何关于大公会议的建议，并且大使在 2 月 13 日帝国议会前后都强烈主张立即驱逐路德。

皇帝推迟执行教皇的开除教籍禁令，激励了那些希望新的统治将会开创一个改革的新时代之人，并且激起了人们对沃尔姆斯帝国议会的希望。实际发生的事情并没有这么戏剧性，但仍然有着巨大的意义。在帝国议会召开时，关于如何处理路德的协商继续进行着。尽管最初没有在日程上，这些讨论却也包含了由一小部分等级的委员会编纂的新的 104 项"德意志民族的申诉"。[11]帝国议会在这件事上没有得出结论，这意味着此事在随后直到 1530 年的所有会议中依然保留在日程中。

路德问题被保持在关于《申诉》的讨论之外，但最终达成的妥协是对传统的彻底背弃。等级拒绝接受在听取路德的陈述之前，就以任何形式禁止他的作品的一切提议。一些诸侯明显希望，如果路德能够被说服收回至少一部分他的更具争议的观点，帝国的教会改革事业仍然能够得到保护。然而，皇帝和他的顾问决定禁止路德成为任何种类的由等级主导的帝国改革派别的代言人。他们成功阻止了一切讨论或者争论，但不得不同意"申辩"，这是一个询问路德实际上是否认同归罪于他的异端观点的机会，以保证等级的持续合作。路德的安全得到了皇帝的书面保证。

这种妥协并没有让所有群体满意。然而，皇帝和等级对这一事件进行了讨论，以及他们计划在帝国的体制内协商来达成政治解决方案，这些事实代表着将帝国视作与教皇的宗教权威相对应的世俗权威的中世纪观点的转变。[12]双方推动这一事件是基于这一隐含的假设：正是他们而不是教皇，会共同决定德意志的教会问题将如何得到解决。

路德在 4 月 2 日开始的沃尔姆斯之行伴随着欢呼，变成了一次胜利进军。在每个地方，人们都前来注视他，并且聚集在一起听取他在途中的讲道。4 月 17 日和 18 日的申辩本身反而成了一个令人扫兴的结局。[13]在皇帝和主要等级在场的情况下，路德被要求确认他本人是不是在他面前的桌子上堆放的著作的作者，以及要声明他是否仍然坚持他所写的观点。在这些书籍的题目被读出来之后，路德确认自己是这些书籍的作者。为了回答第二个问题，他要求时间来考虑。

第二天，路德返回会议，陈述他考虑后的回答。他将他的著作分为三个类别。第一类是关于信仰和道德问题，即使他的对手也接受这些内容是有用的：放弃这些就意味着放弃基督教本身。第二类是关于教皇以及教会中的魔鬼的：这些涉及教会对信徒施加的暴政，特别是在德意志，因此放弃这些观点也是有罪的。第三类是针

173

对他的批评者的论战著作，对于这类著作，路德承认他可能过于严厉。尽管如此，他写下的内容是以宗教为名义的，并且宣称他愿意放弃任何能够用《圣经》证明其错误的观点。当再一次被要求给出简单和明确的回答时，路德直接表示他不会收回任何观点，除非被《圣经》证明他是错误的，因为他的良心是"受到上帝之道控制的"。随后的印刷版文字增加了以下陈述："这是我的立场，我别无选择。"[14]

根据皇帝和等级达成的协议，此时的结果是合理的：路德没能放弃自己的观点，并且将被驱逐。查理五世在 4 月 19 日做出的宣告无疑表明了他的立场。他强调了他的出身——德意志国家的最信仰基督的皇帝，西班牙的天主教国王，奥地利大公以及勃艮第公爵。他宣布自己是"天主教信仰永远的守护者，是为上帝带来荣耀的神圣仪式、法律、诏令和神圣传统的永远守护者，是信仰的增强和灵魂的救赎的守护者"。[15]查理反对路德指出的基督教世界已经错误了超过一千年，他宣布他自己决心捍卫传统，特别是"我的先祖们在康斯坦茨大公会议和其他大公会议上颁布的命令"。他后悔拖延如此之久，并且宣布他此时已经决心采取决定性的行动。路德被给予三个星期的安全过渡期，这与最初关于他的申辩的约定是一致的；此后他将被以异端者的身份对待。

即使在此时，等级也说服了皇帝允许由小范围的委员会进行最后一次妥协的努力。[16]引人注意的是，即使是一些强烈反对路德教义的诸侯，如萨克森公爵格奥尔格（1500~1539 年在位），也支持这个提议。这个想法是询问路德的个人观点，希望能够说服他至少放

弃一部分观点。这些诸侯也许处在民众起义以及有一支 400 名骑士　**174**
的军队宣誓保卫路德的传言的压力之下，并且他们也想将自己针对
教会的不满行动以及民族教会改革提议，从异端的污名中挽救
出来。[17]

这些申辩是在私下进行的，也很快就陷入了僵局。路德已经准
备好接受帝国议会或者未来的大公会议的决定，如果它们与上帝之
道保持一致。他甚至拒绝考虑教会做出的任何决定，因为和扬·胡
斯一样，他将教会视作只是一个由上帝选择的赦免之人所组成的共
同体。在这个问题上，路德不妥协的立场使他与《申诉》的那些支
持者的政治联盟从根本上分裂了，这使路德的教义完全不可能成为
帝国内教会的普遍改革的基础。[18]

这些进一步对话的失败使皇帝最终只有一种选择：驱逐路德。
公众起义的威胁再一次推迟了立即的决定，但对路德的敕令在 5 月
25 日发布。[19]敕令宣布路德是异端，威胁对任何庇护或者协助他的
人进行严厉的制裁，并且禁止阅读或者传播他的任何著作。路德本
人将尽快被拘禁，并且移交到帝国官厅。

从一开始，敕令的执行就是存在问题的。智者弗里德里希提出
要求，并且更令人惊讶的是，得到了不需要在他的恩斯特系萨克森
领地执行敕令的豁免，这反映了查理五世持续需要这名强有力的选
侯的支持。[20]其他很多邦国直接无视了敕令或者根本没能发布这一敕
令。在哈布斯堡领地之外，只有巴伐利亚、阿尔布雷希特系萨克森
以及不伦瑞克采取了行动；只有在查理五世本人是直接统治者的尼
德兰，路德的追随者才被系统性地迫害。[21]然而，关于《沃尔姆斯

敕令》执行的政治争论，成了整个 16 世纪 20 年代的帝国议会关于宗教问题的谈判的一个核心主题；事实上，从严格意义上讲，在1555 年之前，这一敕令一直是关于宗教问题的所有帝国政策的法律基础。[22]

　　然而，从一开始，《沃尔姆斯敕令》就是一个无用的命令。甚至在敕令发布之前，智者弗里德里希就保证了路德的安全。1521 年5 月 4 日，在从沃尔姆斯返回的行程中，路德就被选侯的代理人劫持并且带到了埃森纳赫附近的瓦特堡（Wartburg）。他已经被谋杀的传言引起了整个帝国内的恐慌——这也再一次证明了那些诸侯和市政官员，出于对公众的强烈反应的担忧而在对路德采取行动方面感到犹豫是合理的。事实上，路德只是离开了公众视野十个月。事实上，瓦特堡的"放逐"是路德神学发展的关键阶段。这期间他写下了一系列著作，详述了自己的思想——关于诗篇、圣母颂歌、布道、圣餐、修道院的誓愿，以及其他很多主题——也包括他开创性地将《新约》翻译为德语。

　　沃尔姆斯帝国议会的结果，以及路德的消失并且被迫进行信仰和神学的写作，引起了中断。路德为他对皇帝和等级的呼吁的失败感到非常失望，并且他现在放弃了源于德意志民族对抗罗马之起义的普遍改革的主张。他没有兴趣动员一场公众运动。事实上，正是这种公众运动对他希望的那种有序的改革造成了威胁，使他此时专注于诸侯和行政官员个人作为改革的推动者。他在远处关注着帝国议会的后续事件，但没有兴趣干预或者发挥积极的作用。[23]当他确实在评论帝国政策时，他是为了指出等级在他们试图达成一个所有人都可以接受的协定而产生的矛盾。

这些努力此时围绕着针对路德的帝国禁令仍然存在而引起的法律和政治问题展开。诸侯和市政官员给出的不执行这项禁令最为常见的理由，是这样做将会引起普通人的起义。[24]考虑到路德的沃尔姆斯之行引发的公众兴奋，这个理由是相当合理的。尽管诸侯对新教义的态度是不同的，但是在1524~1525年之前，没有人能被称为路德宗事业的皈依者。[25]然而，几乎所有人都同意，接下来唯一的方法就是推动进行一场基于《申诉》的教会改革。这个观点也为帝国城市所接受，其立场是特别微妙的，因为他们既越来越受到民众起义的威胁，在政治上也更加依靠皇帝，尤其是为了对抗邻近的诸侯和领主的干涉。[26]一开始，人们的提议是建立一个教会的大公会议；这一提议很快被民族会议的观点取代，这至少作为第一步。在1521年之后逐渐发展的政治环境下，这些观点引起了根本的制度性问题。这些问题的接下来五年的解决方案对帝国及其邦国产生了巨大的制度性影响，即使只是部分地。

皇帝仍然坚持执行《沃尔姆斯敕令》。然而查理在沃尔姆斯会议后立即离开了帝国，并且在接近十年的时间里没有返回。其他问题，例如与法国的冲突和土耳其人的威胁，在这一时期对于他有着更高的优先级。然而，即使在远方他仍然干预，阻挠为了教会改革召开任何形式的宗教会议的提议，无论是自由普遍的会议还是民族的会议。然而查理的缺席也给了那些想要进行这样改革的人一种相对的自由。即使是他同意在斐迪南的摄政下建立的帝国执政府，看上去最初也朝这个方向迈出了一步。[27]有影响力的议员，例如班贝格 176

主教的代表约翰·冯·施瓦岑贝格（Johann von Schwarzenberg），以及萨克森选侯的代表汉斯·冯·普兰尼茨（Hans von Planitz），努力保证帝国执政府仍然作为等级的代理机构，并且极力主张在宗教问题上保持谨慎和温和。他们的倡导使帝国执政府同意帝国等级的决定，于 1524 年 11 月在施派尔召开德意志民族的宗教会议。然而，值得一提的是，在没有事先咨询的情况下，查理拒绝了这个要求。[28]

在皇帝缺席而新的帝国执政府此时本质上是帝国等级的代理机构的情况之下，帝国议会扮演了决定性的角色。[29]宗教问题造成了各种挑战。它带来了关于帝国权力的范围的问题，表现在等级是否有义务执行《沃尔姆斯敕令》的问题上。它也带来了等级之间的关系问题：教会等级是否应当被支持对抗逐渐增长的世俗化的威胁，或者坚定的天主教诸侯采取行动对抗那些支持改革的人是否合法。最重要的是，它带来了等级应当如何应对日益增长的来自下层的威胁的问题。

即使宗教事务的纠纷越来越多，帝国议会仍然根据传统程序行事。它仍然坚持等级的团结。它首要的关切是保卫他们的利益免受任何威胁。它寻求所有人都能够接受的共识和协定。在关于宗教问题方面，同样重要的是，这个世俗和教会等级的集会在一定时期内，几乎逐渐充当了民族的宗教会议。它在无休止且复杂的协商后得出决定。这些决定往往显得令人困惑和不解。但是它们实现了目标，并且通过这样做强化了德意志的政体。

最初，大部分人倾向于将事情搁置。事实上，在 1522 年 3 月到 4 月的第一次纽伦堡帝国议会上，宗教问题未被处理。[30]等级相信接下来最好的方式，是等待一场大公会议或者民族会议来解决这个问题。等到《申诉》得到解决并且教会实现改革，针对路德宗的布道士的法律程序就没有任何问题了。即使是像萨克森公爵格奥尔格这样坚定的天主教徒也持这种观点。1522 年 1 月，他说服帝国执政府发布一条法令，禁止所有崇拜的滥用。然而，这一法令以这样一个请求作为结尾：所有的布道士应当要求他们的教众对"教会的基督教传统"保持忠诚，直到帝国议会或者基督教会议或者公会议能够"解释、考虑和决定"。[31]

这一普遍的态度得到了新任教皇哈德里安六世（Hadrian Ⅵ）明确的推行改革的承诺的增强。他派遣他的大使弗朗切斯科·基耶雷加蒂（Francesco Chieregati）到第二次纽伦堡帝国议会（1522 年 11 月 17 日~1523 年 2 月 9 日）并进行了演讲，承认教会的缺陷特别是罗马教廷的罪恶，并且承诺教皇会着手改革。[32]

与此同时，基耶雷加蒂要求执行《沃尔姆斯敕令》。等级则推诿地回应。他们只是宣称所有布道士应当"传播由神圣的基督教会认可的著作所解释的福音"，而并没有明确何种著作应当被视作权威。[33]此外，等级要求于一年内在德意志土地上召开一次自由的基督教会议。与此同时，路德和他的追随者将不会发布新的内容；教士婚姻应当被禁止；修士和修女被禁止离开他们的修道院和女修道院。

哈德里安六世在 1523 年 9 月去世，导致他的改革措施戛然而止。在 1524 年 1 月到 4 月的第三次纽伦堡帝国议会上，他的继承

者克雷芒七世和新的大使洛伦佐·坎佩焦（Lorenzo Campeggio）很
快转向了过去的强硬路线。³⁴他们在对德意志的态度也强硬了起来。
当坎佩焦在奥格斯堡为人们送上祝福时，他受到了讥笑和嘲讽。当
他抵达纽伦堡时，他被建议秘密进入城市；之后在濯足节（圣星期
四）上，他被迫见证了 3000 多人饼酒同领的壮观景象，其中包括
皇帝的妹妹即丹麦王后伊莎贝拉（Isabella）进行饼酒同领。³⁵此时，
除了自由会议以外，等级也要求于 1524 年 11 月在施派尔召集民族
的宗教会议作为临时措施。《沃尔姆斯敕令》被恢复了，但在宗教
问题的解决方案出现之前，每个等级都被要求"尽可能"执行敕
令。1523 年 2 月做出的决定，除了其他内容以外，也回避了《沃
尔姆斯敕令》，这实质上允许诸侯或者市政官员保护路德宗的布道
士，以对抗主教在他们的教区以及他们的邦国实施惩罚的努力。

1524 年 4 月，事情的进展与《沃尔姆斯敕令》以及皇帝和教
皇双方的意愿更加不一致。在路德看来，重申对其著作的禁令和同
时呼吁民族教会是很荒谬的，路德对此感到很困惑。³⁶然而，这一明
显的混乱却反映了此时主导帝国议会和帝国执政府的议员和代表的
态度，因为皇帝缺席，很多诸侯也没有出席。这些人是经过法律训
练的官员，例如施瓦岑贝格和普兰尼茨，他们充满了做一番事业的
决心，并且决心不惜一切代价维持帝国体制的运转。³⁷

我们有充分的理由相信，施瓦岑贝格和普兰尼茨的观点的确普
遍代表了等级的态度。然而，在 1524 年 4 月帝国议会结束后的事
件，表明《申诉》运动在政治层面是多么分裂。帝国城市为施派尔
178 的民族会议进行了最为积极的准备。在 1524 年 7 月的城市会议上，

其中很多成员已经面临着公众改革运动的巨大压力，会议重申强制执行《沃尔姆斯敕令》是不可能的，有必要进行普遍改革。[38]然而，与此同时，对于帝国执政府和皇帝，城市的立场都很微妙。帝国城市感受到来自帝国执政府在与贵族等级讨论后提出的建议的威胁，其内容是帝国议会应当采取的反对大型贸易公司以及支持帝国关税的措施。

为了向皇帝申诉反对这些措施，1523 年，城市依靠承诺提供大量贷款以支持各种帝国行动，从而得到了皇帝的支持。然而，宗教问题仍然没有得到解决。因此，城市对于民族会议的准备是非常紧张的。一方面，他们内部就会针对公开不遵从皇帝的可能的政治影响进行争论，因为他们所仰仗的正是皇帝的支持。另一方面，在一些城市，例如纽伦堡、斯特拉斯堡和乌尔姆，强烈的改革运动正在加快步伐，这促使他们需要找到一种方式，使皇帝相信遵从他的意愿可能会导致普通人的起义以及城市的毁灭。

然而，即使是城市表面上的一致性，也无法掩盖倾向于改革的城市与仍然忠于天主教会的城市之间越来越大的分歧。当纽伦堡和乌尔姆于 1524 年 12 月在乌尔姆的城市会议上推行了明显支持路德宗的解决方案时，相当多的城市持不同意见。[39]当这种情况发生时，关于民族改革会议的全部讨论都变得多余了。在一段时间内，帝国城市作为整体的一致性看上去受到了威胁。这种情况能够被避免，只是因为城市追求共同利益以及保卫自由的持续需求很快使其将宗教问题排除在讨论之外。[40]和帝国的其他中央机构一样，城市最终通过心照不宣地同意只处理宗教分歧带来的法律和政治问题，避免了关于信仰的斗争。

关于民族会议的提议也面临其他方面的问题。虽然查理五世反对，但斐迪南同意这一提议，部分原因是他最初希望将民族会议转变为正式的帝国议会，这样他就可以寻求对抗土耳其的军事帮助。[41] 对作为机构的帝国执政府越来越多的反对，破坏了斐迪南明显在追求的独立路线。城市激烈地反对它，查理和他的顾问也越来越对其产生怀疑。帝国执政府此时面临着失去等级支持的局面，而最初建立帝国执政府进行统治正是为了维护等级的利益，一些人认为它没能执行《沃尔姆斯敕令》证明了其在统治方面的无能，另一些人则认为帝国执政府想要管的太多了。

179 在 1524 年 1 月的纽伦堡，事情到了紧要关头，促使帝国执政府迁往哈布斯堡控制的符腾堡的埃斯林根。[42] 在计划中的国家政府已经被降为只是斐迪南个人的相当不可靠的摄政机构后，斐迪南的操作空间就明显受到了限制。最重要的是，他对于探索将计划中的民族会议转变为帝国议会的可能性的兴趣逐渐减弱，因为很显然他不会成功。因此在 1524 年 6 月的雷根斯堡，巴伐利亚的公爵威廉和路德维希以及 12 个南德意志的主教代表出席的一次会议上，斐迪南与坎佩焦合作试图建立新的天主教同盟，也就不令人惊讶了。[43]

教皇决定提前制止计划中的民族会议。巴伐利亚和普法尔茨的维特尔斯巴赫家族明显希望在自己的邦国和邻近的主教辖区确立对教会的控制，同样重要的是，教皇对这一野心感到担忧。[44] 雷根斯堡会议进一步反映了所有会议参与者对公众改革运动逐渐加剧的威胁的担忧。然而，会议也反映了在仍然坚定忠于天主教会的成员之间的分歧。维特尔斯巴赫家族不是唯一通过将邦国内的教会掌握在自己手中，从而打击新教义的诸侯。主教们随后指责斐迪南本人滥用他作为奥地利世袭领地统治者的职权以主张对教会的权威，甚至比任何路德宗所为都更加粗暴。[45]然而这些已经得到教皇默许的措施，使德意志主教们努力遏制新的教义，并试图抵挡由世俗诸侯对他们的主教辖区权力造成的威胁。[46]

雷根斯堡会议以一个在执行《沃尔姆斯敕令》方面相互支援的协定告终。[47]此外，会议明确指出圣安波罗修、圣奥古斯丁、圣西普里安、圣克里索斯托、圣格里高利以及圣哲罗姆的著作应当是所有基督教义的准则，会议还发布了针对所有与会者的臣民在维滕贝格学习的禁令。然而，至于其他内容，达成的协定是世俗和教会利益之间经过艰难协商的妥协结果。主教把他们的部分收入让给了巴伐利亚和奥地利。作为交换条件，人们同意教会改革应当只限于对教士职责的重新定义，这反映了传统的天主教改革计划，但几乎没有应对改革的布道士的批评。

雷根斯堡会议的重要性在于，它代表了由信仰忠诚定义的防御性联盟的首次出现，尽管当巴伐利亚在1525年对抗哈布斯堡时，它的有效性很快就受到了削弱。然而，它最为直接地对任何潜在的民族会议的措施产生了怀疑。它也同样帮助集中了主教们的普遍想法，他们在1524年10月阿莎芬堡（Aschaffenburg）的会议上着手起草了针对世俗诸侯的《申诉》。[48]

在现实中，查理五世直接反对帝国议会的解决方案，这破坏了关于民族宗教会议的所有计划。1524年7月15日，他的《布尔戈

180

斯敕令》（Edict of Burgos）明确否决了这个方案。此外，查理也背叛了过去对萨克森选侯在执行《沃尔姆斯敕令》上的豁免权，并且命令他和其他德意志等级立即服从。[49]当这个敕令的消息在 9 月抵达德意志时，很显然不可能达成普遍的解决方案了。

利奥波德·冯·兰克认为这是将德意志民族一分为二的关键时刻。他指责皇帝和教皇进行"外国干预"行动，这损害了德意志几个世纪。这一观点预设如果查理不干预，或者德意志事实上分裂的话，民族会议将会在帝国内成功带来教会的改革。[50]这两个假设都不是有效的。如果没有斐迪南的积极支持和参与，民族会议是无法设想的。此外，这样的会议只会起到将等级关于需要何种改革的问题的分歧公开化的作用。同样地，查理的干预是否事实上分裂了"民族"，这也是不明确的。路德本人在出席 1521 年沃尔姆斯会议时拒绝收回他的任何观点，这已经破坏了支持"民族"改革的浪潮。他甚至为了维持与《申诉》运动的联盟的利益，拒绝承认他的一些观点是错误的。[51]

事实上，在 1520 年和 1521 年聚焦于《申诉》的反教皇和反教士的爱国主义，在 1524 年已经大体上平息了。《申诉》运动背后的统治者和大部分人口的广泛联盟，已经让位于一个新的群体。诸侯和市政官员此时对公众越来越高的改革热情所造成的威胁非常担忧。对于他们中的大多数人而言，真正的问题不是信仰而是政治和社会秩序。当等级面对着 1525 年革命的现实时，这种关切变成了最重要的因素。然而，常规的回应看上去不再能够带来有效的解决措施。关于起义最终原因（未改革的教会或者煽动性的传教）的观点是存在差异的，关于查理坚持《沃尔姆斯敕令》的合法性以及执行《敕令》的可行性的观点同样存在分歧。这对削弱施瓦本同盟的传统法律和秩序职能产生了越来越大的威胁，因为这些问题阻止同盟的议会批准任何形式的行动。[52]

1524 年的雷根斯堡会议已经表明，达成有效的自我防卫联盟所需要的共识有多么困难。1525 年，施瓦本同盟再一次展开对农民的行动，但是在胜利后，同盟成员间的差异很快就显现出来。很快，替代形式就出现了。1525 年 7 月，萨克森公爵格奥尔格，连同勃兰登堡选侯约阿希姆（Joachim）和美因茨选侯阿尔布雷希特，以及不伦瑞克的埃里希和海因里希公爵，在德绍（Dessau）组建了一个短暂的天主教同盟。接下来的一年，此时已经改宗路德宗的黑森的菲利普（1518~1567 年在位）和萨克森选侯约翰（1525~1532 年在位），在托尔高（Torgau）组建了一个防御同盟。他们的目的在于镇压民众起义以及打击任何在他们的邦国内执行《沃尔姆斯敕令》的尝试，其他人很快就加入了他们的行列中，最为显眼的是萨克森在北德意志的委托人。

当然，新的同盟也反映了一些诸侯已经公开改宗并且着手在他们的邦国进行教会体制的系统性改革这一事实。当黑森的菲利普和萨克森选侯约翰在 1526 年抵达施派尔的时候，他们的随从穿着同样款式的服饰，袖口上写着"上帝之道永存"。[53]然而即使在这个时候，等级仍然在寻求一个所有人都能同意的方案。事实上，1525 年的事件所造成的震动加强了诸侯的团结。作为结果，1526 年 6 月在施派尔，等级恢复了 1524 年 4 月在纽伦堡帝国议会上展开的讨论。

181

即使是主教也认同不可能恢复到皇帝要求的旧实践。因此，包含很多主教的诸侯委员会商讨了能够缓和局势的临时措施，直到普遍且确定的改革变得可能。

委员会提出的措施包括允许教士结婚，允许普通教徒使用圣杯，在弥撒中用德语宣读福音书和使徒书，以及翻译德语版《圣经》。然而，当斐迪南发布他的兄长禁止所有创新的命令，其中强调只有皇帝和教皇有权召集宗教会议讨论这些问题时，这些讨论就终止了。[54]等级再一次决定派代表团前往西班牙，解释德意志形势的困难，并且敦促查理在 18 个月内召集自由的大公会议或者民族会议。关于《沃尔姆斯敕令》，帝国等级此时同意，直到这一会议召开之前，每个等级都应当根据帝国的法律以及上帝之道允许的那样管理宗教事务。

其目的在于阻止进一步的创新，同时也接受任何已经发生的改变，并等待宗教会议进行确定的裁决。实际产生的影响是更剧烈的。帝国的法律存在争议。上帝之道能够以很多不同的方式解释。不久之后路德宗的等级就援引 1526 年施派尔的规定，作为他们当地改革的正当理由。计划中派遣去西班牙的代表团从来没有发生；查理和斐迪南更专注于对抗法国和土耳其，而不是召集一个他们不想要的会议。在查理于 1530 年返回帝国时，他在统治的剩余时期始终在谋划应对他所面临的新现实状况，但最终只是徒劳。因此，1526 年的权宜之计很快得到了基本法的地位。这成了德意志邦国教会制度的基础，在这一制度下宗教权力掌握在诸侯或者市政官员手中。皇帝和帝国在宗教事务中不再有任何权限。

正是恐惧促使几乎所有诸侯谨慎且拖延地做出选择，但也推动他们参与寻求妥协。路德在沃尔姆斯戏剧性的出席，使他获得了前所未有的名气。正是此时宗教改革运动真正开始发展。此外，从此时开始，帝国议会的争论和地方统治者的反应受到了普通人起义的威胁的影响。[55]在帝国和邦国做出的决定，本质上是对于新教义看上去不可控的传播，以及新教义刺激和指引城市和乡村的旧运动和信仰的方式的一种回应。这一运动在地方性和区域性上的大量表现形式在从阿尔卑斯山到波罗的海的整个帝国内同时爆发。它的范围、强度和影响力远超路德此前的想象。事实上，它很快发展出一些特征，路德认为他本人有义务对此否认和谴责。

注释

1. 见本书页边码 79~80 页。

2. 见本书页边码 210~219 页。

3. Schmidt, *Geschichte*, 59-60.

4. 具体内容，见：Brecht, *Luther*, i, 349-88。

5. Marius, *Luther*, 237.

6. Schmidt, *Geschichte*, 56-8.

7. Brecht, *Luther*, i, 408.

8. Fuchs, 'Zeitalter', 47；Kohnle, *Reichstag*, 45-84.

9. Ludolphy, *Friedrich*, 383-97；Kohnle, *Reichstag*, 22-44.

10. Joachimsen, *Reformation*, 86；Schmidt, *Geschichte*, 60.

11. *TRE*, xiv, 132.

12. Joachimsen, *Reformation*, 106.

13. Kohnle, *Reichstag*, 90-5.

14. Brecht, *Luther*, i, 460; Marius, *Luther*, 294.

15. Seibt, *Karl V*, 68-76.

16. Kohnle, *Reichstag*, 96-9.

17. Brecht, *Luther*, i, 463-4.

18. Joachimsen, *Reformation*, 112; Fuchs, 'Zeitalter', 51; Schmidt, *Geschichte*, 62-4.

19. Kohnle, *Reichstag*, 99-104.

20. Brecht, *Luther*, i, 474, 476.

21. Israel, *Dutch Republic*, 79-84.

22. Moeller, *Deutschland*, 126.

23. Bornkamm, *Luther*, 295-316.

24. Blickle, *Reformation*, 152; Wolgast, 'Territorialfürsten', 413-15.

25. Wolgast, 'Territorialfürsten', 424.

26. Brady, *Turning Swiss*, 166-83; Schmidt, *Städtetag*, 478-90.

27. Joachimsen, *Reformation*, 120-1; Lutz, *Ringen*, 220.

28. Borth, *Luthersache*, 158; Rabe, *Geschichte*, 254.

29. Press, 'Reformation und der deutsche Reichstag', 206-7.

30. Kohnle, *Reichstag*, 113-15.

31. Wolgast, 'Territorialfürsten', 415.

32. Kohnle, *Reichstag*, 116-27.

33. Wolgast, 'Territorialfürsten', 415-16.

34. Kohnle, *Reichstag*, 204-46.

35. Ranke, *Geschichte*, 303. 在两种形式下的圣餐（sub utraque specie）意味着饼酒同领。

36. Bornkamm, *Luther*, 310-11.

37. Roll, *Reichsregiment*, 329-30.

38. Brady, *Turning Swiss*, 133-50; Schmidt, *Städtetag*, 476-86.

39. Schmidt, *Städtetag*, 487-90.

40. Schmidt, *Städtetag*, 478, 490-522.

41. Borth, *Luthersache*, 159.

42. 见本书页边码 34~35、162~163、175~176 页。

43. Winkler, 'Regensburger Konvent', 417.

44. Winkler, 'Regensburger Konvent', 417.

45. Angermeier, *Reichsreform 1410-1555*, 262. 关于斐迪南作为统治者的宗教政策，见：Chisholm, 'Religionspolitik', 552-8。

46. Angermeier, *Reichsreform 1410-1555*, 261-3; Borth, *Luthersache*, 163-4.

47. Borth, *Luthersache*, 165.

48. Angermeier, *Reichsreform 1410-1555*, 261.

49. Borth, *Luthersache*, 151; Brady, *Turning Swiss*, 178.

50. Ranke, *Geschichte*, 305-20; Joachimsen, *Reformation*, 122-3.

51. Schmidt, 'Luther', 64-75.

52. Bock, *Schwäbischer Bund*, 199-202.

53. Rabe, *Geschichte*, 318; Kohnle, *Reichstag*, 257-66.

54. Kohnle, *Reichstag*, 260-8.

55. Blickle, *Reformation*, 153-6.

第十五章

路德和德意志宗教改革运动

　　1517~1521 年出现的公共改革运动，波及了帝国的几乎所有地区。路德每一次命运的转折，都会吸引新的和更为广泛的受众。教会对他控诉的每一个阶段，都会使他的观点得到更大的宣传，并且起到削弱官厅地位的作用。路德在沃尔姆斯时在查理五世面前的申辩，以及他对于免受帝国内最高权威的处罚的蔑视，进一步鼓励了那些要求改革的人。

　　路德显然是改革的核心。没有其他人物达到他这种真正的全民族知名的程度，或者获得任何像他在 1520 年和 1521 年达到的超凡地位。然而，几乎从一开始，宗教运动就存在着一定程度的多样性，这反映了对于新教义的不同解释，以及这些教义所处的社会、政治和地理环境的多样性。路德本人将他的所有希望都寄于共同体：信仰者的共同体，他们组成真正的教会，承认在《圣经》中完全呈现的基督教教义并依照教义生活。[1]

　　关于上帝之道将会盛行的信念带给早期运动很大的动力。然而，不可避免地，这也很快带来了关于上帝之道可能意味着什么，以及需要怎样才能依照福音生活的不一致的理解，这种不一致既关于教会改革层面，也关于社会和政治结构更基础的变革层面。在某些方面，这种多样性的可能性从一开始就是改革运动固有的，但是路德1521年到1522年身在瓦特堡，消失在公众视野之外，这特别促进了向心趋势的出现和巩固。

路德最初的拥护者大多是那些年轻的同事，例如安德烈亚斯·卡尔施塔特（Andreas Karlstadt，1486~1541），以及那些对他在1516年和1517年批判亚里士多德和经院哲学怀有热情的学生。在很短的时间内，他就把自己打造成了维滕贝格最有魅力的教授，而且他的第一个实践措施是对他自己大学的改革。[2]在选侯的秘书施帕拉廷和卡尔施塔特的帮助下，路德为文科研究带来了根本性的变化。[3]一个关键的措施是1518年8月设立的希腊语教席，罗伊希林21岁的甥孙——当时在图宾根的菲利普·梅兰希通（1497~1560）被授予这个职位。希伯来语的教席也很快设立，维滕贝格大学因此变为一个以《圣经》为核心的神学和人文主义者语言学的中心。

随着路德的名声传播到萨克森以外，维滕贝格也获得了名声。到1519年，据说学生人数如潮水般激增，很多人直接被拒之门外。梅兰希通——后来被誉为德意志导师（praeceptor Germaniae）——负责将维滕贝格打造成早期宗教改革运动的主要大学，也许超过了路德的贡献。1521年，他的《教义要点》（*Loci communes rerum theologicarum*）第一次为路德的神学提供了系统性解释，并且奠定了福音教学术研究的人文主义者的基础。[4]

如果没有选侯行政机构的主要成员的帮助，1518年的大学改革将无法实现。事实上，经过法律训练的议员以及贵族议员在支持选侯对路德的保护，以及在 1520 年后推动他的事业中起到了关键作用。格奥尔格·施帕拉廷（1484～1545）从 1512 年担任选侯的私人秘书，他是一名典型的受过近代化教育的官员，他对路德的支持对后者的生存起到了关键作用。[5]一个大大倾向于官员，并得到维滕贝格的多个院系的学术任命的网络，提供了支持的延续性和改革执行的载体，这一改革在新的路德宗教会结构确立时达到顶点。

保护路德以及不采取措施阻止他的教义传播的最终决定，是由选侯本人做出的政治决定。然而，智者弗里德里希以传统的方式保持虔诚，他个人仍然忠于天主教会。第一个路德宗选侯是他的弟弟坚定的约翰（Johann the Constant），他年轻时由施帕拉廷担任家庭教师，在 1525 年成为选侯。直到这一时点，选侯的主要官员在接受新教义的同时，也追求 15 世纪末期对教会采取更强的世俗控制的政府目标，他们推动了路德宗事业。事实上，路德很快就成了这些群体的"精神导师"。[6]

从某种程度而言，萨克森选侯国的情形是一个例外。鉴于萨克森公爵格奥尔格对路德的强烈反对，在邻近的萨克森公国，相似的官僚机构没有产生影响。然而，在邻近的曼斯费尔德伯爵领地，相似的群体在引导伯爵们接受新教义方面明显发挥了关键作用。即使是在美因茨选侯国的领地，大主教阿尔布雷希特的主要顾问中，大多数受过法律训练的议员（gelehrte Räte）也有着人文主义倾向，他们确保《沃尔姆斯敕令》没能有效执行，因此也保证了路德教义的传播。[7]阿尔布雷希特本人对此也起到了作用。部分原因在于他担心起义的后果。他也希望将他自己的领地转变为世俗领地，就像他

的亲戚勃兰登堡-安斯巴赫的阿尔布雷希特将条顿骑士团转变为普

185

鲁士公国的过程一样（尽管他从未采取行动）。尽管如此，他的主
要官员对路德宗事业真心的同情，也对塑造大主教的温和政策产生
了影响。

与这些学者和官员的区域性团体联系在一起的，是在帝国其他
地区的很多人文主义者，他们至少在最初是支持路德的事业的。例
如，在纽伦堡，施陶皮茨在 1516 年进行的一系列布道激励了人文
主义团体的建立，其中包括了显贵维利巴尔德·皮克海默、阿尔布
雷希特·丢勒（Albrecht Dürer）、市政会法学家克里斯托夫·舍尔
（Christoph Scheurl），以及市政会秘书拉扎鲁斯·施本格勒。与施陶
皮茨持续的联系使这个群体很早就接纳了路德的神学。在 1518 年
路德往返奥格斯堡途中与其本人会面之后，他们成了热情的"马丁
派"（Martinians）。[8]

其中一些人，例如皮克海默和舍尔，最终仍然忠于旧教会。然
而，主要的人文主义者最初的热情，以及在他们改革和复兴的愿望
下对新教义的认同，在宗教改革的早期阶段是至关重要的。在南部
和西南部的大量帝国城市，情况也是一样的。基督教人文主义者的
热情，事实上并没有在哪个地方造成宗教改革的突破。然而，几乎
在所有地方，人文主义者群体都因为路德在罗马的审讯以及在沃尔
姆斯的申诉受到触动，因为他们将其视作所有改革理想的审讯和申
诉，也包括他们自己的理想。

教士在新教义的传播中发挥了更为直接的影响力。福音教运动
首先是一场布道的运动。从一开始，路德就得到了施陶皮茨的保

护，以及很多年轻的奥古斯丁会同事的强烈支持，这些年轻教士也是第一批转向路德事业的人。1518 年 4 月路德在海德堡辩论时，其中一名观众是马丁·布塞尔（Martin Bucer），他是一名有着强烈的人文主义倾向的年轻的多明我会成员，他和他的朋友马丁·弗莱彻（Martin Frecht）以及约翰内斯·布伦茨（Johannes Brenz）热切地讨论了路德的观点。⁹ 这三个人后来成了改革者（分别是斯特拉斯堡、乌尔姆和符腾堡的改革者）。¹⁰ 在沃尔姆斯帝国议会之后，奥古斯丁会修士构成了整个改革布道士队伍的核心。

路德在 1521 年秋对修道院戒律的批判，使很多人直接离开了他们的修道院。¹¹ 在接下来的一年，奥古斯丁会在帝国内的一个修士团体正式将其成员从戒律中解放出来；施陶皮茨的继任者文策斯劳斯·林克（Wenzeslaus Linck）公开支持路德的教义，他自己也很快为了结婚离开了修道院。到 1560 年前后，德意志的 160 个奥古斯丁修道院中，有 69 个已经不再存在。¹² 在加尔默罗修会（Carmelites）、方济各修会和多明我修会，也出现了明显相似的趋势。¹³ 修道院部分解散的过程是缓慢和复杂的，受到大量当地的宗教、政治和经济因素影响。然而，最初的个人离开和解散的潮流为新运动提供了关键的人员，并且凸显了它的有效性。

186

与修道院此前的居民同等重要的，是 15 世纪末在很多城市教区设置的布道人员。并没有可靠的数据证明这些布道士发挥的作用。一些人无疑仍然忠于天主教，正如一些此前的修士直接消失在市民群体之中。然而如果没有大量"地方性"改革者出现在整个帝国内，特别是在城镇和帝国城市中出现，在 16 世纪 20 年代早期，新的教义就不会如此迅速地普及，并且在很多情况下维持得如此持久。在这些布道士中，相当多的人获得了改革者的地位，无论这个词的定义是多么模糊：在城镇或者邦国改革中的关键推动者，或者与路德同步但有着独立形成并且受到相当不同的塑造的观点的神学权威。数以百计的人只是普通的布道士，是他们作为学生时听到的或者读到的迅速发展的神学改革著作中的观念的宣传者。

这个传播新教义的广泛群体也包含了与宗教改革相关的大量小册子的很多作者，另外还有一些受到人文主义者影响的法学家和邦国的官员，尤其是城市的行政官员。很难给出精确的数字，但很清楚的是，帝国内 1500~1530 年出版的超过 10000 种小册子中，绝大多数出现在 1517~1527 年。[14] 仅 1517~1518 年一年的时间，出版的小册子数量就增长了 530%，而且在接下来的每一年数量都有大幅增长，在 1524 年就出版了大约 2400 种小册子。小册子的数量在 1525 年农民战争后才开始下降，并且在 1527 年之后出现了明显的大幅下降，此时政府领导的改革的大部分措施已经远离了公众的宗教改革运动。小册子作者压倒性地支持路德和新教义：天主教的代表作者是约翰内斯·埃克、希罗尼穆斯·埃姆泽（Hieronymous Emser）以及康拉德·科赫（Konrad Koch），他们在 16 世纪 20 年代的回应"不仅在数量上而且在公众吸引力上都是不足的"。[15]

最为流行的小册子通常会经历 10 个甚至 20 个版本。假如每个版本印刷 1000 册，那么根据估计，仅 1520~1526 年，大约 1100 种小册子的 1100 万册印刷出来。绝大多数印刷品出现在上德意志，在南部和西南部的城镇和城市。几乎所有印刷品都与神学或者教会的主题相关，在德意志只有大约 2% 的印刷品与非神学的问题相关。很多小册子里生动的插图以及在这些年同时出现的数千份传单以及单页木版画，都进一步加强了印刷文字的影响力。

187　　到此时为止，路德本人是最受欢迎的作家。[16]到 1520 年为止，他的 81 种著作已经出现了 653 个版本。最初，他的名声依赖于作为关于信仰的小册子的作者的技艺。然而，他作为作家的真正人气是随着他在 1520 年登上政治舞台开始的。第一版 4000 册（这个数量本身是非常多的）的《致德意志民族的基督教贵族：论改善基督教状况书》在两周内就销售一空，而且仅 1520 年内就出现了另外 15 种著作。[17]到《沃尔姆斯敕令》发布为止，超过 50 万份，也许有 70 万份路德的著作存在。16 世纪没有任何政府有能力销毁或者取缔这种量级的印刷品。

　　从那时起，路德著作的销售，无论是单个的著作还是汇编都保持稳定，以小册子和书籍的形式出版的新作品同样如此。从 1522 年开始，他对《新约》的翻译以及对《旧约》的部分翻译取得了杰出的成功，在多年里超过了单个著作的销量。到 1525 年底为止，这些翻译已经经历了 22 个权威译本，以及至少 110 次以高地德语和 13 次以低地德语翻译的完整或部分的重印本。[18]路德是德意志历史上第一个畅销作家。单纯从数量的层面而言，他的文学成就在近代早期是无可匹敌的。

　　基于假设的发行数量和识字率，或者是基于假定的每个或每组家庭拥有的小册子或路德版本《圣经》的数量的计算，也许不是特别有意义。然而，在数据维度上与宗教改革相关的印刷品的爆发式增长，确实凸显了路德提出的问题在 1520~1521 年渗透德意志社会的程度。书籍通常的目标人群是少数识字人群，其中最重要的是城市中心受教育的教士，然而大量小册子和《圣经》的发行指向了新的和更为广泛的受众。[19]

新的、廉价的《圣经》是指向信徒的共同体的，这些依靠自我的平信徒不需要教士指引他们接触上帝之道，或者为他们的日常生活翻译福音的含义。在 14 世纪，私人的《圣经》阅读被限制在小范围、富裕且受过教育的平信徒精英；到 15 世纪末为止，《圣经》的阅读更为普遍：并不是为普通大众所实践，但践行这种行为的人越来越多，通常是以家庭或者其他小群体为单位的。[20]

小册子和木版画传单的目标受众可以粗略地定义为普通人。普通人是上帝之道最好的法官，这一主张是早期宗教改革论战中的一个核心主题。在早期最为流行的小册子之一《庄稼汉》（Karsthans）中，诚实、正直、理智和判断力通常被描述成普通人的品格。[21]由改革者和他们在文学上的合作者创作的很多小册子表达了这一理想化的形象。

188

对 1520~1526 年出版的大量小册子样本的分析，表明了最被频繁讨论的问题是《圣经》的原则：纯粹的上帝之道的恢复，意味着回归到过去的真理并促进根本性的复兴的希望。[22]被讨论次要多的主题，是路德关于称义和神学上救赎的教义。第三多受到讨论的，是涉及对天主教会全方位的批判的问题，包括圣餐的含义，对圣人、圣像的崇拜，以及类似的内容。在各种各样的强调和解释中，可以被描述为核心的"宗教改革价值观"的一系列内容也相对清晰起来：从中世纪晚期的教会实践中解放出来，特别是与苦修相关的内容；上帝掌控唯一的救赎权力，不需要教皇或教士的代理；《圣经》而非仅属于人类的传统，是所有准则的来源；与称义有关的善功的无用性；在共同体中"真正"的教会的基础；以及所有平信徒皆为教士。[23]

在有限的教士或者受过教育的城市精英的圈子以外，对神学细节的理解程度是我们所不清楚的。[24]即使是贵族，例如在骑士战争和农民战争中都表现活跃的戈尔茨·冯·贝利欣根（1480～1562），也从未在他的自传中提到宗教改革。[25]在每个阶层，对于新的教义是什么或者应当是什么，存在着大量疑惑：考虑到一致的教义体系在一段时间内没有出现，并且在本世纪随后的几十年里仍然存在争议，这也就不足为奇了。即使是像圣餐这样关键的主题，也带来了"在其他很多问题上基本一致的改革者之间最尖锐和最激烈的争论"。[26]在城市和乡村各阶层的普通人中，这种疑惑通常更多，以至于除了知道模糊且常常被错误解释的"神法"或者"基督教自由"这样的口号以外，其他完全不清楚。

宗教改革运动起源于受过教育的布道者、学者以及城市官员。然而，正是因为新的教义很快引起了城市社会下层人群的兴趣，也更加强调他们感知到的社会维度，因此布道运动在周边的乡村地区也产生了回响。在1520年6月《主起诏书》发布到1521年4月路德出现在沃尔姆斯，逐渐增长的不安情绪对乡村地区和很多城市社区造成了影响。[27]像迪波尔德·贝林格（Diepold Beringer）这样的布道者，即所谓的沃尔德的农民（Peasant of Wöhrd，他曾是教士），

当他于 1524 年在纽伦堡和基青根（Kitzingen）布道时，据说吸引 189
了数千名受众，包括来自乡村的很多人。[28]

一些人认为将普通人理想化的小册子只是反映了此后的乡村福音教的事实。相似的是，在农民战争之前和期间发布的宣言，包含了对"神法"和其他福音教的准则的引用。然而，其中很多是由受过教育的城市居民所写，因此也许并不能真正反映农村地区的多数人对福音教理念的真正接受。[29]尽管有证据表明农民村社有时也要求新的布道士，或者对在他们地区出现的布道士表现出热情，但很难精确判断农民对福音教观念有多少兴趣和理解。[30]至少直到 1525 年，我们可以有把握地得出以下结论：宗教改革运动也有着重要的乡村维度，即使只是以福音教语言表达的乡村问题，并且实质上推动了农民战争的爆发。

很多问题取决于谁的教义得到了传播，由谁传播，以及何时传播。尽管没有其他人接近路德达到的英雄的"民族"地位，但也有其他大量改革者和重要的改革宣传者。很多人只是以很快就偏离了路德的方式对他的思想进行了解释和发展。另一些人与路德同步发展了他们自己的观点，这些观点成了在 16 世纪 20 世纪早期广泛的福音教主流的一部分，然而通常保持了独特且独立的特征。一些观点只是因为特殊的神学信念而得以区分；另一些人的观点，无论是明确地还是含蓄地包含激进的社会和政治改革的方案，最终因此受到挑战、迫害和镇压。早期的宗教改革反映并且促进了中世纪晚期的天主教会内部的各种改革动力。

注释

1. Marius, *Luther*, 271.

2. Brecht, *Luther*, i, 275-82.

3. Leppin, *Luther*, 104-6.

4. Ozment, *Age of reform*, 311-14; Brecht, *Luther*, i, 275-82.

5. Stievermann, 'Vorraussetzungen'.

6. Selge, 'Kräfte', 220.

7. Stievermann, 'Voraussetzungen', 166-8.

8. Dickens, *German Nation*, 138-9.

9. Leppin, *Luther*, 133-4.

10. Brecht, *Luther*, i, 216.

11. Lohse, *Luther*, 61.

12. *TRE*, iv, 728-39, at 734.

13. Ziegler, 'Klosterauflösung'.

14. Köhler, 'Meinungsprofil'; Blickle, *Reformation*, 69-73. 另见本书页边码 117~121 页。

15. Dickens, *German Nation*, 121; Walz, *Literatur*, 106-11.

16. Moeller, *Deutschland*, 62-3; Walz, *Literatur*, 74-85.

17. Brecht, *Luther*, i, 376; Walz, *Literatur*, 65.

18. Moeller, *Deutschland*, 89-90; Walz, *Literatur*, 24-6.

19. Scribner, *Simple folk*, passim.

20. Schubert, *Spätmittelalter*, 270-2, 284-8.

21. Dickens, *German Nation*, 118-19; Walz, *Literatur*, 72.

22. Köhler, 'Meinungsprofil', 259; Moeller, *Deutschland*, 89.

23. Hamm, 'Einheit', 75-83; Dickens, *German Nation*, 132-3. 介绍宗教改革神学的优秀英文著作，可见：Cameron, *Reformation*, 111-67, 以及 McGrath, *Thought*。

24. Scribner, *Reformation*, 25-34; Dickens, *German Nation*, 128-34.

25. Ulmschneider, *Berlichingen*, 224; Press, 'Berlichingen'.

26. Cameron, *Reformation*, 161.

27. Wolgast, 'Territorialfürsten', 413.

28. Scribner, *Reformation*, 30; Rublack, 'Kitzingen', 58-63.

29. Blickle, *Reformation*, 111-14, 其中总结了他对于在城市和乡村公
众的福音教运动的存在状况的观点。Scribner, *Reformation*, 30-2
和 Cameron, *Reformation*, 208-9 表达了保留看法。

30. 对阿尔萨斯的这一现象的详细研究，见：Conrad, *Reformation*,
passim。

第十六章

其他宗教改革以及路德宗的主导地位

190 　　路德宗最终成为占主导地位的福音教信仰，倾向于掩盖在早年间存在的极其多样的非路德宗的派别。[1]接下来我会对很多例子进行详述。然而，其中三个是特别重要的：16 世纪 20 年代早期约翰·埃贝林对路德思想的解释；在瑞士和南德意志的茨温利宗教改革；从 1521 年开始在维滕贝格出现的激进改革主张，很快主要与托马斯·闵采尔联系在一起。最后，路德与伊拉斯谟的争论，象征着他与人文主义存在更广泛的分歧，也有助于说明路德宗在德意志处于主导地位的原因。

　　符腾堡的约翰·埃贝林·冯·金茨堡（Johann Eberlin von Günzburg，约 1465~1533）是 1521 年后最著名和最为高产的福音教小册子的作者之一。[2]他在巴塞尔接受的教育和训练，受到了伊拉斯谟的基督教人文主义的深刻影响。作为一名方济各会的修士，他确立了自己作为在图宾根、乌尔姆和弗赖堡的一个受欢迎的布道士的身份。路德的《致德意志民族的基督教贵族》带来了决定性的重新定向。埃贝林离开了他的修会，并在 1521 年发布了他自己的教会和社会的改革与重建的方案——《十五个同盟者》（15 Bundesgenossen）。

这一著作代表了 15 个人的观点，这 15 个人组成了一个同盟，为了避免革命而投身于改革世界。它呈现了一个比路德叙述过的任何内容都更全面和精确的视角，然而它是坚定地基于路德的观点的。在埃贝林描绘的理想社会中，即他所谓的沃尔法里亚（Wolfaria，所有人都富足的一片土地），共同体成为教会和政府的基础。有着至少 500 人的教区可以选择他们自己的牧师；每 20 名牧师中有一个人担任主教，主教每个月与牧师举行会议并且每年与其他主教举行会议。同样的农村或者教区共同体组成辖区，接下来组成镇区，最终形成在每个层级都有代表会议的邦国，贵族选出辖区和镇区的主席，诸侯选出邦国的主席，所有人都受一个由诸侯在他们中选举出来的国王掌管。

埃贝林描绘的轮廓是激进的，并且对普通人许诺了大量的社会和物质利益。然而他的整体思想在本质上是温和且保守的。《十五个同盟者》本质上是对《申诉》中所有前宗教改革的不满以及在《西吉斯蒙德的改革》中包含的那种帝国改革计划的总结。其他提议，例如打击垄断、限制进口，或者禁止限制贵族对木材、野味、野禽和鱼的权利，表明了他将宗教复兴与对社会和经济的不满的纠正联系起来的程度。著作的第一部分是查理五世在沃尔姆斯召开帝国议会时呈送给他的，并且敦促皇帝与路德和胡滕结盟。最重要的是，埃贝林再次强调了他完全反对任何形式的暴力行动。从宗教层面而言，他的方案也是严格的。信仰要从过去的忏悔体系中的专制要求中解放出来，并且仅仅受到新的、在很多方面更为严格的教会戒律的管理。例如，在沃尔法里亚的生活应当包括在所有节日强制

191

参与三个仪式，以及对神圣的道德准则的严格遵守，这一道德准则除了其他方面，还构想了对通奸者的死亡惩罚。

埃贝林在 1520 年自觉地支持路德的政治观点，路德谨慎地将他的神学关切与帝国改革运动联系在一起。当路德在 1521 年 4 月拒绝与帝国等级合作，从而放弃了这一立场的时候，埃贝林仍然坚持这一立场。在一系列 22 份小册子中，以及在 1526 年塔西佗的《日耳曼尼亚志》的译本中，埃贝林仍然在推动他的整体的爱国主义改革。然而，在他 1525~1530 年担任韦特海姆（Wertheim）伯爵领地的改革者时，其著作中这种广泛的理想让位于更为世俗的、在领地内建立改革后的教会体制的任务。

在他的思想转变后，他的神学仍然是以路德宗为基础的。然而，另一些人逐渐形成了新的教义体系和改革方案，这些体系和方案独立于路德宗并且一定程度上与他的教义存在冲突。其中最为重要的是乌尔里希·茨温利的苏黎世宗教改革，这场改革获得了遍及整个帝国南部的追随者。

路德的观点源于深刻的个人危机。与之相反，茨温利的改革反映了更多世俗的关切。[3]他于 1484 年出生在吐根堡（Toggenburg）地区。他所成长的世界，其特征是民众和他们的领主圣加仑修道院长常年的冲突，这里是在 15 世纪末采取残酷的再封建化政策的修道院领地。他在韦森（Weesen）、伯尔尼和巴塞尔有着人文主义倾向的学校接受了早期教育，此后在维也纳和巴塞尔的大学学习，在这里他受到"旧路派"（via antiqua）传统下的文科训练，特别是大阿尔伯特（Albertus Magnus）、阿奎那和邓斯·司各脱（Duns

Scotus）的著作。他的学术生涯以获得文科硕士结束，并且没有任何实际的神学研究的阶段。

在 1506 年茨温利担任格拉鲁斯（Glarus）的牧师之后，两个发展是决定性的。第一，他投身于对教父、邓斯·司各脱的著作以及《圣经》的细致的个人研究之中。通过学生时期的朋友，他也与巴塞尔的人文主义者圈子的成员建立了联系。通过他们，他在 1515 年或 1516 年结识了伊拉斯谟，成为伊拉斯谟的门徒，并且坚定相信《圣经》的唯一有效性是基督教教义的来源。第二，他卷入瑞士的政治中，因为他与有权力的枢机主教希纳尔（Schinner）有联系，后者也是锡永和诺瓦拉的主教、教皇特使以及在瑞士反对法国的派系的领导者，通过他的职位茨温利获得了大量教皇的圣职俸。最初，他支持希纳尔组建雇佣军以用于教皇和皇帝的反法联盟，而非用于支持法国的努力，在 1513 年（或许也包括 1512 年）和 1515 年他本人也跟随他的地区的人们奔赴战场。

1515 年 9 月 15 日，瑞士雇佣兵在马里尼亚诺（Marignano）惨败，使除苏黎世之外的瑞士联邦再次回到和法国的联盟之中。然而，当法国派再次占据上风之后，茨温利一直以来对教皇的忠诚使他在格拉鲁斯的位置难以为继。结果，他首先在什未林的艾恩西德尔恩担任受俸的牧师，此后在 1519 年 1 月，他被苏黎世大教堂（Grossmünster）的教士会委任了相似的职位。苏黎世坚定反对任何与法国的同盟（1521 年，苏黎世拒绝同意授权弗朗索瓦一世在瑞士联邦组建军队的协定），使这里对于茨温利而言是一个理想的政治落脚点。然而，与此同时，他也远离了他曾与希纳尔共同

192

拥有的反对法国的人文主义者的爱国主义。他曾经赞美瑞士雇佣兵是基督的军队，但现在他信奉的爱国主义，是反对瑞士联邦的整个雇佣兵制度以及腐化政治阶层的相关的津贴制度的。[4]事实上，希纳尔 1521 年在苏黎世组建军队以后，他发现自己受到了他过去的门徒茨温利的声讨，后者称他为贪婪的豺狼，口袋中装满了教皇的杜卡特，红衣沾满了鲜血。[5]

茨温利成为改革者的确切时间仍然是存在争议的。茨温利本人将他的"改宗"追溯到 1516 年，在这一年他结识了伊拉斯谟并阅读了最新翻译的《新约》。另一些人则主张决定性的转变发生在 1519 年。当他得到苏黎世大教堂的任命时，他打破了传统，决定通过《马太福音》进行系统性地布道。随后在秋天，他受到严重瘟疫的经历的强烈影响，这场瘟疫导致约四分之一的城市人口丧生。[6]

然而，茨温利的转变最可能是一个渐进的过程：受到伊拉斯谟的启发，受到他在苏黎世的新职务以及在这里的早期经历的塑造。从一开始，他似乎就很关注路德的论战，但是他认为路德的著作，特别是 1520 年的文章，与伊拉斯谟主义的运动是一致的，并且大体上支持他自己独立发展出的神学观点。然而，与此同时，有一些迹象表明茨温利正在远离自 1516 年以来他曾持有的伊拉斯谟主义的立场，以及远离罗马。1520 年，他放弃了每年 50 古尔登的教皇俸禄，而且正是在此时他开始更具争议的布道，挑战了对圣人的崇拜、关于炼狱的传统观点，最为激进的是对什一税的挑战。

他的布道的新形式明显得到了大部分教士会成员以及市政会

的支持，市政会在 1520 年初颁布了一个法令，鼓励在城市和城市的领地传播福音。[7] 此时与教会当局，特别是康斯坦茨主教的关系仍然能够保持稳定，只是因为罗马有理由敦促主教在干涉一个已经成为如此坚定的政治同盟的城市的事务时要小心行事。问题在 1522 年 3 月来到了紧要关头，此时茨温利公开支持对教会四月斋期法律的破坏。他此时在印刷工人克里斯托夫·弗罗绍尔（Christoph Froschbauer）的家中，因为他吃了烟熏香肠，这是一次挑衅式地展现基督教自由并对抗教会法律的行为。

茨温利起初避免参与，但随后拒绝谴责发生的事情。他对弗罗绍尔煽动性的保护导致了与主教的直接对抗，他认为无法在《圣经》中找到反对他的行为的内容。向主教请愿允许教士结婚，进一步加剧了紧张形势。与方济各修会的阿维尼翁的弗朗索瓦·朗贝尔（Francis Lambert）就圣人代祷问题的公开争论也是如此。茨温利的《最初和最后的话》（Apologetus Archeteles）的出版，强有力地回应了主教的抗议，其中否认了大公会议和教皇二者的权威，造成了公开的分裂。

福音的传播在 1523 年转变为实际的改革。1 月，苏黎世市政会组织了茨温利与主教的代理人的公开辩论。在 600 名观众面前，茨温利利用 67 条《圣经》中的结论，强有力地捍卫了他的观点并获得了胜利。市政会决定茨温利应当继续他在城市的布道，其他所有牧师也应当根据《圣经》布道。在接下来的两年内，苏黎世的教会制度从根本上得到了改变。茨温利推动了这一进程，而且这一进程在 1523 年 10 月的第二次公开辩论时获得了动力。部分平信徒在破坏圣像和类似方面的直接行动，而且得到了市政会的同意，也是非常关键的。很快修道院被解散，教士婚姻合法化，圣像被移除出教会，弥撒被取消，管理婚姻的法庭建立，以及一般的公众道德的制度发布。1525 年的先知学院（Prophezei）和 1528 年的宗教大会的机构，分别是指导教士的《圣经》研讨机构以及监管和管理他们的机构，它们实现了教会合理准则的推行。[8]

194　　茨温利实践的基督教信仰的独特特征，是其激进的圣经主义和上帝中心主义。茨温利更甚于路德，将《圣经》中存在的上帝之道视作所有事物的标尺以及法律的唯一有效来源。他们之间在神学方面最根本的分歧是关于圣餐的。路德仍然坚持圣餐作为真正的身体的观念，并且对最后的晚餐中基督的话语"这是我的身体"进行解释，指出圣餐以某种方式容纳了圣体和圣血的实体。与之相反，茨温利主张面包和酒只具有象征意义。因此路德逐渐支持"德意志弥撒"，而茨温利废除了弥撒并且以一种纯粹纪念性的仪式取而代之。关于圣餐的争论在 1525 年之后严重分裂了福音运动，即使在 1529 年与路德的马尔堡会谈之后仍然没有得到解决。

　　茨温利本质上对《圣经》字面上（以及更"人文主义"）的理解，表示信仰和信念不只意味着对救赎的内在追求。从一开始，茨温利就支持推动社会和政治生活的根本性改革，这种想法受到了他对可能实现的事情的乐观态度的激励。[9]茨温利比路德更早且更系统性地放弃纯粹的民主决策的社区原则，将其转变为在神权制度下国家和教会当局合二为一的体制，这一体制严厉处置其反对者。敬神的官厅有义务保护虔诚者并且惩罚不敬神者。茨温利打击了那些坚持他所反对的津贴制度的保守派，以及那些有着坚定信念、试图传播更为纯粹的圣经主义的激进的再洗礼派（Anabapist）。[10]法律和福音的完全一致也使茨温利承认积极对抗不敬神的官厅的可能性，这一事实并没有缓和摆在他的理念实现面前艰难的现实。

茨温利观点中固有的乐观主义似乎能够解释它的广泛普及。这些观点也非常适合相对较小的城市社区，例如苏黎世，这里的人口数量或许不足 6000 人。尽管这些观点对公众的吸引力不应当被低估，但它们对市政官员尤其有吸引力，因为他们可以使自己充当上帝的代理人的角色。毕竟，对于苏黎世的改革者而言，选择贵族共和制度作为最好的政府形式是合理的。如果茨温利试图通过承认那些最初选举市政官员的人对抗不敬神的统治的可能性，从而帮助统治的"贵族阶层"，这也只是市民和市政会关系的理论上的反映。[11]很快，相似的观点也逐渐在瑞士其他城市和上德意志造成影响。斯特拉斯堡的马丁·布塞尔和沃尔夫冈·卡皮托（Wolfgang Capito），以及巴塞尔的约翰内斯·厄科兰帕迪乌斯（Johannes Oecolampadius）制订了相关的神学和实践层面的改革方案。然而，茨温利派和路德宗之间的差异并不完全清楚：例如，布塞尔并不是唯一在制订自己的神学方案时将二者的部分内容结合在一起的人，而且斯特拉斯堡在 1536 年以前本质上是兼收并蓄的福音教，这种现象也并不反常。[12]

评估茨温利的思想在乡村地区的影响是更为困难的。通过 1523 **195** 年之后梅明根（Memmingen）的改革者克里斯托夫·夏普勒（Christoph Schappeler），茨温利的关于反抗非基督的权威之权力的观念，似乎也影响了 1525 年反抗农民的政治思想。[13]然而这并不意味着茨温利主义宣扬所有人的自由，就像在苏黎世城市与其周边的下属领地的关系清晰表现出来的那样。

茨温利宣扬反对什一税，因为什一税在《圣经》中没有依据。然而，与此同时，他谴责拒绝支付什一税的农民，主张什一税是基于人的协定，打破这种协定是非法的。因此，批判茨温利将《圣经》应用于仪式时不够严格的城市中的宗教激进分子，例如再洗礼派，发现农民和他们一样对改革者持有敌意，即使在改革后，农民仍然背负着为苏黎世大教堂和城市教会基金缴纳什一税的负担。[14]很显然，乡村教区的自由只会导致混乱以及再洗礼派村社的建立，因而茨温利没有顾虑地敦促通过市政机构铁腕镇压。在例如这些当局受到挑战的关键时点，很显然人类的义优先于神的义。[15]茨温利对和平和谐的社区的构想本质上是人文主义者的构想，在城市的背景下得到最大的共鸣，特别是在上德意志帝国城市，这里的人文主义从15世纪末期以来就已经蓬勃发展。

更世俗的政治考虑也加强了这种选择适应性。和路德不同，茨温利还是一名坚韧的政治家。从某种程度而言，这个角色是复杂的密谋强加给他的，这些密谋出现在瑞士联邦的任何一个州的几乎所有行动中。尽管如此，茨温利也是一名坚定的传教者，他热切地相信上帝之道必须得到传播，如果有必要可以诉诸武力。苏黎世改革教会体制的进程立即引起了大部分州的反对。然而，他们警告苏黎世远离任何宗教革新的尝试只是强化了茨温利的决心，而且苏黎世在1525年拒绝延长联邦的誓言，因为它是由圣人和上帝宣誓的。[16]这导致了天主教同盟的五个州（在1529年加入了奥地利的斐迪南的天主教同盟）和那些很快效仿茨温利先例的地区公开分裂，后者里尤其显眼的是圣加仑、沙夫豪森、巴塞尔和伯尔尼城市。1527年，其他福音教州很快加入了苏黎世和康斯坦茨组成的捍卫宗教改革的基督教联盟。因此，瑞士联邦很快受到分裂为两个敌对联盟的影响，双方都有各自的议会，并且双方都试图在他们的共管领地（Gemeine Herrschaften）强制推行宗教政策。

1529 年的第一次《卡珀尔和约》（Peace of Kappel）勉强避免 196了开战，这一和约试图通过重新确认各州在宗教事务上的自治权，以及将所有共管领地关于宗教的决定都置于其教区共同体掌握之中，从而平息了争端。由于茨温利不断推行改革事业，这一和约被严重破坏。在东部的图尔高（Thurgau）以及圣加仑的帝国修道院领地，他借助武力推行宗教改革。[17] 与此同时，他寻求与潜在的外部势力结成同盟，包括黑森的菲利普、法国国王、威尼斯共和国，以及（相当重要的）斯特拉斯堡、康斯坦茨、乌尔姆和帝国西南部的其他改革帝国城市。[18] 建立一个对抗"暴君"查理五世以及哈布斯堡和天主教的军事力量的巨大同盟的计划，并没有产生任何结果。现实中，最终的冲突完全是瑞士的冲突，天主教各州的强大军队与福音教徒于 1531 年 10 月 1 日在卡珀尔附近遭遇。茨温利本人在战场上阵亡。苏黎世被强制要求接受撤销施加给图尔高和圣加仑的改革，以及解散福音教联盟。[19]

茨温利的去世宣告了西南部城市的归正宗运动的终结。[20] 它们此时求助于北方的路德宗地区，这最终导致了教义上的妥协，甚至是关于圣餐这一核心问题。这在多大程度上也标志着独特的共和主义意识形态的破灭？这种意识形态也许构成了从帝国和瑞士联邦发展而来的另一个"资产阶级的德意志"的基础。

评估这一不复存在的乌托邦的可行性并不容易，但它所依赖的政治和宗教方面的假设是靠不住的。[21]如果说宗教改革使城市和皇帝疏远，并且打消了哈布斯堡基于皇帝与城市的联盟对南德意志地区的任何计划，但帝国城市仍然保持对帝国的根本忠诚。至少它们比瑞士联邦提供了更好的针对普通人的防御，在瑞士联邦，普通人实际上在乡村的州占据了支配地位。帝国城市参与茨温利的基督教联盟并不必然意味着脱离帝国的愿望。茨温利也许提醒了康斯坦茨主教，瑞士人并没有被包括在德意志人之内，但瑞士联邦仍然正式属于帝国，并且在 16 世纪早期二者的边界也并不明确。[22]

此外，关于茨温利主义的共和活力依赖于与所谓保守的路德宗的对比，这种假设也许是站不住脚的。茨温利对苏黎世地区乡村的不满人群的态度与路德对起义农民的态度差不多。茨温利宣扬对基督教权威的服从和路德一样多。[23]茨温利主义在 16 世纪 20 年代早期的城市环境下呈现出政治活力和政治参与，在随后的 16 世纪 20 年代末和 30 年代帝国北部的路德宗城市也表现出相似的共和倾向。[24]尽管圣餐的核心问题分裂了路德宗和归正宗，但二者在很多方面是一致的。茨温利暗示了一种积极的反抗权，而路德只是承认了在特定环境下反抗的不可避免性，这一事实为很多近代的评论者呈现了事实本身并不具备的重要性。[25]可以认为，茨温利将反抗权限制在一开始选择统治者的人群中，相比路德对不满的民众起义的态度，施加了更多的限制条件。然而，首先并且比理论的细微差别更重要的是，环境是比神学更关键的。

对比路德和茨温利的观点与由托马斯·闵采尔在维滕贝格阐释的更为激进的版本时，前两者观点上根本的一致性得以进一步强调。路德在瓦特堡隐居了一段时间，使各种更激进的唯灵论者（Spiritualists）和圣经主义者的出现成为可能。寂静主义者（Quietists）、唯灵论者、神秘主义者、再洗礼派，以及那些被路德宗称为"狂热分子"（fanatics）的活动者，在宗教改革的早期，他们都在追求各自不同的改革方案。[26]

像茨温利的再洗礼派批评者一样，很多这些群体都对变革的缓慢节奏没有耐心。另一些则是个别的怪人或次要预言家，他们独特的个人神学在 1520 年和 1521 年的路德事件所引发的公众热潮中也短暂地获得了知名度。一些人是"受启发的"平信徒，大多数是有文化的前教士。他们之中几乎所有人都支持比路德更为激进的圣餐教义，并且反对婴儿受洗，支持成年信徒的洗礼（因此被称为"再洗礼派"，意味着对大多数人的再洗礼）。一些人坚持字面上对《圣经》的解释，而另一些人，特别是唯灵论者的解释，是模糊且主观的。他们始终倾向于支持朴素和简单的教会仪式并且反对圣像。他们普遍挑战了作为机构的教会的观念，并且支持没有牧师的平信徒社区。他们中的一部分（只是很小的一部分）宣传暴力执行改革并扩展到社会转型。

这些个人的小规模宗派运动，其中很多很快就失败并且悄无声息地消失了。无论是暴力还是和平的倡导者，都会很快引来他们往往蔑视的世俗社会的迫害。很多教派的失败也是因为他们无法在自己内部达成一致。即使是不超过两三人的团体，也常常会牺牲团结以追求各自的真理。然而，在他们的行列之中出现了一些产生更持久的影响的派别。凭借他们在早年间的扩散以及对法律和秩序造成的威胁，他们也引起路德对自己的观点进行明确的澄清和阐述。

198

    自 1520 年 12 月 20 日路德本人在维滕贝格参与公开焚烧教皇针对他的诏书以及部分教会法规的著作的行动以来，激进和直接的行动就成了早期宗教改革的特征。宗教改革的反教权主义的第一次爆发，发生在 1521 年 6 月的爱尔福特。[27] 大学为路德 4 月的沃尔姆斯之行组织了欢送会，两名参加了欢送会的教士被排除在弥撒之外，这导致大学和教会当局之间爆发激烈的公开争吵。针对个人教士的暴力在 6 月 2 日达到了高潮，此时农民拒绝为城市的领主美因茨大主教支付关税和市场费用。随后发生了反对教会的游行示威，包括 6 月 6 日的圣体日游行。6 月 12 日，教会的财产，包括修士的居所以及宗教法庭，受到了攻击和破坏。此时，市政会介入并且强迫教士接受一系列羞辱性条件，这些条件削弱了他们对市民和周边乡村的农民的经济控制。此后不久，四名为人所知的路德宗支持者得到了在城市中布道的许可。在接下来的几年，爱尔福特的教会依照路德宗的准则进行了系统性重组。

    爱尔福特宗教改革初期出现的暴力（在这个案例中，市政会默许了这种暴力并借此削弱了教士和城市的领主美因茨大主教的经济权力），也发生在其他地区。这一波反教权主义和某些案例中的圣像破坏运动，也影响了维滕贝格的事件。然而在维滕贝格的结果，转而为爱尔福特和其他地区在最初的暴力浪潮后的发展指引了方向。

在 1521 年 6 月路德隐居瓦特堡之后，维滕贝格的形势很混乱。两名追随者——路德的同事安德烈亚斯·博登施泰因·冯·卡尔施塔特和他的同伴奥古斯丁修会的加布里埃尔·茨维林（Gabriel Zwilling）要求立即采取行动。梅兰希通似乎也支持迅速的变革，并且在 9 月 29 日通过与他的学生在大学教堂以饼酒同领的方式领受圣餐而树立了榜样。卡尔施塔特和茨维林随即敦促对圣餐仪式进行正式改变，卡尔施塔特还在圣诞节宣扬彻底修改弥撒仪式，他后来在大量教众面前重复了两次。随着奥古斯丁会修士逐渐放弃他们的修道院（最终在 1 月正式解散），并且随着包括卡尔施塔特在内的教士开始公开结婚，圣像破坏运动和示威进一步破坏城市的稳定。1521 年 12 月末"茨维考先知"（Zwickau prophets）的降临，即三个有着狂热的唯灵论教义（特别是拒绝婴儿受洗）和千禧年幻想的平信徒，进一步增添了不确定性的维度。

市政会处在巨大的压力之下，并且面对着选侯明确的反对，所以不得不接受整个改革，这场改革在 1524 年 1 月 22 日新的教会条例颁布时达到顶点。[28]这一条例体现了民众的所有要求，也包括茨维林和卡尔施塔特在此前几个月讨论的改革提议。弥撒得到改革，乞讨被禁止，一个由兄弟会和弥撒基金资助、用来支持穷人的公共金库得以建立；修道院正式被关闭，市政会接管了它们的财产。

当路德在 3 月 6 日从瓦特堡被召回恢复秩序的时候，最糟糕的情况已经过去。[29]他从 3 月 9 日到 16 日每天进行四旬斋布道

199

（Invokavit sermons），向听众宣扬克制和谨慎，这些人的热情已经平息并且愿意接受由路德提出的对卡尔施塔特引入的革新的部分废止。卡尔施塔特在 1523 年前往奥拉明德（Orlamünde，1524 年他在这里被驱逐，最终 1541 年在巴塞尔作为教授去世），这不过突出了路德对维滕贝格宗教改革的控制的重新确立。不久后，路德再一次在他的小册子《在圣像和圣餐问题上反对那些天上的先知》（*Widder die hymelischen propheten, von den bildern und Sacrament*）中声明他完全反对卡尔施塔特的激进主义，其中重申了他对圣像破坏的谴责以及支持圣餐的观点。[30]

正如路德的小册子中表明的那样，他真正的对手是卡尔施塔特，而不是"茨维考先知"。然而，在到达维滕贝格之前，他们已经对在茨维考担任牧师的托马斯·闵采尔的精神发展发挥了重要影响。闵采尔在 1490 年前后出生，是哈尔茨的施托尔贝格（Stollberg）的一名大工匠的儿子。在 1506 年进入莱比锡大学、1512 年进入奥德河畔法兰克福大学学习之后，他成了一名教士，并且先后在哈雷（Halle）、哈尔伯施塔特附近的弗罗赛（Frohse）以及不伦瑞克担任圣职，他在不伦瑞克与一群受到近代虔信启发的平信徒建立了密切的联系。[31]

路德对罗马教廷的抗议促使闵采尔第一次"转向"。他离开自己的职位并且在维滕贝格加入路德，和他一起参与 1519 年对抗埃克的莱比锡辩论，因为在于特博格对方济各修会进行猛烈的论战性的攻击而变得声名狼藉，这激起了"反对路德宗"（contra Luteranos）的争辩，这也是这一词语的使用被第一次记录下来。[32]在路德的推荐下，闵采尔在 1520 年被授予茨维考的一个临时圣职。在这里，他激进的布道再一次很快吸引了注意力并引起了对起义的担忧，然而当约翰内斯·西尔维厄斯·埃格拉努斯（Johannes Sylvius Egranus），一名有人文主义倾向的福音教徒返回圣玛丽教堂时，他的布道并没有阻止市政会授予闵采尔在圣凯瑟琳教堂的永久职位。

来到新的教区使闵采尔能够接触到更为穷苦的纺织者和其他小工匠群众，与此同时也导致他逐渐反对埃格拉努斯的讲道。当后者宣扬伊拉斯谟的虔敬、和平和逐渐变革的理念时，闵采尔则谈及上帝的意志会在一个新的选民共同体中实现，并且呼吁立刻摒弃所有传统。[33]在这一阶段闵采尔对路德的忠诚是毋庸置疑的，但是在与埃格拉努斯的人文主义对抗时，他已经形成了自己的观念。除了路德关于《圣经》和得救的教义以外，闵采尔着重强调灵魂和十字架神学。

这种对路德教义的偏离最初几乎是察觉不到的，而闵采尔和"茨维考先知"的相遇进一步鼓舞了这种转向。在搬到一个更穷的教区时，闵采尔搬到了工匠和手艺人的群众中，尼古劳斯·施托希（Nikolaus Storch）和他的同伴托马斯·德雷克塞尔（Thomas Drechsel）、马库斯·施蒂布纳（Marcus Stübner）最近在这些人群中获得了巨大的影响力。施托希的早期再洗礼派思想明显是通过与波希米亚的塔博尔派的交流而形成的，他绚丽的幻想和展现出来的在《圣经》方面的博学使人印象深刻，而且他建立了一个独立于教区的秘密集会网络。[34]他也给闵采尔留下了深刻印象，闵采尔在布道时公开称赞他是"超过所有牧师、唯一能够理解《圣经》和了解

200

灵魂的人"。

在他与施托希的关系进一步发展之前，闵采尔不得不在 4 月 15 日离开城市。他首先前往布拉格，在这里试图使波希米亚兄弟会转向激进的唯灵论宗教改革的方案，然而当他明显比最为狂热的塔博尔派更激进时，他的努力失败了。在萨克森和图林根游历一段时间后，他得到了在阿尔施泰特（Allstedt）的圣职，这是被曼斯费尔德伯爵领地和萨克森公爵领地包围的一块萨克森选侯的飞地。在这里他着手推行自己的改革事业。1523 年，他发布了德语的祷告文，随后在 1524 年发表了《德语福音弥撒》（*Deutsche Evangelische Messe*）。他还组建了秘密的"选民的同盟"，这些人将成为"上帝的永恒契约"的执行者。[35]

这一契约的本质很快就变得很清楚了。闵采尔此时公开将自己与路德的教义划清界限：他不再将《圣经》视为最高权威，因为他宣称《圣经》只是证明了那些写下《圣经》的人的信仰。通往真正的信仰的道路，并不是通过人文主义者的研究或者路德的注解。闵采尔后来宣称，即使一个人读过十万遍《圣经》，他的灵魂仍然可能与上帝非常遥远。[36]他本人强调选民必须经历的内心重生、对灵魂苦难和绝望痛苦的了解，以及内心受难的体验。人只有通过这些才能成为基督的兄弟，并且在圣灵中称义。

不久之后，这一神学的实践意义就表现出来。1524 年 3 月，瑙恩多夫（Naundorf）的一座属于熙笃会（Cistercian）修道院的教堂发生了纵火案。闵采尔见证了这场袭击，很显然这是受到他的布道鼓励的，并且得到了他的基督教同盟成员的响应。官厅认为必须对他们在选侯国之外受到的不满采取行动。[37]于是在 1524 年 7 月 13 日，闵采尔被邀请在萨克森选侯的弟弟约翰公爵和公爵之子约翰·弗里德里希面前解释。闵采尔并没有试图缓和或者掩饰他的观点，而是利用这个机会试图转变诸侯的观念，并试图说服他们，他们注定会领导自己的人民进入灾难性的"第五王国"。他们应当抓住机会成为革命的圣人的保护者，以及上帝对不敬神者的愤怒的执行者。如果他们不这样做，那么他们会证明自己也是不敬神者，将会被剥夺政府之剑并且被杀死。他宣称，"不信神者没有生存的权利"。[38]

不出所料，闵采尔对公爵们的讲道没能说服他们。[39]越来越多的证据表明萨克森的官厅和邻近的天主教诸侯对他的敌意逐渐增加，面对这种局势，闵采尔镇定地召集第二个基督教同盟，而且这一次是公开的。在 7 月 24 日狂热的布道行动后，阿尔施泰特的几百人以及来自邻近的曼斯费尔德领地的矿工加入了同盟。官厅再一次传唤了闵采尔。在再一次向选侯发出的呼吁中，他发出了对路德的严厉声讨，因为他怀疑路德响应了针对他的行动。第二次呼吁并不比第一次更成功。

闵采尔并没有接受试图使他缄口并解散他的同盟的一系列责难，他在 1524 年 8 月初离开了阿尔施泰特，前往图林根的帝国城市米尔豪森（Mühlhausen）。在这里他加入了已经受激进的布道者海因里希·普法伊费尔（Heinrich Pfeiffer）震撼的共同体。闵采尔卷入这种形势使他在仅仅七周后就被驱逐。在随后几个月的游走之后，他与西南部的很多城市和城镇的激进分子取得了联系，并且接触了很多地区不满的农民。等到他在 1525 年春季重新露面的时候，他已经准备好组织新的"上帝的永久同盟"，并且将他的事业与每个地方的农民和普通人结合在一起。[40]农民战争既是他的生涯的顶峰，也是他的生涯的伟大悲剧。

1524 年 7 月第二个基督教同盟的建立，以及闵采尔随后从阿尔施泰特的离开，标志着一个关键的转折点。闵采尔放弃了转变诸侯的所有希望，转而与他们激烈对抗。事实上，他逐渐将世俗政府，特别是萨克森选侯国，视作完全是撒旦的工具。他认为，诸侯们已经用他们自己的规则替换了上帝的规则，并且与不信神的《圣经》学者合谋阻碍真理的胜利。[41]因此他同样转向反对路德也是符合逻辑的。

202　　闵采尔最初的老师和导师此时成了"自私的兄弟"（Brother Hog）或者"懦夫兄弟"（Brother Pussyfoot），是那些在沃尔姆斯用蜂蜜填满了德意志贵族的嘴的诸侯的无耻仆从。[42]两人之间的分歧在此时终于变得不可逾越。对路德而言，他在 1524 年 7 月的《写给萨克森选侯关于叛逆之灵的信》（*Ein brieff an die Fürsten zu Sachsen von dem auffrürischen geyst*）中明确表达了自己的主要观点。[43]教义上的分歧可以在适当的时候得到解决，但是暴力不应当被允许用来实现或推动上帝之道的进程。然而，与此同时，路德也揭穿了闵采尔对他的指控的虚伪性：他对诸侯的建议是他们不应当试图打压阿尔施泰特的教义，真理最终的胜利是无须帮助的。[44]

闵采尔在虔敬的事业中致力于暴力对抗圣物和人，这就提出了一个问题：他是不是一名革命者，如果是的话，他是何种类型的革命者。从根本上而言，闵采尔并不关心社会或政治变革的可能性。他的革命只是上帝的王国的序幕，这个王国将会使所有的人类制度变得多余。直到此时，他准备好构想各种实质上的过渡性安排。这些基于所有基督徒根本上的平等。然而，和约翰·埃贝林不一样，闵采尔没有排除基督教贵族的角色。选民的同盟不一定会排除特权人员。[45]

对于闵采尔而言，上帝的拣选是革命行动的前提和条件，这一点是不言自明的。而拣选唯一真正的标志是内心的安宁或者内心与上帝的结合（Gelassenheit）：只有这一点可以证明行动措施是合理的，会使少数人战胜多数人。在1525年5月27日被处决之前写下的最后一批信件中的一封中，他精确地指出了农民失败的原因：他们只追求自私的目的，而不是"将正义带给基督教人民"的事业。[46]然而，在1525年变得清楚的一点是，闵采尔的激进神学与反抗农民的愿景存在着根本上的差异。农民希望改变世界，而他期待着世界的终结。

路德在瓦特堡的时光，以及忠诚的天主教徒（如萨克森公爵格奥尔格）无休止的敌意，都促使他澄清自己的观点。与此同时，经常伴随着改革推行的暴力，也造成了路德的教义与人文主义者的理念之间潜在的矛盾。1525年，路德和伊拉斯谟通过小册子就自由意志的问题进行了激烈交锋，这种矛盾达到了顶点。路德在这个争议上的立场，就像他对闵采尔的态度一样，从根本上由他在1522年形成的政治道德所塑造。

203　　引发这些思考的不是反叛而是服从问题。天主教诸侯，其中包括阿尔布雷希特系的萨克森公爵和巴伐利亚公爵，要求禁止路德的《新约》以及其他著作。[47]应萨克森选侯约翰公爵的要求，路德 1522 年在其著作《论世俗权威：对世俗权威服从的限度》（*Von welltlicher uberkeytt wie weytt man yhr gehorsam schuldig sey*）中，讨论了这些命令是否应当得到服从的问题。在这部著作中，他详述了两个王国以及两种相应形式的政府的概念。上帝的王国是由基督徒组成的，上帝自己通过上帝之道和圣礼统治。真正的基督徒不需要剑或者法律，因为圣灵会引导他们，并且他们的行为完全是由爱和受苦的意愿带来的。与之相反，世俗的王国是为了不信神者设立的，目的在于检验魔鬼以及保证好的秩序。因此所有的世俗秩序——国家、社会和家庭，是由上帝创造用来对抗罪恶的制度的。世俗的王国由世俗的政权代表他统治。统治者是上帝的面具，这个面具将统治者确认为上帝的代理官员。

当然，这两个王国也是有联系的。基督徒同时从属于二者，基督教诸侯将试图以虔敬的方式利用他的权力倡导真理并且维持秩序。然而，属灵的王国无权控制世俗王国，而即使是世俗王国的最高权威也无权控制属灵的王国。因此诸侯无权逼迫他的臣民的良心。世俗的法律适用于人们的生活和财产，但并不适用于他们的灵魂。[48]在所有基督徒的看不见的教会中，很显然世俗政府并没有权威。与之相反，看得见的教会，包括教会机构和类似的机构，显然属于世俗世界，因此服从于世俗权力。过去的关于教会和国家的关系问题因此得到了解决：在涉及世俗的问题上，支持国家；在涉及信仰的问题上，支持基督徒的共同体，也就是由所有信徒的教职组成的看不见的教会。

两个关键问题仍然存在。第一个问题关于臣民。如果所有政府本质上都是神圣的，那么臣民必须服从它。没有人有权利对抗政府。不过，对上帝的个人义务凌驾于其他所有义务之上。因此如果一个统治者卸下他的面具并且以不虔诚的方式行事，个人不能被强迫做错误的事情。他虽然可以拒绝接受不虔诚的命令，但不应当反叛：他必须只能忍受拒绝遵守命令可能招致的任何惩罚。第二个问题关于统治者以及他们自身受到约束或限制的程度。很显然，他们不能简单地遵从与其他所有基督徒一样的法律。对于基督徒参与政府而言，他应当，事实上也往往必须背离登山宝训（Sermon on the Mount）的严格指令。世俗政府惩罚恶人的职责，也许会与基督教爱邻人的义务冲突，但是真正的基督教诸侯应当能够解决这两个义务之间的冲突。如果他们允许祷告指引他们，并且避免依赖宫廷的议员（特别是法学家）和奉承者，他们应当能够履行最初的义务，即保护他们的臣民并且维持和平与（虔敬的）法律。

在 1522 年，这些促进路德思想的具体问题的答案已经很清楚了。基督徒并没有义务服从高压的天主教诸侯的不虔诚的命令。然而如果一个人恰好是那个诸侯的臣民，这并不能够使反叛的行为合法化，而只能消极抵抗并接受这种结果。只有对抗不是本人所属的政府的不虔敬的要求时，抵抗才是被允许的：例如，恩斯特系的萨克森选侯的臣民，没有义务听从阿尔布雷希特系的萨克森公爵或者其他任何天主教诸侯的要求。

204

与茨温利相比，路德赋予了世俗之剑无限大的权力。事实上，路德在1526年曾夸耀自己在描述和"称颂""世俗之剑和世俗政府"方面，比"使徒时代以来"的任何人都更加清晰的成就。[49]然而，很多评论者对这一成就持消极观点。一些人认为路德实质上赋予了诸侯不受限制的权力，他甚至解放了政治王国，以制定自己的法律。[50]此外，两个王国之间的联系——国家保护基督教信仰的义务，布道士支持世俗之剑的义务——都使国家神圣化。[51]根据这种说法，这进而赋予国家在德意志传统中一种异质的自主地位，使其摆脱了道德准则，并使其成为臣民不需思考就服从甚至崇敬的对象。

如果说德意志国家在19世纪和20世纪确实呈现出上述的一些特征，并且如果说此时国家利用或者滥用其权威，以利用教会服务于其自身的政治权力的利益，这远非路德在16世纪20年代所想的内容。他在1526年的自夸中明确指出，他相信"《新约》以及特别是圣保罗的指示"代表"关于社会和政治生活恰当行为的所有根本性问题的最终权威"。[52]他也接受圣保罗对即将到来的世界末日的预期，这使世俗机构的变革或者进步的问题处于次要的位置。

为世界末日做准备需要人的灵魂的变革，而不是国家和社会的改革。[53]此外，路德将上帝视作所有事物的创造者和保护者，这一观点也强化了世俗世界是既定的和神授的这一观念。

对于路德而言，上帝是历史的积极推动力，因此上帝决定了政治的兴衰，就像他创造人类并且决定人类生命的目的。人类只是执行上帝计划的上帝意志的代理人；他们毕竟只是上帝所呈现的或者隐藏在后面的面具，上帝依靠这种面具，做他能够做和将要做的任

何事情。[54]作为结果，三类存在于基督徒世界的权威（神甫、教士
和诸侯，他们各自的职责或者使命分别为善行、布道和统治）是由
上帝创造或者授予的。颠覆其中任意一个，将会危及他们中的每
一个。[55]

这种潜在的不支持社会或政治变革的态度，也受到路德在萨克
森选侯国的经历的影响。他想象中诸侯的模范就是萨克森选侯智者
弗里德里希。他不认同路德的观点，但是他对路德的保护为路德在
1522 年的文章中勾勒的理念提供了例证。诚然，他关于领地国家的
观点是旧式的，因为他仍然警惕已经成为 15 世纪末的新的官僚机
构中必不可少的代理人的法律议员。然而，他关于诸侯作为臣民保
护者以及和平和法律的保障者的观点，并没有脱离现实。[56]路德从没
有在哪个时期设想官厅从所有限制中的"解放"。基督教诸侯永远
都会受到通过祷告和牧师的说教传递的上帝之道的限制。

1522 年路德关于权威和服从的声明，也必须和其他在那时引起
他关注的问题结合看待。作为一名臣民，个人要服从官厅；但是作
为一名基督徒和看不见的教会的成员，他是完全被解放的。1522 年
9 月，小城镇莱斯尼希（Leisnig，在德累斯顿和莱比锡之间）的代
表就以下问题咨询路德：任命一位牧师担任以前由布赫的熙笃会修
道院长授予的圣职。

路德的建议《〈圣经〉确立和证实：基督徒会众有权判断一切
教训、召请和任免教师》（*That a Christian Assembly or Congregation
Has the Right and Power to Judge All Teaching and to Call, Appoint and
Dismiss Teachers, Established and Proven by Scripture*）是对社区权利的

直接支持。[57]主教、教士团和修道院没有判断真正的信仰的能力，或者至少他们没有做到这一点。因此基督教徒的社区，即当地的所有信徒，必须只受《圣经》中上帝之道的指引而行动。据此，路德鼓励莱斯尼希人任命他们自己的牧师。随后，路德对他们礼拜的最佳方式提出了建议，以保证恢复上帝之道的传播，并且鼓励他们将所有的教会财产（包括来自捐赠和遗产的收入）集中到"公共金库"。这个金库将由社区的代表管理，将用于支付给教士、学校教师并维护建筑物，以及帮助孤儿、年老体弱者和有时陷入贫困的陌生人。在修道院问题上路德只是鼓励温和原则：他希望源于修道院206 的收入被存入公共金库之前，剩余的居住者能够得到基督徒的爱，并得到必要的帮助。

在现实中，路德的社区管理的范例没有被执行，并且城市议会最终控制了金库。与之相似，一个更为长久的改革教会秩序的确立，从根本上削弱了教众选举的原则。然而路德的建议在几个方面是很重要的。这些建议反映了对于社区和来自底层的要求在发动改革进程和保证改革成功中的关键性，路德本人的认识达到了什么程度。这些建议对于鼓励其他社区引入类似的改革起到了重要作用。这些建议对于真正理解路德在16世纪20世纪早期对官厅的态度也是必不可少的。因为世俗之剑的真正用途，只是保护和支持这些活跃的基督徒的虔诚且自我管理的社区。

由于农民战争，这些观点经历了明显的缓和，正如后来的政治局势使路德为积极反抗非正义的统治者（查理五世）或者不信神的暴君（奥斯曼帝国苏丹）辩护一样。路德在1522年和1523年的态度受到更早的社会环境影响：由卡尔施塔特和闵采尔、由诸侯强制执行《沃尔姆斯敕令》的尝试，以及由受民众对新教义的需求明显推动的早期福音教运动的活力造成的问题。

1524～1525 年路德与人文主义最终的决裂，也是他自 1517 年以来的思想发展的合理结果。他与伊拉斯谟关于自由意志的争论，反映了在他们之间从一开始就存在的潜在冲突。尽管他们都对《圣经》的文本注释感兴趣，憎恶经院哲学，并且对教职的滥用持批判态度，但他们关于人类本质的观点存在着根本上的差异。甚至当路德在 1516 年阅读伊拉斯谟的希腊语《新约》时，他就已经发现伊拉斯谟似乎将耶稣视为一个"很高的道德榜样，而不是为人类的罪恶而救赎的牺牲者"。[58]同样地，伊拉斯谟仍然保持了对善功的效力的信念，至少是作为救赎的一个主要影响因素，是"第二个事业"。他担心路德的教义，即人能够无条件得到上帝救赎，因此善功与得救没有关联，只会将人们从一切道德责任感中释放出来。从根本上说，伊拉斯谟相信人真的能够通过自身的努力得到提升，人有能力选择接受或者拒绝上帝的恩惠。与之相反，路德相信人是有原罪的，而且只能由上帝拯救。

最初，对于教会改革的共同兴趣从表面上掩盖了这一根本性分歧。很多人文主义者能够热情地投身于路德的事业，但伊拉斯谟的态度始终有所保留，没有全部热情，而且很快就变得冷淡了。他对福音教运动逐渐发展的公众维度感到不安。他担心暴力带来的野蛮影响，并且为路德的反抗可能会激发对所有人文主义者的研究的敌意的想法感到担忧。最后，他不愿意考虑从旧教会的改革走向新教 207

会的建立中迈出一步。随着尼德兰形势的恶化，他的矛盾心理也加剧了。最终，当天主教对路德观点的敌意转变为公开迫害路德的追随者时，伊拉斯谟前往了巴塞尔。[59]

伊拉斯谟在表面上仍然维持中立。他既无视那些敦促他支持路德的人，也拒绝公开谴责路德。然而，他私下由于暴力和教会持续的分裂指责路德。但他拒绝了来自他的朋友教皇哈德里安六世，甚至亨利八世的呼吁，不愿公开站队。作为对所有请求的回应，他反复提出调解路德和教会之间冲突的方式。他在1523年夏天改变想法的原因还不清楚，但这个结果并没有让路德或者他的激进的天主教批评者满意。

1524年9月，伊拉斯谟的《论自由意志》（*De libero arbitrio diatribe seu collation*）出版，其中直接面对路德与经院神学家在1517年争论的关键问题，并且简明地重申了他捍卫1520年利奥十世的《主起诏书》的立场。[60]他的主张是："自由意志实际上是虚构的……因为筹划任何邪恶或善良都并非人力可及。"[61]伊拉斯谟宣称他最初的关注点是虔诚的人应当做善功。关于预定论的问题，他主张最好搁置不问。真相并不总是有用的，而且教会的差错，例如要求罪人赎罪的概念，如果有利于更高的目的，那也是可以接受的。

在路德依据《圣经》支持威克利夫并且反对康斯坦茨大公会议的问题上，伊拉斯谟依据《圣经》支持圣徒、殉道者和大公会议。在路德主张取决于上帝的人类的原罪本质使人类是无助的，只能依靠上帝的恩典的观点上，伊拉斯谟则主张人类仍然有求助于上帝的自由。伊拉斯谟认为，如果路德是对的，人们将不再有任何动力追求善行：上帝创造人类并且在人的一生中帮助人们，但人也可以通过自身的努力得到提升。根据伊拉斯谟的观点，人是以两种方式被预定的。

伊拉斯谟并没有实质上谴责路德，而且很多天主教徒为他仍然维持对教会的批判，以及重申他关于教会需要改革的信念感到失望。特别是，他警告教会在过去高估了善功的价值。然而，1525 年12 月路德发表了著作《论意志的捆绑》（De Servo Arbitrio），以这种形式进行了回应，这再次明确地声明了他的神学本质。[62]伊拉斯谟被视为一个蔑视宗教的怀疑论者，一个肤浅的学者，为了保持和平而掩盖真相。最重要的是，路德完全排除了在人类道德和宗教本质的任何问题上，任何选择上的自由的可能性。与亚里士多德和奥卡姆所教导的相反，美德是无法被获取的，善功本身也无法使人称义。[63] 208人类本质上是恶的，在被圣灵的至高权力解放之前，人一直是被恶魔控制的。路德劝诫道，即使一个人强大到足以抵御肉体的所有诱惑和弱点，人自身也无法希望通过他的善功取悦上帝。人类唯一的希望存在于上帝无上的和无条件的恩惠之中。

在调和的、非教条的、积极的伊拉斯谟与严格的、悲观主义的路德之间的鲜明对比，是有一些误导性的。在其对人的本质的悲观主义的看法方面，路德并不比其他很多主要的改革者更极端。例如，茨温利也否认自由意志以及人的善功能够通往得救的观点。[64]即便有着人文主义的根基和改革的乐观主义，茨温利也教导他人，信仰得救只取决于上帝的遴选。在这一问题上他与路德唯一的区别在于，他相信上帝是可知的，而路德认为上帝是不可知的。[65]这一争论使伊拉斯谟而非路德受到孤立。[66]通过发表《论自由意志》，伊拉斯谟最终正式与路德决裂，从此以后将路德的改革视为分裂行动："这一愚蠢和恶性的悲剧"与其"丑恶的纷争"。[67]然而，在生命的最后十年中，他的和平主义的观点在天主教世界也很难得到支持了。[68]

伊拉斯谟和另一些人对福音教改革的公开反对，也并没有中断人文主义和福音教的共生关系。人文主义者的学术影响仍然是基础性的。梅兰希通的"与人文学科、神学研究和真正的虔诚紧密联系的信念"成了宗教改革遗产的一部分。[69]与此同时，很大程度上在梅兰希通的影响下，人文学科也被注入了经院哲学传统的元素。随着梅兰希通将福音教神学系统化，以及在大学和学校中提供相关的有效教学，他甚至重新发现了亚里士多德，而 1517 年路德在与经院神学的拉丁语争论中，批判了亚里士多德对神学造成的恶劣影响。[70]

关于自由意志的争论是用拉丁语进行的学术争论。这场争论的即刻影响是有限的。然而，这反映了正在出现的福音教社会和政治理论的一个重要维度。推行社会改革的早期尝试所引发的问题也影响了这一进程。首先由帝国的低级别贵族，而后由农民采取的"战争"，以不同的方式表明宗教观念与社会和政治不满之间的联系。这两场运动都失败了，但它们也都为帝国的政治体制带来了显著的调整。因此，它们都体现了帝国对潜在的革命性社会力量做出反应，并且最终抑制这种力量的能力。

注释

1. Schilling,'Alternatives'.
2. 接 下 来 的 内 容, 可 见: Heger, *Günzburg*; Peters, *Günzburg*; Ozment, *Reformation*, 91-108; Wolgast,'Neuordnung'。
3. 很好的简短介绍, 可见: Gordon, *Reformation*, 46-85。
4. 津贴(pension)本质上是由各政府支付的贿赂, 用来换取在瑞士联邦组建雇佣军的许可。Locher, *Reformation*, 25-6, 175-7.
5. *ADB*, xxxiii, 734.
6. Stephens, *Zwingli*, 17.
7. Locher, *Reformation*, 94-5.
8. Gäbler, *Zwingli*, 92-3, 116-18.
9. Blickle, *Reformation*, 52.
10. Fuchs,'Zeitalter', 83.
11. Stephens, *Zwingli*, 126-32.
12. Abray, *People's Reformation*, 33-41.
13. Blickle, *Reformation*, 116-17.
14. Gäbler, *Zwingli*, 87-90, 112-14; Blickle, *Reformation*, 162; Potter, *Zwingli*, 198-203.
15. Stephens, *Zwingli*, 135.
16. Blickle, *Reformation*, 163-4.
17. 圣加仑的采邑修道院长职位的掌握者直到 1798 年一直是帝国的诸侯; 圣加仑城市本身在 1457 年独立于修道院, 1521 年, 采邑修道院长的居所搬到了罗尔沙赫(Rorschach): Köbler, *Lexikon*, 609。
18. Gäbler, *Zwingli*, 126-7; Blickle, *Reformation*, 165; Brady, *Turning Swiss*, 202-6.
19. Gäbler, *Zwingli*, 132-5.
20. Brady, *Turning Swiss*, 206. 另见本书页边码 240~251 页。

21. Brady, *Turning Swiss*, 322-30; Brady, *Sturm*, 371-82.

22. Gäbler, *Zwingli*, 15.

23. Stephens, *Zwingli*, 134.

24. Schilling, 'Alternatives', 115-16; Blickle, *Reformation*, 100-1.

25. Ozment, *Reformation*, 131-8; Gäbler, *Zwingli*, 71-2.

26. Schilling, 'Alternatives', 100-9; 也可见: Cameron, *Reformation*, 319。

27. Dickens, *German Nation*, 169-74; Cameron, *Reformation*, 214-15; Scribner, 'Civic Unity', 195-7.

28. Scribner, 'Reformation as a Social Movement', 49.

29. Edwards, *False Brethren*, 17-33.

30. 小册子的第二部分是 *Das ander tail wider die himlischen Propheten vom Sacrament*。

31. Scott, *Müntzer*, 7.

32. Williams, *Radical Reformation*, 122-3.

33. Van Dülmen, *Reformation*, 85.

34. Van Dülmen, *Reformation*, 87-8; Williams, *Radical Reformation*, 123-5.

35. Williams, *Radical Reformation*, 128.

36. Blickle, *Reformation*.

37. Scott, *Müntzer*, 65-6.

38. Scott, *Müntzer*, 70-6; Brecht, *Luther*, ii, 153.

39. 随后以 *Außlegung des andern unterschyds Danielis, deß propheten, gepredigt aufm Schlos zu Alstet vor den tetigen, thewren herzcogen und vorstehern zu Sachssen durch Thomam Muntzer, diener des wordt gottes. Alstedt MDXXIIII* 出版。

40. Scott, *Müntzer*, 115-16.

41. Rabe, *Geschichte*, 277.

42. Blickle, *Reformation*, 64-5; Williams, *Radical Reformation*, 133-4.

43. Brecht, *Luther*, ii 151-2.

44. Brecht, *Luther*, 152.

45. Williams, *Radical Reformation*, 133; Scott, *Müntzer*, 171.

46. Scott, *Müntzer*, 168; Blickle, *Reformation*, 63-4.

47. Lohse, *Luther*, 64-5. 也可见: Skinner, *Foundations*, ii, 12-19; Brecht, *Luther*, ii, 115-19。

48. Brecht, *Luther*, ii, 117.

49. Brecht, *Luther*, ii, 119.

50. Lohse, *Luther*, 192-3; Krieger, *Idea of freedom*, 8-19.

51. Blickle, *Reformation*, 49.

52. Skinner, *Foundations*, ii, 19.

53. Blickle, *Reformation*, 48; Lohse, *Luther*, 196.

54. Lohse, *Luther*, 175.

55. Schorn-Schütte, 'Drei-Stände-Lehre', 439.

56. Lohse, *Luther*, 197.

57. Brecht, Luther, ii, 69 - 71. 原本的题目是: *Das eyn Christliche versamlung odder gemeyne, recht und macht habe, alle lere tzu urteylen, und lerer zu beruffen, eyn und abzusetzen, Grund vnd ursach aus der schrifft* (Wittenberg, 1523)。

58. Ozment, *Age of Reform*, 292.

59. Israel, *Dutch Republic 1476-1806*, 48-51.

60. Brecht, *Luther*, ii, 220-4.

61. Ozment, *Age of Reform*, 294.

62. Brecht, *Luther*, ii, 235; Schoeck, *Erasmus*, 298-309.

63. Ozment, *Age of Reform*, 300.

64. Stephens, *Zwingli*, 47-52; Gäbler, *Zwingli*, 69, 82, 131.

65. Gäbler, *Zwingli*, 131.

66. Potter, *Zwingli*, 294.

67. Phillips, *Erasmus*, 110.

68. Halkin, *Erasmus*, 251.

69. Ozment, *Age of Reform*, 314.

70. Hammerstein, *Bildung*, 17-20, 87-8.

第十七章

骑士战争（1522~1523）

　　路德的《致德意志民族的基督教贵族》最初是针对皇帝和诸侯这些上层贵族的。然而，它可能在下层贵族中产生了最大的影响。1522~1523 年的帝国骑士起义是推动教会和社会改革的一次尝试，这场改革明显受到"路德事件"的激励，并且其愿望是以源于路德著作中的术语表达的。这一运动的很多领导者无疑真诚地转向了路德宗信仰：弗朗茨·冯·济金根的城堡——邻近卡尔斯鲁厄（Karlsruhe）的埃伯恩堡，是在维滕贝格和纽伦堡之后第三个引入福音教仪式的地方。[1]

　　然而，在宗教改革之外还有更多争论中的问题，而且可以说，到起义发生时，领导人的目标与路德本人设想的目标几乎没有任何相同之处。这场运动整体复杂的根源在于，自 15 世纪中期以来低级别贵族地位的转变。从 1519 年马克西米利安一世去世到 1521 年沃尔姆斯帝国议会，这场运动从路德对他的福音教义的捍卫与帝国改革事业的短暂的结合中获得了动力。

　　传统观点将骑士起义视作注定消逝的阶层英勇但徒劳的最后一战，这种看法大体上源于乌尔里希·冯·胡滕为起义大体上描绘的画像。在 1518 年 10 月的一封写给纽伦堡的权贵和人文主义者维利巴尔德·皮克海默的信件中，胡滕将富裕的城市居民的"舒适、平静、轻松的生活"与低级别贵族艰难的生活进行了对比。[2]他们"在田地、森林、坚固的堡垒"度过每一天。只要是他们仍然保有的土地，都被租给了那些"只能以土地勉强维持生计的饥饿农民"。这些穷光蛋是他们唯一的收入来源。他们的城堡不舒适、狭小、嘈杂，并且散发着狗和粪便的臭气。他们的生活被无休止的冲突扰乱：他们的仆从之间的冲突、与竞争的贵族的冲突、与各种窃贼和道路劫匪的冲突。这种独立存在造成的不安全使很多骑士服务于有权力的诸侯，但即使这样也不能解决他们的所有问题。对诸侯的义务，反而往往会造成诸侯的敌人及其委托人的敌意。

胡滕的哀叹并不是直接取材于生活的图景，无论是他的生活还是 1522~1523 年骑士起义的领导者弗朗茨·冯·济金根的生活。尽管如此，它强化了大部分低级别贵族对 1500 年前后危机的印象。这些贵族以各种方式，面对着适应、重新调整和重新定位的过程，这也挑战了德意志骑士阶层传统的义务和自我形象。第一，他们在很多地区都是领地化进程和诸侯政府建立过程的受害者。第二，他们传统的军事职能正在转变，在某些方面正在消失，这是因为战争方式的发展。第三，他们中的很多人也受到 15 世纪晚期经济发展的不利影响。衰退、分裂和消亡这样的术语也许是有误导性的。毕竟贵族比帝国存在的时间还要长。然而，他们的职能正在显著变化，并且骑士起义的失败对于加速这种转变是至关重要的。

帝国内的低级别贵族在 1500 年前后的整体形势是十分不稳定

的，以至于很难明确区分作为独立阶层的帝国骑士（Reichsritter）和那些已经附属于诸侯的邦国贵族。[3]事实上，从 16 世纪 40 年代开始，指代那些直接且只对皇帝和帝国宣誓效忠，而不是对诸侯效忠的骑士术语"帝国骑士"才有意义。

在 1500 年前后，情况仍然不断变化。在德意志北部的很多地区，在萨克森、巴伐利亚和哈布斯堡的领地，诸侯已经整合了低级别贵族。臣服于诸侯、越来越多的行政干涉，以及由受过学术训练的非贵族基于复兴的罗马法制定的法律准则，这些都威胁了自由贵族的独立性。他们发现，他们对自己领地的管辖权受到了新的领地法庭的挑战，他们的渔猎权被诸侯更高的主张削弱；他们还发现自己需要承担出于邦国利益的，以及通过邦国征收的出于帝国利益的税收。

与此同时，骑士此前为诸侯服务的特权也受到威胁。新的邦国行政机构需要受过学术型法律训练的官员，而且非贵族议员逐渐占据了政府中原本只为贵族预留的重要职位。当然，很多贵族仍然成了议员，而且相比非贵族，更多贵族仍然占据着例如辖区长官（Amtmann）这样的职位，这是他们在自己的地产所有权之外控制的东西。一些贵族也开始通过上大学来迎合这种对经过学术训练的官员的需求，然而，很多贵族因此参与邦国行政机构的"近代化"，这一事实并不会削弱对与非贵族竞争的愤恨，也不会削弱对"近代化"行政机构作为对贵族价值的威胁的认知。

211　　即使在那些贵族事实上并没有被整合进诸侯邦国的地方，贵族们也面临着同样的压力。在弗兰科尼亚、施瓦本以及上莱茵和中莱茵这些更接近于中世纪帝国权力范围的地区，这些地区的领地化进程落后于北部和东部。然而，在这些地区，自由骑士也会发现他们处于强有力的邻近诸侯的笼罩之下，与他们竞争对地方法庭的权利、捕猎权乃至对土地的权利。即使是一名"自由"骑士，也并非完全不受限制。很多人控制的领地，至少一部分来源于作为邻近诸侯的封臣身份；他们的"财产"和诸侯的一样，也是由很多土地和权利构成的。对于很多人而言，这种有限的君臣关系体现在骑士对诸侯邦国的服务上，通常是在连续阶段服务于多个诸侯。作为辖区长官或者作为更高级的中央官员，骑士在帝国法院工作，或者服兵役。

即使这些骑士从根本上免于对诸侯的从属，他们也会感受到来自帝国的"政府"的压力和威胁。1495 年的《永久和平条例》试图消除已经成为德意志骑士阶层习惯法的私战，用来调停未来所有争端的帝国法院的司法机构也是另一个例证，表明在德意志社会非贵族法学家逐渐扩张权力。[4]

骑士与帝国的关系在另一方面也是存在问题的。自由贵族寻求保卫他们的共同利益并且制定相处的行为准则的一种方式，是组织同盟和协会，而且 1422 年由皇帝西吉斯蒙德授予的特权承认了他们在帝国内作为合法组织的存在。其中最重要的是施瓦本的圣格奥尔格盾牌同盟。[5]它最初的目标是成员的自我防卫，但帝国法令的目的在于使其和其他相似的组织一样受皇帝的控制。这一点在 1488 年才得以部分实现，此时圣格奥尔格盾牌同盟成为施瓦本同盟的一支主要力量。然而，皇帝和骑士这种关系的进一步发展受到了税收问题的影响——讽刺的是，这恰好发生在"最后的骑士"马克西米利安一世统治时期。[6]

在 1495 年引入公共芬尼时，自由骑士拒绝支付。在随后的时间里，马克西米利安没能使骑士服从于任何形式的帝国税，或者组成一个新的骑士团体或者组织。尽管皇帝和骑士的关系以及他们在帝国内准确的角色和地位，在马克西米利安去世时也并不明确，但吸纳骑士的不断尝试确实产生了一些积极的结果。这些尝试导致了一个允许骑士仍然维持他们的独立性的框架。这些尝试也仍然保留了一种皇冠和宝剑之间特殊关系的可能性，这种可能性对皇帝和骑士都有吸引力。然而这些尝试的开端从 16 世纪 40 年代骑士正式的合作组织出现才终于取得成效。然而，在 1500 年前后，很多骑士更加专注于税收的威胁，而不是帝国保护的承诺。

战争方式的转变限制了骑士的一个重要的传统职能。火炮在 15 世纪期间的引入削弱了骑士在中世纪战争中所扮演的关键角色。[7]骑士最后一次独自作战是 1519 年 6 月的索尔陶战役，这是希尔德斯海姆冲突的高峰。[8]同样重要的是，瑞士步兵在 14 世纪和 15 世纪的军事胜利，促使很多统治者求助于雇佣兵而不是依赖传统的马背上的骑士武装。一些贵族在生涯中有能力成为雇佣兵头领，甚至像弗朗茨·冯·济金根那样，成为拥有个人武装力量的军事首领，但这种危险的道路往往会导致灾难。在和平时期和战争时期都需要向雇佣兵支付费用，而且皇室的雇用者，例如查理五世，最不愿意支付他们的订单，尤其是如果军事行动的结果没有让他们满意。[9]

经济困难在很多方面加剧了这些问题。骑士和那些在他们土地上工作并且为他们提供大部分收入的农民一样，很容易受到乡村经济的波动和变动的冲击。一些人成功适应了新的经济形势：他们成了采矿和其他乡村行业的创业者，或者是大型牲畜的养殖者和交易者，或者利用他们的购买力和谷仓参与农产品（如谷物）的投机买卖。[10]然而，另一些人，也许是在弗兰科尼亚和施瓦本很多区域的大多数人，都面临着很大的压力。他们的贵族特权带给他们的只有更重的负担，因为他们需要努力筹集资金购买武器、整套盔甲以及骑士的其他所有装备。[11]骑士时常会想起帝国城市及其显贵的富裕。像农民一样，骑士厌恶那些控制乡村产业和货币市场的"垄断者"。他们也怨恨这样的事实：这一阶层的代表也与他们竞争在邦国和帝国行政机构的工作岗位。富裕的商人和接受罗马法训练的非贵族官员，是旧贵族精英的双生噩梦。

在帝国教会中，骑士仍然在很多主教座堂教士团享有近乎垄断的地位，并且有大量的机会升迁到更高级别的神职，特别是主教。在这方面并没有任何危机的迹象。事实上，德意志教会的一个明显的问题，就是贵族对其上层的掌控。这种在贵族的家族网络和帝国教会的更高级别教职之间的联系，也不可避免地使贵族对宗教改革的态度至少变得矛盾。

事实上，随着改革运动逐渐转向创造新的教会秩序，很多骑士发现他们处在艰难的境地。因为世俗化从逻辑上意味着恰恰是他们家族的工作和地位所依仗的制度消失，而且正是这个制度给予他们晋升为帝国最高等级诸侯的唯一机会。[12]帝国教会仍然是贵族特权的堡垒，但是以宗教改革后被削弱的形式，它已经不再能够接纳自由

213

贵族的所有子孙。这一特权领域存在下来，也无法弥补作为整体的骑士阶层的地位受到的侵蚀，以及来自城市和城市受教育精英感知到的威胁。

骑士以多种方式应对这些压力。最明显的反应是成员的封闭以及贵族排他性的强制执行。在 15 世纪晚期，很多主教座堂教士团引入了严格的限制条件以控制成员的资格，要求证明其贵族出身。比武大会出现了挑衅式的复兴，特别是 1479～1487 年所谓的"四地"比武大会。来自四个传统的比武大会地区（弗兰科尼亚、施瓦本、中莱茵和上莱茵、巴伐利亚）的骑士组织了比武大会；这些大会的参与者被严格限制为骑士（不包括诸侯和权贵），并且每一次都会吸引几百名参与者。[13]这种身份的证明以及骑士阶层的集体排他性是帝国南部特有的；在北方，或者事实上在欧洲其他任何地方，在 15 世纪都没有发生类似的事情。

尽管马上比武象征性地展现了骑士的美德和英勇，但是一些人仍然以更暴力的方式主张他们的权利。私战并不是 15 世纪的发明，但正是在此时"强盗男爵"（Raubritter）成了帝国内贵族仍然免于诸侯控制的地区的一个元素。[14]对于很多人而言，这是一种追求正义的传统方式，但是例如托马斯·冯·阿布斯贝格（Thomas von Absberg）和戈尔茨·冯·贝利欣根这样的贵族强盗，他们的事业超出了道路抢劫和强盗。他们维持了在帝国城市（例如纽伦堡）以及沿贸易和货物路线的中转站的间谍网络。[15]

私战往往只是一个表面上的借口，强盗借此对富裕的城镇市民和他们的财产抢劫。在一些地区，例如威斯特伐利亚南部，针对贵族强盗的控诉带来了一个错误的印象：他们往往针对那些担任辖区长官和其他类似职务、代表诸侯征收税金和费用的贵族。[16]然而，激发这种不公正的控诉的因素，是那些自由骑士无休止的犯罪生活，他们在多年内一直威胁整个区域。1486 年和 1495 年帝国议会消除这种私战活动的努力失败了，并且从某种程度上来说，只是起到了吸引对其关注的作用。施瓦本同盟针对类似托马斯·冯·阿布斯贝格的人执行和平的努力，只是刺激他发动了针对同盟的私斗战争。1522~1523 年，即使是帝国政府的所在地，纽伦堡的帝国执政府也处在围攻中，通向这里的道路同样受到强盗的侵扰。

　　骑士自身的同盟和组织更为持久，也许很大程度上是因为这些组织并没有卷入马上比武的经济支出或者私战的变化之中。它们服务于种种目的。一方面，它们希望保护其成员各自的利益，对抗诸侯和商业上有侵略性的帝国城市。与此同时，它们是旨在稳定帝国区域（即使不是帝国整体）的同盟和联盟的更普遍趋势的一部分，这也是 15 世纪的一个特点。另一方面，它们致力于保护自身成员免于彼此的侵害；它们的根本目标是在骑士等级施加一定程度的自我规训，而且它们的组织条款往往在成员之间的关系方面比其他任何方面都更为明确。

　　罗滕堡（Rothenburg）的统治权和城堡继承人的同盟，是典型的这种小型组织。1478 年，46 名弗兰科尼亚骑士，其中绝大多数是勃兰登堡边疆伯爵的宫廷官员，从普法尔茨-莫斯巴赫系购买了统治权。[17]他们的目的是建立一个在边疆伯爵或者维尔茨堡主教以及纽伦堡城市范围之外的权力基础，一些人显然把这种统治权直接视

214

为抢劫活动的基础，特别是针对纽伦堡的贸易路线的抢劫。然而，骑士共同体整体的目的是防卫性的而非侵略性的。共同继承人唯一始终达成一致的事情，是永远不能允许个人在城堡据点发起私战。

很多此类组织在 1522 年形成，这通常被视为 1522～1523 年起义的前兆。同盟在施瓦本和韦特劳建立，并且在 1522 年 8 月，大约 600 名莱茵兰骑士在兰道（Landau）集会，组成了一个在弗朗茨·冯·济金根领导下的为期六年的"兄弟同盟"。同盟的条款宣称同盟旨在维持帝国的法律和秩序，特别是阻止单独骑士的暴力行为。第二年春天，在施韦因富特成立了一个相似的同盟，它也试图维持弗兰科尼亚骑士的团结并且支持相同的普遍原则。[18]

同盟数量的激增，为帝国内很多区域的骑士在马克西米利安一世晚期和查理五世早期的普遍不满提供了证据。然而，同盟遵守这些区域性组织已经确立的模式，这一事实使人们很难将他们的不满描述为一场具有革命，甚至是改革的可能性的运动的开端。人们广泛担忧骑士普遍的动员可能造成的后果，但骑士发现参与有意义的超区域的合作是不可能的。[19]

尽管新的宗教教义启发了一些著名人物，但并没有对整个阶层造成震动。一些个人骑士，特别是在克赖希高的骑士，是最早转向福音教信仰的一批人；但在弗兰科尼亚这样的地区，绝大部分骑士并没有受到新教的影响。

215　　事实上，整体而言，自由骑士不一定比大邦国的贵族对宗教改革的态度更开放。例如，哈布斯堡世袭领地和施蒂利亚的贵族在 16 世纪 20 年代早期比帝国所有地区的自由骑士都更为一致地倾向于路德宗。[20]施瓦本的哈布斯堡前奥地利的低级别贵族仍然保持天主教信仰，这一事实说明了诸侯和邦国等级之间的关系在这些贵族做出教派选择时所发挥的作用。[21]然而，上卢萨蒂亚的贵族对福音教义的热情提供了另一种案例，即与哈布斯堡的领主有着相似距离的另一个群体采取了相反的路线。[22]

在1522~1523年使很多骑士联合起来的因素，看上去是一小群突出的个人对帝国和教会改革的热情。骑士起义几乎完全出于两个杰出人物的推动力和雄心，他们是乌尔里希·冯·胡滕和起义领袖、最为重要的弗朗茨·冯·济金根。他们都不是骑士阶层的典型代表。

胡滕的反叛之路，起始于将德意志从罗马的桎梏中解放出来的爱国人文主义者的热情。当他作为一名民族文学人物出现在对抗罗伊希林"蒙昧"的对手的运动中之后，他对查理五世的选举寄予厚望。[23]不久之后，他在支持路德对抗教阶制度中看到了民族复兴的可能性，与此同时他仍然希望新皇帝也能够在改革者背后施加影响力。在《沃尔姆斯敕令》后，胡滕放弃了查理五世，也开始与路德疏远。他的希望此时越来越寄托在弗朗茨·冯·济金根身上。他们在1519年施瓦本同盟对抗符腾堡的乌尔里希公爵的行动期间就已经见过面了。1520年，胡滕搬到了济金根的城堡埃伯恩堡。到1521年夏天，他开始将济金根置于路德之上，作为他设想的对所有教士的战争的领袖。

胡滕如此崇拜的这个人，却几乎不符合他的宣传中所描绘的骑士的刻板印象。弗朗茨·冯·济金根拥有大量零散的统治权和城堡以及两个城镇，分别位于克赖希高和帝国西南部。[24]济金根比大部分骑士阶层拥有更大的领地基础，他对自己地产的管理以及对铁矿和汞矿的开采权的利用，具有很多诸侯国的强烈特征。[25]他早期转向福音教运动，以及他的领地的系统化改革，从某种程度而言，只是对他的财产进行"领地化"的合理延伸。

然而，像其他骑士一样，济金根也与他所掌握的采邑的各个诸侯领主联系在一起。他的家族与普法尔茨宫廷、沃尔姆斯宫廷、斯特拉斯堡主教以及帝国宫廷有联系，济金根本人最初也是普法尔茨的行政官员或者辖区长官。1515 年，具体原因尚不完全明确，他发动了针对沃尔姆斯市、洛林公爵、梅斯市、美因河畔法兰克福市以及黑森邦国伯爵的一系列私战。与此同时，他利用越来越多的资源以及委托人和亲属网络，将他自己确立为一个独立的军事力量。他在帝国内受到了禁令，但利用对抗洛林的行动，首先从洛林公爵那里获得了一笔稳定的年收入，此后又与法国国王会面，随后又与皇帝的德意志敌人符腾堡公爵结成了同盟。这反而说服了马克西米利安撤销对他的禁令，并且让他为帝国效力，因此针对梅斯、黑森和法兰克福的私战，某种意义上是在帝国的保护下进行的。

在马克西米利安一世去世时，济金根再一次与法国国王谈判，但是他仍然忠于哈布斯堡，并且支持查理五世的选举以及帝国针对符腾堡的军事行动，借此他获得了少量领地。然而他为忠于皇室所付出的代价很快就超过了这一短期收益。这一行动使他受到了此前在普法尔茨的保护人的敌意，并且缺少突出的集中领地基础意味着他容易受到那些统治着他零散的土地周边区域的诸侯的

216

攻击。最重要的是，查理五世并不像马克西米利安一样看重他的忠诚。当济金根自费发动的一场针对法国的行动失败之后，查理根本没有支付费用，之后他又拖欠了济金根为其加冕提前支付的一笔巨额债务。[26]

最初，济金根在 1519 年对符腾堡的军事行动中与胡滕相遇，并发现了福音教信仰，这似乎弥补了他从查理五世那里享有的较低程度的帝国保护。尽管过去他形成了和前人一样的传统的虔诚，并且投入了大量资金重建特鲁巴赫（Trumbach）的修道院，但他此时已经成了一名坚定的改革者。他宣布对多明我会发动私战，并且将他的据点埃伯恩堡变成"正义客栈"。他主动为路德提供保护，并且接待了布塞尔和厄科兰帕迪乌斯（后来分别成为斯特拉斯堡和巴塞尔的改革者）以及另一些人，在他们的帮助下，济金根在他的领地内引入有着饼酒同领的圣餐礼的德语弥撒以及改革的教会仪式。

从某种程度而言，济金根成了那些后来将世俗和宗教利益结合起来、在他们的邦国实行"教派化"（confessionalizing）的诸侯的先驱。[27]然而，新的政治和军事行动很快弱化了这一"国家创建"的事业。像胡滕一样，济金根将教会改革视作帝国复兴的必要部分，他还设想骑士在这一进程中发挥主导作用。当胡滕煽动对所有教士发动全面战争时，济金根试图利用在贵族中普遍的不满的潜在力量。在 1522 年 8 月 13 日兰道同盟组建之后不久，他宣布发起对特里尔选侯-大主教——里夏德·冯·格赖芬克劳（Richard von Greiffenklau）的私战。

此次战争的借口，本质上是关于选侯的两个臣属没有支付的赎 217

金的个人争斗。[28] 此外，济金根指控格赖芬克劳已经违抗了上帝和皇帝。从格赖芬克劳作为诸侯的专横行为，以及在 1519 年支持法国的候选人当选皇帝的角度而言，这是一个看似合理的指控。济金根的真实动机则不清楚。一方面，他宣称他希望在中莱茵和摩泽尔地区"为新的福音书打开一个口子"。另一方面，他也许有着成为世俗化的特里尔选侯国的诸侯的野心。美因茨选侯看上去支持他的行动，这一事实表明他最初并没有受针对帝国教会或者教士本身发动十字军的想法所鼓舞。[29]

如果说 1522 年 8 月 27 日的宣战檄文预计成为普遍起义的信号，那它的失败很大程度上是因为济金根想成为诸侯的野心过于明显。即使得到美因茨的暗中支持，济金根的行动仍然失败了。各地的骑士没能联合起来。在科隆和于利希的骑士受到了失去采邑的威胁；黑森的菲利普阻止了一个由萨克森·尼克尔·冯·明克维茨（Saxon Nickel von Minkwitz）领导的向南行进的不伦瑞克同盟。更为关键的是，即使进行了八天围城，济金根自己的 1500 名骑兵和 5000 名步兵仍然无法占领特里尔。格赖芬克劳不仅仍然坚守，而且立刻与黑森邦国伯爵以及普法尔茨选侯结盟并发动反击。除了执行自己的行动，他们也促使施瓦本同盟发起行动，同盟动员了一支由格奥尔格·特鲁克泽斯·冯·瓦尔德堡（Georg Truchsess von Waldburg）领导的军队，对抗弗兰科尼亚和施瓦本骑士的组织。至少在最初，这一举措和济金根事件没有任何关系，因为这是同盟对于托马斯·冯·阿布斯贝格谋杀其成员厄廷根伯爵的回应。[30]然而，一旦针对济金根的反击取得成功，施瓦本同盟在弗兰科尼亚军力的展现就变成了对所有起义者的普遍威慑。

　　松散的早期贵族反叛被轻松地击败了，潜在起义者的威胁在1523年春天仍然存在。1523年4月，济金根本人被围困在他的堡垒——兰施图尔（Landstuhl）的南施泰因堡（Burg Nanstein）。城墙被重型炮火摧毁，济金根身负重伤。他的所有领地和城堡都落入敌人之手，大约30个盟友的城堡被摧毁，暗中支持他对抗特里尔的行动的美因茨选侯也不得不支付25000古尔登作为赔偿。[31]济金根的共谋者胡滕在围攻特里尔失败之后就已经逃跑了，在几次未能找到安全的避难所后，最终在1523年8月29日，他在苏黎世湖的乌芬瑙岛（Ufenau）死于由来已久的梅毒。

　　诸侯在1522~1523年针对贵族不满的各种因素的决定性行动，标志着一场邦国诸侯对"自由"贵族的无可置疑的胜利，以及胡滕和济金根所支持的民族改革的失败。帝国政府在这一进程中发挥的作用通常被忽视了，然而它对于保证骑士的生存起到了关键作用。纽伦堡的帝国执政府，或者说中央行政机构，明显缺少军事力量来控制骑士中不守规矩的个体或者对抗1522~1523年的叛乱。在这一方面，它完全依靠施瓦本同盟和诸侯。然而，这并不意味着帝国执政府顺从地接受他们的领导。在1522年10月驱逐济金根之后，帝国执政府尽其所能保护济金根的盟友免受敌人的惩罚，而且在1523年春季并没有将帝国的任何资源投入与济金根的战斗中。即使在这次危机中，皇室和骑士过去的密切联系仍然得以维系。[32]

　　骑士起义的失败并没有因此标志着自由贵族的彻底终结，而是几乎成为其发展的一个重要里程碑。那些带来强盗骑士传说的私战和非法行为仍然延续了几十年。例如在弗兰科尼亚，阿布斯贝格和罗森贝格家族在几十年内阶段性地控制更高级别的贵族和帝国城市以索要赎金，他们努力强制收回在 1523 年被没收的财产。[33]直到 16 世纪 60 年代，另一个帝国骑士威廉·冯·格伦巴赫（Wilhelm von Grumbach）保卫自身权利的努力，仍然对帝国的稳定造成了威胁。[34]然而，在大多数人看来，1522~1523 年的经历，在 1525 年农民战争的创伤的强化之下，造成了观念和行为的真正改变。

防御性的贵族同盟逐渐让位于在帝国内构建稳定地位的努力。他们没能在帝国议会获得代表权，但形成了与皇室新的直接关系。组成帝国骑士的合作组织的第一步是他们同意支付用来保卫帝国对抗土耳其的税金。这被称为"自愿援助"（subsidium charitativum），但是这无法掩盖一个事实：骑士此时同意支付他们在马克西米利安统治时期拒绝支付的税金。[35]尽管施瓦本骑士在 1529 年批准的税金并没有被实际支付，但施瓦本和弗兰科尼亚骑士在 1532 年又同意了另外一笔税金。

当新的公共芬尼在 1542 年被引入时，骑士普遍借助批准通过区域性组织或行政区直接支付给斐迪南国王的方式，坚持他们对于诸侯的独立性。这些组织很快承担了更为普遍的代表职能。它们获得了相关的法规，并且被承认为帝国的制度性机构，独立于诸侯控制下的大区。对于皇帝而言，一个独立于帝国议会的资金来源有着明显的好处。从皇帝的视角来看，骑士构成的仆从贵族能够被用于军事和民事目的，这也是很重要的。他们的家族网络掌控着对很多主要的教会邦国的教士团的控制，拥有对很多世俗邦国的巨大影响

力，他们在这些邦国的法院和行政机构的各领域担任官职。对于骑　219
士而言，从属于皇帝并且同意他的税收需求，意味着持续的自由和
免受贵族入侵的保护。[36]

　　骑士的信仰发展反映了他们潜在的政治利益。早期显著的转向
福音派信仰并没有成为潮流。尽管真诚的宗教信仰无疑起到一定作
用，但济金根和另一些人［如贵族小册子的作者哈特穆特·冯·克
隆贝格（Hartmut von Cronberg）］的行动，只有在1519~1521年期
待政治改革的背景下才能得到理解。与之相似，对于骑士造成了对
帝国稳定的真正威胁的认知，也只有在那些年对起义的恐惧的背景
下才能够被理解。然而，在这之后，自由骑士的信仰选择受到了其
他因素的影响。

　　从16世纪30年代以来，骑士倾向于追随皇帝或者控制其采邑
的诸侯的领导。在哈布斯堡统治的上施瓦本，骑士倾向于维持天主
教信仰。在福音教宫廷范围内的海德堡、斯图加特、达姆施塔特和
安斯巴赫，很多骑士转向了路德宗。在那些教会诸侯是主要的封建
领主的地区，自由贵族中的很多人受到家族利益的影响，仍然保持
对旧教会的忠诚。如果他们放弃这一点，他们就会与主教座堂教士
团，以及和他们相关的整个神职体系断绝联系。这个因素过于重
要，以至于成为路德宗信徒的很多骑士仍然把他们的幼子送去担任
天主教教职。同样地，皇帝在骑士身上的利益也足够大，以至于皇
帝允许条顿骑士团和圣约翰骑士团发展为双教派的组织。[37]作为整体
的骑士从根本上保持了对帝国制度的忠诚。他们的组织最先为了联
盟的利益而忽视宗教分歧，但在1555年之后，他们联合起来反对

加尔文宗，因为加尔文宗并没有得到《奥格斯堡和约》的承认。[38]

如果从长期的视角看自由贵族的演变，16 世纪 20 年代早期的事件体现了一个群体抓住了福音教运动的口号所带来的机会。胡滕是一个异类的人文主义者，济金根是一个真诚的路德宗皈依者。然而，他们都把基督教自由的修辞等同于他们的阶层在帝国内的政治愿望。尽管他们声称为了"民族"或者作为整体的帝国而发声，但他们的利益实际上完全是为了某个阶层。在任何阶段他们都不曾试图与其他任何群体为了共同的事业而联合，尤其没有和"鞋会的仆从暴民"合作，这正是济金根对农民的描述。[39]事实上，两年后，当普通人用福音书的语言为自身的利益发声时，大多数骑士加入了诸侯的行列，以恢复法律和秩序。

注释

1. Schilling, *Aufbruch*, 133.

2. Strauss, *Manifestations*, 192-5.

3. Press, 'Führungsgruppen', 32-44.

4. Strauss, *Law*, 56-95.

5. Du Boulay, *Germany*, 74-6; Endres, *Adel*, 9. 见本书页边码 42 页。

6. Press, 'Kaiser und Reichsritterschaft', 165-6; Paravicini, *Kultur*, 108-12; Bock, *Schwäbischer Bund*, 3-4.

7. Parker, *Revolution*, 7-10; Howard, *War*, 13-14, 30-1.

8. 见本书页边码 157~158 页。

9. Schmidt, 'Hutten', 23-4; Blickle, *Reformation*, 77-8; Baumann,

Landsknechte, 86–91; Redlich, *Enterpriser*, i, 3–141.

10. Schmidt, 'Hutten', 26, 28; Endres, 'Grundlagen'; Müller, 'Lage'; Endres, *Lebensformen*, 13–17.

11. Endres, *Lebensformen*, 18–21.

12. Schindling, 'Reichskirche', 100; Press, 'Adel', 337 – 8; Hitchcock, *Revolt*, 14–15.

13. Paravicini, *Kultur*, 93–102.

14. Du Boulay, *Germany*, 71–4.

15. Press, 'Berlichingen', 340–1.

16. Görner, *Raubritter*, 221–3.

17. Zmora, *State*, 137 – 8; Hitchcock, *Revolt*, 13 – 14; Köbler, *Lexikon*, 581.

18. Hitchcock, *Revolt*, 16–18.

19. Hitchcock, *Revolt*, 15, 18, 30–1.

20. Moeller, *Deutschland*, 81; Schindling and Ziegler, *Territorien*, i, 106–7, 122–4.

21. Schindling and Ziegler, *Territorien*, v, 263–8.

22. Schindling and Ziegler, *Territorien*, vi, 98–102.

23. 见本书页边码 106~109、167 页。

24. 以下内容可见：Scholzen, *Sickingen*; Meyer, 'Sickingen'; Birtsch, 'Sickingen'。

25. Bechtoldt, 'Aspekte'; Scholzen, *Sickingen*, 37–49。

26. Scholzen, *Sickingen*, 188–97.

27. Press, 'Sickingen', 328.

28. Rendenbach, *Fehde*, 57. 也可见：Scholzen, *Sickingen*, 198–233。

29. Press, 'Sickingen', 329; Blickle, *Reformation*, 79.

30. Carl, 'Landfriedenseinung', 486.

31. Scholzen, *Sickingen*, 272–89.

32. Grabner, *Reichsregiment*, 76–7.

33. Carl, 'Landfriedenseinung', 491–2; Press, 'Rosenberg'.

34. 见本书页边码 389~394 页。

35. Zmora, *State*, 141-2.

36. Le Gates, 'Knights'; Press, *Entstehung*, *passim*; Rabe, *Geschichte*, 389-91.

37. Press, 'Adel', 356-7; Schindling, 'Reichskirche', 101-2.

38. Press, 'Adel', 363, 365. 见本书页边码 315~316 页。

39. Blickle, *Reformation*, 81.

第十八章

农民战争（1525）

相比骑士的反叛，农民战争总是被视为影响力更为深远和更为 灾难性的事件。利奥波德·冯·兰克将其评价为"德意志国家"历史上"最伟大的自发事件"或者"上帝的行为"。卡尔·马克思认为农民战争是"德意志历史上最为激进的现实"，而弗里德里希·恩格斯则将其视为"由德意志人民进行的最剧烈的革命尝试"。[1]在鼎盛时期，有30万农民参与到战争中。根据对符腾堡的一项估计，60%~70%能够携带武器的男人加入了起义。[2]这一系列起义，从西部的阿尔萨斯向东部延伸到蒂罗尔以及萨尔茨堡，从南部的瑞士阿尔卑斯山一直延伸到北部的图林根核心地区。在和平恢复之前，可能有多达10万人被杀死，而且农民战争的痛苦经历深刻地影响了宗教改革的进程以及德意志邦国政府的实践。

然而，即便农民战争在范围、程度和影响力方面远超骑士起义，二者仍然有一些相同之处。农民运动也不是独立事件，而是一系列地方和区域性起义。它有不止一个原因，但代表了各地方和区域申诉的爆发。使起义具有凝聚力和统一性的（有时更多是表面上而非实际的），是来自各区域的农民认同的一系列条款中对这些申诉的表达。这些条款不受控制地激发了对未来的大量幻想，在未来所有申诉都会被纠正，世界将会恢复神圣的秩序。然而，这一运动表面上的统一很快就崩溃了。1525 年春季，很多地区的官厅受到农民武力极大的威慑，以至于他们表现出和谈的意愿。然而仅仅几个月之后，在诸侯具有优势的军力的猛攻之下，农民军队逐一失败了。

骑士起义局限于来自单一阶层的相对较少的一部分人，而农民起义看似代表着更为广泛的阵线。农民起义不仅在地理层面更为广泛，在社会层面同样更为多样化。在很多区域，农民的队伍得到了不满的城市底层的壮大。事实上，1525 年春天从法兰克福向北扩散到威斯特伐利亚和下莱茵兰的起义，在第一阶段就是城市的骚动，之后才得到周边农村地区的响应。[3]然而，只有在那些起义规模最大的地区，城市和乡村的申诉者才存在真正的联系，并且很显然在这些地区中，很多都点缀着小城镇和帝国城市。1522～1524 年，宗教改革传播到很多这些城镇，并且往往伴随着大量公众动乱，这一事实也许可以解释宗教改革的观念传播到周边地区。与之相反，在图林根、蒂罗尔、萨尔茨堡和施蒂利亚，加入农民队伍的贫困的城镇居民并不像矿工那样多。[4]

那些更高级别的社会阶层的态度几乎都是消极的。表面上支持农民事业的帝国城市的市政官员［例如在罗滕堡或者海尔布隆（Heilbronn）］，他们这样做很大程度上是出于下层的压力。在贵族阶层整体中几乎没有严肃的转变者。至于其他城市，大部分市政官员努力看上去保持中立，因为他们并不像封建领主之于乡村领地一样，是起义农民的目标。⁵美因茨大主教辖区在 1525 年 5 月与农民缔结的同盟条约，完全是选侯暂时缺少军事力量的结果，而且在农民被击败的第二个月就失效了。

除了离经叛道的独行侠，例如弗兰科尼亚的骑士弗洛里安·盖尔（Florian Geyer）或者来自奥登瓦尔德（Odenwald）的戈尔茨·冯·贝利欣根，在少量宣称支持农民的贵族中，大多数人也是在胁迫下才这样做的。最为活跃的参与者盖尔和贝利欣根并不代表骑士起义和农民战争之间任何真正的连续性，然而这也许反映了在紧接着 1523 年之后的几年里，一些骑士挥之不去的不满和躁动的程度。另一群非农民的领导者是官员，代表人物有弗里德里希·魏甘特（Friedrich Weygandt）、文德尔·希普勒（Wendel Hipler）以及米夏埃尔·盖斯迈尔（Michael Gaismair），他们都是有文化的，并且曾经受到邦国行政机构的雇用，他们在 1525 年怀揣着帝国改革的宏伟计划登场。

1525 年的这场运动涵盖了大量城市和农村人口，这一事实使一些人，特别是瑞士历史学家彼得·布利克勒，主张在 1525 年爆发的事件应当被更恰当地描述为"普通人的革命"。⁶这种描述在两个特定方面是合理的。第一，大多数当代的资料采用普遍性的术语"普通人"而非"农民"，并且借此涵盖所有臣民，而不只是农村地区的人。第二，这一术语传达的是在这场运动所有表现形式中贯穿始终的、对官厅的根本性反抗，无论是在农村还是在城市。然而，与此同时，以下两点仍然是事实：第一，农民构成了运动的核心；第二，尽管普遍的反抗带来了对新秩序的各种具体建议，但这些提议从未吸引群众的支持。

222 起义的起源反映了其区域传播的多样性。起义最初从帝国内那些领地极为破碎的地区开始，而且最初起义在那些统治权控制在小型教会统治者手中的地区尤为剧烈。因此黑森林和上施瓦本是起义早期的中心，而巴伐利亚、波希米亚和萨克森则保持相对平静。然而，在最后一波起义浪潮中，这一模式被在萨尔茨堡和哈布斯堡领地的骚乱打破。上文已经讨论了导致起义发生的各种申诉。[7]此处关键的问题在于，为什么起义大规模的爆发发生在1524~1525年。各种因素都已经发展了几十年。

1517年春天和夏天，上莱茵兰的鞋会起义者对路德和宗教改革一无所知。然而在很短的时间内，宗教改革的修辞和新教义的关键信条使他们宣扬的各种申诉和方案变得更加有力。迄今可以由《圣经》证明的神法的模糊概念得到了一个激进的定义，那就是法律直接源于福音书。[8]

几个因素在16世纪20世纪早期的结合将问题推向了高峰。在马克西米利安统治末期和查理五世统治早期，对动荡和预料中的变革的普遍感觉是基础性的。对一些事情很快将要发生的模糊预期集中于1524年。这一年2月，所有行星将会在双鱼座会合，并且自1499年以来占星师就已经预言大洪水将会淹没整个世界。随着重要时刻的临近，知名的占星师修改了他们的观点，因为洪水将会打破上帝对诺亚的承诺，但他们仍然确信一些大灾难将会发生。1523年，不少于50种印刷作品旨在预言这场灾难的本质，其中一些预言了农民的普遍起义。因此，此后在阿尔萨斯发动起义的一群农民，通过宣称他们只是按照星象呈现的上帝的意志行事来证明自身行动的正当性，这也就不奇怪了。[9]

宗教加剧了很多人宣称在星象中读出的不确定性和不安定感。到1523年，福音教布道的运动已经在整个帝国内扩散。即使在一些邦国试图推行《沃尔姆斯敕令》，新教义仍然无休止地传播，首先到城市中心，之后从这里扩散到农村。很难确切地说明这些信息是如何被理解的。一方面，神学错综复杂的内容对平常的"普通人"没有太多的意义。另一方面，一些核心的术语和诉求会引起乡村生活经历的共鸣。

路德对这些群众运动的影响通常被认为是有限的。[10]他确实在后来对农民起义表达了严苛的观点。然而，在那之前，他提倡教士的公共选举，这在论证很多社区控制他们的教会和教士的诉求的合理性时发挥了关键作用。与之相似，他对旧教会的批判，加强了拒绝支付什一税的人们，以及起义反抗教会领主的人们反教会的敌意。对教会官厅进行教义和领主权的批判，很容易就会导致对所有官厅的批判。

茨温利的影响是更容易确定的。他的关于福音书应当成为政体和社会改革的标尺的教义，为几乎所有申诉的表达提供了框架。[11]此外，起义最初的核心区域处于苏黎世宗教改革的范围内。在上德意志以及施瓦本的很多主要布道士和新教义的支持者都是茨温利的门徒。然而，将所有激进主义都归于茨温利的影响，将所有反对行动都归于路德的影响也是不正确的。在很多情况下，这两位改革者同样有影响力。梅明根的布道士克里斯托夫·夏普勒（Christopher

Schappeler）是茨温利的朋友，但同样受到了路德的强烈影响，他在《十二条款》（Twelve Articles）的制定以及在引言中引用《圣经》论证农民诉求的合理性上发挥了关键作用。此外，茨温利并不比路德或者梅兰希通更容忍农民的叛乱。[12]

和宗教网络同样重要的，是在这些"转向瑞士"的观念已经成为过去 50 年的叛乱和动荡时期反复出现的主题的地区，更为古老的区域和地方的政治网络。[13] 1525 年，博登湖北部和南部的农民出于同样的原因联合起来。这些地方以北，在施瓦本、黑森林、阿尔萨斯和符腾堡，"成为好的瑞士人并维持团结"这样的口号传达了所有人都能够理解的希望。[14] 在帝国西南部，这场运动的动力很大程度上是受瑞士的启发，这些运动进而激励和助长了更向北的弗兰科尼亚和图林根的运动。

这场叛乱开始于一系列没有相互配合和地方化的抗议，有着各种原因和目标。1523 年，在班贝格和施派尔主教辖区，福音的布道似乎促使人们拒绝支付什一税。1524 年，随之而来的是整个上德意志更多的局部什一税罢工，其中一部分伴随着拒绝普通的封建义务，另一部分则伴随着对选择他们自己的牧师的权利的诉求。1524 年 5 月末，纽伦堡附近的福希海姆（Forchheim）的城镇居民反抗班贝格主教（或者说是他的教务长），即他们实际的领主对他们的所谓剥削。他们的诉求不仅包括渔猎的自由，也包括废除"祝圣税"（1501～1522 年征收了四次），以及削弱教会法庭对民事事务的管理权、将什一税降低到谷物产出的十三分之一。这场表面上由几名牧师的布道点燃的起义，在主教派遣一支军队占领城镇时很快就被镇压了。[15]

1524 年 7 月在图尔高爆发的起义则与福音教问题更直接相关，这场起义源于福音布道（茨温利派）的大型集会，并且在伊廷根（Ittingen）的加尔都西修道院被毁时达到顶点。[16]这里的官厅持续关注接下来几个月零星的骚乱，由于黑森林南部的社区在 5 月底以来也受到农民起义的扰乱，他们的不安进一步加剧。1524 年 5 月，施陶芬（Staufen）附近和圣布拉辛（St Blasien）修道院长的豪恩施泰因（Hauenstein）的农民发生起义；随后在 6 月底，施蒂林根（Stühlingen）伯爵领地爆发了一场旷日持久的争执。

施蒂林根的争执源自卢普芬（Lupfen）伯爵夫人在收获时节的无理要求，她要求施蒂林根的农民收集她用来缠羊毛的蜗牛壳。这一令人无法忍受的要求导致积累多年的不满喷涌而出。这些不满被列为不少于 62 条，它们首先成为组建农民武装的统一原因，随即又成为与领主和施瓦本同盟谈判的基础，并且最终寄送到帝国最高法院进行裁决。施蒂林根争执与过去的骚动不同，因为农民正式将自己组织为军队或者同盟，他们有旗帜、选拔的军官，还有一名领导者——布尔根巴赫的汉斯·米勒（Hans Müller of Bulgenbach）。他过去是一名雇佣兵，在法国的战斗中有军事经验。正是米勒领导施蒂林根的农民前往邻近的瓦尔茨胡特（Waldshut）城镇，在这里福音教布道士巴尔塔扎·胡布迈尔（Balthasar Hubmaier）已经成为反对城镇的哈布斯堡领主的导师。这一区域大部分的碎片化领地中，每两个或三个村庄就归属不同的管辖，这里的农民或者被组织到叛乱中，或者至少与他们的领主发生了冲突。

这种普遍的混乱看上去过于严重，以至于官厅不敢干预，特别是因为关键的哈布斯堡的资源正被束缚在与法国在意大利的冲突中。由于外部力量正在介入，形势变得更加危险。一支苏黎世的志愿军前来支持瓦尔茨胡特的起义者。雪上加霜的是，法国国王过去的盟友、被驱逐的符腾堡公爵乌尔里希似乎也决心利用农民起义，重新获得对此时处于哈布斯堡管理下的他的领地的控制。在法国资金的帮助下，乌尔里希公爵立足于位于黑高（Hegau）、邻近辛根（Singen）的霍亨特维尔（Hohentwiel）城堡。他随即宣布自己支持福音教运动，宣称他将取缔他的领地内的所有修道院，并利用这些收入将农民从他们的封建义务中解放出来，并且向黑高的农民领袖发出号召，署名"乌茨·布尔"（Utz Bur，农民乌尔里希）。

民众仍然会苦涩地回忆起乌尔里希公爵在 1514 年对穷康拉德起义的残酷镇压。农民并没有被他表面上的改变吸引，尽管如此农民还是从他的煽动中获益。谈判看起来是唯一的解决方案，这导致了一系列的协定，由此农民同意解散，以换取对他们的申诉进行严肃且公正的法律审理。停战协定并没有持续很久。当农民被欺骗的事实已经很清晰的时候，起义再次爆发，随之而来的是官厅在又一轮协定中的让步。

225　　到这一年年底，事态逐渐再次平静下来，农民大体上实现了他们的目的。只要领主看上去同意遵守法律裁决，农民就会保持和平。例如，农民不愿意参加乌尔里希公爵在 1525 年 2 月底试图与瑞士雇佣兵一起进军他过去在斯图加特的居所的行动。然而，当法国在帕维亚战役战败后（瑞士人损失惨重），瑞士雇佣兵被仓促召回国，公爵的行动也因此失败。并且此时，在格奥尔格·特鲁克泽斯·冯·瓦尔德堡领导下的施瓦本同盟军队对农民发起反击的道路也已经打开。

在施蒂林根以及邻近的克赖希高、巴尔（Baar）、黑高和布赖斯高地区的起义，实质上是由一系列互不相关的起义组成的。他们以暴力相威胁，但类似于1524年12月对弗赖堡南部的圣特鲁德佩特（St Trudpert）修道院的抢劫行动是极为少见的。他们主要是抗议封建领主的管理制度，要求恢复那些已经被领主篡改的"旧法"。

仅仅在几个月之后，在11月和12月期间，农民已经开始引用福音书来论证他们的抗议的合理性。[17]这一事实，以及这一轮抗议在圣诞节之前就已经结束的事实，使一些人将他们排除在"1525年革命"之外。[18]然而，它们有着重要的联系。1524年的骚乱在周边区域引发了深远的回响，特别从施瓦本向东，这里也是下一波起义的发源地。还有一点看上去也是很明显的：1524年底，托马斯·闵采尔是在克赖希高和黑高度过的。他并没有对这里的事件施加影响，但他与农民领袖以及当地福音教布道士的联系，其中也包括巴尔塔扎·胡布迈尔，似乎使他确信他们的起义是整个世界暴力终结的前兆。这是他在1525年2月带回米尔豪森的创造性见解，这也影响了在接下来几个月血腥的图林根起义中他所采取的策略。[19]

第二阶段的起义创造了更为集中的行动方式，以及超出简单罗列地方性申诉的清单的方案。这次起义的核心区域位于上施瓦本，这是另一个有着大量碎片化领地的区域，这里有大量著名的修道院，农民和领主的冲突历史悠久。1524年12月在巴尔特林根

（Baltringen）爆发的第一波起义，很快就导致来自周边区域各部分的军队组建起来。到 2 月为止，农民军队已经集结在肯普滕修道院的领地（阿尔高起义军）、乌尔姆附近的巴尔特林根，以及博登湖北岸的拉珀茨韦勒（Rappertsweiler，博登湖军），还有在下施瓦本和莱普海姆（Leipheim）的两支较小的军队。超过 40000 人被动员起来。这些军队与前一年来自黑森林群众的军队的差异在于，前者渴求更强大的同盟形式。阿尔高军最先将自身转变为"基督教同盟"，致力于追求依据《圣经》中存在的神法而定的正义。三支主要的施瓦本军队的同盟很快跟进：1525 年 3 月初，他们的 50 名代表在梅明根召开会议，就制度和共同的方案达成一致。

226

选择梅明根作为会议地点，并不只是由地理因素决定的。这个小型的帝国城市刚刚在引入新教义的问题上，在与奥格斯堡主教的冲突中占据上风。[20]面对民众行会的压力，并且部分出于真实的信仰，梅明根的市政官员支持福音教改革者克里斯托夫·夏普勒，反对主教驱逐他的企图。到 1524 年底，这座城市在夏普勒的布道引领下大体上完全实现改革，并且得到了行会以及城市治下的村庄农民的热烈支持，农民在 1524 年已经停止支付什一税。尽管市政官员因受到威胁而行动，但他们相对得体地审理他们的农民的申诉，使他们获得了整体上支持农民事业的名声。因此巴尔特林根的农民的领导者才敢于进入城市并寻求其中一个主要的平民活动者——毛皮工匠塞巴斯蒂安·洛策尔（Sebastian Lotzer）担任"军事顾问"。作为结果，当地农民申诉的大量清单被整合进一个单独的文件，并且与福音教运动紧密联系在一起。

《十二条款》的宗教框架受到路德和茨温利同等程度的影响。[21]他们首先宣告所有社区都有选举和罢免他们自己的牧师的权利，并将用来支持教士的什一税限制在谷物和类似的庄稼的范围内。农奴制将被废除，因为基督的献身已经使所有人获得自由。与此同时，农民应当服从于合法的官厅。所有人都有权捕猎和打渔，以及在公共森林中获取木材。劳役应当得到减轻，与上帝之道相一致，与习俗和最初的土地所有制的合法形式相一致，与农民控制的土地价值相一致。习惯法应当在限制惩罚方面约束法庭，据称新的法律准则（罗马法）引入后，惩罚变得专断和严苛。已经被转让的公共田地和牧场必须归还给社区。死亡税费应当被废除，因为它增加了继承人的负担，并且经常导致他们被征收财产。最后，这一文件宣称，如果任何条款能显示出与上帝之道相悖，那就将会被撤销；正如如果其他的要点在福音书中出现，那也会被添加到文件中。[22]

《十二条款》所包含的大部分具体要点并不是特别新颖，但这一汇总是具有革命性的，并且运用《圣经》进行论证也增添了它的新优势。农民宣称他们不愿诉诸暴力，福音书教导的是和平、爱、团结和耐心，然而通过坚持根据上帝之道规定农村的生活，他们的要求变得绝对化了。农奴制应当被废除的要求，实质上意味着所有地方官厅的废止，因为在那些领地极为碎片化的地区，农奴契约已经成了统治和管理的一个主要工具。条款中简单且直接的规则表明了这一文件的公众吸引力。在两个月内，《十二条款》已经再版了 25 次，总计大约 25000 份。[23]它成了农民运动中最为重要的传单，

227

是农民申诉的宣言，是农民宣誓和效忠的文件。

《十二条款》在激励农民联盟的同时，也震慑了对手。尽管在格奥尔格·特鲁克泽斯·冯·瓦尔德堡的领导下的施瓦本同盟的军队，在对抗巴尔特林根和莱普海姆的军队时最初取得了一些胜利，但他们无法在与超过 12000 人的博登湖军的对抗中占据上风。结果是双方在 1525 年 4 月 17 日复活节后的星期一，达成了《魏恩加滕协定》（Treaty of Weingarten）。农民得到了法庭裁决他们的控诉的机会。与此同时，他们同意解散并且再次向他们的领主宣誓效忠。博登湖军的大多数农民确实遵守了和约的条款。巴尔特林根军几乎已经被施瓦本同盟的军队消灭了，但阿尔高军的核心力量与巴尔特利根军的残余力量以及博登湖军的激进成员，仍然决心继续抵抗。此后，他们与西部的黑森林地区新的申诉者联合起来，与阿尔萨斯新的动乱联合，与最初在北部的弗兰科尼亚、符腾堡、莱茵高以及最终在图林根爆发的暴动联合。

这一波新的反抗浪潮的中心，是更为暴力的弗兰科尼亚的起义，正是在《魏恩加滕协定》为上施瓦本带来和平时，这一波起义突然爆发。上施瓦本的农民已经寻求与领主和平共处，而陶伯河谷（Taubertal）和奥登瓦尔德的弗兰科尼亚军队向他们的领主宣战。当奥登瓦尔德-内卡河谷的军队在 4 月 16 日攻占了魏恩斯贝格（Weinsberg）的堡垒时，他们立即屠杀了他们的管理者黑尔芬施泰因（Helfenstein）伯爵路德维希以及他的贵族同伴。[24]

这一彻底的残酷行动是例外的；在绝大多数地方，戈尔茨·冯·贝利欣根和霍恩洛厄（Hohenlohe）的行政官员文德尔·希普勒领导下的奥登瓦尔德农民，对贵族以《十二条款》宣誓的要求感到满意。只有由变节骑士弗洛里安·盖尔领导的陶伯河谷的军队，仍然保持着摧毁城堡和修道院的重大决心。在很短的时间内，弗兰科尼亚的运动看上去已经准备好实现根本性的政治改革。贝利欣根的策略是劝服（即使带有略微含蓄的威胁）贵族、城镇和城市加入事业，这个策略表面上成功了。在《阿莫巴赫宣言》（Amorbach Declaration），即弱化版的《十二条款》的帮助下，他甚至成功迫使美因茨选侯加入农民的同盟并且接受《十二条款》。接下来在法兰克福、班贝格和维尔茨堡，以及向北直到图林根，向南直到瑞士各州的起义，似乎证明了农民起义的持续动力。与此同时，希普勒在海尔布隆制订了关于农民议会以及整体"改革"的方案，这一方案也许是以弗里德里希·魏甘特对帝国的系统性改革之理念的形式制订的。[25]

图林根的起义很快呈现出明确的千禧年特征，但其根本的申诉与普遍意义上农民的申诉是一致的。[26]从 4 月中旬起，一波针对城堡和修道院的暴力行动横扫整个区域。正如其他区域一样，一些独立贵族也被迫加入基督教同盟，这看上去比寻求萨克森公爵的保护对他们更有利。然而，曼斯费尔德的矿工则保持平静，原因是他们得到了曼斯费尔德伯爵策略性地提供更高的工资支付率的贿赂。海因里希·普法伊费尔和托马斯·闵采尔的方案为这个相对初步的农村运动增添了一个新的维度。[27]在 2 月和 3 月，他们成功领导了针对米尔豪森市政会的起义，以支持他们自己的激进宗教方案的"永久市政会"取而代之。他们随即准备好在城市外开展十字军运动。闵采尔尤为下定决心，其他地区发生的错误不应当重犯。在 4 月底对阿尔施泰特的群众发出的呼吁中，他鼓励人们聚集在一起进行最后的抗争。人们应当拒绝诱惑性的条约和错误的建议。只要暴君还在统治，就无法谈及上帝。新的盟约必须形成，以摧毁这些暴君。[28]

　　结果，海尔布隆的"议会"和闵采尔的新盟约都被迅速恢复的官厅挫败。5 月 12 日，格奥尔格·特鲁克泽斯·冯·瓦尔德堡在伯布林根（Böblingen）击败了符腾堡的农民；10 天后洛林公爵在扎伯尔（Zabern）击败了阿尔萨斯的农民。5 月 15 日，黑森的菲利普和萨克森公爵合兵一处，在弗兰肯豪森击败了闵采尔和图林根的农民。超过 5000 名农民被杀，600 人被监禁；闵采尔本人在战役后也被抓捕，转交给曼斯费尔德伯爵，被严刑拷打并且在 5 月 27 日被斩首。

　　到 6 月中旬，整个帝国内的秩序大体上得到了恢复。只有在哈布斯堡领地，最后一波起义者还在顽抗。1525 年 5 月在蒂罗尔爆发的起义，领导者是布里岑主教的秘书和征税员米夏埃尔·盖斯迈尔。这场起义波及范围南至特伦托，北至因斯布鲁克。[29]由农民和城镇居民在梅拉诺（Merano）组成的"议会"在 5 月底起草了 64 项条款。当斐迪南大公前来镇压这场起义时，他在因斯布鲁克召集了正式的议会，此时条款的数量达到了 96 项。然而，这场起义很快由于内部矛盾失败了，因为申诉者的联合扩展到包含矿工以及农村和城市的日工，以及有财产的农民。以"蒂罗尔伯国地方条例"的形式来解决民众的申诉，这一条例的公布暂时削弱了起义者的力量。

229　　盖斯迈尔随后逃脱了囚禁，并于次年春天为该地区起草了一份更为激进的邦国法令草案，但并没能重振蒂罗尔的起义。1526 年 7 月，他被迫逃往威尼斯。[30]尽管他付出了所有努力，但在蒂罗尔、萨尔茨堡、布里岑、特伦托、格劳宾登以及库尔同时发生的起义没能联合起来，形成阿尔卑斯山的革命。和帝国其他部分的问题一样，奥地利和瑞士的起义最终也没能超越其本地化的根基。然而，和其他很多领导人不同，盖斯迈尔似乎是第一个逃脱惩罚的。在威尼斯服役一年后，他得以返回他邻近帕多瓦的领地，在这里他仍然为瑞士和德意志福音教徒反哈布斯堡联盟制订计划，直到他在 1532 年被显然是哈布斯堡当局收买的两名西班牙刺客谋杀。

1524～1526 年席卷帝国整个中部和南部地区的起义，其范围和程度震惊了所有地方的官厅。在一段时间里，反叛的声势看上去如此浩大，以至于几乎无法与之抗衡。然而，在每一个战场，一旦神经重新紧张起来，资源得到整合，农民就被击败了。这一过程实现的速度，也对起义者的目的、他们的组织和策略，以及他们的起义对德意志社会造成的影响提出了疑问。

使大多数起义者联合起来的根本目标是对社会和经济上的申诉的纠正。对上施瓦本的 54 份申诉的清单进行分析，揭示了在当时农村社会的申诉，其中包括大约 550 个独立的要点。[31]在所有申诉中，有 90% 涉及农奴制，70% 的社区要求完全废除农奴制；81% 的申诉与捕猎、打渔、获取木材的权利以及公地利用的社区权利相关；83% 的申诉与封建领地制造成的物质负担有关；最后，67% 的抗议反对领主对法院和法律程序的滥用。关于废除或者降低什一税的要求，在控诉中也占据超过 40% 的比例，然而对选举教士权利的

要求只占控诉的 13%。换句话说，宗教改革的问题，是在导致创作
《十二条款》的讨论中才被添加进来：在农民军队形成之后，以及
随着军队逐渐形成区域同盟以及制订共同计划之时。军事顾问的角
色很关键，因为他们是市民，在某些情况是牧师，他们将农民战争
引入最近已经在他们自己的社区中造成骚乱的福音教问题中。

从一开始，农民的军队就因为他们的秩序和纪律使当时的人印
象深刻。一面旗帜、吹笛者和敲鼓者、乡间的宗教仪式，以及选举
的官员和领导者，当施蒂林根的农民在 8 月底进军瓦尔茨胡特时，
这些元素都已经就位了。这些早期的军队借鉴了各种传统。他们吸
收了农民运动的传统，例如鞋会（尽管这一符号只在 1525 年的黑
230 森林出现过）。他们也吸收了民兵传统，这使得保卫领地，用长矛、
短剑以及皮革上衣装备自己，并且响应阶段性的领地征召成为男人
的义务。[32]最重要的是，他们利用雇佣军的组织形式，农民的指挥官
在其中获得军事经验，1524 年和 1525 年春天的起义爆发的地点，
也是主要的雇佣军招募地点。[33]

然而，在 1525 年春天，另一个重要的维度被添加进来。基督
教联盟或同盟的形成，似乎预示着新的组织形式的出现。这些同盟
在多大程度上真正超过了各军队的军事合作，仍然是有待商榷的。
由于这些组织过于短命，很难判断是否出现过有效的政治组织，更
不用说新的制度体系是否已经确立。和"基督教联盟"结合在一起
频繁使用的术语"邦国会议"（Landschaft）表明至少在一定程度上
建立政治组织的志向。在当时的用法中，这一术语或许指代邦国会
议以及有权参与其中的等级，或者是一个区域普遍的居民。对于

1525 年的农民而言，它通常有着更广泛的含义：被组织在基督教联盟的一个区域的全部人口，通常也明确包括任何愿意向《十二条款》宣誓的教士和贵族。社区为军队提供人口，军队反过来为邦国会议选出它自己的官员和代表。

人们设想了两种主要的政治组织形式。在由单一的邦国政府统治的地区（例如巴登、符腾堡、班贝格、维尔茨堡、萨尔茨堡以及蒂罗尔），邦国会议是一种与当时统治的诸侯共同管理的议会，或者（例如萨尔茨堡、巴登和符腾堡）是取代当时统治诸侯进行管理的议会。在由众多破碎的统治权主导的地区，例如上施瓦本和阿尔萨斯，邦国会议或者基督教联盟被设想为仿效瑞士的方式，建立在兄弟关系和忠诚誓言上的联盟。这两种政治形式都使社区成为政治社会的基础，并且二者都使上帝之道成为法律和合法官厅的唯一标尺。[34]然而，对福音书的明确呼吁在领地更破碎的区域出现得最为频繁。在更大的邦国，对真正的邦国会议的诉求，通常只是以恢复到"旧法律"的形式表达（事务所谓最初的状态已经和上帝之道保持一致）。[35]

对于他们的所有创新而言，农民的军事行动带来的政治或者制度方案没有系统化地推行。农民起义很快被击败是原因之一。另一个原因在于其内部的温和与保守主义。农民没有放弃重申他们永远对皇帝忠诚的机会。他们的组织计划并没有从根本上挑战现存的土地制度，尽管他们对在现存制度内权力的合法行使持有激进的观点。他们的目标并不是消灭领主和诸侯，对于大部分起义者而言，他们的目的是保证如果这些人继续统治，他们的统治应当与上帝的

231

法律保持一致。很多人持有这样的希望：旧的官厅此时会成为"基督徒的"，并且以"兄弟般"的方式统治他们的臣民。[36]一旦他们获得了保证对他们的申诉进行独立裁决的协定，农民武装总是会同意停止进一步行动，甚至是解散。

只有当这种倾向被反复嘲弄般地利用之后，一定程度上真正的激进主义才开始出现，但为时已晚。尽管托马斯·闵采尔甚至在农民战争之前就已经下定决心，诸侯和市政官员必须被毁灭，但只有当第一波暴力没能实现对他们的申诉的任何纠正时，另一些人才逐渐得出这个结论。

在 1525 年出版的也许是最为激进的小册子《致全体农民大会书》（*An die Versammlung gemeiner Bauernschaft*），是在农民武装将要被击败时创作的，在伯布林根、扎伯尔和弗兰肯豪森战役后的几天内在纽伦堡出版。[37]作者也许是参与梅明根的施瓦本基督教联盟组织的一员，他明显已经对与官厅达成令人满意的协议不抱任何希望。这使他依据历史和《圣经》，主张废黜不虔诚的统治者是普通人的权利和义务。为了下一代人的利益，所有暴君都应当被清除，并且以瑞士联邦的修正版本替代：农民的自由村社与封建领主和城市社区并存，没有统治诸侯，但处于作为所有人的封建领主的皇帝之下。不虔诚的统治者必须被废黜的观点也出现在 1525 年 5 月巴尔塔扎·胡布迈尔的制度草案中，尽管他进一步建议新的统治者不必都是贵族，应当由选举产生。[38]

值得注意的是，即使是这些激进的方案，也没有放弃帝国作为未来政体的整体框架的观念。然而这个现象在多大程度上反映了对皇帝或者帝国真正的忠诚，是并不明确的。在 1525 年制订的唯一的帝国改革方案是弗里德里希·魏甘特的方案，他是美因茨在米尔滕贝格（Miltenberg）的辖区长官。[39]他的想法是建立一个更为集权的君主制国家，伴随更为全面的司法体系和标准化的货币制度，这些想法强烈借鉴了帝国改革传统，但是他没能被视为农民运动的一部分。他本人从未加入过农民，并且只与奥登瓦尔德-内卡河谷军队的领袖文德尔·希普勒交流了他的计划。无论是农民军还是他们的领导者都没有对统一和集权的民族国家展现出太多兴趣。例如，阿尔萨斯的农民军队频繁表示他们希望只臣属于皇帝，然而在他们的 20 面旗帜中只有一面带有帝国之鹰的符号。[40]对于大多数群体来 **232**说，留在帝国的观念只是反映了地理现实。对于图林根人、弗兰科尼亚人和施瓦本人而言，加入瑞士在地理意义上根本就不是一个可行的选项。与之相反，对于黑高和松德高的农民而言，他们与瑞士直接相邻，主动将自己置于瑞士联邦的保护之下，这就意味着脱离帝国。[41]

米夏埃尔·盖斯迈尔对蒂罗尔宪章的第二个方案，包含了所有改革方案中最为激进的方案之一。[42]他在 1525 年 5 月的第一个宪章中构想了废除所有教会组织和修道院的封建税、限制贵族单一地产的所有权以及将其并入社区。国家本身本质上会成为在诸侯之下的大型自治社区的集合体，由什一税收入的一半提供资金支持。第一次起义的失败使改革者转变为革命者。当他返回蒂罗尔，在 1526 年春天组织一场新的起义时，他带来了建立在纯粹的上帝之道以及公共利益基础上的全新社会的草拟框架。诸侯不再被提及。所有等级都会消失，所有的城堡、堡垒甚至城墙都会被拆除。所有人一律平等。封建税将被废除，什一税仅被用来支付给教士以及帮助穷人。布里岑的政府将由从邦国的所有部分选举出来的成员组成。三名来自神学高校（未来的共和国唯一的大学）的神学家的出席，将得以保证政府神圣的统治。

与闵采尔设想的选民战胜所有暴君和压迫者的血腥前兆相比，盖斯迈尔的计划并没有取得更多成果。农民军队的失败使这些想法和计划变得无关紧要。农民运动失败的原因需要从几个层面探究。

在军事方面，农民最终无法匹敌施瓦本同盟、洛林公爵、黑森的菲利普以及他们的盟友。农民军队通常颇具规模：在魏恩加滕有大约 20000 人面对格奥尔格·特鲁克泽斯·冯·瓦尔德堡，在扎伯尔也聚集了大约 18000 人。他们中的很多成员有军事或者民兵的经验，并且他们拥有有能力且有魅力的领导者，例如黑森林的布尔根巴赫的汉斯·米勒、弗兰科尼亚的弗洛里安·盖尔、阿尔萨斯的伊拉斯谟·格贝尔（Erasmus Gerber），以及蒂罗尔的米夏埃尔·盖斯迈尔。然而，他们几乎没有骑兵和火器。起义者组织的中心，例如梅明根或者海尔布隆，都不适合作为首都，甚至没有能力进行有效驻防。农民谈判的意愿以及他们对本质上防御性目标的支持都是成功之路上的障碍。

起义者在 1525 年春天造成的威胁似乎更大，因为此时的困难局面是德意志雇佣兵陷于意大利，只有施瓦本同盟苦苦支撑。[43] 1525年 1 月，帝国南部的雇佣兵出现了短缺。在 4 月 24 日帕维亚战役后数周，雇佣兵市场再次充盈起来，并且格奥尔格·特鲁克泽斯·冯·瓦尔德堡得以利用由施瓦本同盟的成员，特别是巴伐利亚贡献的资金，而且用来自富格尔家族的贷款雇用了一支强大的武装力量。一些雇佣兵加入了农民军队，瓦尔德堡最初在说服那些他雇用的军人与农民作战时经历了一些困难，但是最终施瓦本同盟、洛林和黑森的军队——他们有更好的装备，有更好的资金支持，有更好的领导——占据了上风。最迟到 1525 年夏天，由哈布斯堡与法国在意大利的战争所造成的权力真空已经得到了填补。

想要评估路德和其他改革者在 1525 年的角色的重要性是很困难的。农民呼吁的福音书很明显受到福音教布道的启发。一方面，茨温利是比路德更重要的影响因素的观点，看上去得到了这一事实的论证：茨温利的神学理论构想了将上帝之道应用于世界的改革中，而路德并没有。[44] 这也许可以很好地解释南德意志的很多改革者参与农民的事业中。另一方面，上施瓦本的农民显然也借鉴了路德的观念。他的名字出现在了一个有大约 20 名改革的布道士的名单中，施瓦本的农民从这些人中寻求关于神之正义的指导，并且他们宣称自己愿意服从这些人的裁决。与《十二条款》大致同时创作的另一个小册子表明，路德应当与梅兰希通或者约翰内斯·布根哈根（Johannes Bugenhagen）一起裁决农民的申诉。[45]

茨温利本人并没有就帝国内的起义写作，因为这些起义对苏黎世及其领地的影响只是边缘化的。路德的回应因而呈现了巨大的影响力。在第一阶段，路德的观点与其他主要改革者的观点并没有太多不同。[46]当路德收到起义者呈送的《十二条款》后，他在 4 月底写下《对施瓦本农民〈十二条款〉的和平劝告》（*Ermanunge zum frid*, *auff die zwölff Artickel der Bawrschafft in Schwaben*，以下简称《劝告》）作为回应。他旨在促进以协商来解决的方案，因为暴力将只会毁灭王国，并且"将既不会有世俗的政府也没有上帝之道"。[47] 对于诸侯和领主，路德宣称他们应当由于农民的苦难受到指责。对于农民，路德坚持他无权将事情掌握在自己手中。

路德最初对农民的同情态度以及对和平结果的愿望，也导致他赞扬 4 月 17 日在上施瓦本农民和格奥尔格·特鲁克泽斯·冯·瓦尔德堡之间达成的《魏恩加滕协定》，他增添了热情的序言并与协定的文本一起分发。在弗兰科尼亚以及图林根暴力的进一步爆发，特别是托马斯·闵采尔参与到后者之中，创造了一种新形势。正是这种形势使他在维滕贝格的第三版《劝告》中增加了一篇新的后记，并且很快以《反对杀人越货的农民暴徒》（*Wider die mordischen vnd reubischen Rotten der Pawren*）独立出版。他此时指责农民对信仰的破坏、非法的反叛以及对福音书的滥用。他将闵采尔恶毒地谴责为"米尔豪森的大恶魔"，同时路德鼓励官厅采取毫不妥协的立场：如果起义者坚持拒绝谈判，那么他们应当"像疯狗一样"被杀死。

当路德的斥责发布的时候，农民军队已经经历了他们的第一次失败。因此，它的 21 个版本并没能起到命令农民维持和平的作用，而是明显论证了严酷镇压的合理性。这显然不是路德的本意，并且他很快发现他正在为自己辩护，既反对他的教义对起义负有部分责任的指控，也反对他对农民的斥责过于严苛的批评。同样地，那些反叛镇压者——其中最重要的是施瓦本同盟中的天主教的巴伐利亚公爵、洛林公爵以及萨克森公爵格奥尔格——并不需要路德的鼓励来与农民对抗。

　　茨温利的朋友、同事以及再洗礼派的反对者约翰内斯·施通普夫（Johannes Stumpf）记录道，"1525 年的屠杀足以淹没……所有暴君"。[48]出于相似的情感，阿尔布雷希特·丢勒在他的《量度线段和全身的指南》中勾勒出一个草图，为农民的失败建立了一个讽刺的纪念碑。它描绘了一根在底部的农作物上用农村手工艺品和农具建造的柱子，柱子的顶部是一个悲伤地蜷缩的农民，像受难的基督一样，有一把剑插入了他的背部。[49]类似这样的评价通常会为对农民战争的影响的消极评价定下基调。在马克思主义的传统中，农民战争代表了德意志失败的早期资产阶级革命的顶点，并且它的失败引起了长期的封建制度和权贵的反动。根据金特·弗朗茨（Günther Franz）在 1933 年首次发表的传统解释（现在仍然是无价的信息源），农民战争是一次失败的政治革命，是一场导致德意志农民远离政治舞台长达三个世纪的悲剧。[50]然而，最近的解释越来越带来更加不同的图景，并且强调 1525 年的创伤在接下来的几十年里塑造统治者和被统治者行为的方式。[51]

　　官厅摧毁农民军队的残酷是毋庸置疑的。大约 75000 名农民惨死于这些冲突之中。在一些地区，10%~15% 有能力参军的男性人口在残酷的几周内死去。[52]起义的头领在接下来的数月乃至数年被无情地追捕。领导者立即被处死；其他积极分子被囚禁，或者被强迫重新向领主宣誓效忠，并发誓放弃所有进一步的煽动活动。[53]与之相似，在很多地区，农民面临着沉重的赔偿要求，这些要求既来自施瓦本同盟（同盟为了维持军队而付出的成本），也来自财产被农民破坏或摧毁的各个领主和诸侯。[54]在图林根，一些村庄不得不抵押其公共土地来支付他们在起义中招致的惩罚。[55]萨克森选侯最迟到1540年仍然在要求支付罚款，帝国城市米尔豪森直到1548年才重新获得独立，直到那时，萨克森和黑森交替作为此地的领主并且榨取了大量款项。[56]

农民被决定性地击败了，但他们确实实现了一些目标。诸侯展现出他们对起义问题的极度关心，并且倾向于采取措施防止其重演。即使最后一支农民军队已经被镇压，但已经准备好在计划1525年9月于奥格斯堡召开的帝国议会的一场会议上讨论这一问题。首先，这意味着军事预防措施，但这场讨论最终扩展到考虑农民的申诉。[57]

当帝国议会最终在1526年6月于施派尔召开时，会议讨论了用来缓解农民负担的广泛的建议清单。一个建议是终止向罗马支付年金，特别是在教会领地负担过于沉重的"祝圣税"。另一个建议是平信徒不应再臣属于教会法庭，并且建议地方教士的素质应当提高。其他建议包括废除最近引入的小什一税、死亡税以及劳役，返还公共田地、森林和河流，以及保护田地免受野生动物破坏的权利。

所有等级被敦促做好军事准备以防新的起义发生。尽管如此，统治者也被叮嘱以一种能够与臣民的良心调和、与"神圣和自然的法律"以及"公正"调和的方式对待他们的臣民。最重要的是，这一报告坚持一旦在未来出现申诉，所有人都有权诉诸法院：臣属于诸侯的农民和贵族之间的争端，将提交到邦国法院；农民和直属领主的争端则直接提交给帝国最高法院或者帝国执政府。通过与赔偿支付的争议相关的司法程序来解决冲突，对这个原则的阐释既承认了农民申诉的有效性，也为未来创造了一个新的框架。

在帝国议会中出现的这些情况，反映了大量诸侯、领主和市政官员事实上采取的镇压、妥协和让步的策略。在很多地区，正式协定的结果是减轻或者废除了封建从属关系中引起更多反对的方面，这标志着敌对行动的结束。[58]这些协定是非凡的，因为很多低级别统治者有着在 1525 年被驱逐、城堡和居所被掠夺和摧毁，或者被迫支持农民事业的痛苦回忆。整体而言，农民对自身土地的占有权得到了改善，所有权具有了实质上的和法律上的地位，人身自由也得到了法律保障。例如，格奥尔格·特鲁克泽斯·冯·瓦尔德堡的农民在 1526 年春天获得了对他们绝大部分申诉的纠正。与之相似，肯普滕修道院的臣民有着对抗剥削的长期和惨痛的愤怒的历史，在《梅明根协定》（Treaty of Memmingen）中实现了个人农奴制中最引起反对的特征被废除，这始终是修道院及其臣民的关系的契约基础，直到修道院在 1803 年世俗化。出于同样的精神，帝国城市纽伦堡、巴塞尔和梅明根也很快着手改善在其下属领地的农民的处境。[59]

在一些更大的邦国也出现了相似的结果。[60]在蒂罗尔，1526 年的邦国法令（Landesordnung）对农民做出了显著让步，包括所有权的改善、特定劳役的废除，以及对捕猎和打渔放松管制。在萨尔茨堡，1526 年 11 月的邦国法令引入了大量改革，并且给予农民在法庭上主张的权利。在黑森和美因茨，当镇压结束以及进一步改革被

236

引入时，他们考虑了农民的申诉。这一过程的一个重要的方面，是扩大对贵族、市政官员和村社的控制。[61]

正式协定的达成和改善措施上的让步，也伴随着在制度安排上正式或非正式的改变，这使农民可以在邦国政府扮演角色。[62]在一些邦国，例如蒂罗尔、萨尔茨堡和巴登，来自各辖区的农民代表首次定期加入邦国议会。在一些邦国议会中不包含贵族或者城镇的较小的邦国，在 1525 年后的年份里出现了农民代表团体的正式机构。在上施瓦本和巴伐利亚部分地区的修道院领地内，这种类型的团体是很典型的。它们密切关注 1525 年达成的协定，并且很快就会对革新抱怨；它们的许可在税收、立法和领地防御的问题上是至关重要的，并且它们有时能够通过谈判改善条件，以换取它们在这些问题上的合作。

这些发展的长期意义是什么?[63]根据领地的规模和属性、各自的历史以及不同的组织形式，邦国议会或者农民代表扮演的确切角色是不同的。随着 1525 年的记忆开始一点点退却，一些统治者因此倾向于对他们的臣民持有更为傲慢的态度，并且采取更为强硬的方式应对他们的抱怨。一些邦国议会极为短暂，在危机时期出现但是很快就取消了：肯普滕的邦国议会早在 1527 年就停止发挥作用，直到 1667 年才重新恢复。尽管传统的三个等级（通常由贵族控制）能够充当对统治诸侯强有力的"议会"监督的角色，但农民的邦国会议最终无法与拥有受过法律训练的顾问的修道院长或伯爵的坚定努力相匹敌。

然而，允许臣民参与政府也可以成为一种保证对邦国进行统治的方式。首先，这种参与的压力通常来自底层，但很多统治者很快就发现了与农民统治、而非以对抗农民的方式统治的优势。[64]一些人似乎鼓励农民代表的参与，以保证他们的臣民支付税款、承担政府的债务以及保卫邦国。

农民战争创造了统治者与农民之间关系的新架构。那些事件的强烈创伤造成了统治者和领主对暴力再次爆发的长久恐惧。[65]即使是1525年9月发生在普鲁士公国的桑姆兰、一场与农民战争并没有真正联系的相对小规模的起义，也立即被解释为长期起义的证据，并且被迅速镇压。[66]对更多起义的恐惧促使人们保持警觉并且维持高度警戒状态，正如帝国议会在1526年命令的那样，而且促使对农民的抵抗定罪。[67]然而，这种恐惧也使人们对农民不满的原因更加敏感，并且认识到需要防止新申诉出现。

农民认识到他们在领主的心里造成恐惧的能力；由于实际的暴力都以失败告终，暴力的威胁通常就是农民最有效的武器。此外，帝国议会1526年的解决方案也指出了接下来可能更有意义的方式，即诉诸法律行动，这越来越被确立为一种权利。在1525年之后，受到起义影响的很多地区的农民村社几乎立即开始试图通过法律行动纠正他们的申诉，而不是直接行动。[68]"法治化"（Verrechtlichung）以及"冲突解决机制"这样的术语，也许带来了对于理性和"近代化"程度的一种错误印象，这种印象超过了在1525年之后的德意志农村社会的实际发展状况。[69]然而农民战争明显塑造了逐渐出现的由法律程序与和解定义的政治文化，18世纪的很多评论者认为这是帝国的一个显著特征。[70]

一些地区在 1525 年之后的农民政治活动的程度，以及农民起义在近代早期的帝国持续的历史，也与金特·弗朗茨提出的德意志农民在 19 世纪之前一直是没有感情的驮兽的观点相矛盾。[71]在 1525 年之后，农民的反抗也许并没有得到那种在农民战争时期出现的新的共和社会的乌托邦式幻想的激励。然而，这种反抗总是被一种对于哪怕是微不足道的新要求的强制施行的不公正感点燃，并且这种反抗通常会被没有领主的"瑞士的"自由生活的梦想刺激。[72]

238

农民战争对宗教改革运动的未来也产生了重要的影响。1526 年的施派尔帝国议会的商议，表明诸侯认识到普通人的反抗与福音派运动之间的联系。通过改革的方式阻止更多暴乱以及消除农民申诉的主要原因的决心，伴随着更有力地控制宗教运动的愿望。路德本人和另一些主要的改革者，通过放弃 16 世纪 20 年代早期的一些核心的社区原则，特别是社区选举自己的牧师的权利，推动了这一趋势。[73]与此同时，早期福音教运动的非正统性质逐渐让位于占主导地位的路德宗趋势与少数派的非路德宗趋势之间的分化。[74]

1525 年的经历导致了激进群体的边缘化，以及将反叛者和异议者视作托马斯·闵采尔的化身的妖魔化。在未来，再洗礼派教徒和另一些人，例如激进的唯灵论者、脱离了路德宗主流的卡斯帕·冯·施文克费尔德（Caspar von Schwenckfeld，约 1489 ~ 1561），将会被视作和谐、和平以及良好秩序的敌人。再洗礼派信徒的态度受到农民战争失败的影响，在农民战争的余波中获得了一些帮助，他们被挑选为一个特殊的威胁。他们始终只是少数群体，到 1529 年为止，他们从 43 个社区发展到大约 500 个社区，成员大致有 10000

人。[75]然而他们受到了世俗和教会官厅双方的憎恨，因为他们拒绝参与国家和社会。他们成为激进的分离主义者，并且由于对 1525 年战争失败的极度失望而脱离了社会。

最为残酷地迫害再洗礼派的是哈布斯堡家族、巴伐利亚公爵以及施瓦本同盟的其他成员，但是在 1529 年，所有等级，无论他们的宗教信仰如何，都参与到对他们的正式驱逐中，使他们的异端宣言在帝国内成为死罪。[76]茨温利在 1531 年去世，使他在南德意志的追随者在几年后转向了路德宗阵营，这使明确区分"异端"和实施国家认可的正统信仰变得更加容易。1533～1535 年在明斯特最后的起义，再一次证明了激进的末日论基督教精神的爆炸性的革命潜力，也证明了在帝国内这种追求是无意义的。[77]到 16 世纪 30 年代晚期，各种再洗礼派群体大体上被驱逐到边缘的农村地区，或者被驱赶到低地国家或摩拉维亚。

激进分子和异议者的边缘化以及对宗教运动进行更强的控制的趋势，通常被视为 16 世纪 20 年代早期开始的"民众的宗教改革"或者"福音教社会运动"的终结的预兆。[78]此时取而代之的是"诸侯的宗教改革"或"路德宗的宗教改革"，尽管在一些地区已经开始：从自发的过程转变为来自上层的控制，从来自下层的对教会与社会潜在的复兴和重新定位转变为来自上层的对统治权力的再主张，从民主共和的激进主义转变为一种威权的控制。

由于所谓的对德意志历史的长期影响，这一转折点的意义常常被反复说明，这一变化的本质也被过分强调。马克思主义者将 1525 年的事件视为早期资产阶级革命的失败。另一些人则将这些事件解释为社区改革运动的失败，如果顺着它的合理结果，这种改革会导致另一种政治和社会秩序以及另一种教会秩序。[79]每一个观点都试图解释在德意志社会发展中的一个截面。在每种情形下，根据他们的说法，农民战争失败的代价是诸侯和封建的社会秩序的胜利，以及对在德意志历史上所有进步和民主共和力量的消除。

托马斯·布雷迪在这一主题上的不同观点，也将1525年的普通人革命的爆发视为一个关键的转折点。[80]对上德意志帝国城市的统治精英造成的挑战，促使他们控制宗教改革。然而，在成为宗教改革掌控者的同时，他们也与皇帝疏远了；皇帝专注于非德意志事务，他的弟弟斐迪南专注于波希米亚和匈牙利的事务，使这个隔阂进一步加深。这些情况在16世纪20年代中期的结合，最终导致任何构建南部集权的哈布斯堡君主国的希望失败了，这一君主国至少部分基于马克西米利安一世时期构建的皇帝与城市的联盟的基础。这些发展的一个重要结果是帝国内政治排他主义的固化。在布雷迪看来，越来越"贵族化"的权贵精英和邦国诸侯的统治方式，受到了1525年的创伤和之后维持控制的需求的塑造。

注释

1. Schulze, *Deutsche Geschichte*, 89.

2. Schulze, *Deutsche Geschichte*, 99.

3. Rabe, *Geschichte*, 292-3.

4. Blickle, *Revolution*, 188-91.

5. Blickle, *Revolution*, 165-88.

6. Blickle, *Bauernkrieg*, 41-6.

7. 见本书页边码 122~142 页。

8. Franz, *Bauernkrieg*, 89.

9. Franz, *Bauernkrieg*, 92.

10. Blickle, *Reformation*, 116-17.

11. Blickle, *Reformation*, 116-17; Blickle, *Revolution*, 237-44.

12. Blickle, *Reformation*, 116-17.

13. Brady, *Turning Swiss*, 34-42.

14. Blickle, *Bauernkrieg*, 51.

15. Franz, *Bauernkrieg*, 94-6.

16. Franz, *Bauernkrieg*, 96-7.

17. Franz, *Bauernkrieg*, 109.

18. Blickle, *Revolution*, 23.

19. Scott, *Müntzer*, 140-1.

20. Williams, *Radical Reformation*, 151 - 3; Blickle, *Reformation* 90-5.

21. Blickle, *Revolution*, 34.

22. Blickle, *Revolution*, 25-6.

23. Blickle, *Revolution*, 23-4.

24. Franz, *Bauernkrieg*, 191-2.

25. Blickle, *Revolution*, 206-7; Buszello, 'Legitimation', 319-21.

26. Scott, *Müntzer*, 149-58; Endres, 'Thüringen', 164-9.

27. Scott, *Müntzer*, 172-5.

28. Williams, *Radical Reformation*, 163-5.

29. Macek, *Gaismair*; Bischoff-Urack, *Gaismair*; Bücking, *Gaismair*; Buszello, 'Legitimation', 317-19; Klaassen, *Gaismair*, 1-56.

30. Klaassen, *Gaismair*, 56-70, 73-1-2.

31. Blickle, *Revolution*, 32-8.

32. Hoyer, 'Arms'.

33. Baumann, *Landsknechte*, 29 - 47, 62 - 71, 92 - 130; Möller, *Regiment*, 25, 183.

34. Blickle, *Bauernkrieg*, 94.

35. Buszello, 'Legitimation', 288.

36. Buszello, 'Legitimation', 315-16.

37. Hoyer, 'Rights'; Blickle, *Bauernkrieg*, 98 - 101; Buszello, 'Legitimation', 316.

38. Buszello, 'Legitimation', 317; Blickle, *Revolution*, 226-8.

39. Buszello, 'State', 118-19; Buszello, 'Legitimation', 320-1.

40. Blickle, *Revolution*, 204; Buszello, 'Legitimation', 319.

41. Buszello, 'Legitimation', 317.

42. Blickle, *Revolution*, 223 - 6; Buszello, 'Legitimation', 317 - 18; Hoyer, 'Landesordnung'.

43. Baumann, *Landsknechte*, 189-93.

44. Blickle, *Revolution*, 237-44.

45. Bornkamm, *Luther*, 362-3.

46. Cameron, *Reformation*, 208. 以下内容，见：Brecht, *Luther*, ii, 174 - 87, 以及 Kolb, 'Theologians'; Gäbler, *Zwingli*, 87 - 8; Locher, *Reformation*, 231。

47. Ozment, *Age of reform*, 280.

48. Blickle, *Bauernkrieg*, 104.

49. Blickle, *Revolution*, 275.

50. Franz, *Bauernkrieg*, 299.

51. Gabel and Schulze, 'Folgen'.

52. Franz, *Bauernkrieg*, 299.

53. Gabel and Schulze, 'Folgen', 334-5.

54. Gabel and Schulze, 'Folgen', 330-4.

55. Endres, 'Thüringen', 175-6.

56. Vogler, 'Reformation', 190; Köbler, *Lexikon*, 439.

57. Vogler, 'Bauernkrieg', 186-91.

58. Blickle, *Revolution*, 254-65; Gabel and Schulze, 'Folgen', 336-7.

59. Blickle, *Revolution*, 265.

60. Blickle, *Revolution*, 265-71; Gabel and Schulze, 'Folgen', 337-8.

61. Press, 'Bauernkrieg', 126-7.

62. Blickle, *Landschaften*, *passim*; Holenstein, *Bauern*, 101-3.

63. Press, 'Herrschaft', 201-14.

64. Press, 'Herrschaft', 207, 209.

65. Schulze, *Widerstand*, 49-50.

66. Wunder, 'Bauernaufstand', 160-1; Franz, *Bauernkrieg*, 276-9.

67. Schulze, *Widerstand*, 73-6; Blickle, *Unruhen*, 65-7.

68. Gabel and Schulze, 'Folgen', 341-7.

69. Schulze, *Widerstand*, 76 - 85; Holenstein, *Bauern*, 103 - 12; Blickle, *Unruhen*, 78-80.

70. Gabel and Schulze, 'Folgen', 340.

71. Franz, *Bauernkrieg*, 299.

72. Schulze, *Deutsche Geschichte*, 284-5; Schulze, *Widerstand*, 121-3.

73. Blickle, *Reformation*, 156.

74. Schilling, 'Alternatives'.

75. Blickle, *Reformation*, 132.

76. Stayer, 'Anabaptists', 129-30.

77. Cameron, *Reformation*, 324-5. 另见本书页边码 246~248 页。

78. Scribner, 'Movements', 93; Po-chia Hsia, 'People's Reformation'; Brady, 'Peoples' religions'.

79. Scribner, 'Communities', 292-4; Scribner, *Reformation*, 37-42; Blickle, *Reformation*, 176-9.

80. Brady, 'Common Man', 152.

第十九章

城市的宗教改革

　　在城镇和城市中的福音教运动，不能简单地被视为与农村地区在1525年之前发展的运动平行进行。一方面，福音教运动最初是城市的运动。正是在城镇和城市，宗教改革的观念第一次被接纳、被讨论，并且被知识分子传播，他们可能是受过教育的教士，或者平信徒人文主义者，或者只是当地拉丁文学校的教师。也正是在城镇和城市，印刷商第一次将福音教的原则传播给更广泛的受众。

　　在这些社区，也包括主教城市，教堂和修道院机构高度集中，因而也是最直接地与教阶制度对抗的地方。在很多情况下，随着市政官员努力获得对教职任命权和慈善机构的控制，以及从教会法庭或者主教的控制中确立自由，这种冲突在15世纪末已经出现。与之相似，富裕的市民或者行会对讲坛、礼拜堂、得到资助的弥撒或者教士头衔的虔诚的投入，加强了社区对教会的控制。事实上，在一些城市社区中，宗教改革只是完成了一个在很早之前开始的，并且在1517年之前已经大体上实现的进程。

　　术语"社区"作为口号在16世纪20年代早期的广泛应用不能掩盖这样的事实：农村的村社和城镇或者城市更大的社区之间的天

壤之别。即使是在最小的城镇，即主要由依靠土地谋生的人构成的农民城镇，居民的法律地位以及他们作为城市社区成员所共同拥有的观念，也能够使他们与农民明显区分开来。后者是臣属于领主的。前者是自由的，并且至少在理论上，是其社区中一名平等的成员。

城市的运动也涵盖了更为广泛的地理范围，并且持续了更长的时间。在16世纪20年代早期，当大多数诸侯仍然保持中立或者犹豫不决的时候，在一些帝国城市中福音教的突破对于在帝国整体福音教最终的突破意义重大。这一系列城市的改革在随后的16世纪20年代晚期和30年代仍然没有减退。北部的汉萨城市的宗教改革与西南部帝国城市的宗教改革同样重要。这些北部的城镇和城市远离过去的帝国核心地区，并且在这一阶段与帝国通常只有微弱的联系，这里的改革几乎没有受到农民战争或者接下来的施马尔卡尔登战争的动乱影响。[1]1525年之后几十年里在城市流行的改革运动，表明在农民战争失败很久之后，福音派运动仍然具有持续性的吸引力和潜力。

在16世纪20年代的剧烈改革之后，改革进程往往是极为漫长的。例如，帝国城市温普芬（Wimpfen）在16世纪20年代初经历了轰轰烈烈的福音教运动，随后则是1525年之后天主教的反击。[2]在16世纪40年代晚期，福音教少数派在查理五世的《临时措施》实施之后几乎被消灭了。[3]此后，福音教信徒反击并且在16世纪60年代中期获得在市政会的多数地位，这标志着路德宗宗教改革的开始，在1589年天主教信仰被废除时达到了顶峰。

城市宗教改革极度的多样性带来了各种对立的解释模式。一些人强调宗教因素的首要地位，尽管对于宗教改革是否代表了理想社区的"神圣化"或"去神圣化"，或者社区从教会中的解放存在着分歧。[4]另一些人则强调社会、经济和政治因素的首要地位，并且将改革进程视作在社区内部的权力斗争。

这一问题很大程度上取决于城镇或城市的规模和地位。集中于帝国南部的大约 65 个帝国城市群体极易受到福音教改革运动的影响。[5]除了 14 个城市之外，其他城市都成了路德宗城市，并且只有 5 个施瓦本和阿尔萨斯的小型帝国城市完全没有受到宗教改革的波及。汉萨城市形成了另一个群体，其中包含更为广泛的一系列北方城镇，在这里，从自我管理和独立的意义而言，自治或者部分自治大体上是一种常态。宗教改革运动在这里的活力不亚于南部的帝国城市。

这也再一次提出了路德和茨温利之间可能存在的区别的问题。通过对各自范围内相似的福音教运动的观察，茨温利派改革的南方和路德宗改革的北方，二者的差异的显著性似乎减少了。事实上，即使在南方，在福音教运动成为茨温利派之前，改革运动也是路德宗的。当茨温利的影响力在 1523 年之后开始扩散时，很多城市（例如纽伦堡）的改革在这两位主要的改革家的观念的影响下继续推进。只有关于圣餐礼的争论似乎造成了明显的分歧，这一分歧一直存在，直到茨温利派的改革城市在他 1531 年去世之后再次回到路德宗的信仰的怀抱。

有证据表明，在一些城市路德的观点吸引了更加富裕的精英，

而茨温利的教义对中层和底层群体更具吸引力。[6]针对这一点，理由 **242**
包括茨温利与天主教礼仪更为明确也更为有力的决裂，以及最重要
的，他对社会改革和教会改革同样的强调，以及他对于圣餐礼更为
理性主义，或者说更不复杂的理解。一些人提出茨温利对圣餐礼的
理性主义观点吸引了知识分子，而路德对圣餐礼的神圣解释则更吸
引行会的社区主义。[7]

　　然而，当时的大多数人也许并没有对近代学者如此关注的差异
加以区分。即使在茨温利作为改革者出现之前，"普通人"的公众
福音教运动也是以可能"被称为茨温利派"的方式来理解路德的。[8]
路德关于两个王国的教义的抽象概念，超出了受教育人群以外的人
们的理解范围。对于"普通人"而言，很显然福音书代表必须统治
世界的法律。在早期城市改革中流行的神学是共同体的神学。当
然，在北方路德的观念始终是占据主导地位的，茨温利并没有发挥
作用。[9]

　　城市宗教改革运动的性质和结果，通常取决于城市的外部形势
和内部的组织。帝国城市理应是自由的，但它们的政策通常会被一
些因素抑制，例如对皇帝恩惠的依赖，或者帝国机构的出现，例如
罗特韦尔的宫廷法庭。例如，在科隆，使市政会从16世纪20年代
早期就反对福音教运动的一个因素，就是保卫沿莱茵河到尼德兰的
关键的贸易路线，从而与查理五世维持良好关系的需要。[10]另一个因
素是希望获得教皇特使在反对选侯-大主教对城市的主张上的支持。
在另一些主教座堂城镇，福音教运动代表了对主教领主的反抗，尽
管这些反抗实际上都没能成功。[11]

　　在帝国的其他任何地方，特别是美因河北部，福音教运动在很多邦国城市盛行，这些城市独立于甚至反抗统治诸侯。与之相似，很多帝国城市处在长期的紧张状态中。强有力的邦国邻居始终渴望削弱它们的独立性，在这场长期的斗争中，宗教改革的动荡带来了冲突和军事干预的新的可能性。例如，图林根的米尔豪森，闵采尔在 1525 年最后一战的中心，在 1525 年之后长达几十年的时间里实际上失去了帝国城市的地位。它每年交替臣属于萨克森和黑森的管辖，直到 1548 年。[12]

　　并不存在典型的城市宗教改革。[13]帝国的城市社区在规模、制度、经济和社会条件、外部环境，以及法律和实际地位方面存在巨大的多样性。这些因素决定着在每一个社区改革进程的时机和节奏、参与其中的社会群体的性质，以及与宗教运动密切相关的政治问题。然而，在过去几十年里，对这种多样性进行的大量学术研究已经揭露了城市改革经历的一些共同特征。

　　共和主义的理想产生了指导性原则，这些原则通过"公共利益"、和平、秩序、联合以及公正这样的术语表达出来，这影响了很多市政官员和城市官员治理的方式，特别是那些受过罗马法训练的官员，他们的影响力在 15 世纪晚期逐渐变得相当显著。此外，在内部危机的时候，当一些群体抗议管理不善、腐败或者精英主义时，这些相同的原则提供了抗议的意识形态，以及为恢复到制度现状提供了一系列论据。[14]在这种城市的环境下，术语"社区"可以被用来支持一系列事项和立场，从抗议者希望恢复到的平等理想，到市政官员试图重建的秩序。这些概念在塑造城市福音教运动的动力，以及社区与城市福音教运动协调一致的方式上发挥了关键作用。

几乎无一例外，事情最初的发展，都是源于一个或多个精英团体对福音教思想的接受和讨论。在一些更大的帝国城市，例如纽伦堡或斯特拉斯堡，人文主义者群体领导了这种潮流。在另一些城市，个人教士更具影响力。在一些没有人文主义者、大学或者有声望的教士的小城镇里，学校教师以及单纯的布道士代表了新教义知识的先驱。通过布道和印刷媒介的传播，福音教观念逐渐促进了更为大众的运动。与之相关的通常是各种形式的直接行动：对教会的财产和人员的攻击，对圣地和圣物的亵渎，在活动中对教会的公开嘲笑，以及类似的行为。福音教布道士始终吸引了大量的受众。伴随着小册子和大报，布道也带来了对行动的渴望。因此，对于在1500年前后充斥德意志社会中的对变革的普遍期望，福音教的信息给出了一个新的和明确的含义。对新教义的需求很快转变为对当地的教会体制进行彻底改革的要求。一旦对《圣经》的唯一权威的声明被确立为新的神圣令状，《圣经》应当支配社会和教会的观念很快就随之而来。

要求改革的公众压力也频繁地与其他各种问题联系在一起：政治和社会的不满、"普通人"的期望及其宗教理想。对传播真正的福音、社区任命布道士、社区决定正确的教义和维持单一教会的权利的要求，频繁地导致其他更为世俗化的要求。

社区在宗教问题上的权利的主张，能够导致在政治问题上再次主张那些权利。在由权贵或者强大的寡头市政官员主导的城镇中，

244

公众的福音教运动也会与重新主张作为整体的城市政权的核心价值的驱动力联系在一起。在北方的汉萨城市，特别是汉堡和吕贝克，这类运动一般与"市民委员会"的构建联系在一起，"市民委员会"在所有城市政府和行政机构的所有领域努力争取参与权。[15]在汉堡，这些"委员会"以教区的分界线组织起来，遵循当地的市政官员和市民关系在 1410 年的一场重大危机中设立的先例。[16]在弗兰科尼亚和施瓦本北部的寡头城镇，尽管行会弥补了"委员会"的角色，但也能够在其中发现相似事件的模式，在这里被排除在统治精英之外的商人和行会将福音教改革的要求与政治参与的要求结合在一起。与之相反，在上施瓦本的很多城镇，行会在统治会议中有影响力，甚至主导了会议，在这里对福音教改革的公众要求转变为法律的进程更为温和。

即使在那些看上去没有社会和经济冲突的地方，蓬勃发展的公众运动的出现也通常会造成严重的秩序问题，并且威胁政权的稳定性和平衡。因此市政官员对这些问题的回应很关键。也许在大部分情况下，市政会最初会搪塞并尝试走中立路线。由于帝国议会没能在《沃尔姆斯敕令》的执行上达成一致，而对民族宗教会议的期待很高，这种回应是上德意志帝国城市在 16 世纪 20 年代早期的一个不寻常的特征。与此同时，另一些考虑因素要求更为积极的行动。由主教采取的禁止福音教布道士的努力，恢复了关于教会管辖权的长期摩擦，导致很多市政会通过保护"它们的"教士以及任命新的教士以回应公众要求，从而主张它们的权利。同样地，市政会也积极阻止激进的布道士引发不满，他们通常是巡游者或者独行侠。即使在 1525 年之前，这也是一个重要的目标；在 1525 年之后，这成了压倒性的当务之急。

"布道授权"或者"《圣经》授权"的工具非常适合维持中立和控制。[17]在城镇管辖权下的所有布道士被要求根据《圣经》布道，或者只传播与《圣经》或者上帝之道一致的内容。这使市政会免受来自外部的批评，并且能够主张它对城镇教会的权力，防止教士之间的争斗，并且告诫那些被怀疑煽动起义的布道士离开。然而，与此同时，市政会实质上使自己成了应当在讲坛上传播的内容的仲裁者。在一些情况下，这导致市政会向当地有影响力的布道士寻求指导，这些人接下来会成为城镇的改革者。在汉堡和北德意志的另一些地方，约翰内斯·布根哈根（1485~1558）扮演了这一角色，他提供了大量的城市教会条例。几乎在上德意志的每个帝国城市都有自己的"改革者"。

另一种决定何种对福音的解释、何种教义应当在城市中占据上风的方式，是由市政会举行公开的争论或者辩论。大部分争论的结果是几乎没有争议的。一般而言，听众由市政会和社区代表，例如行会的被提名者组成。在一些情况下，所有市民或者所有行会成员参与的公投在教义问题上做出决议。[18]最终，无一例外，由市政会自身做出关于改革的正式决定，因而主张或者重申其对政体的掌控权。这并没有阻止深刻的宗教信仰或者对统一与和谐理念的真诚信念的影响，统一与和谐的维持通常被宣称为在城镇或城市的"整体的"或者"有益的"教会改革的目标。然而，在大多数情况中，对起义的恐惧以及维持寡头地位的野心也发挥了关键作用。采取这

245

种措施也意味着市政会能够避免那种被描述为比过去的教皇更为残暴的"新教皇"的威胁，在那种情况下，城镇会转变为由教条主义且狂热的布道士统治的神圣共和国。[19]

精英团体对新教义的支持在两个时点是至关重要的：当新教义第一次立足之时，以及当市政会做出支持改革的决定之时。在这两个时间节点之间，公众的热情引发了对改革的要求。这通常会扩散为更广泛的社会问题，并且即使是那些没有出现改革要求的地方，公众的热情仍然会威胁整体的稳定和统一。例如，在纽伦堡，改革是由市政官员自上而下引入的，他们自始至终保持着牢牢的控制，这是一种典型的由精英阶层施行的"官员宗教改革"，在这一过程中，人文主义者和福音教元素从一开始就有影响力。[20]然而即使在这里，关键的拐点在 1524 年才到来，此时市政会组织了一支 700 人的武装力量，以应对来自城市边远领地的农民代表的到来所引发的行会工匠中的骚乱。与行会领导者的谈判以及对几名头目实施处决镇压了这场骚乱，但可感知的暴力威胁使对福音教运动有限支持的政策转变为在宗教问题上确立明确立场的积极愿望。福音教的和传统的布道士在 1525 年 3 月的辩论导致市政会做出了支持福音教的正式决定。市政会刚刚禁止传统的布道士，就着手对城市的教会和教会制度进行系统性的改革。

在那些激进的政权得以成功建立的地方，这些政权也很快失败了。例如，在帝国和汉萨城市吕贝克，在 16 世纪 20 年代来自非权贵商人和行会群体的公众压力逐渐加大，他们从 1528 年起组建了市民委员会，这导致在 1531 年引入了由约翰内斯·布根哈根制定的改革的教会制度。[21]然而，不同寻常的是，反对者并没有轻易平息下来。

在于尔根·武伦韦弗（Jürgen Wullenwever，1492~1537）的领导下，公众运动持续反对权贵的市政会。[22]最终，在1533年，一场政变将武伦韦弗确立为市长，他主持一个由非权贵商人和行会管理者组成的新的市政会。他的失败是由于他野心过大的对外政策，这个政策希望维护吕贝克在波罗的海高于丹麦和尼德兰的霸权。到1535年为止，这一目标显然已经失败了，并且城市没有能力抵抗来自帝国最高法院的要求重建权贵体制的法令。两年后，作为贝格多夫辖区长官的武伦韦弗被不来梅大主教抓捕。他被移交给大主教的兄弟——信仰天主教的不伦瑞克-沃尔芬比特尔公爵海因里希，他立即审讯武伦韦弗，并且因为他是教会财产的抢劫者、反叛者，以及被指控的再洗礼派而将他处决。[23]

从天主教的视角而言，武伦韦弗确实是反叛者、"教会抢劫者"，但他并不是再洗礼派。这一指控的出现几乎可以确定是因为1534~1535年在明斯特发生的事件。在这里，对主教的激进的社会和政治反对与末日论的再洗礼信仰以暴力爆发的方式结合在一起。这一事件即使在一个世纪后也被引用，作为对于一旦合法的官厅被废除将会发生的事情的警示。[24]主教和城镇关于福音教布道的长期斗争，在1532年驱逐所有天主教教士时达到了顶峰，根据条约主教被迫接受在下一年迁出。[25]然而，很快，最突出的福音教布道士伯恩哈德·罗特曼（Bernhard Rothmann，约1495~约1535）受到激进教派的影响，开始宣传反对婴儿洗礼。路德宗的市政会试图让他保持沉默，这仅仅导致他和他的追随者与已经在下莱茵兰和低地国家北部扎根的激进的再洗礼派从事共同的事业。

他们是 1525 年之后来自瑞士和上德意志激进的被驱逐者的继承者，他们是寂静主义者和激进主义者的混合体，其中持有末日论幻想的毛皮匠梅尔希奥·霍夫曼（Melchior Hofmann，约 1495～1543）成为最具影响力的人。[26]霍夫曼自信地预言世界的终结将发生在 1534 年，并且宣称斯特拉斯堡将成为新的耶路撒冷，这里也是他在 1530 年定居并且立即被囚禁的地方。他的莱茵河下游的门徒持有更广泛且更激进的观点。霍夫曼本人温顺地服从于世俗官厅，他只是徒劳地希望官厅关注他的预言，但作为他的信徒而为人所知的很多梅尔希奥派，他们想要在所有秩序结束之前寻求一种新的世俗秩序。当霍夫曼在斯特拉斯堡监牢中受煎熬的时候，除斯特拉斯堡之外，他的门徒将阿姆斯特丹、明斯特、伦敦和格罗宁根视作"神圣的耶路撒冷可能降临的地点"。[27]当莱顿（Leiden）的梅尔希奥派领导者扬·博尔克松（Jan Beukelsz，? 1509～1537）在 1533 年秋天走访明斯特时，发现罗特曼正在公开反对婴儿受洗的《圣经》依据。博尔克松在荷兰宣告这一消息，促使荷兰的很多再洗礼派信徒在冬季涌入明斯特。在这些人中最重要的是扬·马泰斯（Jan Matthijs），来自哈勒姆的先知，他大胆地宣称霍夫曼弄错了新耶路撒冷降临的时间和地点。[28]

主教做好准备以对再洗礼派采取行动，此后路德宗似乎也是如此，然而这只是使事态进一步激化。在 1534 年 2 月的市政会选举中，罗特曼的支持者伯恩哈德·克尼佩尔多林（Bernhard

Knipperdolling，约 1495～1536）被选为市长，并且梅尔希奥派官员占据了市政会的所有席位。在六周的时间里，城镇真正的统治者是扬·马泰斯，他的消灭不信神者的运动，由于他在自杀式地尝试突破主教围攻时死亡而终止了。25 岁的扬·博尔克松立即接替了他的位置，最后的日子也即将到来。市政会被解散了，因为它只是由人类选出来的。[29]博尔克松宣称自己是主的声音，任命了 12 位长老并且确立了激进的神圣秩序。大约 2000 名拒绝忏悔的人被驱逐了，共有财产得以公开声明，一夫多妻制得以确立，这帮助解决了在 5000 名女性和 2000 名男性之间人口不平衡的问题。

最终，9 月，在一场全体民众参加、在主广场举行的盛大集会上，博尔克松由"瘸子先知"扬·杜森舒尔（Jan Dusentschuer）涂油并加冕。这是新"王国"大量盛大的公开表演中的第一次。很多主要的梅尔希奥派过去在荷兰文学会上演的道德剧中接受的训练，使这些公开表演更加戏剧化。通过派遣 27 名使徒，他试图将整个帝国西北部的再洗礼派团结起来，这并没能发动他所期待的那种群众起义，将他的王国从那些与他对抗的诸侯的不敬神的军队中解救出来。

到 1535 年 6 月，博尔克松逐渐减少的、饥饿且疾病缠身的剩余"臣民"向主教投降，主教在天主教和福音教诸侯的共同帮助下再次进入城市。博尔克松和他的两名主要副官被立即审判、严刑拷打并处决。他们的尸身被悬挂在圣兰伯特教堂的尖塔的铁笼中，作为对所有未来的反叛者的警示。所有剩余的再洗礼派信徒都被驱逐出城市。[30]在博尔克松失败后残酷的复仇过程中，路德宗信徒也成了

248　受害者，因为城市精英接纳了天主教，作为针对起义的最好保护。[31]
即使是 20 名反对激进分子的主要的路德宗信徒，在回到城市后也
被剥夺了权利，并且被禁止公开传播他们的信仰；直到 1555 年以
后，其他路德宗信仰者才再一次被允许在城市中定居，尽管仍然被
禁止公开进行信仰活动。[32]

　　明斯特事件是一场灾难。所有宗教教派的诸侯联合起来镇压起
义者，起义者的失败也标志着明斯特宗教改革的终结。只是因为主
教缺乏资金，市民才能在 1541 年恢复他们的公民自由，而城市独
立于主教的愿望直到 1585 年才再度兴起。[33]尽管这只是一个特例，
但明斯特的情况有助于突出城市宗教改革运动整体上的深远影响。
帝国城市也许没有成为虔敬的城市，但它们所经历的转变是深远
的。[34]在 18 世纪，宗教改革在很多城市逐渐被纪念为一种重生：在
16 世纪早期的宗教转变标志着它们近代身份的形成。[35]

　　社区对教会的控制自 15 世纪以来逐渐拓展，到此时最终确立
下来。过去在教会和城市管辖权之间的冲突以支持世俗官厅的方式
得到解决，世俗官厅此时承担了一个城市教会机构的全部责任。过
去作为一个独立阶层的教士成了市民，实质上加入了受过教育的城
市精英群体。普遍意义上的教士准则和教会准则以及平信徒道德的
施行，仍然是争议性的问题并且只是逐渐制度化。[36]很多城市随后面
临着教士高于或者超出法律外的主张，某些时候他们被授予自由演
讲的特权以及保证世俗官厅处于虔敬道路的任务。然而事实上，教
士的法律地位与其他市民或者市政会的"臣民"的法律地位没有
区别。

社区对教会的控制也明显拓展了城市政府的范围。[37]弥撒的废除只是在对社区宗教生活的重新组织中最为公开的象征性行为，这些重组影响了很多不同的地区。对纯粹的上帝信仰而言，此时圣像和祭坛以及所有天主教崇拜的配件被视作偶像崇拜的且多余的，移除这些物件也从物理意义上改变了城市的教会。杂乱无章的中世纪教会被更简单和更开放的内部布置取代，新的布置适合布道以及合唱，它们是新信仰的主要特征。[38]修道院和女修道院的解散也改变了城市的面貌。教会的财富，特别是宗教基金会的财富被划归世俗控制，其用途也被重新评估。一些城市仍然提供教会的维护费用以及牧师的工资。"公共金库"得以建立，为穷人救济和医院提供资金。学校也通过这些资金得以维持，并且很多城市逐渐增加了学校的数量和种类，从初等学校到文理中学（Gymnasium），后者通常会提供类似于很多大学的教育。[39]

社区的控制并不一定意味着由"普通人"控制。通常推动了改革问题的市民委员会或者行会的运动，很少能够在引入关键性变革之后仍然保持他们的影响力。汉堡在将委员会永久制度化方面是一个例外：它们作为市民阶层的代表性组织一直维持到 19 世纪，对教区管理以及与市政会的政治协商都负有责任。[40]然而，即使在这里，旧精英也很快重新确立了他们的控制，并且学会掌控新的代表机构。

在其他大多数地区，社区在宗教改革期间所实现的组织和影响力，随着旧的政府结构的重新确立而再次消失了。事实上，普遍而言，宗教改革进一步提升了帝国城市中市政官员的地位和权力。

1548 年，这种倾向在大约 30 个施瓦本帝国城市中得到了大幅加强，因为此时查理五世通过从政府中消除行会（他认为行会对宗教改革有责任）以及在城市施加严格的权贵制度，再次主张他对城市的皇权。[41]

寡头政治的普遍复兴并没有完全消除在宗教改革期间爆发出的有着如此强劲活力的力量。就像 1525 年失败后，德意志农民造反的天性并没有消失一样，城市中的"普通人"也仍然保留着挑战市政官员的能力。[42]在大多数帝国城市中，中世纪晚期市政会和社区的二元化特征一直保持到 18 世纪。[43]几乎所有城市都经历了阶段性的摩擦，有时还伴随着严重的暴力，针对的问题包括税收、财政管理，以及市政会在多大程度上保留市民代表等。

与此同时，在接下来的几十年里，帝国城市和邦国城市之间的差异越来越大。帝国城市维持了它们的独立性。即便帝国城市之间存在宗教分歧，即便一些转向新教的城市和一些倒向皇帝的城市之间存在摩擦，帝国城市仍然维持着它们团体的团结性。它们能够促进在帝国内的共同利益，并且确立它们在帝国议会的代表权，在 1648 年最终实现了完整的投票权。尽管查理五世有能力影响很多城市的制度，但他无法强制执行他的《临时措施》中的宗教解决方案。

传统观点认为帝国城市在大约 1550 年后进入了一个长期的衰退期，这种观点已经不再被接受了。[44]当然，受到愈发有活力的大西洋-北海体系的影响，地中海经济的相对衰落损害了几乎最大的上德意志帝国城市的繁荣。在相对短的时间内，新的北方的商业联系通过法兰克福、科隆和亚琛与安特卫普（Antwerp）联结起来。然

250

而，当阿姆斯特丹在尼德兰起义后取代安特卫普的地位时，大多数上德意志帝国城市的经济命运，特别是更小的城市，最终被决定了。其他城市的情形很复杂。下莱茵的中心城市科隆和亚琛直到17世纪末期维持了相对较高水平的活力。当它们最终衰落时，新的中心（例如汉堡）逐渐兴起了。[45]

帝国城市的独立地位仍然是一个重要的资产。一些城市，例如汉堡和不来梅，通过几十年的不懈努力实现了这一地位；而其他很多城市没能做到这一点。[46]这反映了在宗教改革后，邦国城镇和其他自由或自治城镇的不同命运。[47]在城镇内部，相当多的城镇也经历了与帝国城市同类型的宗教改革的骚乱以及后宗教改革寡头的复兴。然而它们与邦国诸侯的关系使它们的处境更为复杂。尽管一些城市将它们中世纪的自治权维持到了近代早期阶段，但自16世纪初开始在一些情况下明显表现出的普遍趋势，是对邦国城市的征服以及将它们整合进邦国内。与宗教改革危机一同发生的市政会和行会之间的冲突，常常会为诸侯的干预提供借口。结果是很多市政会最终成了诸侯政府的代理机构。

当然，这方面也有例外。在较小或者较弱的邦国，维持有力的城市自治的可能性往往得到证明，一些城镇能够维持它们的自治直到19世纪。例如，在加尔文宗的利珀伯国，莱姆戈（Lemgo）成功争取作为自由的路德宗的飞地生存下来。[48]埃姆登和罗斯托克是16世纪和17世纪城市成功对抗邦国统治者的另一些案例。[49]1555年的《奥格斯堡和约》授予了统治者决定其邦国的宗教信仰的权力，通常而言，这种权力使这样的抵抗越来越困难。[50]同样至关重要的是，北海经济造成的地中海贸易的衰落以及三十年战争带来的破坏所造成的经济后果。[51]

宗教改革能否作为帝国城市或者邦国城市长期命运的决定因素，是值得怀疑的。它见证了一些 15 世纪的趋势的高潮，例如社区对教会的控制。它或许也加速了另一些广泛的趋势，例如寡头体制的建立，或者是在邦国城市中社区自治权的消失以及被整合进邦国。经济而非宗教最终决定了帝国城市和邦国城市二者的命运。

然而，宗教改革是最后一个由帝国中的城市引领影响整个体制的重大变化的阶段。在 16 世纪 20 年代早期，由纽伦堡采取的谨慎支持福音教的政策，为更为广泛的公众运动提供了制度支持并确保了宗教改革的生存。在 16 世纪 20 年代晚期，邦国诸侯接过了这个角色。正是"诸侯的宗教改革"最终掌控了福音教运动释放出的力量并将其制度化。

251

注释

1. 见本书页边码 317~324 页。

2. Schmidt, *Konfessionalisierung*, 5-6; Schindling and Ziegler, *Territorien*, v, 208-9.

3. 见本书页边码 323~324 页。

4. Schilling, *Stadt*, 94-5.

5. Moeller, *Reichsstadt*, *passim*.

6. Hamm, *Bürgertum*, 138.

7. Schilling, 'Alternatives', 118.

8. Hamm, *Bürgertum*, 136-7; Moeller, *Reichsstadt*, 87-94; Schmidt, *Reichsstädte*, 335-6.

9. Hamm, *Bürgertum*, 139.

10. Scribner, 'Cologne'.

11. Rublack, *Gescheiterte Reformation*.

12. Köbler, *Lexikon*, 439-40.

13. 以下内容，见：Cameron, *Reformation*, 210-63; Dickens, *German Nation*, 135-99; Blickle, *Reformation*, 81-105; Brady, 'Godly city'。

14. Friedeburg, 'Kommunalismus', 72; Scribner, 'Communities', 311-14.

15. Schilling, 'Hanseatic Cities'.

16. Blickle, *Reformation*, 104.

17. Cameron, *Reformation*, 235-8.

18. Blickle, *Reformation*, 105.

19. Brady, 'Godly city', 187.

20. Blickle, *Reformation*, 87-90; Strauss, *Nuremberg*, 154-86; Vogler, 'Nuremberg'.

21. Rabe, *Geschichte*, 339-41.

22. Korell, *Wullenwever*, *passim*; Schindling and Ziegler, *Territorien*, vi, 118-22.

23. Korrel, *Wullenwever*, 114. 24 Friedeburg, 'Wegscheide', 561-2.

25. Schindling and Ziegler, *Territorien*, iii, 108-20.

26. Clasen, *Anabaptists*, and Clasen, *Anabaptism*.

27. Williams, *Radical Reformation*, 539.

28. Israel, *Dutch Republic 1476-1806*, 87; Williams, *Radical Reformation*, 561.

29. Williams, *Radical Reformation*, 567.

30. 大多数剩余的再洗礼派移民到尼德兰，其中最成功的领导者是门诺·西蒙斯（Menno Simons, 1496~1561）。他的追随者被称为门诺派，阶段性地受到迫害。一些人仍然留在尼德兰北部，另一些人定居在英格兰或者德意志西北部。再洗礼派的传统以及西南部的各分支在瑞典和阿尔萨斯也保存下来。各种小群体，包括阿米什派（Amish）以及施瓦岑奥兄弟会，在17世纪晚期和18世纪早期移民到美国。见：Driedger, *Heretics*, 9-15。

31. Po-chia Hsia, *Society*, 8-9.

32. Po-chia Hsia, *Society*, 199.

33. Po-chia Hsia, *Society*, 18; Köbler, *Lexikon*, 442-3.

34. Brady, 'Godly city'.

35. Whaley, *Toleration*, 186-203; François, *Grenze*, 153-63.

36. Cameron, *Reformation*, 260.

37. 以下内容，见：Cameron, *Reformation*, 246-61。

38. Rabe, *Geschichte*, 266-8.

39. Hammerstein, *Bildung*, 30-3.

40. Whaley, *Toleration*, 14-22.

41. Naujoks, *Karl V*, 35-42, 47-9, 67-8, 169-74, 335-9; Naujoks, *Obrigkeitsgedanke*, 118-53; 另见本书页边码325、534~535页。

42. Gerteis, *Städte*, 65-71, 81-4; Schilling, *Stadt*, 87-93.

43. Friedrichs, 'Town revolts'; Blickle, *Unruhen*, 41-5.

44. Schilling, *Stadt*, 20-8.

45. Lindberg, 'Hamburg', 647-9.

46. Schilling, *Stadt*, 41.

47. Merz, 'Landstädte'.

48. Schilling, *Konfessionskonflikt*.

49. Schilling, 'Bürgerkämpfe'; Schultz, *Auseinandersetzungen*.

50. Schilling, *Stadt*, 41-9.

51. Merz, 'Landstädte', 129.

第四部分

掌控宗教改革

（约 1526~1555）

第二十章

福音教邦国的出现

宗教改革在很多德意志邦国的确立缺少城市运动中的戏剧性事
件，但这一过程自始至终也是很复杂的。它的开始更晚，进程也更
加缓慢。直到 1540 年，大部分邦国仍然坚持旧宗教。[1]在 1530 年之
前，只有萨克森选侯国和黑森这两个主要的邦国在 1526 年正式接
受了新教义，此外还有三个较小的邦国（吕讷堡、勃兰登堡-安斯
巴赫和安哈尔特）。在 16 世纪 30 年代期间，一些主要的北方邦国
跟随了潮流。此后，在 16 世纪 50 年代和 60 年代，大量邦国做出
了改变。东北部的大部分采邑主教辖区都被世俗化了。哈布斯堡领
地、巴伐利亚、洛林以及于利希-克莱沃-贝格是仅有的旧信仰的坚
持者，此外还有大量独立的教会领地，一些帝国城市、帝国伯爵和
帝国骑士。对于诸侯而言，从前宗教改革时期遏制教会体制权力的
野心到对教义和信仰承担全部责任的进程，是一个重大的分水岭，
而且并不是轻而易举的。

这一过程中没有出现控制教会或者掠夺其领地的鲁莽行动。[2]在
大多数情况下，诸侯做出的接受新宗教的决定，是由很多臣民对新
宗教的广泛接受推动的，或者至少是由直到教区的所有层级的旧教

会秩序的实质性崩溃推动的。因此，"官方的"诸侯宗教改革往往伴随着本地化的城市宗教改革、福音教运动在乡村地区的传播，以及一小群重要的贵族以及官僚精英对新教义的接受。

非宗教因素也发挥了重要作用。地理位置以及区域的权力结构、诸侯或伯爵与皇帝的关系以及家族网络，这些因素都影响着对宗教问题的态度。[3]对皇帝作为帝国象征的根本性忠诚使几乎所有诸侯停下来进行思考。对体制的根本性忠诚，以及不愿意使自己负有触犯帝国法律的责任，使他们不愿多加冒犯有权势的采邑主教的教区权。例如，在黑森和恩斯特系萨克森的领地，只是在 1528 年美因茨大主教同意《希茨基兴协定》（Treaty of Hitzkirchen）以宣布放弃在这两个邦国的权力，终结有关教会管辖权的几十年争论之后，改革进程才开始加快。[4]王朝为保证长子继承制或者至少减少潜在的继承人数量而对教会职位的依赖程度，也是一个关键因素。勃兰登堡（其选侯是美因茨、马格德堡和哈尔伯施塔特主教阿尔布雷希特的兄长）、巴伐利亚和普法尔茨的维特尔斯巴赫家族、安斯巴赫边疆伯爵，以及不伦瑞克家族在 16 世纪 20 年代的政策都受到了这一考虑因素的影响。

同样地，大多数诸侯也不得不关注他们自己邦国内的贵族的既得利益。一些教会的机构，例如修道院和教士会，在为幼子和未结婚的女儿们提供职位方面发挥了重要作用。正是出于利益的原因以及基于他自己的经历，黑森的菲利普建议荷尔斯泰因公爵克里斯蒂安在 1530 年至少将一部分修道院和教会从前的财产给予那些"从这里获得最多利益的"贵族。出于同样的原因，他建议诸侯应当避免对普通人施加过重的税收负担，并且将一些修道院转变为"普通人的医院，用来维持和供养领地内的贫民"。[5]

除了 1524 年黑森的菲利普在梅兰希通的影响下转变信仰之外，没有德意志诸侯在 1526 年之前做出进行宗教改革的决定。[6]到此时为止，最为活跃的是那些反对新教义的诸侯。一些人（如巴伐利亚的威廉四世或者萨克森公爵格奥尔格）是教会改革的强烈支持者，他们相信《申诉》的解决方案能够削弱福音教运动。另外一些人，例如勃兰登堡选侯约阿希姆一世，以及不伦瑞克-沃尔芬比特尔的年轻人海因里希（Heinrich the Younger），只是遵从《沃尔姆斯敕令》的逻辑并执行直接镇压的政策。即使如此，前者无法阻止自己的一些贵族保护福音教布道士，后者也无法阻止不伦瑞克城镇中的改革。

更多的是维持中立立场的诸侯，他们个人维持了对旧宗教的忠诚，但只要法律和秩序没有受到威胁，他们就没有采取针对福音教布道的措施。萨克森选侯智者弗里德里希是这类诸侯中最突出的人物。一方面，他保持对旧教会忠诚直到 1525 年去世，并且充满热情地增添着他收藏的超过 19000 件的圣物数量，他在 1522~1523 年最后一次在维滕贝格公开展示了这些圣物。另一方面，他的不干预和不强制政策，事实上使他保护了路德并且整体上促进了福音教运动。当他支持福音教的弟弟约翰在 1526 年继承了选侯国时，萨克森选侯国坚定了立场。到 1528 年为止，所有圣物都被熔掉，教会改革顺利进行。[7]

在勃兰登堡-库尔姆巴赫，边疆伯爵卡西米尔也执行了本质上　257

政治性的路线。在 1524 年纽伦堡帝国议会之后，他召集了他的等级，为计划中的施派尔民族会议起草了一份申诉的清单。等级无法达成一致，并且尽管在 1525 年镇压农民起义之后边疆伯爵本人再一次效忠于天主教，但是他通过发布忠诚者和改革者都能够接受的教会条例，试图保持外交上的中立路线。与此同时，他将教会财产的管理权置于自己官员的手中，并且终止了教士的税收豁免权。然而，他随后离开自己的领地，代表斐迪南在匈牙利作战，这意味着他无法阻止由他的弟弟——维尔茨堡的教务长弗里德里希支持的重要的天主教徒的反应。只是当他的另一个弟弟——路德宗皈依者格奥尔格在 1527 年继承他的地位时，强有力的改革政策才带来了决定性的转变。[8]在另一些邦国，例如巴登、于利希-克莱沃-贝格、普法尔茨和梅克伦堡，教派的局势在接下来几十年里都并不明确。

然而，首先，考虑到在帝国议会缺少确定性，纵容和延迟看上去是一个合理的立场。只要人们对民族的宗教会议、对某种将《申诉》以及其他不满作为考虑因素的教会的普遍改革抱有期待，诸侯就将遵循这一路线，并不担心因此被指责违法或者对皇帝不忠诚。即使是那些众所周知的支持路德的诸侯，在 1526 年也没有更进一步。一些统治者，例如黑森的菲利普、不伦瑞克-吕讷堡的恩斯特，或者安哈尔特和曼斯费尔德的伯爵，也许已经雇用了福音教的宫廷布道士和议员，但在 1526 年之前他们对教会的唯一重要干涉是盘点修道院财产。黑森的菲利普并不是唯一决定熔掉圣体匣和其他教会财产的诸侯，这个决定很大程度上是为了满足在处理骑士和农民问题时，作为施瓦本同盟的成员发生的费用的需求。[9]

在 16 世纪 20 年代这一普遍趋势下的例外，是条顿骑士团的普鲁士邦国，这里在 1525 年就以惊人的速度实现了世俗化和宗教改革。[10]这里的形势是独一无二的。首先，尽管骑士团在帝国内拥有很多小型领地，但它主要的普鲁士领地并不是帝国的一部分，自 1466 年以来普鲁士就是教皇和波兰国王二者的封地。此外，这里与帝国的任何教会领地都相当不同，因为这里是由大团长领导的受戒的骑士组织统治的。

普鲁士的条顿骑士团的世俗化，受到了世俗因素和宗教因素两方面同等程度的推动。作为统治贵族的团体，骑士团已经变得越来越不合时宜。骑士的傲慢和剥削性的政策引发了普鲁士本地贵族、定居农民以及城市权贵永久的敌意。这些摩擦的主要来源，最初是骑士团需要金钱以对抗波兰人。[11]1466 年骑士团最终战败，《托伦和约》(Treaty of Thorn) 分割了普鲁士的领土，只有东普鲁士仍然在骑士团控制下，并服从于波兰的宗主权。脱离波兰的压制以及主张骑士团在帝国内的直属地位（只臣属于皇帝）的愿望，很快导致两位德意志诸侯——1498 年的萨克森的弗里德里希以及 1511 年的勃兰登堡-安斯巴赫的阿尔布雷希特——当选为大团长。他们都受到马克西米利安一世显而易见的意愿的鼓励，支持骑士团对波兰国王反叛，脱离波兰并臣属于帝国。通过对当地等级征税和对骑士自身征税，他们推动了在普鲁士的骑士团逐渐的世俗化。

然而，马克西米利安在这件事上表现得和在其他很多问题上一样反复无常。当他 1515 年需要为波兰人提供贿赂以保证匈牙利免受波兰国王的主张影响时，他直接放弃了骑士团。结果是，大团长不得不再一次向波兰国王西吉斯蒙德宣誓效忠，正如《托伦和约》要求的那样。大团长阿尔布雷希特首先向莫斯科，随后又向丹麦以及其他德意志诸侯寻求帮助，此后他决定在德意志团长从帝国内的骑士团领地获得的 80000 古尔登的资助下对波兰人发起进攻。这笔资金和它带来的补充骑士团军力的雇佣兵使这场战役并非没有希望。尽管如此，普鲁士的领地和波兰王国在规模上的巨大差距（普鲁士的 20 万人对波兰的大约 300 万人），导致战争很快陷入僵局，双方在 1521 年达成了一个为期四年的停战协定。[12] 正如大团长弗里德里希在 1507 年所做的那样，阿尔布雷希特返回帝国寻求更多支持，尽管他似乎也考虑了自己开启作为一名雇佣兵指挥官的生涯的想法。当新教义的引入改变了普鲁士的情况后，这种情况得以避免。

像很多帝国骑士一样，条顿骑士团的骑士较早对福音教事业产生热情，这是因为阿尔布雷希特本人在 1521 年之后在纽伦堡居住时，遇见了路德的主要支持者，例如安德烈亚斯·奥西安德尔（Andreas Osiander）。作为整体的骑士团受到了前宗教改革时期反教皇运动的深刻影响。此外，在普鲁士，桑姆兰主教以及阿尔布雷希特缺席时的摄政格奥尔格·冯·波伦茨（Georg von Polentz），以及他的同僚——波美萨尼亚主教埃哈德·冯·奎斯（Erhard von Queiss）都大力推动新的教义。当阿尔布雷希特在 1523 年秘密接近路德，询问路德在成员迅速减少的情况下，关于骑士团的未来的意见时，路德的态度很明确。[13] 骑士应当"放弃虚假的忠贞，承担婚姻关系中真正的忠贞"，并且成为真正的基督教的骑士。有这一相

当公开的建议，而且约翰内斯·布里斯曼（Johannes Briesmann）和　259
约翰内斯·阿曼杜斯（Johann Amandus）作为路德宗的布道士被派
遣到柯尼斯堡，普鲁士的宗教改革正式推进。

　　考虑到查理五世和德意志诸侯一直不愿意支持骑士团对抗波
兰，阿尔布雷希特不得不与波兰国王西吉斯蒙德（他刚好是阿尔布
雷希特的舅舅）协商。然而，为了避免骑士团被直接并入波兰王
国，此时阿尔布雷希特主动提议只成为西吉斯蒙德的封臣。对教皇
封地的宣称，在 1466 年似乎保证了普鲁士的骑士的半自治状态，
在此时则被废除了。阿尔布雷希特成了世袭的普鲁士公爵，对西吉
斯蒙德宣誓效忠，并且迎娶了丹麦公主。其余的骑士获得了过去由
骑士团控制的领地，并且成为和本地贵族并存的公爵的封臣。两名
主教也很快放弃了他们领地的权力，交给新的公国，作为回报被确
认为路德宗的主教。随着 1526 年开始的教会视察，教会改革的进
程变得系统化，这一举措与世俗邦国政府的建立同步进行。

　　后来的普鲁士民族主义历史学者赋予这些事件英雄的光环——
从阿尔布雷希特的角度而言几乎是一场政变。[14]他们将这些事件视作
近代普鲁士的起源、普鲁士领导德意志民族福音教使命的开始。然
而，1511 年霍亨索伦家族的成员当选大团长实际上是相当偶然的，
并且阿尔布雷希特无论如何也只是安斯巴赫边疆伯爵系的幼支，而
不是勃兰登堡选侯国的子孙。此外，如果没有波兰王室的默许，阿
尔布雷希特不可能将普鲁士转变为公国。从波兰国王的利益而言，
这是为了将普鲁士同时从骑士团、帝国和教皇中孤立出去。阿尔布
雷希特是西吉斯蒙德的外甥，这一事实进一步增添了这种安排的便

捷性。因此，从那个阶段来看，勃兰登堡选侯国的霍亨索伦长支而非雅盖隆王朝继承公国（实际在 1618~1619 年发生），这并非不可避免。[15]

在 1525 年或许更重要的是，由于农民战争摧毁了其在内卡河畔霍内克（Horneck）的堡垒而被分散注意力，条顿骑士团未能避免普鲁士领地的丧失。瓦尔特·冯·克隆贝格（Walther von Cronberg）在 1527 年被任命为德意志团长，或者说是骑士团在帝国的领地的管理者，他以施瓦本的梅根特海姆为根据地，努力重新整合帝国内剩余的零星领地。1529 年他成了帝国的直属诸侯，并且在第二年，查理五世在奥格斯堡帝国议会上授予他普鲁士的领地，他得到了大团长和德意志团长的头衔［正式头衔为"在普鲁士的大团长和德意志大团长的总督"（Administrator des Hochmeistertums in Preußen und Deutschmeister），1598 年之后缩写为"德意志大团长"（Hoch-und Deutschmeister）］。尽管他对普鲁士领地的主张从未实现，而他的破碎的骑士团领地为其贵族团体带来了大量收入，但骑士团从未在帝国内扮演关键的角色，只是自 16 世纪晚期起为哈布斯堡家族充当阶段性的挂名职务，以及作为对抗土耳其人的前线力量。

普鲁士宗教改革在帝国外展开，而且其作为主教制度改革的案例是无法被模仿的。对于帝国内的大多数统治者而言，事情进展由于农民战争而加速。"社区宗教改革"对法律和秩序造成了深远的威胁。在很多地区紧随它的爆发而来的混乱局面，使教会体制由于缺乏资金及人员而受到严重破坏。1526 年施派尔帝国议会的决议创造了一个新的框架，在这个框架下从帝国法律而言，在此时采取坚定的行动是正当的。此时唯一需要的就是可行的规则。

第一次自上而下的、重要且有序的邦国改革的努力被证明是短暂的。在施派尔帝国议会后不久，黑森的菲利普在洪堡（Homberg）召集了宗教会议，讨论由法国的方济各会修士阿维尼翁的弗朗索瓦·朗贝尔（1487~1530）为他起草的改革计划。[16]朗贝尔已经在维滕贝格接受过训练，他的草案既反映了 16 世纪 20 年代早期路德支持的共同体观念，也反映了瑞士和上德意志城市实践的影响。《黑森教会改革》（*Reformatio ecclesiarum Hassiae*）明显得到了大会而非统治诸侯的宣扬，其中构想了一个从底层构建的新的教会结构。每年在邦国内举行一次宗教会议，牧师［在文件中被描述为"主教"（episcopi）］将与来自每个教区的平信徒代表一起参与会议。教区被允许选出其自己的牧师，并且有义务支付他们的工资。修道院被禁止招募新人；在当前的在职人员去世，修道院职位空缺后，它们将被用作学校。

《黑森教会改革》所设想的教育方案在 1527 年马尔堡大学建立时立即取得了成效，并且在此后几年持续影响黑森的政策。然而，类似这样的教会制度的模式从未实现。早在 1527 年 1 月，路德就劝告菲利普，实行广泛的改革计划为时尚早（他称之为"一堆法律"），并且告诫他在教会中只采取那些维护国内和平和良好秩序的必要政策。[17]

很多学者认为路德对菲利普的建议所采取的态度反映了他对 1525 年事件的恐惧。当然，农民战争影响了他的思虑。正如几乎每个地方的统治诸侯和他们的官员一样，路德也将有必要采取恢复持续稳定的实际措施视为当务之急。他相信，这在很大程度上取决于诸侯自己，取决于他们采取必要的措施来纠正普通人的不满的意愿。然而，这也包括对普通人关于教会问题的不满的关注。

与此同时，教会自身的处境也要求采取行动。农民战争已经再一次突出了由激进的福音教布道士制造的威胁。对农民起义的镇压造成的资金需求，增添了政府利用教会资源为纯粹的世俗目的提供资金支持的诱惑性。此外，等到和平恢复的时候，很显然很多教众根本没有教士，并且对他们应当听从哪种教义感到非常困惑。一个双重的实践性问题摆在作为教士的路德面前：如何获得受任的牧师并保证正确的教义在教众中流传；以及如何确保教会的财产仍然用于其根本的宗教、教育和社会目的。

路德对这些问题以及其他很多问题的观念是被动地变化的。在16世纪20年代早期，他关心修士和修女在他们生活的地方被解散后应当得到妥善安置。与此同时，他鼓励市政官员和统治诸侯保卫新的教义，并为支持新教义的教士做好安排。关于教会财产，他认为所有捐赠都应当继续用于它们最初的用途。随后不久，当萨克森的教会收入正在被无法无天的平信徒转移时，路德认为教皇权威的终止意味着教会财产应当转移给选侯，选侯可以将教士、学校或者慈善不再需要的资金用于普遍的用途。随后，在1530年的奥格斯堡帝国议会要求恢复修道院之后，这一观点体现了诸侯有权获得任何额外收入，作为他代表福音书的努力的回馈的原则。[18]

这些观点呈现的更为广泛的教会和法律框架也得到了发展。从根本而言，路德并没有创建新教会的愿望——因此对于彻底改革的提议，例如由黑森的菲利普提出的建议，他持谨慎态度。[19]尽管路德明确拒绝教皇的教会，但他仍然至少在原则上坚持主教的教会的观念。事实上，他后来积极支持路德宗的主教在瑙姆堡－蔡茨（1542）、梅泽堡（1545）的任命。[20]然而，在 16 世纪 20 年代，实际上并没有主教愿意注意路德的劝告，放弃他们的政治权力并且成为改革的主教。结果，他越来越视主教官方为无物，并且因此主张统治诸侯有权和基督教的义务对教会行使监督权力。路德只是在 1539 年采用了术语"应急主教"（Notbischof）描述这种职能。然而，在 16 世纪 20 年代中期，这种认知已经明确体现在他的文章中。[21]路德并没有直接放弃世俗权力的所有责任：诸侯有行使视察的基督徒的职责，保护这种视察免受攻击并促进其成功完成是政府的职责。

这些职责由路德更年轻的同伴菲利普·梅兰希通进行了详述。他也深受 1525 年经历的影响。像谴责那些"愚蠢"且"疯狂"的"暴民"的路德一样，梅兰希通此时不是将"所有人"视为高贵的普通人，而是愚蠢、疯狂和野蛮的人。在思考新的控制需求的含义方面，他也比路德更为严谨。路德宗福音教在教会、教育和政府方案的几乎每个方面，都带有梅兰希通博学和系统化思维的明确印记。

即便路德对起义农民大加批判，他仍然坚持自己的信念——社会的福音教革新是个体成员共同的革新，并且对任何制定信仰和教义统一条目的尝试保持警惕。与他相反，梅兰希通很快放弃了 16

世纪 20 年代早期的理想主义。他此时坚持教育的需要，"为了使年轻人被培养成平和且正当的人"、为了学术研究的振兴以提供教师、为了政府积极参与基督教社会的构建。[22]他在一生中被誉为"德意志导师"，这特别指向他为中等学校和大学的改革制定计划的工作。[23]然而，他的贡献在宽度和深度方面远不止于此。路德仍然是精神领袖，但在实践层面，自 1530 年到 1546 年去世，他是逐渐被边缘化的。[24]尽管如此，自 16 世纪 20 年代中期起发生的改革，无论被描述为梅兰希通的福音教还是路德宗的福音教，都是合适的。

1525 年，路德敦促萨克森选侯着手进行个人的教会视察，以检视教会财产并保证教士得到合理的支付款项，此时新的路线已经成形。1526 年，施派尔帝国议会之后，他再一次要求正式的教会视察，这一次由四名官员组成，其中两人是收入方面的专家，另外两人在"教义和人民"方面知识渊博。[25]第二年，选侯发布了对视察委员的指引。然而，这个指引在细节上被证明是不充分的，并且被改革者和忠于天主教信仰的人共同批评，因为它看上去将精神的权威强行交给了世俗政府。

最后，在 1528 年，由梅兰希通书写的确定的视察制度发布。路德的序言清楚地表明他求助于世俗权力执行教会视察，这是因为主教已经放弃了他们的责任。他呼吁作为得到神圣任命的统治者的选侯，应当出于对基督徒以及对上帝的爱，任命视察者促进福音书的传播，并且为领地内穷苦的基督徒提供帮助和保护。与选侯在 1527 年的指引相反，路德的序言明确地维护了神学家在宗教问题上的权威。

263

在 1528 年 10 月开始的教会视察本身证实了路德很多最糟糕的担心。路德写信给施帕拉廷："教会的情况极为破败……农民不学习、无知、不祈祷，并且除了滥用他们的自由以外什么都不做。他们不领圣餐，他们似乎已经放弃了所有宗教。"[26] 关于那些仍然留存的教士的情况，也并没有更让人受到鼓舞。很多人仍然是忠诚的天主教徒；另一些人也只是迷茫，或者在缺少任何正规指导的情况下已经发展出异质的教义。在几乎所有地方，由于什一税和其他类似的费用停止支付和中止，教士的收入骤减，令人担忧。很多教会建筑和慈善组织迅速衰落。

持续到 1531 年的教会视察的过程记录了这些情况，也逐渐开始解决这些问题。变革并不是立即实现的。然而教会视察为教士正确的布道以及礼拜形式的指引提供了基础框架。教会视察也为教会财产的合理盘点和使用奠定了基础，并且塑造了新的教士受训练、就职仪式、按手礼（正式的按手礼在 1535 年才出现）以及就职的整个过程。[27]

最重要的是，教会视察本质上作为官僚政治的进程，决定了新的教会秩序的整体结构。在萨克森选侯国的各管辖区持续执行的教会视察，设置了督察负责行使持续的教区监督职能。中央机构也适时地建立起来协助督察的工作。教会财产此时由邦国政府的机构管理，过去教会法庭的法律功能也转移到世俗的邦国法庭。

这些变革中的绝大多数，是在特定的区域或者邦国，作为对特定问题或者视察报告的回应而开展的。路德在 1525 年之后逐渐倾向于建议尊重法律，以及更重要的，梅兰希通明确支持罗马法是

"上帝给人类，特别是给德意志人的礼物"，这二者确立了整体框架。[28]1525 年的危机使改革者和统治者将两个领域的需求融合在一起，认识到只有行政权力能够建立起"公安"和"公共利益"之间的联系。[29]两个王国或者两把剑的融合也会导致困惑，这是不可避免的，但不一定会导致世俗的教皇或者卑微顺从的教士。

总的来说，路德宗邦国在 1555 年之前并没有发展出有意义的直属教会权威甚至是任何中央的机构性的领导权，无论是以宗教法院还是以"普遍督察"的形式。[30]即使新的教会条例（Kirchenordnung）广泛发布，也没能带来真正的超邦国的联合体，并且在 16 世纪的所有法令中，大约三分之二是在 1550~1600 年发布的。[31]

264　　　这个结果到此为止还无法被描述为新的"路德宗教会"。在帝国法律中，教会直到 1648 年一直是单独的实体，并且至少在 16 世纪的大部分时间，大多数人将任何制定的安排视为暂时性的，等待着"真正的"教会恢复或者建立。然而，在那些接纳了新教义的邦国，在 1526~1527 年之后的大多数安排都决定了德意志路德宗福音教长期的结构和特征。

几乎在所有地方，第一个举措都是教会视察和随后教会条例的发布。在大部分波罗的海沿岸地区，包括主要的汉萨城市，条例遵循的范本是由约翰内斯·布根哈根在 1528 年为不伦瑞克制定的法令。在其他地区，维滕贝格的法令是相当有影响力的，1533 年的勃兰登堡-纽伦堡法令也是如此。[32]在教会视察和教会条例中所隐含的，是促进以福音书为基础的一系列标准教义的愿望，这一愿望也得到了"信纲"的制定的帮助，例如 1530 年的《奥格斯堡信纲》

（Augsburg Confession）。实现礼拜的标准形式以取代 16 世纪 20 年代早期发展出的各种仪式的需求也是同样重要的。在路德宗范围内，这一过程较为容易，因为德语弥撒与旧式的拉丁语弥撒有很多共同点。献祭被废除，向圣人代祷被省略；布道成为仪式的焦点，饼酒同领被允许，教众唱诗承担了核心作用。然而，即使是路德改革的主要神学含义，特别是关于圣餐的含义，很多普通教众也看不出他的弥撒和旧式弥撒的根本性区别。

当然，布道和礼拜依赖于可靠且受过教育的牧师。大多数教会法令保证了教士的经济供给，这表现为路德"公共金库"观念的实现，金库将一个城市或者地区的一部分或全部教会的圣俸和捐款汇集在一起。[33] 在一些邦国，当局做出了重建传统的为教士的捐赠（Ofperpfennig）以及牧师费（Stolgebühren）的努力，尽管这通常会遭到民众的抵抗和指控：过去教皇的财政制度正得到恢复。[34]

这样的安排通常在城市地区最为有效。乡村的情况很复杂，因为那些已经将修道院财产据为己有，并用来支持教会的管理、教育或者邦国政府的统治诸侯，普遍不愿意再次将财产分割以支持乡村教士。[35] 相当常见的是，乡村教士一直生活在相对短缺的状况中，依赖不规律的实物商品的供应以及他们的教区民众勉强给予的费用。在这些地区，路德宗的牧师作为邦国的有酬官员、神学的公职人员，其稳定的收入来源于教区的捐赠和牧师费，直到 16 世纪末才得以确立。

为牧师提供正确的教育被证明是更困难的。很多教会视察揭露出的教士的无知无法轻易得到解决。比起不知道《天主十诫》的教士，

265

没有收入的教士是更容易得到帮助的。尽管一些最无知的教士被遣散了，但其他很多只有基本且并不准确的知识的教士被允许留下来。合格教士的短缺过于棘手，以至于无法进行系统性的清洗。

受过新式训练的牧师的供给在几十年内仍然是不充足的。在维滕贝格接受训练的人数与需求数量相比只是杯水车薪，即使是大学训练也不是好牧师的绝对保证。16 世纪 30 年代和 40 年代萨克森选侯的教会视察揭露了低级别教士中令人震惊的无知。在这方面，新教士在某种程度上与过去的教士类似，实际上过去的教士也只是被要求比他们的大部分教众多了解一点。[36]事实上，维滕贝格大学以及早期在 1527 年于马尔堡建立的福音教大学明确用于提供官员和教士，这也许给人们造成了一种情况在迅速转变的错误印象。即使到路德去世的 1546 年为止，维滕贝格周边地区的情况仍然引发了严重的担忧。[37]在其他地方，情况通常更为糟糕，并且在 16 世纪 80 年代才开始好转。[38]

尽管教育牧师的努力最初不成功，但这也突出了路德和梅兰希通从人人皆可为教士的观点中的转变是多么迅速。从 16 世纪 20 年代中期开始，梅兰希通将人文主义者的学问（eruditio）和福音教的虔诚（pietas）结合在一起的方案，给教育改革带来了新的推动力。[39]在一定程度上，这一点从一开始对教会改革事业就是不可或缺的。[40]由于前宗教改革时代世俗和教会的权力斗争以支持世俗官厅的方式得到解决，此时教育改革方案就成了首要关切。大多数教会条例，特别是由布根哈根在北德意志起草的条例，强调了提供良好教育的需求。紧急的注意力被投入拉丁语学校的恢复和发展中。随着那些支持它们的修道院解散，这些拉丁语学校在宗教改革早期也遭受了困难。

牧师的招募也受到激进的布道士反对传统学问的行动的打击，例如安德烈亚斯·卡尔施塔特，他拒绝使用拉丁语并认为这是教皇的语言，他宣传德语仪式以及对福音书的生活导向的阐释。[41]伊拉斯谟在 1528 年也观察到，在路德宗信仰盛行的地方，学术研究减少了。迟至 1557 年，梅兰希通仍然想知道他和其他同信仰者对于他视为高等研究即将到来的衰退是否有责任。[42]然而，事实上，在 16 世纪 20 年代晚期的第一次教会视察中已经凸显出来的政府和教会对受过训练官员的需求，很快就扭转了这种趋势。从 16 世纪 20 年代起，新的拉丁语学校在很多独立的城市和邦国城市建立起来，更高级别的学院也得以建立，例如 1539 年的斯特拉斯堡文理中学，以及布根哈根在汉堡（1529）、吕贝克（1531）和什未林（1542）建立的文理中学。[43]

尽管人们认识到紧迫的需求，但进程还是相对缓慢的，即使是为有天赋的人提供教育。学校通常会最先受到暂时的经济危机或者政治反转的影响，例如 1548 年的《临时措施》暂时对南部和中德意志的很多地区实行再天主教化。[44]直到 16 世纪 40 年代，阿尔布雷希特系的萨克森领地才得以在普福塔（Pforta）、格里马（Grimma）和迈森创办精英学校。[45]在其他很多地区，在《奥格斯堡和约》为教会和学校体制创造了持久的法令管理制度的法律基础之后，这样的机构才开始出现。[46]例如，在符腾堡，1559 年教育条例（Schulordnung）颁布后，中等学校的创办造成了斯图加特的教育改革、在图宾根相似学

266

校的创办，以及一系列"修道院学校"的建立。后者本质上是神学学校，以此前的修道院为基础，用于训练此后有资格在图宾根神学院成为牧师的人。[47]

理论上，这些中等学校是完整的教育结构的一部分，在下面有"国民学校"或者"德语"学校，在上面有大学。然而，实际上，更低级别的学校体系直到 16 世纪的最后几十年之前一直相对被忽视了。[48]首先，路德和他直接的圈子对于面向所有人的更为普遍的教育是极其矛盾的。他们认为 16 世纪 20 年代高等学术的危机应当归咎于本地语言教育的发展，在同一时期与宗派主义者的经历也带来了对文字有用性的担忧，识字使人们能独立阅读《圣经》和其他文本。[49]很多"德语"学校被关闭，以将资源集中到拉丁语学校。因此在很长一段时间内，大部分低级别或者"德语"学校倾向于成为由低级别教师经营的私人事业，他们的报酬低于更高级别的拉丁语学校的同事。

只有在城市和大城镇，特别是纽伦堡和汉萨城市，获得资格的前宗教改革时代的大量德语学校才生存下来，并且在 16 世纪上半叶稳步发展。[50]乡村地区教育的提供是稀少和基础性的，并且几乎没有对乡村人口的识字和宗教知识起到真正的作用。低级别学校广泛的复兴和发展仅仅在 16 世纪下半叶才逐渐开始。此后世俗官厅逐渐认识到一般的读写能力和基础教育的价值，并且官厅对来自底层的需求做出了回应，提供识字和算术的训练，这逐渐被所有社会群体视作基本的生活技能。[51]

为贫民提供救济的制度是福音教改革条例的施行中另一个必不可少的元素。在这方面，宗教改革导致了对自 15 世纪以来发展的新观点的广泛接受。[52]主要的城市中心，例如纽伦堡和斯特拉斯堡，引领了效仿法国和英格兰的限制乞讨者的法律。外邦（非本地）的乞丐是被禁止的，本地的居民如果能够证明他们的需求并得到乞讨的允许，就会得到黄铜徽章。到 15 世纪末为止，其他很多城市引入了相似的措施，而且 1497 年林道、1498 年弗赖堡、1500 年奥格斯堡的帝国议会曾试图在整个帝国内制定法律。

　　改革者解决了这一新的严厉的态度和教会盛行的教导之间的矛盾，教会关于炼狱的教义一直鼓励平民捐赠人在心中记住穷人，这支持为管理穷人建立健全的体制。改革者否认通过善功得到救赎，将善行的根本依据削弱为"出于虔诚的原因"（ad pias causas）。此外，改革者对于善行的新观点使他们将乞讨视作一种懒惰。身体健全的人应当被强迫回归到日常（基督徒的）工作中。只有极少数值得救助的贫民有权享有基督徒的慈善。此外，由于传统的慈善捐赠几乎被废止，他们将从"公共金库"或者特别设立的"济贫金库"中获得帮助。"济贫金库"的资金来源于此前的修道院财产以及很多留存下来的中世纪捐赠。因此，新的福音教教导为对穷人严厉的官方态度提供了完整的神学支持，并且暗中提供了政府干涉管理贫民的诉求。

　　再一次，纽伦堡在 1522 年引领了新的救济条例。这宣告穷人的困境成为一个主要的问题，但将乞讨定义为与真正的基督教不相符。由两名市政官员领导的十名受尊敬的市民所组成的委员会得以建立，以检视贫民的问题，帮助身体健全的人获得工作，并且给那些真正需要帮助的人分配合适的救济品。乞讨被限制在那些在新法令生效之前已经获得资格的人。阻止乞讨需求的措施，包括保障手工制品公允的价格，以及为那些陷入困难的手工业者提供无息贷款。

这些措施的变种得到了其他许多城市和城镇的采用。不久后，通过西班牙的人文主义者胡安·路易斯·比韦斯（Juan Luis Vives）在 1526 年创作的有影响力的小册子《关于对穷人的救助》（*De subventione pauperum*），新的方式得到进一步加强。这个小册子反映了改革者的观点，很快被翻译为德语，并且很快被确立为接下来几十年关于这一问题的标准文本。

268　　然而，在这一领域，新的方式也不一定意味着新的解决方案。频繁重申流民条例，表明这些问题即使在管理最好的城市也始终存在。当然，在乡村地区，新的思想几乎没有造成影响。唯一真正能控制流民的是村社的愤怒，解决贫困的唯一办法就是那种被认为是过去事物的慈善机构。无论是在城镇还是农村，贫困问题都仍然没有得到解决。同样地，在那个时期几乎没有证据表明出现了任何特定的流民危机。当 16 世纪下半叶问题真正出现并且流浪者成为越来越大的威胁时，宗教改革时期的观念很快暴露出自身的不足，并且被更具干预性和强制性的手段取代。[53]

福音教德意志的邦国政府和教会的特征的各方面发展，其长期影响仍然存在争议。有四个问题是特别重要的：宗教改革在德意志是否实质上创造了"绝对主义"国家；世俗权力是否为了自己的目的掠夺了教会；路德宗福音教此时是不是保守的甚至是威权的信仰；尝试进行的基督教社会改革在任何意义上是不是成功的。

　　首先，改革无疑增强了很多诸侯的权力，但并没有在德意志创造任何类似于绝对主义国家的体制。尽管最初诸侯被要求充当"应急主教"，并且曾经被赋予总主教（summus episcopus）的特权，但他们的角色实际上很快就承担了引起很多教士担忧的维度。将"两个王国"结合并混淆的诱惑实在是太大了。将要承担的任务范围和广度，要求只有一个统治者能够控制的那种权威和资源。在几乎所有主要的活动区域，实现 15 世纪的将世俗权力凌驾于教会权力之上的野心的机会是无法抗拒的。与此同时，将新形势的潜力最大化以满足当下新的政治和军事需求的愿望是可以理解的。

　　宗教改革提供了新的机会，但这也只是更漫长的演变过程的一个阶段。此外，很多传统上被认为是路德宗邦国发展的特征，包括世俗对教会控制的扩张，也能够在那些仍然忠于旧教会的邦国被观察到。事实上，在这一时期最"近代化"的邦国政府也许是奥地利各公国和巴伐利亚，在这些地方改革体制的确立早于相应的主要福音教邦国，例如黑森、恩斯特系萨克森或者符腾堡。[54]在整个帝国，所有邦国政府都经历了相似的管理权限扩张的过程。在每个地方，法学家都接管并推动罗马法取代地方或区域法律。

　　福音教和天主教邦国之间的这些相似性，至少使很多对路德宗邦国的传统假设变得相对化。即使在那些路德宗确实带来了决定性改变的邦国，与天主教邦国的发展上的相似性仍然是值得关注的。路德宗确实放弃了禁欲主义的观念，废除了婚姻的神圣性，使父母的同意成为强制性的，引入了离婚，将婚姻纳入了邦国登记和监管的机构。然而福音教改革者潜在的目标与那些天主教改革者的几乎

269

没有区别。他们想要"更好地和更合法地执行传统的教会教导"，以规范和稳定家庭单位。[55]他们希望恢复传统的父系权威并且将家庭的模板转移到邦国，统治者和牧师被授予家长般的权威。他们试图用官方仪式和正式的登记程序替代无序的地方仪式。当他们的改革显然已经无法给普遍的人群带来其所希望的影响时，他们也经历了同样的失望。

尽管如此，宗教改革在福音教邦国的影响是不能被低估的。在符腾堡，在"胡子"埃伯哈德统治的 15 世纪 90 年代，令人印象深刻的法律和行政改革，特别是 1495 年的邦国条例，得到了 1520 ~ 1534 年哈布斯堡治下的财政和行政近代化方案的补充。被驱逐的乌尔里希公爵的再征服导致了福音教被立即引入、两名改革者被任命（一人是路德宗，另一人是茨温利派，以认可茨温利对乌尔里希事业的支持），以及 1534 年 8 月 2 日颁布《斯图加特协同信条》（Stuttgart Formula of Concord）。随后教会条例、婚姻和金库法令都在 1536 年颁布。这些措施本身是 1550 年之后由乌尔里希的儿子克里斯托夫开展的更为全面的改革的序幕。[56]1536 年的教会条例和1559 年的续作强调了世俗统治者对教会事务的责任以及管制基督徒行为的职责。牧师有权阻止希望领圣餐的罪人。然而，控告亵渎、诅咒、饮酒、赌博、卖淫以及其他可能会招致上帝对邦国的愤怒的行为，这些任务是属于官员的。[57]

对于第一个问题，作为对宗教信仰，对学校、福利机构以及类似机构的新职责的结果，福音教邦国确实获得了大量额外的权力。很多邦国等级明显由于高级教士集会的消失而受到削弱，这些高级教士通常因为他们与更广泛的教会、主教和都主教以及修会的联系而发挥特别有影响力的作用。这些联系可能会带来邦国外部的压力，或者可能游说皇帝干涉国内的争端，它们的消失使福音教邦国更加"封闭"。[58]

对于第二个问题，不可否认，宗教改革带来了掠夺教会财产的诱惑。很多教会财产得到了合理利用，而很多财产也被掠夺。教会财产的世俗化和扣押带来了相当多的新收入。例如，在黑森、恩斯特系和阿尔布雷希特系萨克森以及符腾堡，大量教会财产和收入被用于军事开销，或者有时单纯用于偿付统治者的债务。[59]符腾堡公爵乌尔里希甚至在 1538 年下令刮掉画中的金漆，变卖教士在城镇的房子，并且公开挪用由他的世俗官员管理的教会收入所带来的年度结余资金。这些滥用行为受到天主教和福音教神学家的批判，并且在 1550 年后才由他的儿子克里斯托夫通过建立公共教会金库机构平息下来。即使如此，他仍然利用金库的结余，以及来自第二个金库——寄托契约（获得了他的公国内 14 个大修道院的收入）的大部分收入来减少他的负债。[60]

对于第三个问题，在这个阶段很难将路德宗视作保守的或者威权的。政府权力的扩张伴随着其统治者角色的新定义。家庭的模式被延伸到政治中，统治者被赋予家长式的权威，享有与生父一样的神圣许可。其中暗含的是臣民服从其君主的基督徒义务以及对任何积极反抗权利的否定。不过，在这些路德宗的权威概念中看上去隐含的绝对权力，也以重要的方式得到缓和。诸侯受限于基督教的法律，并且和其他所有人一样，也会因为违反法律而被惩罚。此外，

270

值得注意的是，几乎所有诸侯都任命了至少一名教职的改革者以确定邦国改革的宗旨和目标。所有教会条例都是由教士书写的，尽管世俗官员，特别是受过法律训练的那些人或许也参与了。最初的改革者的角色随后在布道士角色的定义中得以延续，正如布根哈根所说的那样，赋予他"在世俗政府里警示"的职责。[61]如果说臣民没有权利反抗，他们至少有权利，甚至是义务，对那些采取不神圣的政策的诸侯发出挑战。

普通民众整体上也不只是寻求监督和控制的专制政权的被动受害者。改革进程无疑标志着在 16 世纪 20 年代早期激励了宗派主义者和"普通人"的期待感和对解放的许诺的终结。一方面，那些希望根本上的解放、希望依照上帝之道建立政府机构的人极其失望。另一方面，在 1525 年之后的宗教和世俗改革，至少可以部分被视为对此前的公众需求的一种回应。将政府的改革视作"农民战争另一种方式的延续"是过于极端的，但政府改革很显然受到了对 1525 年教训的认知的影响。[62]

271　　　中央集权政府的权威仍然以两种重要的方式受到限制。一方面，邦国等级也许由于高级教士席位的废除而被削弱，但他们保持了长久的存在感，积极抗争以捍卫传统的权力、特权和自由，他们仍然有能力向诸侯施加大量且有效的压力，因为他们在为诸侯提供资金支持方面扮演了关键角色。[63]然而，这些等级绝对不包括农民，或者"普通人"的实际代表，毕竟他们通常只是支付等级所要求的税款。另一方面，即使在社区层面，遵守法律条例以及宗教准则也不是理所当然的。

第四个问题：如果这种服从不是常规的，宗教改革应当被评判为成功还是失败？对于宗教改革对 16 世纪头十年平信徒的信仰或行为造成影响的程度，人们有着不同的判断。认为宗教改革几乎没有造成影响的观点无疑过于极端。[64]到 16 世纪 40 年代为止，一些改革者，例如梅兰希通，甚至是路德本人，认为他们已经失败了，这一事实更多表达了他们的高预期和高标准与实际情况的差异。[65]与之相似，后来对新的宗教改革的呼吁反映了新一代理想主义者的宗教愿望，而非他们的前辈的疏漏。毕竟，这样的复兴或者唤醒已经成了福音教历史的一个长期特征。

改变确立下来是需要时间的。新的宗教准则对底层产生的影响并不比其他邦国政府的命令更为直接。这二者和政府本身一样，都在很大程度上依赖于认可。在一些地区（如巴登），天主教徒和福音教徒并存了很长一段时间，共享教会和仪式，很大程度上忽视那些区分各自信仰的神学家的差异。然而，有证据表明在帝国城市、汉萨城市，以及北德意志和威斯特伐利亚的邦国城市，强烈的教派意识到 16 世纪 40 年代已经逐渐形成。[66]在另一些地区则出现了混合的宗教形式的发展，或者是单纯的混乱，例如 1549 年利珀的教会视察所呈现的，牧师仍然在宣扬日课经、斋戒，并且仍然相信福音教的三圣礼和天主教的七圣礼之间的礼仪。[67]古老的迷信和巫术的宗教活动无疑保留下来，只是被教会视察"发现"，成为社会新的堕落的证据。诅咒、婚前性行为以及非基督教的婚姻行为仍然没有减少。新的观念是人们能够通过立法和监管改变这些问题。

注释

1. Schmidt, *Konfessionalisierung*, 9-10.

2. 关于这一问题，在英语文献中最为均衡的讨论是 Cohn, 'Church property'。也可见：Ehmer, 'Kirchengutsfrage'。

3. Press, 'Territorialstruktur'.

4. Wolgast, 'Territorialfürsten', 432; Schindling and Ziegler, *Territorien*, iv, 75-6, 259-60, 265-6. 这一协定的契机是"帕克争端"的解决方案，见本书页边码 295~296 页。

5. Haug-Moritz, 'Konfessionsdissens', 143; Cohn, 'Church property', 167, 173-4.

6. 最优秀的研究可见：Wolgast, 'Territorialfürsten'。

7. Ludolphy, *Friedrich*, 355-9; Schindling and Ziegler, *Territorien*, iv, 17-18.

8. Schindling and Ziegler, *Territorien*, i, 14-16; Wolgast, 'Territorialfürsten', 427.

9. Schindling and Ziegler, *Territorien*, iv, 263.

10. Boockmann, *Ostpreußen*, 227-43; Hubatsch, 'Voraussetzungen'. 另见本书页边码 22~23、185~186 页。

11. Burleigh, *Prussian society*, 94, 170.

12. Boockmann, *Ostpreußen*, 231.

13. Bornkamm, *Luther*, 317-36.

14. Boockmann, *Ostpreußen*, 238.

15. 这一事件很大程度上是在 1569 年的"卢布林联合"中，阿尔布雷希特精神失常的继承人阿尔布雷希特·弗里德里希接受安斯巴赫和勃兰登堡的摄政的结果，"卢布林联合"根除了西普鲁士的自治权。

16. Schindling and Ziegler, *Territorien*, v, 262.

17. Lohse, *Luther*, 180-3; Leppin, *Luther*, 265-8.

18. Cohn, 'Church property', 163-4. 19. Lohse, *Luther*, 180-3.

20. 在施马尔卡尔登战争结束时，萨克森选侯国战败之后，这两个地方都在 1546 年被再天主教化，但随后被整合进萨克森。路德宗的卡明主教辖区在 1544~1556 年本质上是波美拉尼亚公爵们的抵押品，随后转为幼子继承的领地。唯一长期存在的路德宗主教辖区是吕贝克，尽管在 1586 年之后这里实质上是荷尔斯泰因-戈托尔普家族的王朝领地。Wolgast, *Hochstift*, 208-18, 237-53, 273.

21. Trüdinger, *Briefe*, 71, 79.

22. Strauss, *House of learning*, 6; Strauss, *Law*, 222-31.

23. Hammerstein, *Bildung*, 29-31, 87-8.

24. Leppin, *Luther*, 277-339.

25. Trüdinger, *Briefe*, 68-70. 也可见：Leppin, *Luther*, 267-76。

26. Trüdinger, *Briefe*, 75.

27. Karant-Nunn, *Pastors*, 38-52, 56-60.

28. Strauss, *Law*, 212-14, 224-8.

29. Strauss, *Law*, 136-7.

30. Schmidt, *Konfessionalisierung*, 14-19.

31. Schmidt, *Konfessionalisierung*, 20.

32. Schmidt, *Konfessionalisierung*, 19-20.

33. Karant-Nunn, *Pastors*, 42-3.

34. Karant-Nunn, *Pastors*, 43.

35. Rabe, *Geschichte*, 371-2.

36. Karant-Nunn, *Pastors*, 20.

37. Karant-Nunn, *Pastors*, 74.

38. Schmidt, *Konfessionalisierung*, 21.

39. *HdtBG*, i, 165.

40. Smolinsky, 'Kirchenreform', 35-43; *HdtBG*, i, 68-70, 165-8. 关于这些问题的一个极佳的整体讨论，可见：*House of learning*,

　　　　1-28，176-202。

41. Smolinsky, 'Kirchenreform', 43.

42. *HdtBG*, i, 258.

43. HdtBG, i, 292-8; Brady, *Sturm*, 116-25.

44. 见本书页边码 323~324 页。

45. *HdtBG*, i, 307-8.

46. *HdtBG*, i, 283.

47. *HdtBG*, i, 68-70, 305-7.

48. Schmidt, *Konfessionalisierung*, 23.

49. Strauss, *House of learning*, 194.

50. *HdtBG*, i, 377-8.

51. Strauss, *House of learning*, 20-4, 194; *HdtBG*, i, 377-9. 另见本书页边码 504~506 页。

52. 以下内容，可见：*HdtBG*, i, 425-31; Jütte, 'Poverty', 390-3, 395-400; Jütte, *Poverty*, 105-10; Fehler, *Poor relief*, 4-44, 71-108。另见本书页边码 546 页。

53. Bog, Oberdeutschland, 65-6. 另见本书页边码 546~547 页。

54. 见本书页边码 486~491 页。

55. Harrington, *Marriage*, 273-8（引文出现在 274 页）。

56. Schindling and Ziegler, *Territorien*, v, 170-8; Schmidt, *Konfessionalisierung*, 15-20.

57. Schmidt, *Konfessionalisierung*, 20.

58. Blickle, *Reformation*, 158.

59. 关于黑森的内容，见：Stöhr, *Verwendung* 以及 Friedrich, *Territorialfürst*。

60. Cohn, 'Church property', 170-1.

61. Schmidt, *Konfessionalisierung*, 59.

62. Schmidt, *Konfessionalisierung*, 90-1; Blickle, *Reformation*, 153-5.

63. Strauss, *Law*, 240-71.

64. Strauss, *House of learning*, 299.

65. Strauss，'Success'.

66. Schmidt，*Konfessionalisierung*，104-5.

67. Schmidt，*Konfessionalisierung*，62. 另见本书页边码 499~511 页。

第二十一章

天主教的维持

272　　当然，很多人仍然是忠诚的天主教徒。直到大约 1530 年，天主教诸侯仍然占主导，但到 1555 年为止只有少数主要的世俗邦国保持了忠于天主教，此外也包括采邑主教辖区，少数帝国城市（特别是科隆），一些帝国伯爵、帝国骑士和低级别贵族。相比投入福音教运动的关注度，天主教在 1517~1555 年的历史往往是被忽视的。然而，这种相对的忽视，可能会掩盖关于德意志邦国和帝国整体发展的重要问题。

　　在兰克之后，19 世纪和 20 世纪对德意志历史的很多书写，倾向于强调哈布斯堡、巴伐利亚的维特尔斯巴赫以及德意志主教所采取的抵制宗教改革的方式分裂了德意志民族。[1]这一观点进一步的暗示是这种抵制注定了他们的领地相对落后于被认为更进步的福音教邦国。这些值得研究的世俗或者教会的地区在很大程度上被视为反宗教改革的机构，这些地区集中了对 1555 年之后的几十年的关注。这种倾向得到了最近对“教派化”现象越来越多的兴趣的强化。教派化指的是，在 16 世纪下半叶出现的信仰或者教义体系的定义，以及由政府推动的新的教会结构的确立。

　　保持对天主教的忠诚并不意味着没有发生任何改变。首先，大多数天主教邦国也经历了和福音教邦国一样的"近代化进程"。马克西米利安一世以及随后的斐迪南治下的哈布斯堡领地，提供了一种进步的管理和改革的政府的范例。一些"保守派"诸侯，例如不伦瑞克-沃尔芬比特尔的年轻人海因里希（1568 年去世）或者勃兰登堡的约阿希姆一世（1535 年去世），是邦国政府的新形式的主要支持者，实行了行政改革并引入了罗马法。一些"中立诸侯"，例如于利希-克莱沃-贝格的约翰三世（1539 年去世）和普法尔茨的路德维希五世（1544 年去世）也是如此。在这方面教会邦国也没有落后。灵性和神学专业知识也许并不是这一时代德意志高级教士的强项，但法律知识和行政技能在他们的阶层与世俗统治者阶层中是一样平常的。[2]

　　一些天主教邦国仍然采取旨在建立邦国教会的传统政策，其力度不亚于福音教邦国。另一些邦国则受到宗教改革带来的新形势的推动，第一次着手采取这样的政策。普遍而言，福音教运动的挑战带来了对完全神圣的政府的需求，以及对世俗官厅介入教会当局似乎没有作用的领域的需求。就像萨克森公爵格奥尔格解释的那样，上帝会向那些没能采取行动的人寻求报复，因此一个人应当永远将上帝和公正保持在视线范围内，并且无惧"马丁派"。[3]

　　然而，与此同时，宗教改革也为这样的行动带来了新的界限。例如，世俗化和吞并主教辖区的野心变得不为人所接受，而这样的行动已经成了福音教政治的特征。因此巴伐利亚不得不放弃任何控制艾希施泰特或者萨尔茨堡的愿望。[4]查理五世在 1528 年对乌得勒

273

支的世俗化是唯一的特例——他实质上从主教，即巴伐利亚的海因里希那里"购买"了世俗权，并且随后为自己和继承者对领地永久性地宣称，这也引起了教皇的极度不满。由于教皇和一些诸侯对乌得勒支的权力转移的消极反应，即使是查理五世也对不来梅大主教主动提供的权力感受到限制，不来梅大主教在 1533 年暗示他将愿意将他的世俗权出售给勃艮第。[5]

传统宗教政策的其他方面也受到了影响。在这一时期，即使在天主教地区，修道院也逐渐变空并且不再招募见习修士，因而修道院改革不再是有意义的问题。由于太多的希望都寄托在全体的宗教会议上，很多在宗教改革之前设想的措施，例如教育改革或教会视察的计划都停滞不前，人们希望宗教会议能够解决所有突出的问题，并为教会的实践带来根本性的改变。[6]皇帝和教皇在这一问题上长期没能达成一致，这在短期内使世俗天主教诸侯介入宗教事务变得合理。这进一步加强了天主教和福音教教会管理之间的相似性，并且导致在 16 世纪 40 年代到 60 年代，一些过去忠于天主教但保持中立的邦国逐渐倒向宗教改革。因此，在解决天主教会更为广泛的地位问题时的拖延最终破坏了很多维持信仰的努力。到 1564 年特伦托大公会议的法令发布时，很多邦国已经完全失去或者无法完全恢复天主教信仰。

皇帝和他的弟弟斐迪南始终坚持天主教，这对于德意志天主教以及特别是帝国教会的生存是十分关键的。[7]尽管查理五世在 16 世纪 20 年代和 30 年代的大部分时间不在帝国，但他作为皇帝的地位仍然得到效忠。与此同时，凭借他在尼德兰的统治，查理五世在帝国西部和西北部施加了新的权威。[8]这是于利希-克莱沃-贝格公爵、科隆帝国自由城市和科隆、特里尔大主教选侯国以及世俗的普法尔茨选侯国忠于天主教的决定性因素。这一新的皇帝的委托人网络也延伸到不伦瑞克-沃尔芬比特尔，年轻人海因里希公爵在1568年去世前，一直在他的领地坚决对抗福音派运动。[9]皇帝在西北部的政治势力，也强化了勃兰登堡选侯约阿希姆和阿尔布雷希特系萨克森公爵格奥尔格对天主教的忠诚。

当查理五世从西北部施加影响力时，斐迪南也在管理南部和中德意志传统的哈布斯堡网络。尽管帝国城市相对较快地"失去"了，但城市的宗教发展并没有扩散到周边地区。因此传统的委托人，即帝国伯爵、帝国骑士以及施瓦本的各种教会统治者，仍然忠于皇帝和教会。1520~1534年，这个网络由从松德高和阿尔萨斯穿过施瓦本到达福拉尔贝格（Vorarlberg）的碎片领地（这些领地构成前奥地利）组成，并由于哈布斯堡对符腾堡的占领得到加强。斐迪南作为波希米亚国王的身份也是很重要的：勃兰登堡的约阿希姆控制波希米亚的封地，而胡斯派国王伊日·波杰布拉德的外孙——萨克森公爵格奥尔格从他的母亲那里继承了对胡斯派和任何形式的异端深深的不信任。[10]

在西部，两个哈布斯堡的体系通过普法尔茨和莱茵兰的主教辖区建立的联系，由于坚定忠于天主教的哈布斯堡的弗朗什孔泰以及洛林公国得到强化。在整个帝国，这两个体系也与采邑主教辖区交错。诚然，主教无法为皇帝提供很多积极的支持。然而他们作为帝国诸侯主张他们的权力，这对于证明对由皇帝和帝国提供的法律框架的长期需求起到很大作用。大主教和主教都是皇帝无法忽视的哈布斯堡的委托人。[11]

巴伐利亚是一个不能被简单纳入这种情况的邦国。除了哈布斯堡以外，维特尔斯巴赫家族的公爵们是帝国内最重要的天主教堡垒。然而他们对旧教会坚定的忠诚，与对哈布斯堡深深的矛盾态度结合在一起。诚然，马克西米利安曾在 1503~1506 年支持巴伐利亚人与普法尔茨争夺对下巴伐利亚的继承权。然而对此次支持的感激，并不能长期掩盖巴伐利亚的野心受到哈布斯堡领地三面的阻碍这一事实。哈布斯堡在 1520~1534 年对符腾堡的占领进一步加剧了紧张局面，在这期间巴伐利亚采取了一系列敌对措施，包括尝试阻挠斐迪南当选罗马人的国王。

乌尔里希公爵在 1534 年恢复他的符腾堡公国，尽管造成了当下符腾堡加入对立宗教阵营的危机，但是也消除了哈布斯堡和维特尔斯巴赫家族之间最明显的矛盾点。此后，尽管经常面对困境，但巴伐利亚更为坚定地支持帝国事业。整体而言，相对公允的结论是，巴伐利亚主要的效忠对象是教皇（作为回报，他们也从教皇那里获得了大量回报）和作为机构的皇帝，而非哈布斯堡家族。[12]

在这些仍然忠于天主教的邦国内，出现了对福音教挑战的各种应对。这些应对可以粗略地归为三类。第一类，一些统治者在 16 世纪 20 年代和 30 年代早期采取保守或者中立的政策，但随后转向福音教，特别是在 1552~1555 年后，此时统治者转变宗教效忠的权利得到了帝国法律的许可。这些诸侯中的绝大多数仍然在由对皇帝和帝国传统的忠诚定义的框架内行事。第二类，哈布斯堡和巴伐利亚的邦国长期保持天主教信仰，尽管奥地利领地在 16 世纪下半叶经历了与福音教的长期斗争之后才得以维持天主教信仰。第三类，教会的统治者构成了一个独立的类别。

第一个群体包括很多有着不同的个人宗教倾向的统治者的邦国，他们采取了大体相似的政策。在于利希-克莱沃-贝格公国，约翰三世和威廉五世（1539~1592 年在位）大体上支持伊拉斯谟的观点并且推行教会改革事业。[13]他们一直受到布鲁塞尔的哈布斯堡政府的监督，并且当 1543 年查理五世强行夺取威廉在 1538 年继承的格尔德恩公国时，威廉在地理层面相对于皇帝的无助凸显出来。为了试图抢先阻止这个行动，威廉寻求与法国结盟并且提出加入施马尔卡尔登同盟。后者对于在众所周知对查理的尼德兰有战略性意义的区域公开与他对抗感到犹豫不决。这一次法国也被证明并没有军事实力对抗皇帝。而皇帝决心捍卫他的勃艮第遗产的核心地区，并且暂时通过与英格兰的盟约得到了支持，英格兰此时夺取了布洛涅（Boulogne）。[14]

查理坚持主张对格尔德恩的权力有着明显的领地和战略性的意图，这与他作为尼德兰的统治者和神圣罗马帝国皇帝这两个身份都有关系。这其中也有宗教方面的考量。由公爵约翰三世在 1532 年颁布的教会法令（在 1567 年再次颁布）代表着推行天主教会的伊拉斯谟派人文主义改革的真诚尝试。然而在查理看来，这使格尔德恩的公爵们危险地接近福音教改革。像其他中立者一样，格尔德恩的公爵们也雇用了福音教官员，从长期来看这导致福音教在他们的邦国内得以立足。在 16 世纪 40 年代早期，教会政策、宫廷和行政

276　机构的雇用行为，以及威廉公爵很愿意成为法国国王附庸的明显意愿，这些因素都使于利希变得不可靠。所有这些因素看上去既威胁了皇帝对帝国的控制，也威胁了他对于西北部勃艮第的哈布斯堡权力基础在帝国内所发挥的作用的构想。

　　在普法尔茨，选侯路德维希五世（1508~1544 年在位）以及弗里德里希二世（1544~1556 年在位）个人对宗教更为冷淡。他们仍然保持了对皇帝的根本忠诚并忠于旧教会，将其视为政治稳定和社会和平的保障。[15]然而，福音教徒在邦国行政机构的增加更甚于于利希，这导致普法尔茨逐渐转变信仰，使选侯奥特海因里希（Ottheinrich，1556~1559 年在位）立即推行的宗教改革不可避免并且很顺利。在勃兰登堡，选侯约阿希姆一世（1499~1535 年在位）以镇压应对的方式，让位于约阿希姆二世（1535~1571 年在位）治下同样中立的体制，后者在 1540 年颁布了教会条例并允许教士婚姻和饼酒同领。[16]从最初的抵制到为转向福音教铺平道路的长期改革的转变，也是不伦瑞克－沃尔芬比特尔公爵年轻人海因里希（1514~1568 年在位）的特征。他不得不接受主要的城市，例如不伦瑞克和戈斯拉尔（Goslar）转向福音教，但他仍然通过教会视察的方式坚持改善教会的努力。[17]人们很难避免这样的结论：他统治的后期本质上是由他的继承人尤利乌斯公爵（1568~1589 年在位）引入的迅速的福音教改革的漫长序幕。

　　即使是阿尔布雷希特系的萨克森公爵格奥尔格（1500~1539 年在位）更直接、更激进且传统的正统天主教态度，也更早地带来了相似的结果。[18]尽管他积极试图严格执行《沃尔姆斯敕令》，但他仍然是宗教会议最直接的支持者之一。当他的恳请没有得到关注后，他着手解决在他看来造成当下危机的主要原因：教士道德的滑坡。他推动旨在提高教士的道德水平的教区视察，促进修道院纪律的维持，并且促使他的官员和高级教士确保教会和世俗事务的良好秩序并尊重二者之间的边界。

格奥格尔公爵几次卷入了与路德的神学论战中，甚至发表了一些他自己的关于神学问题的小册子，这在诸侯中是很少见的。他对新印刷媒介的利用比同时代的任何人都要多；他一方面控诉那些书写或发布路德宗小册子的人，另一方面同样精力旺盛地推动天主教的论战。莱比锡和德累斯顿成为印刷这种文章的主要中心，其中大部分是用德语书写的。与此同时，格奥尔格公爵以更为传统的方式推行天主教信仰。例如，在 1523 年，他使迈森主教本诺（Benno，1066~1106）封圣，这个行动是他在宗教改革之前很久就已经开展的，但此时为他的公国提供了一个"邦国圣人"，而且 1524 年 6 月 16 日的升圣骨的仪式被用来展现反对宗教改革的热情。[19]

尽管在小册子和木版画中被嘲讽为怯懦的偶像崇拜者，但面对着逐渐深化的宗教分歧，格奥尔格公爵实际上也逐渐形成更为灵活的态度，这种态度延伸到他对和解和妥协的尝试的默许。他自 1517 年到 1531 年定期与伊拉斯谟通信，当时希望将伊拉斯谟吸引到莱比锡大学，他也是敦促伊拉斯谟对路德采取公开的反对立场的一员，伊拉斯谟为此在 1524 年发表了《论自由意志》。[20] 1530 年，格奥尔格公爵试图在奥格斯堡帝国议会上扮演调停的角色，尽管这一努力是徒劳的。

　　在他自己的领地内，采矿业和贸易带来的繁荣为格奥尔格的立场提供了支撑，他的立场控制着贵族和受教育者这两个重要群体的忠诚。然而事实证明，不可能使他的领地孤立于福音教的萨克森选侯国的影响。二者之间没有清晰的边界：1485 年萨克森的恩斯特系和阿尔布雷希特系的分裂刻意制造了交错的飞地、共同管辖区，以及对采矿业的联合管辖的复杂体系。[21]恩斯特系萨克森领地在 1525 年引入德语弥撒，这吸引了阿尔布雷希特系领地的越来越多的臣民到这里礼拜，以及相应的在本地拒绝传统圣餐礼（communio sub una）的倾向。[22]到大约 1530 年，单凭镇压显然已经无法阻止路德宗信仰的逐渐传播，公爵的主要议员也开始担心福音教在莱比锡和整个公国的发展。

　　尽管格奥尔格公爵本人仍然忠于传统的天主教，但是他别无选择，只能允许由格奥尔格·冯·卡洛维茨（Georg von Carlowitz，约 1471~1550）领导的有影响力的、在 16 世纪 30 年代初出现在他的宫廷的伊拉斯谟主义团体自由行动。[23]1534 年和 1539 年，这个团体试图在莱比锡发起天主教和福音教神学家之间的讨论。最终在 1538 年，他们起草了一个伊拉斯谟派人文主义者的教会条例，其中允许教士婚姻以及饼酒同领的圣餐礼。神学讨论没能实现，因为事实证明，人们对他们的行动应该依赖的基础无法达成一致。福音教徒坚持《奥格斯堡信纲》，而天主教徒主张早期教父的范式。[24]教会条例从来没有发布。

　　即使改革条例已经制定，格奥尔格使他的领地维持天主教信仰的努力最终也不可避免地失败了。他的大儿子和继承人在 1537 年去世。他的二儿子智力不健全，在 1539 年 2 月恰好先于他的父亲去世，并且仅仅是在他与伊丽莎白·冯·曼斯费尔德（Elisabeth von Mansfeld）结婚四周之后。这场婚姻是希望生育男性继承人的绝望尝试。[25]这意味着格奥尔格公爵的弟弟海因里希的继承变得不可避免。后者与梅克伦堡的凯瑟琳（Catherine of Mecklenburg）的婚姻，使他与福音教的萨克森选侯坚定的约翰（1532 年去世）联系在一起。他的妻子对福音教事业热情的支持，以及来自维滕贝格的亲戚越来越大的影响，使他于 1536~1537 年在他自己的弗赖堡和沃尔肯施泰因（Wolkenstein）领地推行福音教改革。尽管格奥尔格公爵试图通过使皇帝继承他的一部分遗产以捍卫领地的努力似乎得到了一些重要的萨克森贵族的支持，但是最终没能实现。

当海因里希公爵在 1539 年 4 月继承了他的哥哥格奥尔格之后，他立即推行福音教的教会视察，并且成立了一个委员会，以起草新的教会规定。5 月 25 日，路德本人在莱比锡布道。在那之后不久，第二次教会视察为邦国教会奠定了基础，并且不可逆转地开始了所有教会和教育体制的福音教改革，这些改革最终由他的儿子莫里茨公爵在 1541 年后的几年里完成。在短暂的失宠之后，格奥尔格公爵的伊拉斯谟派议员卡洛维茨在莫里茨公爵手下再次获得重要职务，发展了对路德宗的支持，并且主持建立受此前的修道院财产支持的福音教学校。

格奥尔格公爵去世后，萨克森形势迅速的转变以一种典型的方式说明了很多试图维持天主教信仰的邦国普遍面临的问题。这种努力的成功与否几乎完全取决于统治家族内部的延续性。由于在 16

世纪20年代晚期和30年代，福音教事业使高级贵族中越来越多的人转变信仰，尤其是其中的女性群体，因此这种延续性的可能性降低了。在萨克森，即使邦国贵族中存在对天主教的广泛支持，也没能对统治家族信仰的转变造成任何障碍。在勃兰登堡，选侯约阿希姆二世的弟弟——边疆伯爵约翰·冯·屈斯特林（Johann von Küstrin）在1540年于诺伊马克（Neumark）、克罗森（Crossen）和科特布斯（Cottbus）引入福音教改革，这加强了福音教事业。[26] 在另一些邦国，福音教在贵族中的传播，以及福音教官员在宫廷和行政机构逐渐提升的影响力，使最终的福音教改革看上去是渐进但平稳的转变信仰过程的合理结果。

最后，对宗教冲突解决方案的所有期望都被帝国政治削弱。宗教的中立或者采取中间路线的努力不可避免地与对皇帝的忠诚联系在一起。这进而使早期的天主教改革者成为16世纪30年代末和40年代帝国政策的先驱：查理五世通过构建帝国同盟以及制定关于宗教问题的"临时"协定以夺回主动权的尝试。[27] 这当然不只包括政治上的调解，因为查理五世的根本目的是在帝国内建立君主专制。对其不可避免的抵抗，也注定了任何实行宗教统一方案的想法都会失败。由于宗教统一的想法是不切实际的，剩下的方案就是在1555年的《奥格斯堡和约》中承认教会的分裂并铭刻在帝国法律中。

然而，在16世纪30年代伊拉斯谟派人文主义者的天主教改革方案中有另一个根本性问题。和福音教改革法令一样，这些改革方案也是在诸侯的命令下发布的，或者在未发布的萨克森的敕令的情况中，改革方案也至少是由诸侯设想的。尽管从教会权威的无能的角度而言，政府采取的这种措施看上去是合理的，然而这违反了教会的等级原则。事实上，任何由世俗政府进行的基于伊拉斯谟主义的教会改革方案、各派神学家之间的宗教争论、互相的宽容，以及对教皇的边缘化，势必会引起德意志教会等级以及罗马的反对。最终，1564 年《特伦托会议信纲》的发布终结了对天主教会进行伊拉斯谟主义改革的所有希望。

从伊拉斯谟主义天主教改革的政治问题和神学障碍的角度而言，在 1540 年之前由忠于天主教的诸侯统治的很多邦国在 1555 年之前转向新教，这并不令人惊讶。剩余的邦国在不久后也转变信仰，这通常发生在前任统治者去世之后，例如不伦瑞克-沃尔芬比特尔的年轻人海因里希，他统治的时期是 1514~1568 年。主要的例外是于利希-克莱沃-贝格。天主教在这里仍然居于官方的统治地位，因为这里受到哈布斯堡位于布鲁塞尔的宫廷的潜在影响，以及来自阿尔瓦公爵（Duke of Alba）的西班牙军队的持续威胁。然而，很多城镇和贵族在 16 世纪 40 年代和 50 年代已经接受福音教，而 1566 年之后尼德兰的起义促进了福音教团体的增长。与此同时，在威廉五世于 1566 年患上衰弱性疾病之后，邦国政府变得越来越不起作用，他的儿子和继承人约翰·威廉在 1592 年最终继承了父亲的地位，但由于他严重的精神疾病，这种情况并没有得到好转。[28]

天主教改革方案在一些邦国整体岌岌可危的态势，使巴伐利亚对天主教信仰成功且长期的坚持更加显眼。统治者威廉四世公爵（1550 年去世）和路德维希十世公爵（1545 年去世）的动机并不完全清晰。在 1535 年之前，他们对皇帝的忠诚是不可信的。他们个人的虔诚看上去并不强烈，他们的态度可以很好地由威廉在 1543 年的陈述来总结：内心里他只是一个猎人，终其一生只想生活在和平中并追求自己的快乐。[29]不过，这两位公爵也继承了强烈的邦国传统并深感责任重大：对作为体制的帝国的忠诚，他们的王朝曾为帝国提供统治者；在他们的领地内与罗马合作管理 15 世纪的教会改革；以及支持他们在英戈尔施塔特的大学。[30]

280　　从一开始，巴伐利亚就将对路德的公开反对、对本地任何福音教倾向的坚决镇压以及与教皇合作进行教会改革的强烈追求结合在一起。英戈尔施塔特的神学家约翰内斯·埃克（1486~1543）很快成了路德最突出的天主教反对者之一。巴伐利亚公爵们是最先发布《沃尔姆斯敕令》并且着手执行不妥协政策的一批人。他们的措施包括在 1523 年处决异端，他们是唯一这样做的德意志诸侯，只有查理五世在尼德兰采取了同样的措施。[31]与此同时，他们强迫萨尔茨堡大主教召集改革大会，并且派遣他们的首相莱昂哈德·冯·埃克（Leonhard von Eck，1480~1550）与罗马教廷就特权谈判，以帮助他们改革巴伐利亚的教会，并组建对抗福音教运动的德意志同盟。[32]

　　在 1523~1524 年与罗马教廷谈判的特权，包括对巴伐利亚所有教会收入的五分之一的权利、进行修道院视察的权利以及对教士的管辖权，这些权利保持下来，随之而来的是接下来几十年的进一步改革。与之相反，1524 年夏天在雷根斯堡与萨尔茨堡和奥地利结成的同盟被证明是短暂的。这个同盟由于在符腾堡问题以及帝国继承问题上，维特尔斯巴赫和哈布斯堡之间逐渐形成的敌意而被破坏。直到 1534 年，巴伐利亚与哈布斯堡的关系才恢复正常。

即使在此时，与哈布斯堡重新订立的盟约使维特尔斯巴赫重新主张对皇帝和帝国传统的忠诚成为可能，但这并不意味着对查理五世无条件效忠。巴伐利亚政策的关键点在于对作为制度的帝国和教皇二者的忠诚。和其他德意志诸侯不同，巴伐利亚维特尔斯巴赫家族的公爵们并没有与伊拉斯谟主义改革的主张产生任何关联。当查理五世在 16 世纪 30 年代后期和 40 年代试图妥协和调解时，他们坚决反对查理五世。尽管这一立场必然限制了他们能够在自己的领地内对教会施加控制的程度，但这也使他们较少受到其他各地明显的福音教倾向的影响，更不会受到查理五世德意志政策的变化和最终失败的伤害。相比任何伊拉斯谟主义的派别，巴伐利亚忠于教皇的独特政策，为政府主导并得到统治阶层支持的改革运动提供了更为成功的基础。这些改革自 16 世纪 50 年代的早期成功，转而使巴伐利亚在挺过50 年代和 60 年代贵族具有福音教倾向的"圣杯运动"的反对时，比哈布斯堡家族在奥地利和波希米亚表现得更为成功。[33]

到 1555 年为止，世俗天主教邦国的网络已经大幅缩小，此时主要由哈布斯堡在西北和南部的领地、巴伐利亚、弗朗什孔泰、洛林和于利希-克莱沃-贝格组成。然而更令人惊讶的是，帝国教会仍然是完整的，只有乌得勒支不复存在，讽刺的是它正是在 1528 年转到了查理五世的控制之下。[34]毕竟，教会诸侯代表着一些福音教运动希望改革的教会的最让人无法接受的特征。宗教改革带来了很多世俗化的计划，并且重新点燃了很多世俗诸侯吞并他们附近的主教领地的野心。[35]很多教会诸侯失去了一些教区的权利，此时专注于保卫他们邦国的权利。[36]即使如此，也从未出现主教的联盟以保卫这些权利或者其他特权。

　　教会主要人物的行为很难被描述为强硬或者激进。当时的观察者是刻薄的。约翰内斯·埃克在1523年就告知哈德里安六世，德意志主教或是"中立的，既不会促进行动，也不会阻碍任何事情"，或是"很好，但很懦弱"。[37]直到1539年这种情况几乎没有明显改变，此时莱昂哈德·冯·埃克对巴伐利亚的威廉四世宣称，"主教都睡着了"，并且让人难以置信的是，他们希望被视为"虔诚、公正且没有错误的，就好像他们并没有把局势搅乱一样"。[38]尽管前宗教改革时期教会的情况并不像当时的人和后来的历史学者描述的那样凄惨，但教会邦国的生存还是引人注目的。

　　福音教运动对西部和南部大部分地区的教会领地几乎没有造成影响。[39]在凡尔登、图勒和特伦托的辖区几乎根本不存在福音派运动。特里尔、列日、艾希施泰特、布里岑、弗赖辛、雷根斯堡和帕绍的采邑主教辖区大体上也没有被任何骚乱侵扰。在威斯特伐利亚、莱茵兰的大部分地区以及美因河地区，福音教运动的影响也有限。与之相似，南部重要的教会根基——塞勒姆、肯普滕、奥克森豪森、奥托博伊伦（Ottobeuren）、舒森里德、魏恩加滕和其他地区——也都继续生存下来。

　　然而，在另一些地区，福音教运动带来了根本性的改变。美因茨大主教阿尔布雷希特不得不接受他的图林根的爱尔福特飞地的宗教改革。[40]与之相似，他无法阻止福音教运动在他的马格德堡和哈尔伯施塔特领地几乎完全的胜利。事实上，由明斯特、奥斯纳布吕克、希德尔斯海姆、帕德博恩、美因茨、富尔达、维尔茨堡和班贝格组成的北方阵线，几乎所有教会邦国到 1555 年为止（除了名义上）已经转向福音教。[41]

正如世俗邦国的情况一样，教会邦国的关键因素也是统治诸侯的决定。事实上在 1517～1555 年，大约 100 个采邑主教中只有一人，即科隆大主教赫尔曼·冯·维德，在 120 个副主教中只有三个人（在巴塞尔、施派尔和维尔茨堡），似乎形成了严肃的福音教信仰。[42]后者也许是更令人惊讶的，因为副主教中的大多数是非贵族以及恰好是受教育群体，通常来说这些人会被福音教运动吸引。

几乎在所有地方，主教座堂教士团为天主教提供了一个稳定的支柱。毕竟，教士团代表着强大的既得利益——家庭、社会和政治网络，例如帝国骑士的网络，无论作为个人还是社会团体，他们的未来取决于对教会和皇帝的忠诚。[43]一方面，有些教士团出现了一些信仰福音教的成员，还有一些教士团允许新成员有福音教的倾向。另一方面，在 1555 年之前，并没有教士团出现福音教徒发展为多数群体的情况，很多教士团对福音教运动带来的挑战所做出的回应比他们的采邑主教更为有力。

只有这些集体合议的组织才能采取积极的集体捍卫权利和特权的行动，它们的存在依赖于在法律程序上的严格训练，即便是最为琐碎的程序。在某种意义上，主教座堂教士团与特权阶层发挥作用的方式是相同的：教士团并没有世袭的统治家族，因此它们可以宣称扮演邦国利益的保护者。很多教士团越来越多地利用选举让步的工具，这是一些新当选的采邑主教被要求签署的复杂协定，从而保证政治和宗教现状得以维持。[44]

282

结果是，采邑主教在选择权上的自由远少于世俗诸侯。条顿骑士团大团长阿尔布雷希特在普鲁士于 1525 年实现的主要教会领地的世俗化无法在帝国的环境下被轻易模仿。甚至几乎没有人试图重复他的案例。当科隆选侯-大主教赫尔曼·冯·维德在 1542 年着手尝试在他的邦国实行福音教改革时，这些障碍变得非常清晰。[45]

作为政治因素、强大的宗教传统以及在大学内主要的神学院系的影响结合的结果，帝国城市科隆在 16 世纪 20 年代成功镇压了福音教运动。[46]此外，1515~1535 年维德一直作为一名完全正统的高级教士统治，始终保持着对罗马和皇帝的忠诚。在 1536 年为科隆的教省会议制定新法令的讨论过程中，他个人的信仰转向福音教，并且到 1542 年，他已经招募马丁·布塞尔对宗教改革进行系统性的引进。他受到了教士、教士团和等级的反对，他们立即寻求查理五世的帮助。由于南方的施马尔卡尔登战争转移了皇帝的精力，在几年内局势维持了平衡。然而，当查理在战争中取胜后，他就转而处理大主教的问题：他的委托人执行了教皇的绝罚禁令，并且宣布因维德失去信仰（作为主教行使的权利）而废除其全部世俗权（作为统治者的土地和权利）。阿道夫·冯·绍姆堡（Adolf von Schaumburg）从 1533 年就担任副主教，并且从一开始就是维德改革的坚定反对者，他随后立即被选为大主教并签署了让步协定，其中他宣誓维持领地内的天主教信仰。维德本人在 1552 年以公开的福音教徒的身份去世。

赫尔曼·冯·维德只是想改革而不是将他的邦国世俗化，在他

的设想中，他的邦国仍然作为实行选举的福音教的大主教辖区。即
使如此，无论对他的教士团还是对皇帝而言，这仍然是一个过于激
进且无法接受的变革。作为选侯国以及莱茵兰地区的一个重要邦
国，科隆对于查理五世有着核心的战略性意义。这可以说是一个特
殊案例。然而，即使在其他任何地方，例如在东北部地区以及其他
出现强大的福音教运动的地区，在1555年之前正式的情况也都没
有发生变化。位于德意志中部和北部的小型主教辖区——桑姆兰、
波美萨尼亚、卡明、勃兰登堡、哈弗尔贝格、莱布斯、什未林、迈
森、梅泽堡以及瑙姆堡——很难被考虑在内，因为它们在15世纪
已经是"领地化的主教辖区"。[47]福音教诸侯最容易掌控那些过去是
帝国教会机构的邻近圣职的方式，就是确保自己家族的天主教成员
连续获得圣职，就像勃兰登堡的霍亨索伦家族在马格德堡所做的那
样。[48]"王朝的继承"以及限制教士团选举自由的安排［只能选择
邻近诸侯提名的人，"有限选举"（gebundebe Wahl）］，为日后的
世俗化铺平了道路，但这些变化的实现依赖在1555年以后帝国内
非常不同的法律框架。

　　天主教的德意志并没有倒退：大部分地区与福音教的德意志以
相似的方式同时发展。然而到16世纪40年代为止，有越来越多的
证据表明，需要对教会和世俗邦国进行更为根本性的改革。视察揭
露了每一个阶层的不足和不恰当之处。福音教运动的扩散及其在城
市和乡村地区的确立，在很多区域都是确定无疑的。学校和大学也
在衰落。[49]

　　最后，到16世纪40年代结束时，无论是伊拉斯谟派诸侯和议

员还是皇帝追求的纯粹的德意志改革的观念都只是一个错觉，这一点已经越来越清晰了。从某种程度来说，值得注意的是，来自天主教邦国的抱怨和来自福音教邦国的抱怨相呼应，在16世纪40年代，这些福音教的改革者开始哀叹他们没能改变世界。然而，从其他方面而言，天主教邦国的危机是更为深远的。毕竟，福音教仍然产生了强大的公众吸引力，其代价总是旧信仰。而天主教邦国也极为关注其对皇帝的独立性以及皇帝在帝国内的宗教和世俗方面野心的变化。这种情况下的两难处境，通过1555年的《奥格斯堡和约》才得到解决。然而，这个和约本身正是自1526年施派尔帝国议会后帝国内各种发展结合在一起的产物。

注释

1. Ranke, *Geschichte*, 305-20.

2. Wolgast, *Hochstift*, 26-7; Schindling 'Reichskirche', 89-91. 另见本书页边码88~94页。

3. Wolgast, 'Territorialfürsten', 420.

4. Schindling and Ziegler, *Territorien*, vii, 75; Press, 'Territorialstruktur', 259.

5. Wolgast, *Hochstift*, 80-2, 123-4. 世俗权指的是采邑主教作为统治者享有的土地和权力，与他作为主教行使的精神层面的权力相对。

6. Schindling and Ziegler, *Territorien*, vii, 75.

7. Schindling, 'Reichskirche', 94-6; Press, 'Territorialstruktur',

257-9.

8. Press, 'Territorialstruktur', 259.

9. Schindling and Ziegler, *Territorien*, iii, 24-36.

10. Schindling and Ziegler, *Territorien*, ii, 12, 39-40.

11. Press, 'Territorialstruktur', 257.

12. Schindling and Ziegler, *Territorien*, i, 59-61.

13. Schindling and Ziegler, *Territorien*, iii, 90-5.

14. Rabe, *Geschichte*, 310 - 12; Schmidt, *Geschichte*, 83 - 4, 86; Joachimsen, *Reformation*, 237, 239.

15. Schindling and Ziegler, *Territorien*, v, 16-18.

16. Schindling and Ziegler, *Territorien*, ii, 42-3.

17. Schindling and Ziegler, *Territorien*, iii, 24-7.

18. Schindling and Ziegler, *Territorien*, ii, 11-17.

19. *TRE*, xii, 386.

20. *TRE*, xii, 387. 见本书页边码 206~208 页。

21. Schindling and Ziegler, *Territorien*, ii, 9-10; Wartenberg, 'Erasmianismus', 11-12.

22. communio sub una 是圣餐的传统形式, 教士领受面包和酒, 而教众只领受面包.

23. Wartenberg, 'Erasmianismus', 7-9.

24. Schindling and Ziegler, *Territorien*, ii, 16-17.

25. Wartenberg, 'Erasmianismus', 10; Midelfort, *Mad princes*, 53-5.

26. Schindling and Ziegler, *Territorien*, ii, 44 - 5. 另见本书页边码 513~514 页。

27. 见本书页边码 304~324 页。

28. Midelfort, *Mad princes*, 94-124; Schindling and Ziegler, *Territorien*, iii, 98-101; 另见本书页边码 423~427 页。

29. Wolgast, 'Territorialfürsten', 421.

30. Schindling and Ziegler, *Territorien*, i, 57-9.

31. Wolgast, 'Territorialfürsten', 422.

32. Schindling and Ziegler, *Territorien*, i, 59-60.

33. Schindling and Ziegler, *Territorien*, i, 62 - 4. 另见本书页边码 448~456 页。

34. Wolgast, *Hochstift*, 80-2.

35. Wolgast, *Hochstift*, 57-79.

36. Wolgast, *Hochstift*, 191-2.

37. Wolgast, *Hochstift*, 189.

38. Wolgast, *Hochstift*, 190.

39. Schindling, 'Reichskirche', 84-6.

40. Wolgast, *Hochstift*, 192.

41. Schindling, 'Reichskirche', 85.

42. Wolgast, *Hochstift*, 99-100.

43. Schindling, 'Reichskirche', 100-3.

44. Wolgast, *Hochstift*, 187.

45. Wolgast, *Hochstift*, 91-9, 136-7.

46. Scribner, 'Cologne', *passim*.

47. Wolgast, *Hochstift*, 197-253.

48. Wolgast, *Hochstift*, 130-2.

49. *HdtBG*, i, 312-13.

第二十二章

查理五世、斐迪南以及在欧洲的帝国

在 1526 年以后的几十年里，福音教在帝国内明显不可逆转的 284
发展以及在一个又一个重要的邦国被确立为主流信仰，有时会被视为德意志整体进入逐渐分裂的过程的证据。然而事实上，这一时期复杂的谈判和阶段性的军事冲突最终加强了德意志等级的团结。帝国的核心体制得到了加强。德意志君主制自身的性质以某种方式得以确立，后来只有拿破仑成功挑战了这种方式。查理五世显然比他的任何前任的权势都大得多，但在将个人意志强加到帝国方面，他并不比马克西米利安更成功。事实上，他的失败很大程度上是因为他在不同领域追求的广阔领域，以及它们所带来的往往相互矛盾的许多追求。他的失败为新的且长久的制度化解决方案铺平了道路，这也塑造了近代早期的帝国最终形态。

宗教问题始终是根本性问题。宗教问题很显然是决定性的，但最终更重要的是宗教问题的解决方案许诺维持帝国统一的方式。人们将未来的宗教会议设想为大公会议或者德意志民族会议，由于达成的任何协定都是暂时的，对宗教会议的呼吁就持续限制了德意志政治。有时这种呼吁几乎毫不掩饰其自私的机会主义以及对世俗化和对扩大当地教会控制权的不懈追求。

　　尽管这种呼吁是修辞上的工具，但它至少容许了在帝国层面达成妥协以及避免"最终的"冲突。终结的避免有时确实为无疑充斥于德意志政治生活的长期的拖延精神提供了证据，但也使政治状况得以延续。因此，即使是当不可调和的宗教分歧看上去将体制带向崩溃的边缘时，人们仍然在关键法律上达成一致，加入保卫国内和平的共同事业中，并且发起保卫帝国免受外部威胁的举措。不止如此，当16世纪40年代这种对帝国的威胁看上去来自皇帝本人时，即使是深远的宗教分歧，在捍卫德意志的自由面前也几乎是无意义的。

　　在每一个阶段，这些德意志的谈判和斗争都受到哈布斯堡王朝内部的关切和他们非德意志利益的影响。查理五世和他的弟弟斐迪南的关系维持着表面上的和谐。查理努力对抗各种反对力量，使斐迪南在1531年1月当选为罗马人的国王。斐迪南也努力促进他的兄长在帝国内的利益并推行他的政策。然而他们形成了对帝国的不同体验。作为弟弟的斐迪南一直在帝国内，并且适时地进入德意志诸侯的角色和心态中。查理拥有帝国皇冠所带来的感召力、权力以及近乎神奇的动员能力的所有优势。然而，在他统治的前二十年内，他居住在帝国内的时间很短暂（1520~1521、1530~1532、1541），因此他对德意志政治的直接经验和了解也是有限的。这一点明显妨碍了他在1543年之后的十年内施加个人意志的努力。

　　此外，兄弟二人从不同的地理方位参与帝国政治：查理从低地国家，斐迪南从奥地利。这一点也逐渐造成了二人之间对于优先级以及如何在德意志达成协定的认知方面的分歧。斐迪南受益于查理的失败。在那之前，兄弟二人一直朝着相同的方向前进，但随着时间推移，二人很少同步或者以协同的方式前行。当然，两人都保持着对他们眼中的王朝利益的忠诚。在 16 世纪 20 年代后期一直到他去世的 1539 年，斐迪南的大首相、枢机主教、特伦托主教贝尔纳多·克莱西奥（Bernardo Clesio）给查理五世的建议使他受益，这个事实使皇帝和斐迪南在就德意志事务的沟通和理解上更加容易。[1]然而，兄弟二人面临着截然不同的，尽管往往有所重叠的一系列非德意志的对手，他们不得不在这种环境下采取德意志政策。在各自的情况中，这意味着与 16 世纪早期欧洲政治中一个主要的新元素对抗：土耳其人威胁的显现。

对于帝国来说，最为紧迫的问题是斐迪南在 1526 年继承波希米亚和匈牙利王位所引发的问题。[2]这一问题的直接原因是奥斯曼人在 1521 年发起的对匈牙利的入侵。苏莱曼大帝对贝尔格莱德的成功征服开启了一系列无休止的战斗，在接下来的几十年里阶段性地威胁直到且包含维也纳在内的整个区域。在 1526 年的战斗中，土耳其人席卷了匈牙利的核心地区，并且 8 月在莫哈奇（Mohács）完全击败拉约什二世的装备简陋且领导不力的军队。拉约什二世的死亡触发了 1515 年的维也纳会议上达成的协定，其中规定如果拉约什死亡时没有孩子，继承权将归属他的表兄斐迪南。然而无论是在波希米亚还是在匈牙利，继承都不是直接实现的。

在波希米亚，等级坚持他们的自由选举权，并且直到等级得到大量贿赂并且其选举权得到确认时，他们才在 1526 年 10 月同意选

举斐迪南。他在 1527 年 2 月的加冕将波希米亚带回了帝国，尽管
286 斐迪南在这里的权威受到了他所做出的让步的限制，而他不得不做
出这些让步以确保自己当选。[3]匈牙利的情况更为复杂。波希米亚人
并没有认真考虑巴伐利亚、萨克森和波兰的对立候选人，而在匈牙
利出现了一个强劲的民族候选人——特兰西瓦尼亚总督佐波尧·亚
诺什。他也得到了他的岳父即波兰国王的支持。

　　贿赂、法律争论、承诺和威胁都没能阻止佐波尧于 1526 年 11
月在施图尔韦森堡（Stuhlweissenburg）当选和加冕，这使斐迪南成
了王位的对立宣称者。然而，斐迪南承诺为他的妹妹——成为遗孀
的匈牙利王后玛丽提供长期的经济支持，并且为她周围有权势的支
持者提供大量贿赂，他为此付出了巨大代价，以确保自己在下个月
得以加冕为匈牙利国王。接下来，斐迪南没有理会佐波尧的谈判提
议（内容是佐波尧成为国王并与玛丽结婚，而斐迪南成为他们的继
承人），他决心通过武力征服的方式捍卫他的王冠。

　　这一重大决定有两个重要的结果。第一，这暴露了斐迪南自身
缺少资金完成这一没有援助的事业。查理起初推诿，之后承诺提供
帮助，但他的帮助太少也太晚了。波希米亚人尽管得到了斐迪南刚
刚授予他们的特权的刺激，但仍然对提供援助感到犹豫，因为这将
只会加强他们的新国王的权力。德意志诸侯在 1524 年和 1526 年拒
绝支援拉约什对抗土耳其人，现在他们同样拒绝投身于在他们看来
完全是哈布斯堡在匈牙利进行的军事行动。第二，佐波尧本人投身
于土耳其人的怀抱，土耳其人在 1528 年 1 月正式将他置于保护之
下，他们结成同盟对抗斐迪南。在接下来的一年，苏莱曼保护佐波

尧的努力使他的军队得以包围维也纳。[4]

土耳其人在两周后撤退了，此时斐迪南的军队还没有抵达。苏莱曼在维也纳城下已经达到了他的极限。无论是这一次还是在接下来的危机中，特别是在1532年的另一次进攻的尝试中，土耳其人并没有抵达维也纳而只是止步于对居斯（Güns，即克塞格）的围攻，维也纳没有处于真正的或者持续的军事威胁之下。然而在接下来的几十年里，东部前线仍然是活跃的，并且被认为是危险的来源。[5]经历了短期的停战协定，以及在1538年斐迪南和佐波尧达成了协定，双方都承认对方是合法的匈牙利国王，并且斐迪南成为（此时）没有子嗣的佐波尧的继承人。

所有的停战协定持续的时间只是苏莱曼聚集力量发起新一轮对北方的进攻所花费的时间，并且1538年的协定由于1540年佐波尧去世几天之前他的儿子出生而被破坏。[6]亚诺什·西吉斯蒙德立即成了他父亲的地位、大量追随的马扎尔人以及土耳其的保护国的继承人。决定性的战斗发生在1541年和1543年；在1547年订立了为期五年的停战协定，此后也发生了一些小冲突，直到1562年重新签订和约，然而这种威胁随着苏莱曼在1566年去世才真正平息下来。早在1541年，最终的结果实际上已经清晰。匈牙利被划分为蒂萨河以东独立的特兰西瓦尼亚侯国、多瑙河中部的大片土耳其占领区以及在西部和北部哈布斯堡前沿地带的王国，这一部分需要每年支付给土耳其宫廷30000杜卡特的贡金。[7]

斐迪南在他额外的世袭领地确立自身权力的长期努力，对他与查理的关系以及他在帝国内的地位都产生了深远的影响。他反复向

287

他的哥哥寻求帮助，然而查理尽其所能劝阻斐迪南采取军事行动，当查理承诺提供帮助时，这种承诺总是不够，并且即使真的提供帮助，也总是太晚到来以至于起不到很大帮助。德意志等级同样不可靠。在 16 世纪 20 年代，帝国议会被证明不愿意提供任何帮助。斐迪南反复进行演讲，但德意志等级始终拒绝行动，因为这并不会对帝国造成威胁。

很多人对于讨论德意志的《申诉》以及教会改革的宗教会议没有任何进展而感到愤怒，这也加剧了这种不情愿。路德更进一步，宣称真正的基督徒不应当梦想响应哈布斯堡的战争号召：因为土耳其人是上帝带来的灾难，所以对抗土耳其人就是对抗上帝。大多数帝国等级（无论他们的宗教倾向如何）更务实，找不到理由在他们看来仅仅是哈布斯堡王朝而非德意志利益的问题上支持斐迪南。一些人也相当冷漠地算计着，哈布斯堡在匈牙利的胜利只会带来一个更强劲的统治者，他将有能力在帝国的宗教问题上采取强硬立场。[8]

当斐迪南最终在 1526 年 8 月承诺在未来的 18 个月内召集会议，并允许各等级在此之前在信仰问题上凭良心进行统治时，帝国议会也仅仅同意派遣 24000 人。然而，谈判的过程花费了太多时间，以至于帝国议会一直拖延到莫哈奇之战的四天之前，这使承诺的军事援助变得多余。1529 年的维也纳之围是对帝国直接的军事袭击，这带来了想法上的改变。尽管宗教危机在此时已经更加激烈，但帝国等级作为整体仍然同意派遣军队保卫德意志的领土。然而，围城的突然终止再一次意味着这些军队并没有被召集，而且帝国等级再一次断然拒绝同意军队被用在匈牙利的领土。

从那时起，土耳其的威胁以及斐迪南对帝国议会日常的求助成了德意志政治中一个持久的主题，以及福音教徒和哈布斯堡的其他政治反对派强有力的讨价还价的工具。事实上，一些诸侯愿意提供超出帝国名册要求的帮助。然而，在实践层面上，在面对实际威胁时建立军队所花费的时间，以及关于给予援助所换取的让步的旷日持久的政治谈判，通常意味着帝国的军队来得太迟以至于无法起到任何作用。迅速的行动也许本可以帮助斐迪南在 1529 年和 1542 年与土耳其的对抗中施加决定性的打击。在 1542 年的行动中，帝国等级同意调动在 1530 年早已同意的军事援助，但是当帝国的首席指挥官（oberster Feldhauptmann）通过帝国大区的沟通机制通知各等级这一要求时，苏莱曼已经退兵很久。[9]维持常备军或者提供日常的资金，这些显而易见的解决方案当然是不可能的，因为这些方案太容易被用来加强哈布斯堡家族，而非仅仅用来保卫帝国。

无论他们的帮助多么矛盾，无论他们的援助多么不充分，斐迪南仍然依赖于他的兄长和德意志等级。他自己领地的收入不足以允许他单独行动。波希米亚王冠带来了巨额债务和被抵押的收入，然而当谈判额外的资助时，事实证明波希米亚议会和德意志帝国议会一样锱铢必较。威尼斯的使者在 1543 年报告，留给波希米亚国王唯一的日常收入就是布拉格城门的通行税，这种说法并非很夸张。[10]斐迪南最终得以控制的有限的匈牙利领地，使他占有了贵重的矿床和矿井，但在保证他当选的过程中很多王室遗产被放弃，并且匈牙利的等级也并不热衷于为他们自身的防卫支付资金。

主要的负担落在斐迪南的奥地利领地上，这里在 16 世纪 20 年

代期间承受越来越沉重的税负，与此同时在教会改革的旗号之下对
教会财产的掠夺也做出了重大贡献。然而，改善他的财政状况以巩
固收入的所有努力，或者即使是召集来自他的所有领地的等级的全
体会议，都没能带来他本需要用来推动在匈牙利的军事行动获得成
功的资金。因此并不奇怪，他在 16 世纪 20 年代反复要求他的兄长
将米兰分封给他，并且允许他使米兰成为一个"德意志的公国"。
1538 年他对于米兰的梦想再次燃起，因为此时查理看上去将要把米
兰公国包含在斐迪南的一个女儿与奥尔良公爵的婚姻的嫁妆中，然
而这一婚约只停留在计划内，没能实现。[11]

不过，斐迪南至少能够在他的奥地利公国与他的两个王国之间
构建一个初步的联盟。[12]构建中央化的行政体制的所有努力都失败
了，但各领地至少享有共同的法律地位。例如，斐迪南通过不行使
波希米亚国王作为帝国选侯的权力，谨慎地维持着波希米亚对帝国
管辖权的法律豁免权。这使波希米亚连同它的相关邦国，包括西里
西亚、上卢萨蒂亚、下卢萨蒂亚以及摩拉维亚，在帝国内获得了与
奥地利各公国一样的特权地位。这进而使这些地区的统治者与其他
诸侯区隔开并且强化了他自己的优越地位。然而，最重要的是，尽
管斐迪南的新领地没有带来大量财富，但这些地区沿着帝国东部边
缘的绝对范围有着巨大的政治意义。

波希米亚和西里西亚使斐迪南可以与萨克森和勃兰登堡产生直
接联系，它们的封建网络也帮助斐迪南将影响力深入德意志中部和
北部。尽管斐迪南与各等级和土耳其人之间存在各种问题，但他巨
大的奥地利世袭领地仍然使他在帝国政治中占据强有力的位置，即

便以一些使他看上去对德意志等级几乎没有威胁的方式受到阻碍。在斐迪南在帝国内的地位演变以及他最终成为实质统治者的过程中，他的优势和弱点都是关键因素。

然而，只要查理仍然是皇帝，如果没有他的同意和合作，帝国内的任何事情都无法实现。此外，直到 16 世纪 40 年代中期，查理五世在帝国外的问题阻止了他严肃地介入德意志事务。在超过 20 年的时间里，他只在帝国内停留了四年，这使帝国的事务处于一种不确定的状态。他的其他问题是更为紧迫的。对查理而言，优先级最高的是西班牙、尼德兰和意大利领地的安全，而且他对于帝国政治的态度主要受到他所谓的"低世袭领地"（nidere erblande），也就是尼德兰和弗朗什孔泰的影响。[13]

查理面临的最为持久的问题是法国的弗朗索瓦一世对米兰和那不勒斯的不懈主张，而查理自己对勃艮第的宣称也是一个持续的争论焦点。[14] 1520 ~ 1529 年的大部分时间，以及 1536 ~ 1538 年和 1542 ~ 1544 年，瓦卢瓦和哈布斯堡都处于战争状态。米兰受到瓦卢瓦家族的宣称，然而也是神圣罗马帝国的采邑，是两个家族之间的敌对的主要聚焦点，因为占据米兰对弗朗索瓦前往那不勒斯很关键，对查理而言则意味着在南法的支配权以及重新获得勃艮第的可能性。尽管弗朗索瓦有着强烈的野心和决心，但他没有能力击败查理五世。然而，他能够造成一系列严重的威胁，在很长的时间里束缚查理的军队。

令人感到奇怪的是，查理本人似乎并不愿意利用他的胜利。1525 年，他的军队在帕维亚给法国人造成了毁灭性的打击，弗朗索瓦一世也被俘虏。《马德里和约》（Peace of Madrid）迫使弗朗索瓦放弃对那不勒斯的宣称，并且将米兰和勃艮第归还给查理。然而弗朗索瓦一被释放就背弃了协定，并且加入了威尼斯、佛罗伦萨和教皇的新的反哈布斯堡同盟。1527 年，罗马被西班牙军队攻陷，而在1528 年，热那亚的领导者安德里亚·多里亚（Andrea Doria）叛变到哈布斯堡一方。到 1529 年为止，查理再一次占据上风，然而达成的和约允许斯福尔扎家族返回米兰，对弗朗索瓦施加的惩罚也只不过是放弃对佛兰德和阿图瓦的统治权。在 1529 年 8 月达成的《康布雷和约》（Peace of Cambrai）为查理 1530 年在博洛尼亚得到教皇加冕铺平了道路，然而这并没能解决法国威胁的问题。弗朗西斯科·斯福尔扎（Francesco Sforza）在 1535 年 11 月的去世导致了法国新一轮对米兰的攻势，对查理将米兰公国恢复为帝国采邑的决定发起了挑战。

敌对行动对双方而言都是成本巨大且没有最终结果的。在教皇调停之下，1538 年 6 月双方在尼斯达成了一个为期十年的停战协定。随后的谈判，包括两个君主 8 月在艾格莫尔特（Aigues-Mortes）的会面，围绕着关于王朝联合的复杂计划。奥尔良公爵，即法国国王的小儿子，将要迎娶斐迪南的一个女儿并且得到米兰公国。查理的儿子腓力则将要迎娶法国国王的小女儿，而查理的大女儿玛利亚将与斐迪南的儿子马克西米利安结婚并且在尼德兰统治，作为回报斐迪南将放弃对那不勒斯的所有宣称。然而最终，查理无法接受失去控制米兰的可能性，并且当他提出奥尔良公爵与玛利亚的婚约，以尼德兰和弗朗什孔泰为嫁妆，并以勃艮第作为婚姻礼物时，法国国王发起了反抗。

在 1540 年 10 月将米兰授予腓力的决定终结了维持和平的一切希望。两年之后敌对行动再次恢复。尽管这一次最终目标是米兰，但斗争大部分发生在北方，结果也在北方决定，查理与英格兰国王亨利八世结盟，而弗朗索瓦则寻求格尔德恩公爵和德意志福音教徒的帮助。然而，法国的进攻再一次没能实现决定性的突破，同样地，查理在条约中有所克制，并没有做出任何超出维持现状的行动。关于重新进行王朝联盟的想法，伴随着再一次将米兰授予奥尔良公爵的可能性，随着后者的去世而失败。1544 年 9 月 18 日的《克雷皮和约》（Peace of Crépy）最终使弗朗索瓦在法国之外的所有野心平息下来。他对勃艮第的权力得到了确认，还能继续占有在1536 年占领的萨伏伊。作为回报，他不得不承认查理对佛兰德、阿图瓦、米兰和那不勒斯的权力，并且承认查理夺取格尔德恩。

与此同时，条约附加的秘密条款指向了与法国的持续冲突的结果。[15]弗朗索瓦同意支持皇帝对土耳其的战斗、改革教会的措施以及针对德意志福音教徒的行动。他也同意帮助萨伏伊公爵对抗日内瓦，加尔文的激进教义在日内瓦已经造成了在法国和尼德兰蔓延的威胁。

在查理这些广泛的关切中，这些秘密条款中最关键的是涉及土耳其人的。当斐迪南正在被奥斯曼对匈牙利的入侵纠缠时，查理也因他们在地中海的权力逐渐扩张而饱受折磨。[16]土耳其人在 1517 年对埃及的征服，开启了他们进一步将北非的王国纳入保护国的道路，而西班牙并没能在 16 世纪早期将北非置于自己的控制之下。

291

　　随着阿尔及尔的摩尔人统治者得到强有力的海盗巴巴罗萨兄弟的帮助，最初仅仅是西地中海的地方性问题很快变成了更为严重的威胁。巴巴罗萨兄弟进而控制了阿尔及尔，并且承认他们是苏丹的附庸。巴巴罗萨·海雷丁（Khair ad-Din Barbarossa）此前只是对西班牙和意大利海岸定居点的威胁，他在 1532 年被任命为帕夏以及土耳其舰队总司令，在 1534 年对意大利南海岸发动了全面进攻，之后又征服了西班牙在突尼斯的摩尔人盟友。[17]西班牙在下一年的反击得到了拉格莱塔（La Goletta）的西班牙驻军的支援，这是一次胜利的十字军，至少在帝国的宣传中是这样的，这次反击恢复了现状。然而，海雷丁的逃离使这一区域仍然处于持续的不安全状态。即使与威尼斯和教皇组成了联军，查理的海军仍然于 1538 年 9 月在普雷韦扎（Prevasa）被完全击败。1540 年，他的舰队在克里特岛附近几乎被歼灭。在接下来的一年里，夺取阿尔及尔的尝试不幸失败，还招致海雷丁在 1543 年对雷焦卡拉布里亚（Reggio di Calabria）和尼斯的报复性袭击。

　　海上的威胁就其本身而言已经足够严重。它使西班牙、那不勒斯和西西里，以及西班牙在北非海岸的所有飞地和岛屿长期处在不安全的状态。然而，1543 年的袭击揭示了问题的另一个维度。海雷丁几乎摧毁了尼斯城，这座城市因多里亚船队的及时靠近才得以保全。随后海雷丁在土伦港过冬，这是法国人为此腾出来的港口。[18]这标志着法国人出于自身的利益，利用哈布斯堡和奥斯曼的冲突的努力达到了顶峰。自 16 世纪 20 年代起，法国人已经试图与奥斯曼宫廷达成各种形式的贸易协定，尽管并没有达成正式协定。1528 年佐波尧接受土耳其的保护国地位后，法国人正式支持佐波尧。[19]法国王室和奥斯曼宫廷在地中海的成功合作，恰恰对查理在欧洲的君主地位的基础造成了威胁。

事实上，16世纪40年代早期似乎隐隐显现的灾难没能成为现实。1538年奥斯曼在普雷韦扎的胜利使海上力量的平衡牢牢向东方倾斜；即使是哈布斯堡后来的胜利，例如1571年在勒班陀的胜利也没能改变这一点。然而奥斯曼人最终也发现他们在西地中海的影响力有限。他们没能利用对尼斯的劫掠，而且再次返回了东方，很快就更加关注保卫他们的匈牙利中部省份以及与波斯的战争的恢复。同样地，法国人也几乎没能从他们1543年在土伦港的姿态中获得任何利益。他们与异教徒关系的完全暴露、基督徒奴隶在土伦市场上被公开出售的可怕故事所生动呈现的影响力，带给他们的只有谴责。对于弗朗索瓦在北方的野心尤为关键的是，德意志福音教诸侯也被疏远了。在1535年，由于法国与奥斯曼宫廷的商业协定，他们已经断然拒绝了法国提供的帮助。此时在16世纪40年代中期，他们再一次避免与基督教王国共同事业的叛徒缔结盟约。

在查理五世的政治中，他分散的领地的整体安全以及（西班牙）哈布斯堡对意大利的统治的确立是最为重要的。这二者都优先于任何意义上支持斐迪南在匈牙利的义务，或者捍卫帝国自身更广泛的传统权力的任何野心。对意大利的统治是在公然无视意大利在帝国内的特权的情况下实现的，而从严格意义来说查理有义务以他作为意大利王国的帝国代理人的身份捍卫这种特权。[20]相似的安全考虑以及1544年正式承认法国对勃艮第公国的统治权，实际上熄灭

292

了一切关于恢复旧的勃艮第王国的最后念想。同样地，承认法国对萨伏伊直到 1559 年的占领，实际上也是将帝国的领地，更不必说是帝国的一个重要且忠诚的诸侯的权力放弃给法国王室。这些牺牲都是皇帝愿意为 16 世纪 40 年代中期实现的稳定所付出的一部分代价，这种稳定使他能够考虑应对德意志的局面。

然而还存在另一个障碍。应对德意志意味着应对改革的问题，而这一问题离不开教皇的合作。克雷芒七世（1534 年去世）实际上对教会改革没有兴趣。他更关心促进他的美第奇家族的利益，这使他不断与法国结盟。1525 年法国第一次在意大利发起挑战的失败、1527 年西班牙军队对罗马的劫掠，以及最终安德里亚·多里亚 1528 年背叛法国投入帝国事业，这些使克雷芒本人转变了立场。

随着查理许诺恢复佛罗伦萨的美第奇家族，并且将拉文纳（Ravanna）、切尔维亚（Cervia）、摩德纳（Modena）和雷焦（Reggio）割让给教皇，克雷芒在 1529 年与皇帝达成和解。第二年，在查理的意大利封臣在场的情况下，克雷芒七世在博洛尼亚将查理加冕为意大利国王和神圣罗马帝国皇帝。[21] 然而新的皇帝-教皇协定没能维持下去。查理恢复了美第奇家族，他们此时臣属于西班牙，但是查理违反了他的其他承诺；结果是，克雷芒很快就忙于安排他的侄孙女凯瑟琳·德·美第奇（Catherine de Medici）与法国国王的次子的婚姻。在查理的坚持下，克雷芒与查理在 1532 年关于意大利同盟计划的谈判也宣布即将召开宗教会议，但是这一想法并没有带来任何结果。在他生命的尾声，事实证明克雷芒抵触一切改革会议的实际承诺，并且得到了英格兰以及特别是法国的鼓励，他们都不希望出现一个由皇帝主导的宗教会议。

克雷芒的继任者保罗三世（1534~1549 年在位，亚历山大·法　293
尔内塞）寻求坚决的中立政策，这非常有利于教皇国的安全。1538
年，他以个人身份在艾格莫尔特为哈布斯堡和瓦卢瓦家族调解，在
1541 年和 1543 年又调解了两次。[22]他也承诺进行改革，并被枢机主
教加斯帕罗·孔塔里尼（Gasparo Contarini）周围有影响力的灵觉
派（spirituali）改革团体的很多调和的观点说服。[23]1536 年，他发出
了 1537 年 5 月在曼托瓦召开宗教会议的号召。这也是第一次接近
于天主教改革的宣言，以《教会改革建议书》（*Consilium de
emendanda ecclesia*）的形式发布，然而文件内容避免触及教义问题，
其作者认为教义问题恰恰是会议的事务。[24]

然而，即使是一名有决心的教皇，在这一阶段也无法推动改革
事业。查理和斐迪南的态度仍然很矛盾，因为宗教会议将要召开的
地点，德意志等级并不将其视作帝国的领地（曼托瓦属于意大利而
非德意志王权领地）。德意志福音教徒拒绝这个提议，因为他们并
不认为这个会议是"自由"的（没有教皇参与的）。此外，更关键
的是，法国国王抵制会议，因为这表明了皇帝和教皇之间的同盟，
或者至少是谅解，这在法国 1536 年对北意大利发起新一轮进攻的
背景下是不受欢迎的。法国人要求宗教会议在法国举行，这对于皇
帝和教皇都是无法接受的，并且这破坏了曼托瓦的计划。[25]在维琴察
（Vicenza）召开会议的最后努力也不幸失败——没有人出席。

德意志天主教徒威胁称如果宗教会议无法召开，就举行民族会
议，这带来了另一个提议。这一次，教皇同意皇帝将会议地点定在

德意志帝国境内的特伦托的请求。然而，法国人再一次直接拒绝合作，这使保罗三世担心一旦坚持推动会议，法国将被分裂出天主教会，这使事情再次陷入停滞，已经在 1543 年夏天聚集的 10 名主教又被遣散。[26]1544 年夏天，帝国议会通过决定寻求自己对宗教分歧的"友好调节"，再一次将教皇置于压力之下。关键的变化是 1544 年 9 月法国国王在克雷皮达成和约，这使他不再阻挠皇帝和教皇召开宗教会议，这个关键变化最终导致大公会议在 1545 年 12 月召开。

然而与此同时，在罗马也发生了重要变化。灵觉派，即教会和教义改革的观点在 16 世纪 30 年代晚期曾占据主导地位的天主教福音派，此时已经失去了支持。孔塔里尼作为教皇派往帝国议会的特使，1541 年在雷根斯堡没能说服天主教或福音教的德意志等级。然而在努力的过程中，他对于信仰高于恩惠和善行的强调使他看上去偏向路德的立场，这一事实引起了由吉安·彼得罗·卡拉法（Gian Pietro Caraffa），也就是后来的保罗四世领导的保守的狂热派（zelanti）的敌视。有影响力的西班牙人文主义者、意大利"福音派"的精神导师胡安·德·巴尔德斯（Juan de Valdés）在 1541 年 7 月去世，导致调和的事业进一步被削弱。在这一年，他的罗马门徒随后转移到维泰博，不久后保罗三世公开转向支持保守派，并且在 1542 年 7 月重建由卡拉法领导的宗教审判所（Inquisition）。[27]在下一个月，孔塔里尼本人去世了。

保守派担心，在教会担任核心职位的仅 40 名主要福音派也许会导致意大利的邦国与德意志福音教诸侯结盟，因而发动了针对孔塔里尼和巴尔德斯的门徒的一场决定性行动。诚然，在三个教皇大使中有灵觉派的代表，枢机主教波尔要求其负责准备和协调特伦托大公会议，此人甚至可能被选为向德意志福音教徒传递积极信息。然而罗马和意大利教会的整体氛围，正在逐渐转向坚决反对批评者所描述的波尔的"近代且疯狂的教义"。[28]

特伦托大公会议的召开对皇帝而言是个人的胜利。他自 1529 年以来就一直为这个目标努力。然而，等到教会的显要人物最终在特伦托齐聚时，他们无法像设想的那样满足自 16 世纪 20 年代以来，在德意志的争论中关于自由、宗教会议的想法中投入的期望。

在 1545 年这一点还没有清晰体现。更重要的是，直到 1544 年，这是皇帝在十年内第一次有时间投身于德意志政治。地中海和匈牙利前线都相对平静。与法国的冲突看上去已经得到解决：在意大利和帝国西北部的格尔德恩都取得了决定性的胜利。教皇也不再是敌人，即使确切地说也并不是盟友。在 20 年的阻挠之后，法国也不再是大公会议的障碍。

然而自皇帝上一次居住在帝国以来，德意志的政治形势已经发生了根本性的变化。德意志民族对宗教冲突的解决方案已经取得了显著的进展。在皇帝缺席的 16 世纪 20 年代期间，帝国议会的地位和权力得到了提升。此外，关于宗教问题，帝国议会也以妥协和谅解的形式确立了一系列先例，皇帝最终发现他无法将这些先例置于一边。

注释

1. Rabe, *Geschichte*, 329. 在德语文献中，克莱西奥通常被写作 Cles。

2. Kohler, *Ferdinand I.*, 157-72.

3. 波希米亚在帝国内的地位仍然很独特：它并不服从于"皇帝和帝国"的法律而且不属于大区；波希米亚国王尽管是选侯，但并不参与选侯院的日常事务。

4. Fichtner, *Ferdinand I*, 79-80, 83-5, 91-2.

5. Kohler, *Ferdinand I.*, 207-24.

6. Fichtner, *Ferdinand I*, 121-6.

7. Winkelbauer, *Ständefreiheit*, i, 130.

8. Fischer-Galati, *Imperialism*, 10-37.

9. Schmid, 'Reichssteuern', 194.

10. Fichtner, *Ferdinand I*, 72.

11. Fichtner, *Ferdinand I*, 36 - 7, 64, 161; Aretin, *Das Reich*, 101-3.

12. Evans, *Making*, 146; Winkelbauer, *Ständefreiheit*, i, 196 - 8; Pamlényi, *Hungary*, 130; Fichtner, *Ferdinand I*, 66-78.

13. Press, 'Bundespläne', 77.

14. 以下内容，可见：Tracy, *Charles V*, 39-49, 114-32; Kohler, *Reich*, 8-10, 69-73; Kohler, *Expansion*, 352-71。

15. Schilling, *Aufbruch*, 222-3.

16. Tracy, *Charles V*, 133-82, 311-14.

17. Kohler, *Expansion*, 363-7.

18. 海雷丁本想袭击西班牙，但是弗朗索瓦建议将尼斯作为目标，因为这里更不可能招致哈布斯堡迅速的反应；这里是萨伏伊的查理三世最后一个剩余的基地。Clot, *Suleiman*, 144-50.

19. Goffman, *Ottoman Empire*, 110 - 11; Clot, *Suleiman*, 129 - 44;

Williams，'Conflict'；Hochedlinger，'Freundschaft'．

20. Aretin，*Das Reich*，101-5.

21. Aretin，*Das Reich*，101.

22. Lutz，'Italien'，879-80.

23. Bonney，*States*，58-9；Fenlon，*Heresy*，32-3；Mullett，*Catholic Reformation*，33-8.

24. Fenlon，*Heresy*，42-3.

25. Mullett，*Catholic Reformation*，36. 另见本书页边码 311 页。

26. Rabe，*Geschichte*，316.

27. Fenlon，*Heresy*，69-74.

28. Fenlon，*Heresy*，33，116-17，209.

第二十三章

抗议宗的确立（1526~1530）

　　在 1526 年施派尔帝国议会上达成的协定，允许所有统治者以他们认为合适的方式执行《沃尔姆斯敕令》，只要他们能够将自己的政策与他们对上帝和皇帝的义务协调一致。这一协定被视为权宜之计。所有地方的诸侯和市政官员都希望防止更多农民起义的危险。几乎没有人真的相信大公会议或者民族会议将会举行。皇帝的持续缺席以及斐迪南在波希米亚和匈牙利的问题，也使帝国内的安全和稳定成为第一要务。有意设立的模糊规定、令人印象深刻的掩饰问题的技巧的案例，很快成了关于宗教问题的所有谈判的特征，这也是对帝国而言达成所有人都能够同意的规则的唯一方式。[1]

　　一些诸侯，例如黑森的菲利普和萨克森选侯，很快将这一临时措施视为在帝国法律中对他们的邦国改革的许可。雄心勃勃的黑森邦国伯爵菲利普成为改革者一方的主要组织者和鼓动者。[2]他通过寻求与其他统治者的协定和谅解，试图争取捍卫自己的地位免受最终的帝国制裁。与巴伐利亚和萨克森选侯国部分合作、部分并行，他谋划反对皇帝使斐迪南当选为罗马人的国王的计划。[3]

　　松散但有决心的反哈布斯堡同盟通过与法国和英国的联系持续

增强。1526 年之后，这个同盟推出了多个王位竞争者：巴伐利亚、萨克森的候选人，甚至黑森的菲利普本人，他们对德意志民族整体的改革以及帝国的制度性改革怀有模糊的计划。[4] 与此同时，菲利普也持续建立关系网，用来保护那些已经采取宗教改革措施的人免受那些仍然忠于天主教以及强硬支持执行《沃尔姆斯敕令》之人的行动的影响。

黑森的菲利普对于 1528 年 1 月发现的文件的反应，足以说明当时气氛的紧张程度。文件中清楚地揭露了 1527 年 5 月在布雷斯劳，一些天主教诸侯结成了致力于清除"异端"的秘密同盟。这个文件很快就被揭露为由萨克森公爵的副首相奥托·冯·帕克（Otto von Pack）伪造的文件。[5] 然而，菲利普立即与萨克森选侯结成防御性同盟，与法国、佐波尧·亚诺什和斯特拉斯堡谈判，接下来对美因茨和维尔茨堡发动了预防性军事行动，尽管路德、布根哈根和梅兰希通都告诫他保持克制。当帕克的骗局在 5 月末被揭露时，全面的战争才得以避免。然而，在菲利普迫使两名主教赔偿他对二人的进攻中造成的费用，以及迫使美因茨大主教在《希茨基兴协定》中放弃对黑森领地的教区权和教会管辖权之前，敌对关系并没有结束。[6] 和往常一样，菲利普不会浪费将个人利益与对更广泛的政治制度目标的追求以及对宗教原则的捍卫相结合的机会。

查理五世的回应并不缓慢。在 1528 年 11 月 30 日发出的在施派尔召开第二次帝国议会的通知中，他指出"误解以及由此产生的骚乱、暴行和侵略行动"已经发生。[7] 斐迪南在 1529 年 5 月 15 日向被召集起来的代表们提出的主张，表明"误解"指的是一些人在休会期间对 1526 年的施派尔帝国议会进行的任意解释。斐迪南坚称，唯一的解决措施就是恢复到坚决执行《沃尔姆斯敕令》的政策上，直到大公会议解决宗教问题。作为多数派的忠诚的天主教徒大体上支持帝国的立场。此外，他们决定在那些已经发生变革的邦国，以及那些如果不引起骚乱这种变革就不会逆转的地方，统治者需要"尽其所能"避免任何进一步改变。与此同时，这些统治者应当确保在他们的领地，没有人被阻止庆祝传统的宗教仪式。此外，天主教统治者不应当认为有义务在其邦国宽容路德宗信徒。茨温利派和再洗礼派信徒在任何地方都不会得到容忍。[8]

理论上来讲，"尽其所能"这样的词语再一次允许双方认同公共和平的维持，因为双方都相信权力掌握在自己一边。改革者仍然主张高于宗教的权力，效忠者只是阻止执行帝国的法律。[9]尽管如此，萨克森和黑森仍然极力反对这一决定，他们认为这对他们的立场是严重的威胁。他们努力重申在他们看来 1526 年休会时已经暗含的原则，也就是每一个统治者既有义务也有权利根据自己的良心行事。他们坚决反对由帝国摄政单方面废除帝国的法律。他们反对他们应当服从于多数人投票的主张。4 月 22 日，他们递交给帝国议会一份正式的"抗议书"（Protestation），或者说对皇帝和执政府的申诉书。这份文件由 5 名诸侯（萨克森选侯约翰、黑森邦国伯爵菲利普、勃兰登堡－安斯巴赫边疆伯爵格奥尔格、不伦瑞克－吕讷堡公爵恩斯特以及安哈尔特侯爵沃尔夫冈）和 14 个改革的帝国城市的代表签字。

"抗议书"也给改革者赋予了"抗议宗"的名字。在长期的历史记忆中，最初的抗议行动通常被赞许是为良心自由进行的抗争。然而事实上，1529 年由抗议者唤起的良心只是统治者的良心。他们为自己主张宗教改革权（ius reformandi），即在他们自己的领地上推行宗教改革实践的权力；无论臣民的良心告诉他们什么，他们都要求臣民被动的服从。"抗议书"的政治和制度含义更突出。甚至在帝国议会结束之前，在抗议宗之间组成防御同盟的计划已经形成。黑森的菲利普再一次成为首要的推动者，此时他已经远远不止于在抗议宗邦国内保卫新的现状。

一方面，黑森邦国伯爵和他的顾问开始形成一套新的激进的制度理论，为福音教徒反抗皇帝的权利辩护。[10]他主张，所有邦国的统治者行使的管辖权最终都是由上帝授予的，所有统治者都有合法权利保卫自身免受与其他人订立的条约的侵害。当这个原则应用于帝国时，这就意味着如果皇帝"忘记了……他能够当选的最重要的原因"，诸侯就可以反对皇帝。一个不尊重他的帝国等级的集体决定的皇帝，一个想要废除 1526 年决议的皇帝，显然是一个非正义的统治者。菲利普宣称，他的目的是捍卫上帝的荣耀，并保证"我们灵魂的救赎和恩典"，尽管他也承认"我们自己的世俗事务也纠缠于此"。[11]

另一方面，菲利普此时也寻求实现反哈布斯堡大同盟的野心勃勃的方案。[12]他与法国、威尼斯、丹麦以及瑞士的改革者，特别是茨温利联系，此时由于苏黎世激进的持扩张主义的福音教义，茨温利本人已经卷入与天主教各州的冲突中。最重要的是，菲利普试图推动路德宗和南部的德意志茨温利派建立一个更为稳固的同盟，帝国议会对茨温利派的歧视程度更甚于对路德宗。然而，1529 年 10 月，主要的神学家在马尔堡举行了会议，路德和茨温利也参与其中，但是这场会议并没能调和冲突的神学观点。核心问题是圣餐礼——基督的身体是真实存在于圣餐，还是只是想象存在于圣餐——这被证明是一个无法克服的障碍。

在茨温利离开后，菲利普在施瓦巴赫（Schwabach）再次尝试至少与南德意志的城市达成协定，这些城市的市政官员和布道士在很多教义和教会组织的问题上在路德和茨温利之间保持中立，然而这次尝试也失败了。即使他们厌恶茨温利主义的社会激进主义，认同路德宗诸侯的严格而有序的规则，也没能促使他们认真考虑宗教妥协。茨温利的去世（1531）使南德意志人不再认为他们将会从瑞士的邻居和同信仰者得到有用的帮助，两个派别的分歧在 1536 年才得到克服。[13]

在这一阶段，几乎没有人真正认同黑森的菲利普的激进观念。路德和另一些神学家谨慎地反对反抗，并且路德本人仍然相信查理五世会召开他已经承诺了很久的宗教会议。此外，路德告诫萨克森选侯，菲利普认为皇帝只不过是帝国中的一个君主，这一想法是错误的。皇帝是诸侯的"主人"以及政府的上级，即使他的行动非正义，诸侯或者其他任何人也无权反抗他。[14]因此，尽管他们进行了抗议，福音教徒也仍然同意支持斐迪南对抗土耳其人。土耳其人对维也纳的包围迅速结束，这使帝国军队在抵达之前就已经变得多余了。天主教和福音教帝国等级一致拒绝为斐迪南在匈牙利的行动提供更多军事援助。当谈到反对哈布斯堡的帝国主义（imperialism）

和扩张主义而主张诸侯在帝国内的共同利益时，宗教分歧就不值一提了。[15]

查理和斐迪南对德意志的危险处境不抱任何幻想。因此，当土耳其的威胁逐渐减弱，《康布雷和约》暂时平息来自法国的威胁后，查理五世马上在 1530 年 6 月前往奥格斯堡，召开又一次帝国议会。此外，查理五世在对抗法国时取得了成功，并且他的威望因教皇在博洛尼亚为其加冕而得到进一步提升，此时他在十年内第一次返回帝国。他宣称自己将要恢复和平并听取所有阵营的意见，这引发了人们的期望。[16]

然而，对查理打算将他个人的解决方案强加到德意志问题上的怀疑，引发了担忧和对抗任何绝对君主制解决方案的决心。福音教徒从一开始就很担心。然而，即使是天主教徒也反对查理的愿望，即在帝国议会上解决由于教皇拒绝召开宗教会议而未能解决的所有宗教问题。他们和福音教徒一样，越来越清楚地看到查理五世是一名不再尊重世俗权威和精神权威之间传统分界线的君主，并且他擅自攫取了准教皇的权力。[17]一些人也恰当地质疑一名刚刚将乌得勒支教区世俗化、说服教皇将教会收入授予斐迪南的君主。教会诸侯指责查理五世对教会的剥削甚至超过了路德宗。[18]

皇帝个人的出席立即创造了一种新氛围。一方面，关于立法领域的大量协商得以恢复并且产生了效果。[19]帝国执政府多次无法达成一致的《帝国公安条例》（Reichspolizeiordnung）此时得以通过，其中包括一系列关于禁止奢侈的法律以及对乞丐和犹太人的管理措施。对垄断的禁令得到扩展和强化。关于货币管制的协商带来了

299

《帝国货币条例》（Reichsmünzordnung），以及由帝国大区代表组成的委员会的组建，以进一步商讨货币问题。关于基于罗马法原则的统一的刑法准则的讨论也得以恢复，这是帝国执政府没能使之生效的另一个制度。

由于皇帝本人在场，一些主要的邦国过去认为刑事法规是中央君主企图废除他们的权力，此时则不再反对。结果是，到 1532 年，《卡罗利纳刑事法规》（Consititutio Criminalis Carolina）作为欧洲第一部超越地域的法典即将发布，尽管其中也设立了"保留条款"（clausula salvatoria），允许旧的邦国法律保留，只要它是"完善的、公正的和恰当的"。[20] 对抗土耳其人的重大军事援助得以批准。最后，帝国最高法院和帝国执政府都得到革新，尽管后者在第二年被废止，但前者立即介入宗教冲突，并且被福音教徒谴责为只是天主教多数派的工具。

当然，这些法律中的很多是完全无效的。然而，《卡罗利纳刑事法规》在刑事诉讼流程中制定的一系列罗马法原则，在帝国内的大部分地区一致有效，直到 18 世纪的启蒙运动引进法律准则。帝国告示，即达成的所有协定的法律颁布，确实是在福音教徒离开之后才完成的，他们随后拒绝接受一些措施（例如，对土耳其人的战争税），因为他们并没有为这些措施投票。然而，在某种意义上，就问题展开协商并达成协议，这个事实本身就是很重要的。

即使存在宗教分歧，但所有帝国等级仍然参与帝国日常事务的开展中。诚然，这新一轮的改革像之前的措施一样，并没能创造任何持久的制度结构，尽管如此，它强化了帝国内正在出现的联邦的和多层次的结构。大部分达成一致的内容，其倾向是将强制执行和贯彻执行的责任下放。帝国最高法院关于公共和平，或者关于货币、帝国税收比例、军事税等问题的具体解决方案的决议，都被授权给单独的等级或者帝国大区。

最重要的问题是宗教问题。[21]查理五世确实兑现了他听取申辩的承诺。福音教徒被要求解释他们的信仰，并且在 6 月 25 日递交了由梅兰希通和另一些人起草的《奥格斯堡信纲》。[22]支持茨温利的圣餐观点的四个帝国城市斯特拉斯堡、康斯坦茨、梅明根和林道，在两周之后递交了福音教的另一种观点——《四城市信纲》（*Confessio Tetrapolitana*）。天主教的神学家，其中包括忠诚的天主教徒和所有改革者的敌人约翰内斯·埃克，被委托检视递交的材料并进行回应。

查理否决了由神学家创作的过于冗长且颇具论战性的第一版草稿，在大量讨论之后，精简且温和的《辩驳书》（*Confutatio*）在 8 月 3 日呈送给帝国等级。正如天主教一方否决了信纲，福音教徒也拒绝接受《辩驳书》，并且当查理拒绝接受由梅兰希通进行的对天主教神学家的进一步回应之后，关于教义问题的所有对话最终终止。无论双方具有怎样的和解意向，在没有大公会议，以及福音教徒内部甚至没有达成一致的情况下，天主教徒和福音教徒想要在教义问题上达成一致是几乎无法想象的。

神学上的调解失败之后，对于皇帝和天主教多数派一方而言，唯一的问题就是直到大公会议召开之前，对福音教徒的政治宽容的容许以及程度。[23]考虑到查理五世仍然坚持《沃尔姆斯敕令》的有效性，达成互相可接受的妥协的前景堪忧。11 月 14 日，黑森和萨克森的代表离开了。在接下来的一周，在天主教多数派投票后，查理终止了会议日程，并颁布了一系列专断的措施。《沃尔姆斯敕令》的有效性得到重申，宗教上的所有创新均被禁止，天主教的仪式应当在整个帝国被采纳，被侵占的所有教会财产应当立即归还。此外，对这些法令的所有破坏都将被视为对公共和平的破坏，将会在帝国最高法院受到起诉和驱逐的惩罚。只是因为福音教徒得到了直到 1531 年 4 月 15 日的一个宽限期，用来决定是否服从，对福音教徒的打击才有所缓解。

福音教徒立即开始组织他们的反抗。在帝国议会上，纽伦堡的代表重申了支持延长 1526 年的情况的主张，但此时基于神学和利用紧急权力的必要性，在传统的理由中增添了制度要点。他们宣称，帝国是一个"联盟"，因而每一个等级在其中都有义务和权利，但是这不一定意味着"每个人都必须相信他的皇帝陛下希望他们相信的东西"。[24] 在帝国议会之外，黑森的菲利普和他的顾问将宪法的主张详细论述为全面的抵抗理论。根据他们的推论，既然皇帝是由选侯选举产生的，这就意味着等级是与他共同统治的，并且从传统的角度而言，皇帝也并不是至高无上的统治者。皇帝仅仅作为第一公民（primus inter pares），因此他不能要求对他的意志的无条件服从，特别是如果这种意志违反了在帝国议会中批准的帝国法律。[25]

与此同时，萨克森的法学家通过私法理论为反抗辩护，他们主张那些行事非正义的统治者放弃其职务并且成为独立个体，因此他

301

们非法利用权力的行为将得到正义的抵抗。[26]既然皇帝在信仰问题上没有管辖权，这就意味着在这一问题上反抗皇帝是合法的。到1530年10月为止，路德、梅兰希通和另一些主要的神学家愿意宣称他们被法学家的主张说服。他们过去并不情愿这样做，但是此时他们开始详述反抗非正义君主的神学影响，与此同时也谨慎地对统治者和市政官员的权力与普通个人的权利进行区分。[27]

从帝国的宗教和政治统一的观点而言，这些主张是重要的发展。然而，从哈布斯堡的王朝利益的角度而言，与奥格斯堡帝国议会同时谈判的另一个问题更为重要：斐迪南当选罗马人的国王和查理五世在帝国内的继承人。鉴于宗教危机、土耳其人的威胁以及帝国执政府的所有非常明显的问题，皇帝将这个问题视作极为重要的事务。这些问题唯一的解决方案就是在帝国内任命一个能够真正代表他的人，并且至少享有部分属于他的君主权威。[28]这一提议当即招致了反对。选侯对皇帝在世时（vivente imperatore）任命继承人的权利展开争论，《金玺诏书》赋予他们"自由选举"的权利。最终，在查理五世重新确认他们独立选举的权利，而斐迪南仍然是唯一候选人的情况下，大多数选侯同意妥协。

然而，萨克森选侯仍然不妥协，在宗教问题的背景下形成的制度规范此时在这个问题上也发出回响。《金玺诏书》只涉及一名皇帝去世后皇位空缺（vacante imperio）的可能情况。皇帝在世时，没有"帝国的其他诸侯和等级同意的情况下"，是不能进行选举的。此外，皇帝应当遵守他的选举承诺并且居住在帝国内；对这些承诺的任何破坏都应当被所有人重新讨论。[29]

结果，选举在 1531 年 1 月 5 日举行，萨克森选侯正式被皇帝免除了投票。一方面，这代表着君主制的胜利。[30]这次选举开创了一个蓄意的先例，确保王冠保留在同一王朝；这次选举在帝国内确立了相当于世袭君主制的体制，并且有效削弱了等级对共同统治的主张。另一方面，这也从根本上加强了等级对抗君主制的团结。

1 月 6 日，选侯与斐迪南达成了一份为期十年的保护协定。[31]然而，萨克森的弃权使萨克森选侯成为反对承认选举结果运动的核心。黑森的菲利普不可避免地再次成为其中一个主要的鼓动者，巴伐利亚的威廉四世也参与进来，他本人也是失意的皇位觊觎者。到 1531 年 10 月为止，跨教派的反哈布斯堡同盟在萨尔费尔德（Saalfeld）成立，同盟致力于推翻选举结果、互相防御免受哈布斯堡的入侵，以及谋求法国和英国对其事业的支持。即使并没有对哈布斯堡的地位造成致命影响，但这种反对对任何解决宗教问题的尝试造成了重要且持续不利的影响。

对于那些直到 1531 年 4 月仍然拒绝遵从奥格斯堡的规定的诸侯，皇帝从来没有按照他的威胁采取直接行动。对抗土耳其人的资金和援助的需求再一次占据了优先地位。此外，查理五世本人在内心是伊拉斯谟派，和伊拉斯谟一样，他倾向于尽可能避免暴力冲突，并且相信谈判以及有时近乎幻想的时间流逝的愈合效果。尽管斐迪南在 1531 年 10 月支持对茨温利派采取强硬立场，然而在茨温利派战败，茨温利本人在卡珀尔去世之后，查理五世由于担心激怒法国并使意大利的形势恶化而退缩。

虽然当下军事行动的威胁消退了，但通过帝国最高法院采取合法行动的威胁仍然存在。在奥格斯堡帝国议会召开之前，法院就已经收到了大量的案件。此时法官能做的只有在所有案件中都做出对福音教徒不利的裁决。斐迪南和他的官员都已经保证，这不会成为他们良心上无法承受的负担。16 世纪 20 年代晚期对所有福音教法官的驱逐，使法院到 1530～1531 年成了不过是"皇帝的帝国最高法院"。[32]以这种方式组建帝国最高法院的决定，从制度层面而言标志着一个重要的转折点。从 15 世纪 90 年代的改革运动开始，法院一直代表着独立于皇帝的帝国制度核心的理想。此时斐迪南的当选标志着在帝国内建立持久的君主制政府的努力的开端，而法院作为皇帝及天主教多数派在与福音教少数派的争端中的代理机构。[33]这也标志着天主教徒和福音教徒关于在机构的代表权以及机构的权限问题的长期争端的开始。

事实上，关于法院采取报复性的针对福音教徒的"法律战争"的想法很牵强。[34]法官不会允许自己成为皇帝或者天主教多数派的代理人。然而对于摆在他们面前的关于世俗官厅被指控掠夺教会财产和收入的案件，他们只能依据帝国现行的法律裁决。在有争议的诉讼中，法官总是避免采取禁令，并且他们拒绝对大多数教会问题做出裁决，而是把这些交给邦国官厅处理。然而，黑森的菲利普和其他一些人利用了这样一场战争将会发生的可能性，作为需要动员福音教联盟的依据。此外，改革的过程（特别是自上而下的改革）已经涉及帝国法律下的非法行动，这个非常明显的事实导致福音教徒主张他们的行动的正当性是由更高的上帝法律证明的。作为结果，他们对法院和法院负责执行的仅属于

303

人类的法律的有效性发起挑战。

来自匈牙利的坏消息，以及福音教诸侯和城市宣布只要他们受到禁令的威胁就不会提供军事援助，导致了 1532 年初在雷根斯堡召开的下一次帝国议会上关于宗教问题的进一步谈判。[35]福音教徒要求宗教自由以及终止针对他们的所有法律案件。在帝国议会外的施韦因富特同步进行的漫长讨论后，查理在 1532 年 7 月承认了《纽伦堡宗教和约》（Truce of Nuremberg）。[36]他此时已经准备好承认现状，直到宗教问题由大公会议做出决定，他决定在六个月内召集并且在一年内召开大公会议。与此同时，帝国最高法院处理的关于财产归还的所有诉讼都被中断。福音教徒则同意为对抗土耳其人提供军事援助。

路德欢迎《纽伦堡宗教和约》，将其视为对宗教改革的神圣的确认。这个和约是对《沃尔姆斯敕令》制度的明确转变。它第一次承认了帝国是包含两种宗教的体制。从这个意义上讲，这是迈向 1555 年奥格斯堡和 1648 年威斯特伐利亚的和平条约的第一步。[37]然而在此时，和约可能会带来怎样的发展还远不清楚。查理希望法院诉讼的中止仍然保密，这一事实几乎没有激发信任。作为结果，在缺少来自皇帝的任何正式指令的情况下，法院大体上继续着自己的工作。法院拒绝将涉及世俗化或者废止教会管辖权的案件视为宗教案件，只将这些案件视为对公共和平的破坏。[38]关于"法律战争"的幻想仍然是一个始终存在的威胁。

注释

1. Schneider, *Ius reformandi*, 94-5.

2. Press, 'Landgraf Philipp'.

3. Kohler, *Antihabsburgische Politik*, 109; Laubach, 'Nachfolge', 15-33; Sicken, 'Ferdinand *I*.', 55-7.

4. Angermeier, *Reichsreform 1410-1555*, 268.

5. Dülfer, *Packsche Händel*, 56-63, 73. 帕克的动机似乎主要是经济上的。

6. 见本书页边码255~256页。

7. Schneider, *Ius reformandi*, 95-9; Kohnle, *Reichstag*, 365-75.

8. Blicke, *Reformation*, 159.

9. Schneider, *Ius reformandi*, 99.

10. Skinner, *Foundations*, ii, 195-6; Kohnle, *Reichstag*, 376-80; Friedeburg, *Self-defence*, 56-7.

11. Angermeier, *Reichsreform 1410-1555*, 268-9.

12. Brady, *Sturm*, 71, 75.

13. Brady, *Sturm*, 65-7, 80; Rabe, *Geschichte*, 348-50. 路德宗和茨温利派在1534年维滕贝格改革上的冲突是两种倾向之间达成和解，或者说南德意志人接受路德宗关于圣餐的教义而屈服的另一种强大动机。

14. Skinner, *Foundations*, ii, 196-7.

15. Schmidt, *Geschichte*, 76.

16. Rabe, *Geschichte*, 263.

17. Angermeier, *Reichsreform 1410-1555*, 276; Luttenberger, 'Kirchenadvokatie', 193-4.

18. Angermeier, *Reichsreform 1410-1555*, 262; Chisholm, 'Religionspolitik', 552-8.

19. Angermeier, *Reichsreform 1410-1555*, 271-2; Neuhaus, 'Augsburger

Reichstag', 192–209.

20. Conrad, *Rechtsgeschichte*, ii 406 – 13; Duchhardt, *Verfassungsgeschichte*, 87–8. 法国的第一部刑事法规是在 1539 年发布的。

21. Kohnle, *Reichstag*, 381–94.

22. 在这一阶段, 路德仍然处于《沃尔姆斯敕令》的禁令之下, 因此无法出席帝国议会, 然而他从科堡的城堡给出建议, 并提醒在态度上不要过于调和。

23. Schneider, *Ius reformandi*, 99–104.

24. Schneider, *Ius reformandi*, 100.

25. Schmidt, *Geschichte*, 78.

26. Skinner, *Foundations*, ii, 197–9; Friedeburg, *Self-defence*, 62.

27. Skinner, *Foundations*, ii, 200–6; Friedeburg, *Self-defence*, 63–5.

28. Kohler, *Antihabsburgische Politik*, 171.

29. Kohler, *Antihabsburgsiche Politik*, 173–4. 当然, 萨克森关于在皇帝在世时不允许选举的主张, 是与查理四世和弗里德里希三世统治时期的先例矛盾的; 由萨克森阵营提出的法律上的另一些反对意见被证明同样是站不住脚的。

30. Neuhaus, 'Augsburger Reichstag', 198–9.

31. Kohler, *Antihabsburgische Politik*, 183–202.

32. Angermeier, *Reichsreform 1410–1555*, 293; Smend, Reichskammergericht, 128–31, 140.

33. Smend, *Reichskammergericht*, 140–1.

34. Brady, *Sturm*, 164–5; Ruthmann, 'Religionsprozesse', 232–5; Schneider, *Ius reformandi*, 104–7.

35. Brady, *Sturm*, 80–2; Rabe, *Geschichte*, 330–2; Schneider, *Ius reformandi*, 108–14.

36. Kohnle, *Reichstag*, 401–6.

37. Brady, *Sturm*, 82.

38. Schmidt, 'Schmalkaldischer Bund', 12

第二十四章

施马尔卡尔登同盟及其对手，以及帝国政治
（1530～1541）

在奥格斯堡帝国议会之后，无论是真实的还是想象中的对福音 304
教徒的威胁，都足以证明组建防御性同盟的合理性。当帝国议会仍
然在召开的时候，在1529年制订的组建同盟的方案已经得到了讨
论。神学家接受了对皇帝进行合法抵抗的观点，这帮助克服了过去
的疑虑。在1530年12月加入施马尔卡尔登秘密会议的第一批成
员，包括萨克森选侯、黑森邦国伯爵菲利普、不伦瑞克-吕讷堡公
爵恩斯特、安哈尔特-贝恩堡伯爵、曼斯费尔德伯爵，以及城市马
格德堡和不来梅。

1531年2月底，同盟的正式条款起草完成，更多的城市加入进
来，特别是斯特拉斯堡和另一些西南部城市，以及吕贝克。黑森的
菲利普以及在斯特拉斯堡和康斯坦茨的一些人再次考虑与茨温利派
和瑞士的福音教徒结盟，并且从一开始就决定与法国、英格兰、波
兰、纳瓦拉、丹麦、瑞典的国王，以及"其他有势力的人"联系。[1]
在接下来的几年里，最为突出的情况是北德意志成员的增加。到
1535年为止，不伦瑞克、戈斯拉尔、艾恩贝克（Einbeck）和哥廷

根都加入进来，也包括西南部的埃斯林根，在 1536 年又有 6 名诸侯和 5 个城市（奥格斯堡、美因河畔法兰克福、肯普滕、汉堡以及汉诺威）加入进来。

施马尔卡尔登同盟从未涵盖所有福音教诸侯和城市；然而，和过去所有同盟相比，施马尔卡尔登同盟整合了更多的北部和南部的成员。[2]尽管帝国的宣传者将同盟描绘为具有分离主义倾向，但同盟是否真的对帝国或者君主制造成了威胁，这是不明确的。必须承认的是，同盟"偶尔呈现出类似国家实体的倾向"，并且形成了正式的制度、一系列常规的会议，用来批准萨克森和黑森轮流领导下的同盟军队的税费以及其他问题。[3]然而做出的这些安排，是严格用来保卫同盟的成员在帝国内免于因宗教信仰受到的歧视。来自帝国北方的很多成员传统上远离皇帝和帝国，因此并没有处于很大的威胁之下，他们经常无法足额支付费用，或者只是极不情愿地支付费用。

黑森的菲利普最初的建立国际同盟的计划没能实现。1531 年10 月，茨温利在卡珀尔的去世终结了与瑞士的联系。事实上，南德意志的茨温利派在几年之内就消亡了，而且主要的南部神学家接受了 1536 年的《维滕贝格协同条款》（Wittenberg Concord）。这加强了同盟的统一，但也使德意志人和瑞士人永久划清了界限，瑞士人拒绝接受维滕贝格的权威。在整个 16 世纪 30 年代和 40 年代初期偶尔被提出的与英格兰和法国联合的提议几乎没有产生影响。事实上，这些提议只带来了对同盟成员整体不忠于帝国和反叛的怀疑。[4]

305

　　在现实中，同盟的目标有限。从一开始，很清楚的一点就是，同盟并没有直接针对"他的皇帝陛下，我们最为仁慈的主人"。同盟的目标"只是捍卫在神圣帝国和德意志国家内基督教的信仰与和平"，以及"保卫我们自己、我们的臣民以及依赖我们的人"免受不公正的攻击。[5]这种攻击的可能性是存在的，因为在帝国最高法院最终不利的裁决之后，有剥夺权利和采取强制措施的威胁。同盟的全部军事基础——设想了一支 2000 名骑兵和 10000 名步兵的军队——因为这种威胁而具有正当性。然而，在绝大多数时间，这种斗争都是法律和政治层面，而非军事层面的。事实上，大多数成员对于黑森的菲利普谋划的那种侵略性且冒险的军事行动是退缩的，萨克森和南德意志帝国城市也一直试图避免与哈布斯堡家族发生直接冲突。

　　即使是在针对帝国最高法院的法律斗争中，同盟的成员也只是坚持他们非常有限的目标。1534 年，黑森的菲利普极力主张就所有事务全面抵制法院，而不限于宗教问题，但同盟只是决定宣称首席法官和大多数助理法官由于他们声称的派别而无法胜任宗教事务。1538 年的第二次对最高法院进行全面抵制的提议，也由于 1539 年《法兰克福宗教和约》（Truce of Frankfurt）规定的有争议案件再一次中止而得以避免。[6]

　　然而根本性的问题仍然存在。天主教徒和福音教徒对于法律持有不同的观点，因此很难确切定义哪些案件应当被认为是与宗教相关的问题。有时这些主张不过是离谱的机会主义，为盗窃行为蒙上了一层法律的伪装。然而，在他们真诚对待的问题上，他们触及了那一时期最具争议且根本性的问题。即使是福音教内部，也无法在教会财产应当如何处理的问题上达成一致。帝国城市倾向于主张如果这些财产仍然被用于慈善用途，将这些财产归于城市所有就是合理的。一些诸侯则对将其直接增添进他们自己的金库没有任何疑虑。[7]最后，对于福音教徒的不满，唯一的解决方案就是全面抵制，这种方案在 1543 年得以实现，法院因而中止运转五年的时间。

306

同盟花费如此长的时间才达到这一点，这看上去也许令人费解。然而，这种对法院普遍的犹豫，某种程度上相当不合逻辑的态度，反映了同盟的重要特征。即使福音教徒相信帝国处在非正常状态并且帝国法律需要改革，但对帝国和帝国体制的忠诚是根本性的。同盟的成员身份不必取代王朝传统或者邦国利益。萨克森选侯一直是帝国内的忠诚主义者，即使得到神学的许可并且对抗非正义的君主，反叛者的角色仍然并不容易。相似的是，拒绝为对抗土耳其人提供援助可能会将萨克森置于危险之下，一旦匈牙利、波希米亚和奥地利世袭领地陷落的话。[8]

从根本上讲，同盟成员的诉求只是长期维持 1526 年的状况。施马尔卡尔登同盟只是一个福音教徒的联盟，然而从来没有朝着制定共同的福音教会规范的方向发展。值得注意的是，两个邦国做了这样的事情——帝国城市纽伦堡和勃兰登堡-安斯巴赫边疆伯爵在 1533 年颁布了共同的教会条例——然而这二者从未成为同盟的成员。[9]作为整体的同盟严格按照 1526 年的规则行事，例如在 1542 年拒绝接纳梅斯的福音教徒，因为城市的市政官员是天主教徒。严格来说，施马尔卡尔登同盟是一个福音教等级的同盟，是诸侯、领主和市政官员的联盟，而非福音教基督徒的共同体。[10]

　　同盟对帝国最高法院的软弱态度，也反映了贯穿同盟内部的深深的裂痕。在每个阶段，诸侯都要确保他们是主导成员。尽管黑森的菲利普将城市的市政官员视为盟友，特别是受如茨温利的军事布道士控制的城市，但是萨克森选侯坦率地批判它们。帝国城市也有理由担心它们只是被强迫为了诸侯的"德意志自由"支付费用而没有回报。像帝国内其他较低级别的等级一样，帝国城市也需要帝国最高法院保护自身免受邻近邦国侵略性的扩张主义的侵犯。在16世纪20年代末期施瓦本同盟逐渐衰落之后，西南部的德意志城市痛苦地失去了施瓦本同盟曾经提供的安全保障。符腾堡的乌尔里希公爵在1538年之后发动的针对埃斯林根的战争，最明显地凸显了这一点。双方都是施马尔卡尔登同盟的成员，而埃斯林根的生存斗争包括在帝国最高法院发起针对专横的公爵的诉讼。[11]"保护基督徒的信仰与和平"显然存在局限性，并且帝国最高法院有这方面的作用。

　　尽管施马尔卡尔登同盟存在各种局限性，但同盟的存在为福音教在帝国内15年的持续发展提供了框架。同盟从来没有希望取代帝国。然而它扮演了如此重要的角色，以至于查理五世逐渐相信他能够确保在德意志的统治的唯一方式，就是摧毁同盟。

　　从一开始，施马尔卡尔登同盟就属于广泛的反哈布斯堡的群体。它们的共同参与者是黑森的菲利普。他的中德意志领地使他成了一个自然的焦点。他的王朝利益和战略利益朝各个方向延伸，既向北也向南，到达且越过莱茵河，还到达了易北河和东部地区。各

307

种反哈布斯堡联盟也跨过了教派立场。反对斐迪南当选的天主教和福音教徒所结成的萨尔费尔德同盟，在一段时间内与施马尔卡尔登同盟并存。[12]在同一年，法国也试图动员萨克森、巴伐利亚和黑森的宫廷，许诺支持捍卫"德意志的自由"（libertés germaniques）。[13]在1532 年 5 月的《沙伊恩条约》（Treaty of Scheyern）中，法国、巴伐利亚、黑森和萨克森同意推动恢复符腾堡公爵乌尔里希，从而终结哈布斯堡在西南部地区这一核心邦国的统治。

由于担心黑森和巴伐利亚之间的密谋，并且反对施瓦本同盟和哈布斯堡权威的增长，美因茨、特里尔和普法尔茨的天主教选侯在1532 年 11 月与黑森一起加入了莱茵同盟。[14]这本质上是一个被动的联盟，结合了各种政治和教派利益。然而对于查理五世自 16 世纪30 年代中期以来重建他在帝国内的权力基础的努力而言，这个同盟被证明足够团结以至于成为阻碍。这个同盟以各种形式最终存在到1552 年，由于成员在区域安全方面的共同利益而保持运转（维尔茨堡在 1533 年加入）。菲利普与明斯特大主教在 1533 年结成的另一个防御同盟，将地区安全的考虑因素和相似的反哈布斯堡的转向结合在一起，因为菲利普相信皇帝坚定地打算将格尔德恩和明斯特增添到他最近夺取的乌得勒支。[15]邦国伯爵菲利普编织了相当复杂的网络。他试图为所有可能出现的情况做准备并保卫每一个前线。没有帝国等级会因为过于不起眼就不被视为潜在的盟友，哈布斯堡的野心的任何潜在反对者都是值得联合的伙伴。

同盟和联盟是一种方式；对哈布斯堡的直接行动，更不必说战争，则完全是另一种方式。例如，萨克森只是将萨尔费尔德同盟单纯视为对抗皇帝和国王的德意志自由的表现。《沙伊恩条约》的全部要点是为战争做好准备。然而萨克森选侯约翰和他的继承者——1532 年 8 月即位的约翰·弗里德里希的立场发生了动摇，更倾向于寻求与斐迪南就承认他的当选的问题进行长期协商，以换取政治和宗教让步。萨克森的犹豫不决也影响了施马尔卡尔登同盟，其成员中只有斯特拉斯堡支持更为激进的立场。[16]

因此，主动性越来越多地转向黑森和巴伐利亚。他们最为直接的攻击目标是哈布斯堡主导的施瓦本同盟以及哈布斯堡在符腾堡的统治。即使如此，他们的联合行动仍然基于一个误解。巴伐利亚人支持克里斯托夫公爵恢复统治，他是被驱逐的乌尔里希公爵的儿子。和他的父亲不同，他仍然是天主教徒，在查理五世的宫廷囚禁中长大，他在 1530 年逃离查理五世的宫廷并投奔了他的舅舅——巴伐利亚公爵威廉四世和路德维希十世。对于巴伐利亚人来说，推动他的事业意味着对哈布斯堡的沉重打击，通过扫除在他们自己领地西部的哈布斯堡的"钳子"以提高自身的区域影响力，与此同时并没有在他们的宗教原则上让步。黑森的菲利普旨在恢复信仰福音教的乌尔里希公爵，从而在整体上加强福音教的事业。然而在最初，为了与巴伐利亚结盟，他假装支持克里斯托夫公爵。

他们首先对施瓦本同盟采取行动，施瓦本同盟的大部分成员在 1533 年同意符腾堡应当归还给克里斯托夫公爵。当斐迪南拒绝接受他们的决定时，施瓦本同盟瓦解了。1532 年的莱茵同盟的成员决定不再维持他们的成员身份。福音教的成员犹豫不决，因为他们担心同盟的军事力量将很快被用来针对他们。在这种情况下，狡猾的巴伐利亚首相莱昂哈德·冯·埃克得以轻易地破坏同盟剩余的成员关于重建同盟的协商。施瓦本同盟最终在 1534 年 2 月解散，但是这个结局在数月之前就已经清楚了。同样明确的一点在于，如果没有施瓦本同盟，符腾堡就处于不设防状态。1534 年 1 月，黑森的菲利普与法国国王在巴尔勒迪克（Bar-le-Duc）会面，并且获得了用于军事行动的大量经济援助。到 4 月，他已经拥有一支 20000 名步兵和 4000 名骑兵的军队，军队在接下来的一个月入侵并占领了公国。斐迪南一方只有 9000 名步兵和 400 名骑兵，他不得不在劳芬（Lauffen）的一场小规模冲突后承认战败。

当巴伐利亚人听说巴尔勒迪克的会面后，他们认识到自己被欺骗了：他们不想恢复一个福音教公爵。与之相反，此时他们担心自己会成为哈布斯堡的报复的受害者。[17]在恐惧之下，他们将自己与整个事情划清界限。甚至在劳芬战役之前，他们已经与普法尔茨选侯和他的兄弟、普法尔茨-诺伊堡伯爵、班贝格主教以及勃兰登堡边疆伯爵协商组建艾希施泰特同盟（Eichstätt League），以对抗奥地利最终的侵略。与此同时，他们也仓促地与查理五世秘密谈判，商讨查理能够提供何种条件来换取对斐迪南选举结果的承认，这个谈判在他们与黑森谋划针对皇帝的时候就已经在秘密进行了。[18]

关于对哈布斯堡的反击或者黑森进一步入侵的所有谈判——法国国王曾经设想一直持续到波希米亚的军事行动——在 1534 年 6 月被终结了，此时在美因茨选侯和萨克森选侯的调解下达成了《卡登和约》（Peace of Kaaden）。[19]斐迪南承认乌尔里希公爵恢复在符腾堡的统治以及他在这里引入新宗教的权力。在帝国整体层面，《纽

伦堡宗教和约》得到再次确认，而再洗礼派和其他所有派别都被明　309
确排除在外；在帝国最高法院针对（路德宗）福音教徒的所有案件
全部中止。符腾堡以奥地利的陪臣封地（arrière-fief）而非帝国采
邑的性质被授予乌尔里希，这一事实使符腾堡的丧失略有减轻。[20]乌
尔里希公爵也同意承认斐迪南为合法的罗马人的国王。

最重要的是，作为和约的结果，在三年半的反对之后，此时萨
克森选侯正式承认了斐迪南的当选。巴伐利亚人也同意了协定，但
同时利用这一机会在 1534 年 9 月 11 日的《林茨和约》（Peace of
Linz）中达成了巴伐利亚六岁的继承人与斐迪南的一个女儿之间的
婚约许诺，这意味着在特定情况下未来在奥地利继承的可能性。黑
森的菲利普默许了萨克森选侯的决定，施马尔卡尔登同盟的成员和
另一些人此时也追随萨克森。

当《林茨和约》正在被商讨时，查理五世写信给斐迪南，表示
与巴伐利亚达成关于王朝同盟和宗教政策的协定也许会为"德意志
的和平"铺平道路。[21]和约并没能实现这一点。然而，《林茨和约》
和《卡登和约》一起，带来了德意志政治的重要重组。符腾堡的丧
失并没有斐迪南所担心的那样严重；对他而言，匈牙利具有更高的
优先级。他也需要保证他的王位在帝国内得到承认，因为这会使他
能够重建在帝国内的地位，并且获得德意志等级的支持以对抗佐
波尧。

然而符腾堡的丧失以及尤其是施瓦本同盟的灭亡，既消除了查
理和斐迪南在此之前德意志政策的共同基础，也加强了施马尔卡尔
登同盟。因此，忠于天主教的新态度变得至关重要。构建新的忠诚

主义者同盟的最初措施来自斐迪南，他于 1535 年 1 月在多瑙沃特（Donauwörth）召集了南部和中德意志帝国等级的会议。[22]作为结果的九年同盟或者帝国同盟原本是用来替代施瓦本同盟的，但它只是施瓦本同盟苍白的影子。这一同盟主要由艾希施泰特同盟的成员组成，外加哈布斯堡的两兄弟以及萨尔茨堡和奥格斯堡主教。

最初，九年同盟是诸侯的同盟：在勃兰登堡和普法尔茨诸侯的坚持之下，哈布斯堡在南德意志传统的委托人——大量帝国城市、高级教士、帝国伯爵和帝国骑士被排除在外。斐迪南和巴伐利亚都希望至少将城市包括在内，因为城市能够为同盟提供帮助，特别是提供资金，然而他们打算确保帝国城市在投票中并不享有与诸侯同样的比重。然而大多数主张维持同盟排他性的人占据了上风。他们310提出的主要反对原因是城市的宗教情况，但反对他们成为同盟成员的真正原因是一旦作为同盟成员，城市将不再能够成为诸侯领地扩张主义的目标。

很多城市事实上在接下来大约一年里被接纳进来，包括一些以和勃兰登堡-安斯巴赫同样的条款被接纳进来的福音教城市。[23]然而城市仍然是同盟的第二级成员，而其他更低的等级从未被接纳。因此，新的同盟从任何意义上都无法取代施瓦本同盟。它甚至没能巩固奥地利和巴伐利亚之间的联盟，而这是莱昂哈德·冯·埃克的一个主要的野心。当斐迪南明显不打算采取巴伐利亚所支持的针对福音教徒的强硬立场时，巴伐利亚人就转向了在 1534 年之前他们所持有的对奥地利的敌意和怀疑。这种态度一直到 1546 年才真正改变。而九年同盟也只是在名义上维持了九年。

与此同时，在帝国另一些部分的问题以及土耳其人在匈牙利的持续威胁，使尝试并实现天主教和福音教等级更为广泛的合作变得至关重要。因为召开帝国议会只会恢复宗教争端，可能会导致潜在的致命分裂，所以人们决定在大区会议的层面上讨论。[24]1534 年 12月，40 个等级的代表在科布伦茨召开会议，1535 年在沃尔姆斯也召开了类似的会议。在参加科布伦茨会议的 40 名代表中，有 38 名是天主教徒，但下一年 4 月的会议有 145 名代表出席，他们代表了帝国所有部分以及两种教派。这些并不是正式的帝国议会的会议。然而，它们确实起到了在 1535 年组织针对再洗礼派的成功的跨教派打击的目的。[25]当面对社会革命的幽灵时，天主教和（路德宗）福音教的诸侯和行政官员之间的分歧根本不值一提。这些会议以及接下来在 1537 年的会议，都批准了对抗土耳其人的军事援助，然而到 1539 年为止，新的宗教冲突导致这种协定不可能实现。

想要清楚地区分查理五世和斐迪南之间的政策是很困难的。斐迪南一直都在试图维持与所有德意志等级的联系，并且通过非正式会议寻求实现关键的维持和平和保卫帝国的目标。从皇帝的角度而言，他似乎采取了一种相当不同且绝非一成不变的路线。然而他们有很多共同的设想、共同的利益，并且在 16 世纪 30 年代期间还拥有共同的顾问——枢机主教贝尔纳多·克莱西奥，他是斐迪南的大首相以及特伦托主教（1539 年去世）。教会改革，特别是通过大公会议的召开，在皇帝的计划中也依然非常重要，而且他和斐迪南一样都希望在德意志达成宗教协定。到 30 年代末期为止，对于兄弟二人而言，想要达成这样的协定，只能以更进一步的宗教妥协作为代价，这一点也是很清楚的。

然而，1532~1541 年查理一直不在帝国内。他与奥斯曼人在地中海的冲突以及与法国人的冲突，优先于德意志事务以及土耳其人在匈牙利的威胁，而且他从远方发起的在德意志境内的措施有着不同的命运。

查理五世的第一步行动是一场灾难。[26] 施马尔卡尔登同盟的成员与法国、英格兰和丹麦的协商，以及帝国内同盟成员的增加，造成了国际联合可能会削弱皇帝的权威的担忧。1536 年 10 月，查理五世委任帝国副首相（Reichsvizekanzler）马蒂亚斯·黑尔德（Matthias Held）在帝国内寻求对"帝国同盟"的支持。黑尔德的指令很谨慎而且相当模糊。然而，1537 年福音教徒拒绝参加曼托瓦会议的邀请，这个会议是由教皇保罗三世召集的，他试图通过回应福音教徒对大公会议的诉求来解决宗教分歧。在此之后，黑尔德开始了一项激进且不妥协的任务，即建立侵略性的反福音教同盟。[27] 这一同盟在 1538 年 6 月建立，除了查理和斐迪南之外，成员还包括美因茨、萨尔茨堡、巴伐利亚、萨克森公国、卡伦贝格和不伦瑞克的统治者。同盟正式宣称的目标是防御性的，但黑尔德带有侵略性意图的语言很快就传播开来。

尽管原计划是十年时间，但这个所谓的天主教同盟在几个月内就变成了一纸空文。斐迪南和他的顾问对同盟感到惊恐，因为黑尔德威胁废除到目前为止与福音教徒达成的每一个协定。查理五世本人对黑尔德的活动也感到十分矛盾，以至于他直到 1539 年 3 月 20 日才批准了这一同盟，部分是为了破除他根本不支持同盟的谣言，这个谣言由他在尼德兰的总督匈牙利王后玛丽在德意志传播。[28]福音教徒对他们认为的战争威胁反应迅速。在天主教同盟成立仅仅七天后，皇帝与法国在尼斯达成的十年停战协定的结果只是加剧了他们的恐惧。1538 年 10 月 9 日，帝国最高法院对明登市发布禁令，这进一步震惊了黑森的菲利普，使他相信战争即将到来。[29]

在天主教一方，整体不确定性的气氛再一次激发了巴伐利亚外交上表里不一的全部技能。[30]他们派遣代表到维也纳和西班牙，敦促查理五世返回帝国并亲自主持帝国议会、解决宗教问题、对福音教徒展开积极行动，最后领导对抗土耳其人的十字军。与此同时，巴伐利亚在帝国内也展开秘密谈判以避免宗教战争的可能性，以及防止查理五世可能从西班牙返回并在德意志强加他的意志的结果。对于所有德意志诸侯而言，形势看上去已经充满危险，以至于巴伐利亚首相莱昂哈德·冯·埃克已经积极鼓励他的公爵君主与萨克森选侯展开对话。双方都担心天主教徒和福音教徒之间的战争可能只会以诸侯为代价而增强皇帝的权力：这对于巴伐利亚转向组建新的反哈布斯堡联盟的想法来说是很充分的理由。

与更激进的反天主教的黑森的菲利普建立关系是更难的。然而，埃克成功捏造了"证据"，表明天主教入侵的真正煽动者是不伦瑞克-沃尔芬比特尔公爵海因里希，他是黑森和萨克森选侯的领地竞争者，借此黑森的菲利普很快就被说服了。菲利普无论如何更愿意相信埃克的故事：皇帝意欲践踏所有德意志诸侯的"自由"，并且像对待奴仆一样统治他们。巴伐利亚和黑森之间的通信和对话一直持续到 1541 年春天；他们仍然在宗教问题上保持着分歧，但

是他们在反对推行帝国君主专制并捍卫德意志自由的要求上的观点
完全一致。

正如涉及此事的人们所了解的那样，使不伦瑞克-沃尔芬比特
尔成为替罪羊赋予了当下的危机以新的维度。在 1530 年 10 月 22
日写给公爵威廉四世的一封信中，埃克评论道，皇帝"将格尔德恩
牢牢地置于自己的想法中，比土耳其人、信仰以及德意志民族的利
益都更为重要"。[31]事实上，对于查理五世而言，在 1538 年 6 月之后
格尔德恩的查理公爵的继承问题，比天主教同盟的命运有着更为即
时的意义。格尔德恩的等级立即承认了于利希-克莱沃-贝格的威廉
的继承，他试图与法国结盟以巩固自己的地位。这对于查理五世而
言是非常令人厌恶的事情，他试图为自己宣称这一封地，因为他已
经凭借自己作为布拉班特公爵的能力，迫使已故的查理公爵承认了
他对于格尔德恩的领主权。一旦发生军事冲突，他自然会从其他北
方的德意志天主教诸侯寻求援助，其中就包括不伦瑞克-沃尔芬比
特尔公爵海因里希。

黑森的菲利普也许被认为会在威廉对于利希-克莱沃-贝格的继
承中受益，因为他是哈布斯堡野心的反对者，并且因至少对福音教
徒宽容而闻名。[32]然而，这位邦国伯爵的教派忠诚再一次让位于他的
邦国利益。于利希-克莱沃是西北部最重要的世俗邦国。威廉公爵
迎娶了法国国王的一个侄女；他的姐姐茜比拉（Sibylla）嫁给了萨
克森选侯，另一个姐姐安娜（Anne）嫁给了英格兰国王。如果于
利希-克莱沃转向福音教并且与萨克森选侯结成盟友，菲利普自己
在北方和下德意志的影响力将被削弱。同样地，于利希和萨克森之

间的王朝联系会超过过去的黑森-萨克森继承协议。如果查理五世
夺取了格尔德恩和于利希-克莱沃，菲利普几乎一定能够将他的控 313
制扩展到邻近的主教辖区——明斯特、奥斯纳布吕克、帕德博恩，
并且通过这些地区到达科隆和特里尔。

　　结果，针对个人的胁迫加强了菲利普和皇帝之间自私的利益共
同体。[33]尽管在 1523 年菲利普就已经与萨克森公爵格奥尔格的女儿
结婚，但是他迷恋上了一个 17 岁的萨克森贵妇人——萨勒的玛格
丽特（Margarethe von der Saale，1522~1566），他在 1540 年 3 月陷
入了重婚。由于长期不忠，菲利普早在 1525 年就不再领圣餐，并
且在 1526 年就曾经咨询路德关于重婚的问题。[34]路德对这一问题表
达了质疑，菲利普对《旧约》中长老的一夫多妻制的引用并没能说
服路德。然而由于此时菲利普深陷情网，他决定采取行动。当面临
否则菲利普会与皇帝结盟的理由时，马丁·布塞尔最终被说服同意
他的行动。他向路德和梅兰希通提出了假设的情形，这两人建议
道，在忏悔中可能实现秘密的救赎。

　　然而，在几周之内，这个消息就泄露了。路德此时立即与他秘
密提出的建议划清界限，并且与其他主要的神学家一起谴责菲利
普。即使是菲利普最亲密的福音教盟友也拒绝支持他。整个形势充
满了危险，因为在帝国法律（1532 年《卡罗利纳刑事法规》）下
重婚是死罪，没有人想要被认为保护一名罪犯。菲利普不得不求助
于皇帝的宽恕。1541 年 6 月他与皇帝在雷根斯堡签订了秘密条约，
皇帝承诺给予菲利普他的恩惠、友谊和对罪行的宽恕；皇帝也保证
不煽动任何人对黑森采取行动。菲利普则承诺不与法国国王或者其

他外国统治者结盟，并且阻止于利希-克莱沃公爵加入施马尔卡尔登同盟。

整个事件中最直接的受害者是不伦瑞克-沃尔芬比特尔公爵海因里希。由于他正在威胁福音教城市不伦瑞克和戈斯拉尔，黑森和萨克森都在计划在某个时间对他发起攻击。[35]然而他们受到施马尔卡尔登同盟的其他成员，特别是帝国城市的阻挠，这些成员不愿意卷入一场代价很高且危险的冲突中。此时皇帝对黑森的菲利普的安全保障实际上给了他自由行动的空间。到 1542 年 7 月，海因里希公爵流亡到兰茨胡特，而施马尔卡尔登同盟的军队占领了他的领地。

天主教同盟的形成以及西北部邦国的问题似乎预示着逐渐转向全面宗教战争的趋势。然而与此同时，皇帝的政策也追求不同的道路。在这一阶段，查理五世和斐迪南一样，似乎相信他不需要诉诸武力就能实现德意志的和平。在帝国内存在着有一定规模的中立派314 别，使这种想法成为合理的愿望。他们的领导者是普法尔茨和勃兰登堡的选侯，但也包含很多有影响力的诸侯——甚至是于利希公爵，尽管他在很多方面与哈布斯堡有冲突——以及一些帝国城市，例如纽伦堡、奥格斯堡和法兰克福。美因茨选侯以及大部分教会诸侯也是有影响力的中立势力，因为他们受威胁的地位使他们有强烈的动机寻求帝国内的政治妥协。[36]在某个时候，中立的阵营大体上包括了两个教派中除了强硬立场的等级以外的群体。事实上，当谈到涉及德意志等级特别是诸侯的问题时，即使是黑森和巴伐利亚也能找到共识。

最后，皇帝主要的顾问也属于寻求帝国内的妥协的力量，尽管他们寻求建立的共识当然是服从于皇帝的权威。查理五世的首相勃艮第人尼古拉斯·佩勒诺·德·格朗韦勒（Nicholas Perrenot de Granvelle）和他的副首相卢森堡人让·德·纳韦斯（Jean de Naves）都认同伊拉斯谟派的人文主义，并且和查理本人一样，他们都认同伊拉斯谟关于谈判解决冲突的倾向。此外，当他们优先考虑土耳其人在地中海的威胁时，他们意识到在此期间（1533～1542）皇帝的地位在德意志内部的相对弱势。他们同样非常关注 1538 年斐迪南在匈牙利面临新一轮来自土耳其人的压力时的弱势。

　　一系列因素的结合使他们听从了勃兰登堡选侯 1538 年初的建议：做出通过和平谈判解决宗教争端，并建立真正的和平以及恢复政治安全的努力。[37]皇帝最信任的外交代表——被放逐的隆德大主教约翰·冯·韦策（Johann von Weeze）立即被任命为帝国代表，并被赋予谈判临时协定的权力。[38]

　　这一措施最初的结果是 1539 年 4 月与施马尔卡尔登同盟达成的《法兰克福宗教和约》。为了促成对话，《奥格斯堡信纲》的所有福音教徒都得到了 15 个月的和平保证（再洗礼派和"宗派主义者"自然再一次被排除在外）。1532 年的《纽伦堡宗教和约》再一次得到确认，在帝国最高法院针对福音教徒的所有案件被中止。所有派别同意参加将于 1539 年 8 月在纽伦堡举行的关于宗教问题的谈判，而教皇或他的代表并没有得到邀请。福音教徒同意为对抗土耳其人的战争提供经济援助，然而这并没能实现。

　　来自天主教阵营（特别是巴伐利亚）的反对和来自罗马的反对将谈判推迟到了第二年夏天。[39]对话很紧张，而且双方的神学家都展

315

现了十足的诚意。他们并不缺少重要的支持者：1540 年斐迪南在哈格瑙主持会议，1540 年格朗韦勒在沃尔姆斯主持会议，1541 年查理五世本人在雷根斯堡主持会议。然而他们没能在关键的教义问题，特别是圣餐上达成一致。一些人主张此次对话的失败标志着在德意志宗教分裂的真正开始，但这种观点低估了过去 20 年发展的规模和深度。[40]在这些对话中，平和的梅兰希通面对着难以调和的维也纳主教约翰·法布里（Johann Fabri），并且持续关注路德的反对和质疑（路德本人并没有参与会议）。

对话的真正结果并不是宗教上的，而是政治上的。这些对话重启了帝国内的政治争论，使新的帝国议会变得至关重要，并且在1541 年将查理五世带回帝国来主持帝国议会。事实上，在中断了近十年以后，直到 1546 年，帝国议会每年都召开会议，在 1541 年4 月到 1545 年 8 月不少于一半的时间都处于会议状态。[41]尽管在 16世纪 30 年代期间查理和斐迪南积极避免召开帝国议会，但他们此时都有充足的理由召集德意志帝国等级。查理需要来自帝国的金钱和军队对抗法国在格尔德恩造成的威胁，斐迪南仍然面对着匈牙利的土耳其人。1542 年，在施派尔，等级投票同意为斐迪南提供军队；1544 年，还是在施派尔，他们投票支持查理对抗法国。作为回报，福音教徒获得了宗教和约的延长、帝国最高法院在 1543 年的中断，以及调整了名册制度的税制改革（特别是对单独等级的评定）。在 1542 年紧急状态下诸侯批准征税后，诸侯也在 1544 年实现了公共芬尼的最终废除，这是对包括诸侯在内的所有帝国臣民征收的直接财产税。

与此同时，查理和斐迪南再一次将注意力投向哈布斯堡传统的委托人。自 1534 年施瓦本同盟灭亡之后，传统上作为施瓦本同盟以及哈布斯堡在上德意志和中德意志核心区域影响力的支柱，较低等级已经被忽视了。此时查理和斐迪南通过解决帝国城市的主要不满，即诸侯对其参与帝国议会的权利的破坏，对 16 世纪 40 年代早期城市议会的恢复做出了回应。作为对城市同意征税的回报，城市的权利在 1544 年得到确认。帝国骑士在施瓦本同盟衰落之后同样处于易受攻击的状态，他们的处境也得到改善。1542 年，帝国议会决定他们也应当有义务为对抗土耳其人的战争做出贡献，尽管他们在帝国议会中并没有代表。[42]斐迪南看到了提升自己地位的机会，主动协调他们与皇帝的关系。这重建了他们与作为直接领主的皇帝之间传统的效忠关系。作为对他们直属地位的承认以及为他们提供对抗诸侯的帝国保护的许诺的回报，帝国骑士开始组建他们自己的合作组织，用来管理他们的税收贡献以及捍卫自身普遍的权利。

即便宗教对话失败了，但哈布斯堡于 16 世纪 40 年代早期在帝国内实现政治平衡的努力看上去取得了显著成功。当然，这些对话将帝国等级联合起来对抗法国人和土耳其人，这种联合也至少在查理 1543 年对格尔德恩和 1544 年对法国的胜利，以及 1545 年与土耳其人达成停战协定上起到了一定作用。随着皇帝实力加强以及帝国议会牢牢地回到政治舞台的中央，很多主要的中立派对于以某种方式在宗教问题上实现政治妥协的可能性感到乐观。最迟到 1546 年，勃兰登堡选侯仍然在帝国内推动着雄心勃勃的教会改革以及恢复和

316

平与和谐的计划，他表示如果有人"能够让维也纳主教和路德都待在家里"，在宗教问题上达成协定的可能性将是最大的。[43]即使是在大公会议解决更广泛和更基础的问题之前，中立派仍然相信帝国内的和平与稳定会得到恢复。

注释

1. Angermeier, *Reichsreform 1410-1555*, 277.

2. Brady, *Sturm*, 143.

3. Brady, *Sturm*, 142.

4. Brady, *Sturm*, 88-9, 150-61.

5. Fabian, *Entstehung*, 352. 也可见：Haug-Moritz, *Schmalkaldischer Bund*, 70-8, 95-8。

6. Brady, *Sturm*, 206-10.

7. Brady, *Sturm*, 172.

8. Schmidt, 'Schmalkaldischer Bund', 14.

9. Brady, *Sturm*, 170.

10. Brady, *Sturm*, 174.

11. Schmidt, *Städtetag*, 213-24.

12. 见本书页边码 302 页。

13. Lauchs, *Bayern*, 27.

14. Eymelt, *Einung*, 131-6.

15. Angermeier, *Reichsreform 1410-1555*, 287；Lauchs, Bayern, 29.

16. Brady, *Sturm*, 83-4.

17. Lauchs, *Bayern*, 29-30.

18. Kohler, *Antihabsburgische Politik*, 318-9.

19. Kohler, *Antihabsburgische Politik*, 350 - 73; Lauchs, *Bayern*, 30-3.

20. 符腾堡公爵不得不接受这一较低的地位（帝国次级采邑，Reichsafterlehen）直到 1599 年，此时他们才再次成为帝国采邑。作为奥地利的帝国次级采邑的所有者，他们在帝国议会没有席位或者投票权。可见：Press, 'Epochenjahr'。

21. Kohler, *Antihabsburgische Politik*, 372.

22. Lauchs, *Bayern*, 44-63; Endres, 'Kayserliche Bund'.

23. Lauchs, *Bayern*, 59.

24. Neuhaus, Repräsentationsformen, esp. 38-9, 46-60, 73-5, 144-85. Neuhaus 表明，1535 年的三次会议都是"没有法律承认的……帝国议会"，这可能只是反映了参会之人对在明斯特达成的解决方案的认真态度。

25. 见本书页边码 238、247~248 页。

26. Lauchs, *Bayern*, 104-35.

27. Mullett, *Catholic Reformation*, 36. 见本书页边码 293 页。

28. Lauchs, *Bayern*, 141-2.

29. Brady, *Sturm*, 200 - 7; Schindling and Ziegler, *Territorien*, vii, 116-17. 明登市在 1529~1530 年已经接受了新的教义，并且在 1536 年加入了施马尔卡尔登同盟。这些发展被居住在彼得斯哈根（Petershagen）的明登主教激烈反对，因为明登并非自由城市，而且法律上仍然是受他管辖的城市。

30. Lauchs, *Bayern*, 139-48.

31. Lauchs, *Bayern*, 137.

32. 以下内容可见：Schmidt, *Geschichte*, 83-4; Brady, *Sturm*, 254-7。

33. Buchholz, 'Landgraf' and Merkel, 'Bigamie'.

34. 他解释道，无论是在那时还是在 1539 年，他都是被自己的本性驱使才对妻子不忠，而且寻求第二次婚姻才是唯一真正的道德行为。

35. Rabe, *Geschichte*, 385.

36. 当美因茨的阿尔布雷希特被驱逐出他自己的马格德堡大主教辖区（他在 1541 年离开了他最喜欢的居所哈雷）以及雷根斯堡对话（1541）失败之后，他才加入立场强硬的天主教阵营。1545 年他去世之后，他的继任者塞巴斯蒂安·冯·霍伊森施塔姆（Sebastian von Heusenstamm）再次使美因茨成为重要的中立邦国。

37. Lauchs, *Bayern*, 136.

38. 韦策（1489～1548）最初来自格尔德恩领地的泽弗纳尔（Zevenaar），1522 年在丹麦国王克里斯蒂安二世的坚持之下被任命为隆德大主教，但是在第二年被迫和国王一起流亡。他拥有帝国演说家的职位，并且为皇帝承担了大量外交任务。1537 年，他成了上普法尔茨的瓦尔德萨森（Waldsassen）修道院（所谓的修道院领地）的管理者；1538 年，他当选为康斯坦茨主教。可见：Knott, 'Weeze'; Asche and Schindling, *Dänemark*, 257-60。

39. Lauchs, *Bayern*, 151-6; Brady, *Sturm*, 210-19, 223-5.

40. Ziegler, 'Religion'; Winkler, 'Religionsgespräch'.

41. 以下内容可见：Brady, *Sturm*, 225-37; Schmidt, *Städtetag*, 382-403。

42. Press, *Reichsritterschaft*, *passim*; Press, 'Bundespläne', 70.

43. Angermeier, *Reichsreform 1410 - 1555*, 290. 也可见：Delius, 'Religionspolitik'。

第二十五章

作为"德意志的主宰"的查理五世
（1541～1548）

关于皇帝何时决定发动针对德意志福音教徒的战争，这个问题
的答案并不明确。查理在 1541 年作为和平调解者回到帝国，但是
这一策略所基于的政治条件，即使在那时也正在发生变化。

福音教已经获得了重要基础。1539 年，萨克森公爵格奥尔格的
去世导致在此前激进的天主教堡垒引入了新的信仰。格奥尔格公爵
66 岁的弟弟海因里希公爵（1473～1541）迈出的犹豫的第一步遭遇
了很多当地人的反对。莫里茨公爵（1521～1553）在 1541 年 8 月
的继任开启了更为猛烈的方式，这也使 16 世纪最引人关注的德意
志诸侯之一开始掌权。[1]

尽管莫里茨公爵在 32 岁就去世了，但是他的 12 年统治时期解
决了他的王朝和帝国的关键问题。到 1547 年为止，他与查理五世
的合作，首先是对抗土耳其人，接下来对抗法国人，最后是对抗施
马尔卡尔登同盟，这些使他从恩斯特系的萨克森亲戚那里赢得了选
侯的头衔。他被福音教徒同伴抨击为"迈森的犹大"，接下来他又
与皇帝划清界限，并且作为福音教徒的领导者发起了 1552 年对抗

皇帝的"诸侯起义"。尽管他在下一年的一场战役中阵亡，但是在那之前他已经迫使查理五世接受了在帝国内宗教和解的想法。莫里茨对 16 世纪 20 年代以后帝国和邦国政治权力发展的新动力的理解，也许比他这一代的所有诸侯都要多，当然也比其他所有人更早。

起初，莫里茨的继承似乎掀起了新一波激进的福音教活动的浪潮。随着他挑起了过去在恩斯特系和阿尔布雷希特系的萨克森王朝之间关于瑙姆堡和迈森主教辖区的控制权的竞争，他立即加强了对这两个地区的威胁。此外，莫里茨在 1542 年之后有效地推动了梅泽堡的世俗化，并且使他的弟弟在上一任主教于 1544 年去世后被选为主教辖区的"世俗长官"。[2] 尽管格尔德恩与于利希-克莱沃的冲突以查理五世在 1543 年 9 月的《芬洛和约》中夺取格尔德恩告终，但是这并没能阻止于利希-克莱沃自身的宗教改革。1542 年的不伦瑞克战争摧毁了另一个天主教堡垒。赫尔曼·冯·维德在 1542 年之后将科隆选侯国转变为福音教邦国的努力，加剧了整个帝国的紧张局势，直到他在 1547 年辞职。[3] 如果他取得成功，他会占据他的其他主教辖区，从而使明斯特、奥斯纳布吕克、明登和帕德博恩转变信仰。此外，勃兰登堡在 1540 年已经接受福音教信仰，在 1544 年之后据说普法尔茨也走上同样的道路；甚至新的美因茨选侯似乎也倾向于支持福音教徒。在这段时间，看上去在选侯中天主教占据多数会转变为福音派占据多数。

然而，这些发展并没有直接使施马尔卡尔登同盟受益。这一阶段所有转变信仰的诸侯并非都加入了同盟。莫里茨公爵对他的远房亲戚萨克森选侯的仇恨使他成为皇帝的盟友。勃兰登堡选侯约阿希姆仍然是中立阵营的重要成员。[4]施马尔卡尔登同盟自身被显著削弱。由于黑森的菲利普的重婚，以及黑森和萨克森选侯国对不伦瑞克-沃尔芬比特尔的粗暴攻击，同盟的道德权威被严重损害，这场进攻也使同盟陷入巨大的开支困境。当海因里希公爵在1545年尝试从黑森和萨克森的占领下夺回对领地的控制时，施马尔卡尔登同盟招致了更多军事支出。[5]同盟的军队轻易击败并且俘获海因里希公爵，但这一结果只是使福音教侵略者陷入进一步的问题。[6]施马尔卡尔登同盟逐渐的弱势削弱了帝国内哈布斯堡权威最重要的障碍。

讽刺的是，教皇在1545年再一次呼吁大公会议，这立即破坏了在帝国内达成政治妥协的任何进一步进展。关于是否承认大公会议的争论致使沃尔姆斯帝国议会中断。福音教徒拒绝承认大公会议的权威，并且坚持此前对他们做出的、1544年在施派尔最后一次重新确认的所有让步的持续有效性。由于他们在这个问题上没有得到任何保证，他们拒绝在其他所有问题上合作。然而，在这次会议的最后，查理五世关于举行另一场宗教对话的许诺，只不过是在他真正的意图上欺骗福音教徒的自私尝试。皇帝和教皇之间的紧张关系在关于大公会议管理的问题上逐步加剧，出现在特伦托的教皇阵营决心确保大公会议不会被刚刚获得军事胜利的皇帝主导。这使保持帝国内所有选项的开放是合理的。然而，双方也都非常清楚过去的所有对话已经失败。

到此时为止，战争计划已经明确就位。在1543年之后，皇帝在尼德兰和格尔德恩对抗法国和土耳其人的胜利，不可避免地鼓励了在帝国内采取更集权的措施的想法。新的独断情绪占据上风。1545年7月，教皇的使者报告称，格朗韦勒已经承诺查理五世，他将使查理五世成为"德意志的主宰"。[7]

319　　当帝国议会接下来在雷根斯堡召开时，秘密条约只待教皇以及巴伐利亚公爵和阿尔布雷希特系的萨克森公爵签字。他们都承诺为皇帝提供金钱和人力。教皇的回报是基督教世界的重新统一；两名公爵得到了模糊的承诺：他们将被提升为选侯并取代普法尔茨和恩斯特系萨克森选侯的地位。巴伐利亚的威廉公爵也获得了他的儿子和斐迪南的一个女儿之间的婚约，从而得到了在奥地利的有限的潜在继承权。

　　莫里茨公爵另外索取了管辖马格德堡和哈尔伯施塔特教区的许可，这实际上与查理五世致力于维护的所有原则相矛盾。他还要求豁免于特伦托大公会议关于因信称义、教士婚姻以及饼酒同领的圣餐礼等问题的最终法令。莫里茨公爵的参与是特别重要的，因为这会帮助避免造成一种宗教战争的印象。这也会帮助说服另外一些人，例如勃兰登堡-屈斯特林边疆伯爵和勃兰登堡-库尔姆巴赫边疆伯爵，以及不伦瑞克-卡伦贝格公爵埃里希加入帝国的事业。

　　在1546年7月雷根斯堡帝国议会结束的一个月前，皇帝告知福音教等级，他不得不对"不服从的诸侯"采取行动。接下来，在帝国议会最后一场会议四天前，他发布了对黑森的菲利普和萨克森的约翰·弗里德里希的禁令，原因是他们在不伦瑞克战争中破坏帝国和平。[8]针对这二人的个人禁令的宣布，是为了使人们的注意力从这可能是一场宗教战争的任何想法中转移出来。即使教皇并没有宣称这场战争是一次十字军运动，也没有为协助消灭异端的任何人提供赦免，但是在德意志几乎没有人产生任何错觉。这种修辞对于双方来说都是很清楚的。如果查理五世宣称他是为了恢复合法的基督教君主制权威而战，他的反对者就会利用人文主义者的民族主义修辞，来动员德意志民族捍卫德意志的自由，反抗外来的"西班牙"君主制。[9]

施马尔卡尔登同盟的南德意志成员立刻动员起来，他们的57000人成了潜在的严重威胁。皇帝不得不依赖来自西班牙、意大利和尼德兰的军队，这些军队需要一段时间才能抵达。美因茨、科隆、特里尔和勃兰登堡的选侯保持中立。然而同盟在协调力量和批准投入军队方面很缓慢，军队的指挥官满足于无休止的战斗演习。因此他们很快失去了主动权，并且到11月为止，黑森的菲利普和萨克森选侯退往北方保卫他们自己的邦国，查理成了上德意志的掌控者。除康斯坦茨以外的所有帝国城市立即请求和平，并且一个接一个同意支付给皇帝大量补偿。即使是年迈的符腾堡公爵乌尔里希也同意支付300000古尔登，并且同意在皇帝面前跪下道歉，他的官员替患痛风的他这么做了。

北方的战争更为艰难。斐迪南的进展被波希米亚的一场叛乱阻碍，波希米亚的等级抓住机会宣称他们与邻国萨克森的团结，并拒绝为西班牙"鸡奸者"提供援助。[10]然而，到11月为止，当莫里茨公爵正式得到萨克森选侯国的许诺后，萨克森和波希米亚的联军就侵入了萨克森选侯国。当皇帝的军队在第二年3月从乌尔姆向北进军时，艰难的冬季战争得到了新的动力。1547年4月24日，萨克

320

森选侯的军队在米尔贝格（Mühlberg）被击败，他本人也被俘。一个月后，徒劳地围攻不来梅之后，帝国军队在威悉河的德拉肯堡（Drakenburg）经受了严重的损失。此后，北部地区反叛的城市和邦国被暂时置之不理。只有成为激进的福音教难民中心的马格德堡正式受到了禁令。此时的皇帝更感兴趣于通过前所未有地展现他的军事实力来获得政治资本。

首先，皇帝对主要的反叛者展开了报复。萨克森选侯被判处死刑，但他仍然拒绝在宗教问题上承认皇帝的权威。结果是，他的选侯头衔和大部分领地在 6 月被永久地转移给莫里茨公爵和阿尔布雷希特系。他本人仍然被俘，尽管死刑判决在法律上是非常可疑的。黑森的菲利普在 6 月 19 日投降，他寄希望于勃兰登堡选侯和莫里茨公爵主动为他说情。然而事实证明，查理五世非常冷酷无情。菲利普在皇帝面前宣誓效忠，但是他也被囚禁。这两个人都被囚禁在尼德兰，在阿尔瓦公爵的监禁下长达五年。此外，他们的邦国内的贵族，以及其他所有追随施马尔卡尔登同盟诸侯的贵族，都被迫支付大笔款项以换取皇帝的宽恕，这是违反所有德意志惯例的。将对皇帝的忠诚置于对他们直属的邦国领主的忠诚之上的要求，在帝国内是全新的。[11]

在 1547~1548 年对那些反叛皇帝的人的惩罚和羞辱，再一次证明了他的十足胜利的重要性。他的军队几乎控制了整个帝国，当然超过了他的所有前任。此外，从个人层面，此时的他看上去在整个欧洲拥有最突出的声望。路德（1546 年 9 月 18 日）、亨利八世（1547 年 1 月 28 日）和弗朗索瓦一世（1547 年 3 月 31 日）的去世，使他所有的老对手都离开了舞台。他仅存的敌人苏莱曼大帝为了在波斯发动战争，在 1547 年与他达成了为期五年的停战协定。

在这种情况下，相信查理五世最终能够在帝国内执行"卡罗利纳和平"（Pax Carolina）是相当合理的：这是他自己的用来确立皇帝永久权威的政治、制度和宗教的解决方案。[12]然而，事实很快表明，死敌是他的胜利带来的唯一结果。

帝国议会于 1547 年 9 月 1 日在奥格斯堡召开。帝国议会面临的局势是毫无疑问的，这种形势使此次帝国议会得到了"披甲胄的帝国议会"的称号。这座城市被哈布斯堡的西班牙军队包围。等到会议开始的时候，会议面对的主要问题也不存在任何疑问。皇帝建立新的"帝国同盟"的计划在几个月之前就已经提交给帝国等级的委员会。同样众所周知的是，他打算恢复帝国最高法院并且在宗教问题上达成某种协定。

然而与此同时，两个主要的障碍也开始变得清晰。第一，德意志等级立即对一位强大的皇帝产生了深深的不信任。真正的君主制在德意志确立的可能性帮助诸侯克服了宗教、王朝以及邦国的分歧，并且增强了诸侯捍卫德意志自由的团结。即使是查理最近的盟友此时也开始反对他。巴伐利亚人无论如何都是失望的，因为他们没能获得他们本来已经得到许诺的、来自普法尔茨的选侯职位作为他们保持中立的奖赏，因此他们坚定地捍卫对抗皇帝的所有诸侯的权力。很多人由于查理五世对黑森的菲利普和萨克森的约翰·弗里德里希的严厉处置而被激怒。反对"残酷奴役"的起义谣言开始流传。事实很快表明，即使是在权力顶峰的皇帝，也无法轻易地支配德意志人。

第二，查理五世此时也面对着教会内部的敌意——既来自特伦托，也来自罗马——这显著削弱了他在德意志境内实现宗教和解的可能性。大公会议 1547 年 1 月颁布的关于称义的法令几乎没有留下与福音教谈判的空间。[13]随着皇帝逐渐取得军事胜利，教皇也变得怀有敌意，并且早在 1547 年 2 月他就从德意志撤出了自己的军队，拒绝提供更多资金。3 月，一个在特伦托反对皇帝的团体利用瘟疫暴发的借口，执意要求将大公会议迁往博洛尼亚，这从一开始就消除了德意志的福音教徒承认此次会议为真正的大公会议的所有可能性。9 月，由于查理的米兰总督费兰特·贡扎加（Ferrante Gonzaga）卷入了教皇的儿子——帕尔马和皮亚琴察公爵皮耶尔·路易吉·法尔内塞（Pier Luigi Farnese）被谋杀的案件中，皇帝与罗马的关系也遭到严重破坏。这次谋杀以及贡扎加随后对具有战略意义的皮亚琴察邦国的占领，导致保罗三世计划与法国的亨利二世结成进攻性同盟，以对抗皇帝在意大利的"暴政"。这一同盟没能实现，因为亨利二世担心皇帝和英格兰国王结成反对他们的同盟，他会面对潜在的灾难性的两线战争。然而，皇帝和教皇就大公会议的地点和日程的冲突仍然存在，并且导致会议在 1549 年 9 月中止。

322　　在奥格斯堡帝国议会上，皇帝最为关注的关于"帝国同盟"事项的提议，遭遇了无法调和的反对。[14]查理的目标是在更为广大的范围内复制施瓦本同盟，并且利用奥地利或者说"上世袭领地"和他自己在尼德兰的"下世袭领地"，从西北和东南对帝国施以钳制。新的同盟将在 12 年或 15 年或更长的时期内生效。所有等级都将被囊括在内，无论宗教信仰或者过去的行为如何。这种结构是为了与帝国并存而非取代帝国，在这种结构中，所有等级都是平等的，并且有同等的义务提供资金支持常备军，这支由皇帝控制的军队将用于维持公共和平以及保卫帝国。很显然，这是一个旨在使皇帝控制帝国的方案，但也旨在使帝国作为查理五世在欧洲整体的体系的一部分而运转。

与1546年11月斐迪南提出的将帝国转变为世袭的哈布斯堡君主国的方案相比，查理五世提出的计划已经温和了很多。[15]然而，到1548年1月，他的方案也已经成了一纸空文。取而代之的是，此时的查理五世追求更有限的旨在保卫哈布斯堡世袭领地的王朝目标。对于尼德兰，他要求在帝国内的特殊地位——以最小的贡献换取免受法国入侵的保护。即便一些人反对，他还是能够在1548年6月强行通过《勃艮第条约》（Treaty of Burgundy）。[16]勃艮第领地被承认为帝国内单独的大区，并且和奥地利大区一样豁免于帝国机构的权威。对于奥地利领地，查理五世筹集资金来强化匈牙利的前线（Baugeld）以及设立应对紧急情况的战争金库（Vorrat）。然而，不出所料，查理很少坚持这些能够更多地使斐迪南而非他自己受益的措施。除了无关紧要且完全不足的金钱，这两个措施都没能产生任何作用。

"帝国同盟"的宏伟计划因此降低为对哈布斯堡王朝利益的追求。另一些提议更为成功。[17]从皇帝的角度而言，最重要的就是帝国最高法院的重建。皇帝保留了任命所有法官的权力，而帝国等级则需要为其支付两年一次的常规税收（最高法院税），其数额基于用来评估摊派税费的名册。与此同时，对判例和程序规则的整理，特别是基于最纯粹的罗马法原则的详细的诉讼程序，为法院提供了工作指引，这使法院的运行更加透明。帝国法院因此被重新确立为帝国司法的工具，对于帝国法院可能再一次成为宗教迫害的工具的担心因几名福音教法官的任命而被消除。

323　　　几乎同样重要的是和平条例的修订和恢复。最初的 1495 年《永久和平条例》是为了防止私战。[18]1548 年的修订版本则聚焦于战争、反叛、抢劫以及对领地和头衔的篡夺。皇帝个人在维护公共和平方面的作用进一步得到提升。放逐的权力也扩大到皇帝的帝国宫廷参事院，它在这方面得到了与帝国最高法院平等的地位。此外，皇帝此时也获得了主动追捕或者赦免嫌疑人的权力，而不只是对申诉做出回应。传统上，那些犯了破坏和平罪的人将被驱逐出他们的封地；此时这种惩罚会扩展到他们的继承人，这使皇帝成为犯罪行为明显的潜在受益人。对违法者施以罚款的权力以及授予在帝国内的任何邦国不受限制的军事通行权，进一步提升了皇帝的地位。与此同时，新的法律执行条款谋求等级为皇帝服务，对那些拒绝在这方面无条件提供帮助或者合作的人设置了惩罚。

　　至关重要的是，宗教教义的问题被排除在公共和平问题之外，福音教诸侯和市政官员不会再因为他们的宗教信仰而被驱逐。教会财产和教会的管辖权仍然得到保护，但是法律此时承认了很多财产和权力已经易手的事实。法律实质上确认了 1526~1544 年对福音教统治者做出的让步的有效性，并且明确设想了在未来更多财产和权力将要易手的可能性。

信仰问题从教会财产问题中分离，是恢复帝国和平的一个先决条件。尽管这一对过去几十年里帝国政策的背离受到欢迎，但这伴随着完全解决宗教问题的更具野心的尝试。在等待特伦托大公会议的审议结果时，查理发布了《临时措施》的诏令，这是对福音教徒做出的重要让步。[19]这一宗教实践的准则允许教士婚姻以及饼酒同领的圣餐礼。然而，弥撒被重新引入，尽管献祭仪式被解释为纪念和感恩的行为，而非挽回祭（propitiation）的行为。更值得注意的是，《临时措施》对很多教义问题做出了重要的说明，包括因信称义、圣人崇拜以及《圣经》的权威。甚至涉及了一些细节，例如斋戒的实践，并且从实用主义的角度论证了斋戒的合理性：如果斋戒被废止，那么将不会有充足的肉以满足所有人的需求。

皇帝最初的目的是制订一套帝国内的天主教徒和福音教徒都能接受的准则。他将这一任务委托给一个神学家的委员会，然而他们没能达成一致。神学家只是对他提出的方案进行了编辑和轻微修改，他决定施加给德意志等级的方案只代表一个新的混合的帝国宗教。天主教徒的立即反对使《临时措施》只局限于福音教徒。此外，它的序言只是作为帝国法令在帝国议会上宣读，随后在没有进一步讨论的情况下，美因茨大主教适时地代表帝国等级接受了整个法规。

与通过单一的行动解决过去三十年所有教义问题的愿望一样鲁莽的，是《临时措施》的法令提出的关于皇帝权威的主张。它超越了精神权威和世俗权威的传统界限。文本中仍然承认教皇对所有主教和整个教会的神授权威，但是通过增添"教皇拥有的权力只能用于精神的提升而非毁灭"的内容，使这种权力相对化。[20]

天主教选侯和采邑主教甚至在《临时措施》发布之前就拒绝它，因此《临时措施》从来没能为所有德意志等级提供统一的纽带。作为一个只适用于福音教等级的法令，而且他们只得到18天的时间来确认他们的服从，这也是存在问题的。他们此时为何应当接受这种法令，即使它不可能实现将他们带回天主教的目标？最终，唯一的答案是，此时的皇帝将《临时措施》的引入视作对他的权威的关键测试，以及最后一种规训德意志福音教等级的方式。

注释

1. Rudersdorf, 'Moritz'.
2. 关于璐姆堡、迈森和梅泽堡，可见：Wolgast, *Hochstift*, 237-53。
3. 另见本书页边码 282~283 页。
4. Angermeier, *Reichsreform 1410-1555*, 288.
5. 见本书页边码 313 页。
6. 海因里希公爵在黑森的囚禁中度过了接下来两年，而且在查理五世战胜施马尔卡尔登同盟之后才被释放。
7. Brady, *Sturm*, 226. 以下内容，可见：Schmidt, 'Kampf um Kursachsen' 以及 Tracy, *Charles V*, 204-28；关于旧文献中这场冲突的出色的简短研究，可见：*TRE*, xxx, 228-31。
8. 见本书页边码 313 页。
9. Schmidt, *Geschichte*, 87-9, 92-7；Hirschi, *Wettkampf*, 463-80.
10. Fichtner, *Ferdinand I*, 156.
11. Schmidt, *Geschichte*, 89.

12. Rabe, *Geschichte*, 407.

13. Mullett, *Catholic Reformation*, 42-7.

14. Press, 'Bundespläne', 77-80; Angermeier, *Reichsreform 1410-1555*, 296-7.

15. Rabe, *Reichsbund*, 122-3.

16. Press, 'Niederlande', 327-8; Mout, 'Niederlande', 147-55.

17. Angermeier, *Reichsreform 1410-1555*, 301-6.

18. 见本书页边码 35~36、77 页。

19. Rabe, 'Interimspolitik'; Angermeier, *Reichsreform 1410 - 1555*, 306-10.

20. Rabe, *Geschichte*, 420.

第二十六章

帝国的胜利（1548～1556）

　　对执行《临时措施》的抗争表明查理五世在帝国内的权威是有限的。普法尔茨选侯和勃兰登堡选侯以及于利希公爵事实上接受了法令，很大程度上是因为法令总体上并没有与在这些"中立"的邦国盛行的相对过渡中的安排产生冲突。与之相反，萨克森选侯宣称他不能在没有首先询问他的等级的情况下就接受《临时措施》，这导致了一个修订版本的发布，即所谓的"莱比锡临时措施"（Leipzig Interim）。另一些人平静地接受了《临时措施》，但是接下来试图掩盖这一法令的重要性。例如，韦特劳的帝国伯爵告诉他们的臣民，这一法令只是意味着皇帝希望他们每年纪念一些斋戒日，并且在星期五和星期六戒除肉类。[1]

　　然而，还有一些人激烈地反抗。只有皇帝军队的到来才迫使符腾堡公爵乌尔里希遵守法令。上德意志帝国城市的布道士和市政官员如此不情愿接受新的帝国宗教法令，以至于皇帝不得不对他们进行武力威胁。即使如此，在整个西南德意志地区，很多布道士仍然选择流亡而不是接受《临时措施》。[2]马丁·布塞尔在剑桥寻求避难，他于1551年在这里去世，他也是《临时措施》数以百计的避难者之一。另外，皇帝此时也着手消灭帝国城市体制内的行会元素，因为他和他的顾问认为行会对于过去几十年的宗教革新和不稳定负有责任。[3]从1548年奥格斯堡和乌尔姆开始，所有上德意志城市都被强加了新的体制，这种体制将政治权力置于相对较小的权贵手中。到1552年为止，帝国的专员已经处理了每一个南部的帝国城市。尽管《临时措施》最终没能持续下来，但是在这些城市中，新的制度安排一直保持了下来，直到帝国在1806年解散。

在那些帝国权威从传统上被接受的帝国核心地区，武力至少在一段时间内是有效的。然而，在一些例如马格德堡和不来梅的地方，皇帝的法令几乎不起作用，这些地方也超出了皇帝军队的控制范围。在远离传统的帝国范围的地方，例如勃兰登堡－屈斯特林边疆伯爵约翰这样的诸侯，只是在施马尔卡尔登战争期间效忠于皇帝，而此时已经开始对《临时措施》显露出的赤裸裸的暴政怀有强烈的不满。1550年7月帝国议会在奥格斯堡再次召开，并且会议持续到1551年2月，到召开时为止，反叛的呼声正在开始形成。

诚然，尽管有相当多的讨论，《临时措施》的法令还是在继续推行。萨克森选侯莫里茨已经得到委任，并且得到了分派的资金以用武力打破马格德堡的抵抗。与不来梅的谈判也提上了日程。福音教等级甚至同意参加特伦托大公会议。尽管如此，这些讨论明显体现出《临时措施》是一个失败；而且当福音教代表在1551年5月重新召开的大公会议上真正出席时，他们不被允许陈述自己的观点，除非先将内容递交给大公会议官方，因此他们的任务也没有产生效果。

与此同时，查理五世在帝国议会期间控制帝国继承的努力，造成了进一步的不满。[4] 自 1522 年的《布鲁塞尔条约》以来，哈布斯堡的遗产有可能被分割，这个条约规定了斐迪南对奥地利领地世袭的权力。同样清楚的一点是，查理 1527 年出生的儿子腓力将会继承西班牙。但腓力是否会优先于斐迪南或者他的孩子，这个问题仍然是开放性的。1531 年斐迪南在帝国内当选为查理的继承人，看上去强调了哈布斯堡的遗产正在被划分为两个独立的部分。斐迪南在 1546 年提议选侯应当被说服同意只选举哈布斯堡家族的继承人，这看上去反映了他自己对于继承人的关心。从理论上讲，选侯有权自由选举，但是一旦斐迪南成为皇帝，他将处于更有利的位置以推动他自己的儿子马克西米利安优先于腓力。然而，在接下来的一年，关于查理五世倾向于放弃斐迪南转而支持腓力成为下一任皇位继承人的流言传播开来。

到 1550 年夏天为止，当查理和斐迪南在奥格斯堡会面来解决这一问题时，两兄弟之间的关系已经相当紧张。这种紧张关系在帝国内也是人所共知的。查理试图通过宣布腓力是他在尼德兰以及西班牙的继承人（也包括那不勒斯和西西里以及米兰公国，其中米兰公国是在 1540 年以帝国采邑的地位授予腓力的），从而推动腓力的事业。1549 年和 1550 年，腓力在帝国内广泛地旅居，努力与德意志诸侯推动他的事业。然而他令人尴尬且孤僻的性格以及缺乏德语技能，注定了这个事业的失败，尽管有一次他为了证明自己与德意志的诸侯一样而喝醉到无法控制。总之，此次旅程只是增强了德意志人反对西班牙的偏见。[5]

　　尽管如此，查理仍然坚持旨在确保哈布斯堡的两片领地不能分割的计划。西班牙的腓力将要在帝国内继承斐迪南。斐迪南的坚决反对排除了腓力应当立即当选为罗马人的国王的方案，这会导致帝327国内有一名皇帝和两名德意志国王。斐迪南同意达成关于他的儿子马克西米利安最终在帝国内继承腓力的协定，为此他付出了将意大利的控制权交给腓力作为帝国代理人的代价。王朝内部的婚姻强化了全部安排，这两名继承人都与堂亲结婚或者订立了婚约。[6]

　　在查理看来，腓力在帝国内最终继承的前景，能够确保哈布斯堡遗产的未来。西班牙的大量资源也能够证明授予腓力意大利、勃艮第领地以及尼德兰的合理性，因为这些区域最容易受到法国的侵略，因此也最可能需要防卫。对于斐迪南而言，前景并不是十分理想，尽管他除了接受以外别无选择，并且他至少（第一次）得到了为对抗土耳其人提供帮助的书面承诺。不过，他的儿子和继承人马克西米利安十分不满。斐迪南在 1543 年的遗嘱中，已经指定马克西米利安为波希米亚和匈牙利的继承人，但是在那时他也计划奥地利的领地由他的三个儿子进行联合统治。[7]和他的堂兄腓力相比，马克西米利安似乎注定要处在欧洲边缘相对贫穷的地区。作为未来的神圣罗马帝国皇帝的儿子，以及 1548~1550 年他的伯父在西班牙的摄政，这并不是他所设想的未来。

　　查理希望以他作为王朝首领的能力处理继承问题，在 1551 年 3 月 9 日他所达成的协定是一个家族契约（Hausvertrag）。然而，他的想法并没有关注选侯在帝国继承问题上的权利。使选侯支持查理的意图的努力只会引发他们的不安，因为这种方案的存在与他们进行自由选举的权利是矛盾的。在选侯群体内部的不满很快与全体诸侯之中的愤怒相匹配。斐迪南试图说服萨克森选侯和勃兰登堡选侯腓力继承帝国的好处，但马克西米利安与不满者取得了联系。不久之后，父子两人就都坚定地与德意志的反对者联系在一起。

对于继承问题的担心进一步增添了已经普遍存在的不满。在持续监禁黑森的菲利普和萨克森的约翰·弗里德里希的问题上，已经存在着广泛的不满。很多人认为后者的领地和选侯头衔转交给莫里茨是皇帝滥用封建特权。《临时措施》也越来越被视作专断暴政的行动。西班牙军队持续出现在帝国境内，是对皇帝 1519 年的《选举让步协定》的公然破坏。此外，此时的查理看上去也下定决心在德意志推行西班牙君主制。因而，在帝国内出现关于"外来的西班牙人的奴役和专制"以及对"德意志自由"的镇压的讨论也就不足为奇了。[8]

这种煽动扩散的程度是很难评估的。"德意志自由"意味着等级的自由，特别是诸侯的自由。最初这并不意味着他们的臣民的自由，尽管逐渐在朝着这个方向发展。然而，这些年发生的事件不可避免地对德意志社会的很大一部分造成影响。西班牙和意大利的军队穿着他们各式各样的异国服装行动，这对从下莱茵到南德意志的帝国大片区域造成了影响。这些军队对上德意志帝国城市和例如符腾堡的一些邦国的入侵和占领，也使他们与德意志民众建立了直接联系。皇帝军队直到 1550 年才撤离符腾堡。《临时措施》的强制执行以及帝国城市制度性的重建一直持续到 1551 年。即使在北方，在一些传统上远离帝国政治生活的地区，马格德堡和不来梅的困境也在几年的时间里激起了愤怒。接下来诸侯起义重新激起了争论，这种争论实际上一直持续到 1555 年的和约。

在这种普遍的躁动下，那种在 15 世纪末的危机中出现的宣传以及伴随着 1519 年帝国选举出现的煽动再一次出现。[9]福音教一方的宣传者拾起了保卫德意志对抗西班牙人的主题。当下的问题被表述为德意志人与"外国"（Welsch）永恒的抗争史诗的另一个篇章，"Welsch"这个词语指代所有来自国外的人或事物，特别是拉丁或者南欧的。[10]当波希米亚的反抗者宣称他们将不会与"西班牙鸡奸者"一起战斗时，他们似乎也表达了同样的观点。[11]在这种特殊的情形下，西班牙人的负面形象也帮助表达了捷克人和德意志人的团结，这种团结通常并不是理所当然的。

与此同时，《日耳曼尼亚志》里的爱国形象，阿米尼乌斯或者传说中的日耳曼国王阿利奥维斯塔（Ariovist），这些在 1500 年前后由人文主义者在对抗罗马的斗争中第一次宣传的形象，也再次被调动起来。当然，"罗马"仍然是一个靶子，但此时真正的抗争是针对"西班牙"的。讽刺的是，查理五世此时受到谴责的原因，和在 1518～1519 年弗朗索瓦一世注定无法被接受为帝国统治者的很多原因是一致的。查理五世有着德意志的血脉，但是由于针对福音教的行动，他已经成了外国人。他当选时就已经承诺保卫德意志人对抗外国军队，他自己却利用了外国军队。在助长德意志人之间的宗教斗争时，他正在忽视他作为基督教世界领导者的职责，而且放弃了将德意志人联合起来，并领导他们发起对土耳其人的十字军的机会。

329

　　自由和祖国的修辞在行军曲中回响，并且在大量木版画和小册子中得到宣传。与此同时，施马尔卡尔登同盟也支持了更长久的历史记载的创作。1545 年，同盟聘请了约翰内斯·施莱丹作为同盟的官方历史学家。[12]到 1547 年 10 月，他已经完成了宗教改革史的前四部。1555 年，他不朽的著作《关于皇帝查理五世统治下的宗教和国家状况的评论》（*Commentariorum de statu religionis et republicae, Carolo V. Caesare, libri XXVI*）在斯特拉斯堡出版：近 1000 页，分为 25 本。这部著作在对施马尔卡尔登战争的详述中达到高潮，著作中将其描述为德意志人为自由进行的对抗君主的战争，这位君主背叛了德意志民族并且试图在西班牙军队的帮助下控制德意志。

　　皇帝阵营和天主教徒当然也做出了回应。[13]他们的小册子指责福音教徒是邪恶且煽动性的异教徒，他们的道德和那些据称嫖妓、鸡奸以及抢劫的西班牙人一样腐化。皇帝的宣传者声称正是查理代表着真正的自由，因为自由最初来源于罗马，正是罗马征服了野蛮的德意志异教徒。由卢森堡的尼古劳斯·马梅拉努斯（Nikolaus Mammeranus）于 1552 年在科隆印刷的小册子，从一个非常新颖的方向详述了自由的主题。[14]德意志诸侯被指责试图煽动普通人反对"合法且神授的权威"。他们与法国国王结盟，法国国王只是假装支持新的教义。实际上，法国国王不敬神，是土耳其人的盟友，并且在自己的领地内无情地迫害福音教徒。据称他在德意志唯一的目的就是引诱普通人远离皇帝，并且将普通人置于法国的永久奴役之下。皇帝是自由和安全的保障者，法国国王则是一个剥夺了他的臣民所有自由和财产权的暴君："法国的臣民像驴一样受到沉重的剥削和压迫。"[15]

通过将法国对财产的剥削与德意志对财产的保障并列，马梅拉努斯触及了一个主题，这个主题成了17世纪晚期和18世纪很多德意志法律文书的一个主旋律。1525年农民战争之后，在帝国内越来越大的区域，财产保护确实成了一个重要问题。然而马梅拉努斯的观点是否在当时引起了回响，这是并不清楚的，而且他是否在1552年使很多人转向帝国事业，也是非常令人怀疑的。他对普通人发出的呼吁几乎可以确定是无效的，就像查理五世在1547年对黑森的低级别贵族发出的呼吁一样，查理当时试图发动"贵族的自由"以对抗"诸侯的自由"。[16]由于其根本上的防御性质，天主教和支持皇帝的宣传被削弱了。

双方都试图动员更为广泛的社会群体。数以千计的公社以某种方式卷入斗争之中。然而这并不是一场波及整个德意志社会的内战。大量的宣传无法掩盖这样的事实：查理五世控制帝国的企图，导致的并不是民族起义而是诸侯起义。

早在1550年2月，约翰·冯·屈斯特林就在柯尼斯堡与普鲁士的阿尔布雷希特和梅克伦堡公爵约翰·阿尔布雷希特结成同盟，以捍卫福音教信仰。[17]屈斯特林设想了一个丹麦和波兰会加入进来的大北方联盟。保卫马格德堡将成为同盟的首要目标。这进而会使同盟与莫里茨选侯对抗。莫里茨选侯担心，如果皇帝交给他的征服马格德堡的任务受阻，就会成为失去刚获得的选侯头衔，并恢复他的恩斯特系亲戚的头衔的第一步。

330

在这种情况下，莫里茨选择背叛皇帝并且将他自己置于反对者领导的位置。1550 年，他与法国国王建立了联系；接下来他又设法挫败了在费尔登主教辖区为了对抗他组织起来的军队，并且最终在 1551 年 5 月，他在托尔高与柯尼斯堡和约的签订者达成了协定。与此同时，他也主动与斐迪南联系，斐迪南作为波希米亚国王是他最重要的邻居，他坚持主张斐迪南不应当成为新同盟的目标。11 月，他通过进入马格德堡表面上完成了对皇帝的义务，但实际上是完全和平地"占领"了城市，并且秘密地承诺保卫城市的信仰以换取被承认为城市的领主。

到 1552 年 1 月为止，莫里茨不安分的盟友、绰号"阿尔西比亚德斯"（Alcibiades）、鲁莽且暴力的勃兰登堡-库尔姆巴赫边疆伯爵阿尔布雷希特也加入了他的同盟，他们与法国的亨利二世在尚博尔（Chambord）达成了一份正式条约。[18]亨利承诺保卫德意志等级的自由，而诸侯承诺将帝国城市梅斯、图勒和凡尔登的教区权以及对康布雷的控制权交给亨利二世。尽管他们为自己辩解，这些城市并不是"说德语"的城市，但他们的让步事实上是对帝国法律的公然违抗。

《尚博尔条约》签订后，法国很快就侵略了洛林，亨利二世占领了上述几座城市。3 月，莫里茨选侯领导一支福音教军队南下进军奥格斯堡，之后又进军林茨。天主教诸侯和帝国城市仍然保持中立；查理在因斯布鲁克处于没有力量且易受攻击的状态，而此地与福音教军队只有很近的距离。由于查理拒绝考虑同意在宗教问题上达成永久协定，4 月下半月，反叛者与斐迪南在林茨进行的关于诸

侯所有不满的谈判以失败告终。谈判唯一的结果是同意于 5 月底在　331
帕绍展开进一步谈判。然而，斐迪南在此时已经牢牢地赢得了大多
数德意志诸侯的信任，他们想要一个包含哈布斯堡的帝国的未来，
但并不是西班牙君主制。[19]

　　为了加强反叛者的抗争，莫里茨之后立即让他的军队深入哈布
斯堡领地。皇帝本人也只能仓皇穿过布伦纳山口（Brenner）逃往
菲拉赫（Villach），以避免被俘。[20]与此同时，阿尔布雷希特·阿尔
西比亚德斯则专注于那些最符合他自己的军事行动，通过对班贝
格、维尔茨堡以及纽伦堡发动袭击来榨取贡金，以支持他的主力军
队，也自然使他自己变得富裕。莫里茨以毫无争议的反叛者领袖的
身份抵达帕绍，令皇帝蒙羞。通过向斐迪南保证他的忠诚以及将他
自己与法国国王划清界限，莫里茨进一步提升了自己的谈判力量。
与之相反，查理五世在帝国内几乎没有盟友。前任萨克森选侯（现
在的萨克森公爵）约翰·弗里德里希被释放。在特伦托的代表听说
查理从因斯布鲁克不光彩地逃跑时，立即终止了大公会议，这进一
步增添了皇帝的耻辱。

　　在帕绍的谈判中，中立的诸侯（包括采邑主教）完全接受了反
叛者的观点，这个事实很快就清楚地表现出来。诸侯的主要要求是
达成关于宗教问题的永久和约的让步。此外，他们要求削弱西班牙
在德意志的影响力，释放黑森的菲利普，并且建立一个斐迪南任主
席、由等级组成的委员会，以裁决对查理五世统治的大量不满。[21]即
使已经处在孤立状态，查理五世仍拒绝在下一次帝国议会之前做超
出临时和约的让步，并且是彻底地拒绝，因为允许其他人裁决他的

行为，这对于他的皇帝地位是一种冒犯。莫里茨积极劝说反叛者接受和约，这体现了莫里茨的政治意识，这一和约最终在 1552 年 8 月 15 日得以签订。

《帕绍条约》为查理五世提供了喘息的空间，但也使他无法逃避已经承诺的关于宗教问题的进一步谈判。他此时的优先事务是将法国人驱逐出洛林并且重新夺取那里的帝国城市。第一个障碍是阿尔布雷希特·阿尔西比亚德斯的雇佣军，在《帕绍条约》使他在德意志反叛者的事业中变得多余之后，他正在穿过德意志前往法国，希望与法国国王联合行动。阿尔瓦公爵成功拦截他并且说服他加入查理的阵营。即使得到了他的帮助，1553 年 1 月，查理仍然不得不放弃对梅斯的围攻并退往尼德兰。此后他再也没有踏足德意志。此外，此时阿尔布雷希特·阿尔西比亚德斯撤军，并且从班贝格和维尔茨堡榨取贡金，而这两地是皇帝在梅斯围城战中作为换取他的支持的代价而授予他的。皇帝成了臭名昭著的麻烦制造者的盟友，他认为自己受到了侮辱。

德意志的政治形势决定性地转向反对皇帝。1553 年 6 月，在梅明根建立帝国同盟的最后尝试破灭了。[22] 与此同时，另一些同盟和组织发展起来。1553 年初，普法尔茨、巴伐利亚、于利希和符腾堡组成了海德堡同盟（Heidelberg League），旨在阻止腓力在帝国继承、执行《帕绍条约》的承诺以及促成法国与帝国之间的和平。勃兰登堡、黑森以及恩斯特系和阿尔布雷希特系的萨克森王朝之间传统的相互继承协定的恢复，意味着在北方也出现了相似的区域性防御协定。基于传统的萨克森-波希米亚的继承协定结成的同盟是更为重要的，这个同盟是莫里茨选侯与斐迪南于 1553 年 4 月到 5 月在埃格尔（Eger）谈判达成的。同盟本打算把巴伐利亚也囊括进来，其目标是给予莫里茨在萨克森的安全保障以及斐迪南在奥地利和波希米亚的安全保障，并且为斐迪南对抗土耳其人提供帮助。[23] 1552 年，莫里茨已经通过为斐迪南在匈牙利战斗展现了他的善意，因此这一计划中的同盟的前景是良好的。帝国的各区域再一次团结起来对抗他们的皇帝。这一次，德意志国王也成了他们的领导者之一。[24]

阿尔布雷希特·阿尔西比亚德斯持续的劫掠行动，使这一新同盟的团结性立即得到了加强。在榨取了弗兰科尼亚的主教们的贡金之后，1553 年春天，他准备带兵向北穿过图林根，打算攻击不伦瑞克和萨克森。他甚至扬言在他完成行动之前将会获得波希米亚的王冠。[25]海德堡同盟的诸侯不愿意采取坚决的行动，但莫里茨此时决心捍卫他在前一年所奠定基础的和平。在汉诺威和不伦瑞克之间的锡沃斯豪森（Sievershausen），阿尔布雷希特·阿尔西比亚德斯在激烈的战斗中被击败。莫里茨公爵在战斗中被杀死；阿尔布雷希特·阿尔西比亚德斯逃走了，但是他的军队在 9 月被斐迪南彻底击败，他也被驱逐出自己的邦国，流亡到法国。到最后，查理五世拒绝对他发布禁令。

即使在此时，查理看上去仍然希望在德意志获得成功。他没有认真考虑公开撤销《帕绍条约》来进一步展示皇帝的权力，这种权力来源于帝国传统以及上帝的公义，而《帕绍条约》破坏了上帝的法律。他再次在洛林发动军事行动，占领了泰鲁阿讷（Thérouanne）以及埃丹（Hesdin），但没有占领非常重要的梅斯。在意大利，他的军队对法国人展开反击，获得了重要的胜利，然而并没有取得真正的突破。1555 年，反西班牙的保罗四世当选教皇，这无论如何恢复了敌对的法国-教皇同盟。1554 年，腓力二世与英格兰的玛丽一世的婚姻打开了更广泛的局面的可能性。[26] 1555 年怀孕的流言使他们燃起了生育健康继承人的希望，他也许能够适时地取代多病的唐·卡洛斯（Don Carlos），即腓力与他的第一任妻子葡萄牙的玛丽的儿子。这个继承人将会最终继承一个地中海-大西洋帝国，这种前景使德意志帝国相形见绌。玛丽的怀孕被证明只是一厢情愿，而她在 1558 年 11 月的去世很快就足以打消宏大的帝国计划。然而，到此时查理五世已经去世了。

在查理五世生命的最后两年里，他没有再次介入德意志的政治。他永远不会接受的结果已经成真了。在萨克森的莫里茨去世后，德意志等级迫切要求召开在《帕绍条约》中承诺的帝国议会。从一开始，查理五世就坚持《帕绍条约》不应当被视作谈判的基础。然而，在 1554 年 6 月，查理五世授予斐迪南全权并以他自己的名义主持帝国议会，查理给出的理由是他对宗教问题"无法克服的疑虑"。也许即使在此时，查理五世仍然希望将谈判协定的责任交给斐迪南，这会在情况好转时使他与最终达成的结果撇开关系。[27]

斐迪南本人从根本上也希望带来教派分歧的调解，并且希望为以此为目标的另一场宗教对话达成协定。在整个会议中，斐迪南以一个暂时分裂的宗教进行措辞，而且这反映在最终的协定中，这个协定至少在形式上将《奥格斯堡信纲》视为对正确道路的偏离。然而，斐迪南的行动也自始至终处于土耳其人新的压力之下；他的妥协意愿，关键源自他迫切希望尽快从帝国等级获得进一步的军事援助。[28]

然而，到了 1555 年 2 月 5 日帝国议会在奥格斯堡召开的时候，德意志诸侯已经形成了他们自己的计划。他们想要的是一个维持公共和平的新方式，以及一个宗教问题的政治协定。值得注意的是，几乎没有诸侯实际上出席。[29]选侯都没有在场，只有符腾堡公爵克里斯托夫以及巴伐利亚公爵阿尔布雷希特事实上参与到讨论之中。绝大多数诸侯仅仅派遣了他们的代表。大体的政治策略是诸侯在其他地方举行的会议中决定的，例如 1555 年 3 月萨克森、勃兰登堡和黑森的统治诸侯在瑙姆堡召开的会议。奥格斯堡的最终协定，其晦涩难懂和模棱两可的特点，完全反映出这本质上是法学家之间达成的协定。

宗教问题被置于最高的优先级。对持久的宗教和平以及对永久承认福音教徒权利的要求，使人们将皇帝关于宗教对话的主张搁置在一边。天主教诸侯，甚至是采邑主教也认同这一点。他们的立场是艰难的，因为他们总是需要关注罗马。然而，在最近发生的阿尔布雷希特·阿尔西比亚德斯边疆伯爵的劫掠之后，教会诸侯最想要的就是安全保障。

整体的愿望是明确的，然而法学家仍然在大量的特例和特性方面进行了艰巨的工作，这表现了帝国内领地的多样性。从本质而言，最终的结果反映了自 1526 年以来产生的法律和协定。[30]和约在

334

帝国内对天主教徒和《奥格斯堡信纲》的信奉者是有效的，茨温利派、加尔文派以及激进主义者被排除在外。和约将"永久"生效，直到两个信仰重新调和一致，并且它的条款优先于其他所有法律。

到此时为止，每个诸侯都应当决定自己邦国的信仰，那些拒绝接受的臣民将被授予移民的权利。为了维持和平，教区和教会对福音教领地的管辖权将被中断。两种教派共存的帝国城市仍然保持双教派的状态，然而和约并没有提及关于城市的任何宗教改革权，这就意味着城市的市政官员并不享有与邦国统治者一样的特权。帝国骑士也被明确地包含在和约中，他们的宗教权利（选择两种被承认的信仰中任意一种的自由）得到了保证。在关于教会财产所有权和邦国的教派归属的问题上，1552 年的状态被定为准则。

教会邦国的问题是一个特别棘手的重点，也是在未来将会引发冲突的问题。为了对抗福音教徒，"教会保留原则"（reservatum ecclesiasticum）规定，在主教、高级教士或者任何天主教的教职人员信奉路德宗的地方，与他们的职位相关的领地应当维持天主教信仰并且仍然在帝国教会的控制之下。所谓的"斐迪南声明"（Declaratio Ferdinandea）保证了福音教贵族和教会邦国中的城市的良心自由，但并没能安抚福音教，而且激怒了天主教徒。[31] 这是斐迪南以个人名义做出的声明，这个事实使声明成为私人的保证而非由帝国法院强制执行的法律，然而这并没能阻止福音教徒在后来将其视为完整的《奥格斯堡和约》的一部分。最后，帝国等级同意，调解不同宗教观点的问题应当在下一次帝国议会的会议上得到解决，他们计划下一次帝国议会于 1556 年 3 月在雷根斯堡召开。然而在现实中，很少有人抱有幻想：和约规定了更为长久的，或者可能是永久的分裂。

宗教和约刚刚达成，帝国等级就转向了世俗事务，尽管与宗教问题也是相关的。首先，帝国最高法院现存的制度得到修改。帝国最高法院被要求以宗教和约条款为基础运行，这就剥夺了皇帝解释一件事违反或不违反帝国法律的权力。[32] 所有司法职位对天主教徒和福音教徒都开放；法院引入了中立的誓词（以上帝之名且基于《圣经》），并且所有合议庭都应当尽可能保证教派人数的平衡（尽管直到 1648 年才规定了严格的平等）。帝国裁判官（Reichsfiskal）作为忠于皇帝的官员，在 1530~1548 年皇帝直接控制法院期间被授予了广泛的权力，此时则受到了限制。从此以后，在进行诉讼之前，需要得到两名负责审查所有潜在案件的法官的同意。最后，尽管在 1548 年皇帝保留了任命所有法官的权力，此时他个人提名的人数缩减到两人，哈布斯堡领地任命四人，选侯一共任命六人，其余六个大区任命十二人。帝国议会此时也保留了对法院进行视察以及处理任何诉讼程序造成的不满的权力。[33]

等级的复兴，更确切地说尤其是对诸侯优势地位的确认，也体现在为公共和平的恢复及其执行所达成的条款中。帝国议会的内部宫廷委员会或者代表会议（Deputation）得以建立，它在会议间隔期间配合进行维持和平以及其他来自帝国立法的活动。[34]《帝国执行条例》也计划使帝国大区作为区域内的维持和平机构，维持更持续和常态化的运转。超区域的问题则需要通过由帝国大首相（美因茨大主教）领导的大区代表会议，由大区共同解决。[35] 与

335

之相似，大区此时也被委托在他们自己任命的首领的领导下组织帝国军队。最重要的是，查理和斐迪南在近几十年改革讨论中反复提出的常备军的想法被暗中否决了。帝国因此没有能力发动扩张性或者侵略性战争，即使是自卫也只能通过额外的名册征兵的方式进行。

在关于公共和平的所有措施中，重点都是在等级而非皇帝的控制之下，皇帝维持和平的职能几乎被消除。这个职能普遍转移到等级，但本质上是转移到了诸侯，因为城市只能提供资金而不能打仗。选侯们通过剥夺皇帝在未经他们同意的情况下召集帝国议会的权力，维持着他们相对诸侯的优势地位。[36]他们也保留着选举皇帝和继承人的权力。然而，1547~1548 年皇帝与帝国骑士之间正式建立的联系仍然没有消失，这就允许德意志国王在未来可以依靠帝国内的低级别贵族的政治忠诚和经济援助。[37]从这方面而言，此时德意志国王与欧洲的其他君主处在相似的地位。

斐迪南巧妙地成了和平协定的构建者，1555 年帝国议会的结果
336 对他而言是一种胜利。对于查理而言，这却是一场全面的挫败。甚至在最后的法令发布之前，他已经放弃了事情发生好转的一切最后希望。在帝国议会结束前的一个小时，斐迪南收到了来自查理的信件，信中宣布他即刻退位。这封信没有在帝国议会宣读；法令是以查理的名义公布的，而且权力的转移实际上并没有在下一年发生。然而，查理失去了对帝国的所有兴趣。他甚至不愿费心寄出他已经起草好的诏令，撤销在奥格斯堡批准的、也许会激怒罗马教廷的所有内容。[38]他没有再对任何德意志事务表达任何观点。他的突然退位

对哈布斯堡在欧洲的地位产生了巨大的影响。查理在过去 35 年一直为普世君主制而奋斗，尽管过程是断断续续的，但是他投入了全部精力以及政治技巧和军事力量的所有巨大资源，这一普世君主制最终毁于一旦。15 世纪末开始的改革进程，以一种受到德意志自由束缚的君主制告终。

注释

1. Schmidt，*Grafenverein*，246.

2. Peters，'Macht'.

3. Naujoks，*Karl V*，35 – 42，47 – 9，67 – 8，169 – 74，335 – 9；and Naujoks，*Obrigkeitsgedanke*，118-53. 另见本书页边码 534~535 页。

4. 以下内容可见：Fichtner，*Ferdinand I*，161-81；Rodríguez-Salgado，*Changing face*，33-40；Rebitsch，*Fürstenaufstand*，73-82；Laubach，'Nachfolge'，33-50。

5. Fichtner，*Ferdinand I*，167. 与腓力相反，面对即使是最能喝酒的德意志诸侯，马克西米利安也能与之匹敌：ibid.，244。

6. 马克西米利安与查理五世的女儿玛丽在 1548 年结婚，他们的婚姻很成功，并且诞下很多子女，然而他们的近亲婚姻造成了下巴的遗传病，并影响了接下来几个世纪的很多代人。腓力二世最终在 1570 年迎娶了马克西米利安的女儿、他自己的侄女奥地利的安娜作为他的第四任妻子。他的第二次婚姻和第三次婚姻分别是与英格兰的玛丽一世和法国的伊丽莎白，这两次婚姻优先于履行对 1551 年缔结的王朝契约的任何义务。

7. Kohler，*Ferdinand I*，297-9. 斐迪南在 1549 年说服波希米亚的等级接受马克西米利安作为他们未来的国王。在马克西米利安

1562 年当选为罗马人的国王之后，他在 1562 年和 1563 年分别加冕为波希米亚国王和匈牙利国王。斐迪南在 1554 年的最后一份遗嘱准备将他的奥地利领地在他的三个儿子之间分割：Laubach，*Ferdinand I*，575；Fichtner，*Maximilian II*，56-7。

8. Angermeier，*Reichsreform 1410-1555*，310-11；Schmidt，'Libertät'.

9. Schmidt，*Geschichte*，92-4；Hirschi，*Wettkampf*，481-4.

10. 这个术语最初仅指代意大利和意大利人，但是适用范围逐渐更为广泛，指代阿尔卑斯山以南的所有人或事物。

11. Fichtner，*Ferdinand I*，156.

12. Dickens and Tonkin，*Reformation*，10-19；Brady，*Sturm*，185-7.

13. Schmidt，*Geschichte*，97-9. 也可见：Schmidt，' "Teutsche Libertät" oder "Hispanische Servitut" '。

14. *ADB*，xx，158-9.

15. Quoted by Schmidt，*Geschichte*，98. 这一小册子的题目是 *Von der Anrichtung des newen Euangelij und der alten Libertet oder Freyheit Teutscher Nation*（Cologne，1552）。

16. Press，'Bundespläne'，101.

17. 以下内容，可见：Tracy，*Charles V*，229-40。

18. Rebitsch，*Fürstenaufstand*，135-61.

19. Lutz，*Christianitas*，81-5.

20. Rebitsch，*Fürstenaufstand*，226-34.

21. 以下内容，可见 Becker，*Passauer Vertrag* 中的文章。

22. Press，'Bundespläne'，88-9.

23. Press，'Bundespläne'，90.

24. Kohler，'Passau'.

25. Fichtner，*Ferdinand I*，205.

26. Lutz，*Christianitas*，408-9.

27. Rabe，*Geschichte*，445-6.

28. Petritsch，'Ferdinand I.'.

29. Rabe，*Geschichte*，447.

30. 以 下 内 容, 可 见: Schneider, *Ius Reformandi*, 152 - 69 以 及 Gotthard, *Religionsfrieden*, 1-239。协定的文本可见: Buschmann, *Kaiser*, i, 215-83。

31. Merz, ' Religionsfrieden '; Gotthard, *Religionsfrieden*, 264 - 71; Laubach, *Ferdinand I* ., 82-9.

32. Smend, *Reichskammergericht*, 179-80; Duchhardt, *Verfassungsgeschichte*, 96-100.

33. Angermeier, *Reichsreform 1410-1555*, 322.

34. Neuhaus, *Repräsentationsformen*, 425-31.

35. Laubach, *Ferdinand I* ., 103-18.

36. Angermeier, *Reichsreform 1410-1555*, 322.

37. Duchhardt, *Verfassungsgeschichte*, 102-5; Neuhaus, *Reich*, 36-7.

38. Rabe, *Geschichte*, 453.

Germ
and
the H
Roma